《元亨释书》研究

《YUANHENG SHISHU》YANJIU

河南省高等学校哲学社会科学优秀著作资助项目

胡照汀 著

郑州大学出版社

图书在版编目(CIP)数据

《元亨释书》研究 / 胡照汀著. — 郑州：郑州大学
出版社，2022.12
　　（卓越学术文库）
　　ISBN 978-7-5645-8585-3

　　Ⅰ. ①元…　Ⅱ. ①胡…　Ⅲ. ①佛教史 - 日本
Ⅳ. ①B949.313

中国版本图书馆 CIP 数据核字(2022)第 045614 号

《元亨释书》研究

策划编辑	孙保营		封面设计	苏永生
责任编辑	李珊珊		版式设计	凌　青
责任校对	张　华		责任监制	李瑞卿

出版发行	郑州大学出版社		地　　址	郑州市大学路 40 号(450052)
出 版 人	孙保营		网　　址	http://www.zzup.cn
经　　销	全国新华书店		发行电话	0371-66966070
印　　刷	河南龙华印务有限公司			
开　　本	710 mm×1 010 mm　1 / 16			
印　　张	20.5		字　　数	340 千字
版　　次	2022 年 12 月第 1 版		印　　次	2022 年 12 月第 1 次印刷

书　　号	ISBN 978-7-5645-8585-3	定　　价	98.00 元	

目录

绪　论

一、研究对象的属性及其研究史

本书涉及的研究对象为日本五山文学前期的代表禅僧虎关师炼所撰《元亨释书》。《元亨释书》成书于元亨二年(1322),全书共 30 卷,记载了从钦明天皇元年(539)至花园天皇正和二年(1313)共 774 年的佛教历史。该书由传表志赞论五种体例构成,其模仿中国高僧传的体例在其传部(共 19 卷)亦设十科,分别为《传智科》《慧解科》《净禅科》《感进科》《忍行科》《明戒科》《檀兴科》《方应科》《力游科》和《愿杂科》,其中,《愿杂科》之下又分《古德》《王臣》《士庶》《尼女》《神仙》和《灵怪》六篇。十科之外,设表部《资治表》(共七卷)与志部十志(共四卷):《学修志》《度受志》《诸宗志》《会仪志》《封职志》《寺像志》《音艺志》《拾异志》《黜争志》和《序说志》。另设"赞论"以寓史事评论和主观思想。"十传者,所以载其人也。十志者,所以记其事也。一表居中焉,所以通串传志也。"该书开日本纪传体佛教史籍的先河,并深刻影响了后世日本佛教史籍的编撰。该书传部共收录了 416 位僧侣和佛教信者的传记。所立传主既包括南都北岭的高僧大德,又广涉王臣士庶、神仙灵怪,内容可谓包罗万象。

《元亨释书》是日本首部汉文纪传体佛教史籍。本书着重从佛教典籍的角度对其进行研究。

佛教史籍,有狭义与广义之分。狭义的佛教史籍是指由僧人或居士撰写的佛教史,包括编年体、纪传体佛史,僧传、寺志、灯录和经录等文献。广义的佛教史籍,则包括所有关于佛教历史的文献记载,无藏内、藏外之分。如《魏书·释老志》《旧唐书》、正史中僧人的传记、著作以及方志、碑铭等①。本书所探讨的为狭义概念上的佛教史籍。佛教史籍具有史学、文献和宗教三种属性。史学性,是指佛教史籍所记载的佛教发展史或僧侣传记等具有重要的史料价值。文献性,是指佛教史籍以某种材料为载体,依靠编撰、复制而传播的一种文献,因此应注意对其编撰、刊刻、流传及存佚情况的研究。宗教性,指佛教史籍是佛教发展的产物,反映了佛教发展各个时期的阶段特征。综观诸种大藏经史传部典籍,自魏晋南北朝至清代,中国历代皆有佛教史籍撰述。佛教史籍体例多样,有僧传体、纪传体、灯录体、会要体、编年体、志乘体和笔记体等,形成了一种相对独立、自成体系的佛教史学撰述传统。就日本佛教史籍的撰述,可将其分为四个阶段,即奈良时代、平安时代、中世和近世。奈良时代佛教史籍的撰述,肇始于真人元开在参照渡日唐僧思托所撰《大唐传戒师僧名记大和上鉴真传》的基础上撰写的《唐大和上东征传》(779)②和思托所撰的《延历僧录》(788)。平安时代中期,日本最初的往生传,即庆滋保胤的《日本往生极乐记》(985)亦是模仿唐·迦才的《净土论》与文谂等的《往生西方净土瑞应删传》而撰成的。及至中世,日本最初之纪传体佛教史籍《元亨释书》(1322)更是在中国佛教史籍的影响下撰成的。近世初期,明代渡日黄檗宗僧高泉性潡先后撰成《扶桑禅林僧宝传》(1675)和《东国高僧传》(1687),并上奏后水位天皇,受到嘉奖。此举极大地刺激了日本本土僧人撰述佛教史籍的热情,推动了近世佛教史籍撰述高潮的形成。可以说,中国数量浩繁的佛教史籍对日本佛教史籍撰述的影响是持续性的。日本佛教史籍的撰述自始至终都是在渡日中国僧人及传入日本的中国佛教史籍的直接影响下形成并发展的。

关于佛教史籍的先行研究,1942年,陈垣先生撰成《中国佛教史籍概论》一书③,首开以近代史学方法研究佛教史籍的先河。《中国佛教史籍概论》收录由南朝梁至清,包括僧传、目录、灯录、笔记等各种体例共计30余部佛教史

---

① 曹刚华:《宋代佛教史籍研究》,华东师范大学出版社,2006年版,第1页。
② 汪向荣校注:《唐大和上东征传》,中华书局,2000年版,第26页。
③ 陈垣:《中国佛教史籍概论》,中华书局,1962年版。

籍,深入评析考证其书名、卷数异同、版本源流以及内容体例等诸方面,为系统研究佛教史籍树立了典范,揭示了佛教史籍于史学中的意义与价值。其后,陈士强①、曹仕邦②、宋道发③、严耀中④、纪赟⑤、曹刚华⑥、金剑锋⑦、冯国栋⑧、杨志飞⑨等学者都从不同角度对中国佛教史籍进行了考察。相对而言,安藤智信⑩、椎木宏雄⑪、阿部肇一⑫等日本学者对佛教史籍的研究,多以中国梁唐宋三朝高僧传和宋代佛教史籍为中心开展。迄今为止,日本学者对佛教史籍的研究对象都集中于中国佛教史籍,尚未有将日本佛教史传(包括《元亨释书》)纳入佛教史籍范畴,并从文献学和史学等角度对其作系统性研究者。

二、先行研究综述

《元亨释书》于正平十五年(1360)被敕准编入大藏之后,多次被朝廷和幕府组织讲读。据《空华日用工夫集》永德二年(1382)二月廿九日条记载,义堂周信曾将《元亨释书》介绍给足利义满,并谏其敕令再刊。《看闻御记》中亦载有云章一庆对后崇光院讲读《元亨释书》的记录。此外,《卧云日件录》《荫凉轩日录》等文献中都有幕府和朝廷统治者阅览《元亨释书》的记载。由此可知,中世的《元亨释书》研究主要是以注释和训读为主。

---

① 陈士强:《佛典精解》,上海古籍出版社,1992 年版。
② 曹仕邦:《中国佛教史学史——东晋至五代》,(台北)法鼓文化出版公司,1999 年版。
③ 宋道发:《佛教史观研究》,宗教文化出版社,2009 年版。
④ 严耀中:《试论佛教史学》,《史学理论研究》,2002 年第 3 期。
⑤ 纪赟:《慧皎〈高僧传〉研究》,上海古籍出版社,2009 年版。
⑥ 曹刚华:《宋代佛教史籍研究》,华东师范大学出版社,2006 年版。
⑦ 金建锋:《弘道与垂范——释赞宁〈宋高僧传〉研究》,中国社会科学出版社,2014 年版。
⑧ 冯国栋:《〈景德传灯录〉研究》,中华书局,2014 年版。
⑨ 杨志飞:《赞宁〈宋高僧传〉研究》,巴蜀书社,2016 年版。
⑩ 安藤智信:「『宋高僧伝』著者賛寧の立場」,『印度学仏教学研究』,1971 年第 3 期。
⑪ 椎木宏雄:「宋元版『景德伝燈録』の書誌的考察」,『禅文化研究所紀要』,1975 年第 3 期。
⑫ 阿部肇一:「『宋高僧伝』と『禅林僧宝伝』—北宋の賛寧と德洪の僧史観」,『酒井忠夫先生古稀祝賀紀念論集』,1982 年版。

江户时代,伴随着出版业的发展,《元亨释书》的私刻版本陆续出现,如庆长四年(1558)版、庆长十年(1605)版和宽永元年(1624)版等。众多私刻版本的出现使得《元亨释书》突破禅院和宫廷的束缚,走进朱子学者和民众的视野中。

明治以降,西方思想的传入促使日本学术思想界风气大开。佛教学术团体和研究机构纷纷成立,大量的佛教典籍文献被发掘整理、编辑出版。《元亨释书》的诸版本经整理后被编入了国史大系[①]、《大日本佛教全书》[②]等基本文献中,为其后的研究创造了条件。这一时期的《元亨释书》研究多停留在注释和提要评价阶段,未有系统与深入的研究。

20世纪以来,时代的发展与学术思想的进步推动了《元亨释书》研究取得了长足的进展,根据研究内容和研究视角可分为以下五类:

(一)《元亨释书》的撰者研究

《元亨释书》最早的研究即属此类,见于久保天随于1903年1月发表于《国文学》杂志上的论文《〈元亨释书〉的著者学僧师炼》[③]。其后,三哲生[④]、福岛俊翁[⑤]亦做了相关研究。福岛俊翁的《虎关》可谓此类研究中最为系统全面,该书对虎关师炼的传记、著述、思想等内容进行了整体性考察,并于卷末附有虎关师炼的生平年表。北村泽吉[⑥]的《五山文学史稿》也从虎关师炼的生平、著述和国体观等方面对《元亨释书》进行了分析。安良冈康作[⑦]、市川浩史[⑧]和长谷川端[⑨]分别对虎关师炼同圆尔辨圆以及高师直的师从和交游

---

① 経済雑誌社编:『百錬抄・愚管抄・元亨釈书』,国史大系第14卷,経済雑誌社,1899年版。

② 仏書刊行会编:『大日本仏教全書』第101册,仏書刊行会,1913年。

③ 久保天随:「『元亨釈書』の著者学僧師錬」,『国文学』50号,1903年1月。

④ 三哲生:「『元亨釈書』の作者について」,『六条学報』128号,1912年6月。

⑤ 福嶋俊翁:『虎関』,雄山閣,1944年版。

⑥ 北村沢吉:『五山文学史稿』,冨山房,1941年版。

⑦ 安良岡康作:『虎関師錬・中岩円月』,伊藤博之编:『法語・詩偈』,佛教文学講座第3卷,勉誠出版,1994年版。

⑧ 市川浩史:「『円爾弁円』像の形成—円爾弁円と虎関師錬をめぐって—」,『日本思想史』68号,2006年。

⑨ 長谷川端:『虎関師錬と高師直・河津氏明』,『中京大学文学部紀要』41号,2006年。

关系进行了考察。久须本文雄①在《虎关师炼的儒道观》和《虎关师炼的中国文学观》两篇论文中分别考察了虎关师炼的儒学观和汉文学观。关于虎关师炼的佛学思想,千叶正②重点对其密教观进行了研究;山口兴顺③考察了其对天台宗的认识与定位。此类研究亦见于直井诚④、市川浩史⑤和菊地大树⑥等学者的论文中。

(二) 就《元亨释书》僧传的内容从思想文化与佛教史等方面所做研究

白石芳留⑦、大屋德城⑧、田制佐重⑨、长沼贤海⑩等都进行了类似考察。从《元亨释书》僧传的内容与构成等多个角度进行了详细的考察,并通过史料考证澄清了《元亨释书》作者"凝然说"等学界对《元亨释书》的非难与质疑。藤田德太郎编著的《镰仓时代概观:资料集成》⑪一书,从思想史的角度对《元亨释书》的国体观进行了考察。其后,宗像义臣⑫、冲野舜二⑬、浅尾市

---

① 久須本文雄:『虎関師錬の儒道観』,『禅文化研究所紀要』11 号,1979 年 6 月。
久須本文雄:『虎関師錬の中国文学観』,『禅文化研究所紀要』12 号,1979 年 6 月。
② 千葉正:『虎関師錬における密教理解』,『宗学研究』38 号,1996 年 3 月。
千葉正:「虎関師錬の密教観再考—『仏語心論』を中心として」,『宗学研究』50 号,2008 年 9 月。
③ 山口興順:『虎関師錬の天台宗観—日本禅宗伝来史上への位置付けを中心として』,『天台学報』37 号,1995 年 10 月。
④ 直井誠:「虎関師錬の中国書法受容とその展開—『済北集』所見の書法観—」,『中京国文学』23 号,中京大学国文学会,2004 年。
⑤ 市川浩史:『虎関師錬の夢』,石毛忠:『伝統と革新・日本思想史の探究』,ぺりかん社,2004 年版。
⑥ 菊地大樹:『虎関師錬の歴史的位置』,『仏教史学研究』51 号,仏教史学会,2009 年 3 月。
⑦ 白石芳留:「『元亨釈書』の疑点」,『仏書研究』31 号,1917 年 6 月。
⑧ 大屋德城:「『元亨釈書』の非難について」,大屋德城:『日本仏教史の研究』第 3 卷,东方文献刊行会,1928 年版。
⑨ 田制佐重:『虎関の元亨釈書』,『日本精神思想概説』,文教書院,1933 年版。
⑩ 長沼賢海:『元亨釈書』統考」,『史淵』19 号,1938 年。長沼賢海:『元亨釈書』について」,史学会編:『本邦史学氏論叢』上卷,富山房,1939 年版。
⑪ 藤田德太郎:『鎌倉時代概観:資料集成』,金星堂,1936 年版。
⑫ 宗像義臣:「『元亨釈書』の国体観」,『国学』6 号,1937 年 6 月。
⑬ 冲野舜二:「『元亨釈書』の国体観」,『古典研究』2 卷 7 号,1937 年 7 月。

之助①也对《元亨释书》的国体观进行了研究。宫井义雄②在《建武中兴与国民精神》的第三章第二节中,以二十页的篇幅对《元亨释书》的禅宗正统观、大乘佛法观和国体观展开了论述。关于《元亨释书》对中国思想受容的最早研究见于西内雅《〈元亨释书〉中所见中国思想》一文③。大隅和雄《佛教与女性——关于〈元亨释书〉的尼女传》④一文通过对《元亨释书》的《愿杂科·尼女篇》所载十五位女尼的传记进行考察,论述了女性与佛教的关系。佐佐木智子⑤《关于〈元亨释书〉的达摩传》围绕《元亨释书》对中国高僧传中达摩传记内容的改写,对虎关师炼的国粹意识以及其对达摩推崇的原因等进行了分析和阐述。松本真辅⑥《关于〈元亨释书〉三韩关联记事的考察》在对《元亨释书》中所载朝鲜半岛渡日僧的传记以及《资治表》的相关内容进行分析的基础上,深入探讨了《元亨释书》中以朝鲜半岛为"藩国"的历史观形成的原因。太田常藏⑦的《关于〈元亨释书〉所见波斯国》,从文化史的角度对《元亨释书》卷十《感进科·净藏传》中所描写的古波斯国与中国唐宋以及日本的佛教交流情况进行了考察。从佛教史的角度对《元亨释书》僧传进行考察的论文主要有:大隅和雄⑧的《〈元亨释书〉的佛法观》《〈元亨释书〉与神

---

① 浅尾市之助:『国体思想史概説』,里见日本文化学研究論叢第 5 卷,錦正社,1942 年版。

② 宫井義雄:『建武中興と国民精神』,教育科学社,1942 年版。

③ 西内雅:「『元亨释書』に現れた中国思想」,『先哲に受けて』,大宮山書店,1941年版。

④ 大隅和雄:「仏教と女性——『元亨釈書』の尼女伝について」,『歴史評論』395号,1983 年 3 月。

⑤ 佐々木智子:「『元亨釈書』達磨伝について」,『日本文学』33 号,1984 年 12 月。

⑥ 松本真輔:「『元亨釈書』の三韓関連記事の検討」,『日本歴史』631 号,2000 年12 月。

⑦ 太田常蔵:「『元亨釈書』にみえる波斯国について」,『芸林』12 号,1961 年 1 月。

⑧ 大隅和雄:「『元亨釈書』の仏法観」,『金沢文庫研究』271 号,1983 年 9 月。
大隅和雄:「『元亨釈書』と神祇」,『東京女子大学附属比較文化研究所紀要』48 号,1987 年。
大隅和雄:「『元亨釈書』と仏教」,大隅和雄,『中世仏教の思想と社会』,名著刊行会,2005 年。

祇》和《〈元亨释书〉与佛教》三篇论文。此外，今滨通隆①、名畑崇②、平尾真智子③、清水宥圣④、下间一赖⑤、海老泽早苗⑥、石川力山⑦、直林不退⑧等学者的研究亦属此类。

（三）关于《元亨释书》的文献学研究

和田维四郎最初在《访书余录》中对《元亨释书》的三种朝鲜活字本，即庆长四年版、庆长十年版和元和三年版做了简要的介绍⑨。山本禅登在《国译一切经·元亨释书》的解题中列举了《元亨释书》的各种版本⑩。野村八良对《释书》宽永元年版、庆长四年和庆长十年共三种古活字本进行了详细的考察，指出《释书》由于成书不久即付梓刊行，故不存异本⑪。今枝爱真对东福寺藏《元亨释书》古抄本的抄录者、抄录年代以及成立背景等做了详细的考证，颇具开拓性⑫。川濑一马对《释书》版本的研究最为突出，他通过对宫内厅书陵部所藏"贞治椠本"、大东急纪念文库藏本、大谷大学藏本和内阁文库藏本的细致比勘，认为所谓"贞治椠本"今已不存，上述诸本皆为明德二年

---

① 今浜通隆:「『元亨釈書』にみる芸能」,『国文学解釈と鑑賞』50 卷 6 号,1985 年 5 月。

② 名畑崇:「『元亨釈書』神祇観序説」,『大谷大学研究年报』40 号,1987 年。

③ 平尾真智子:「鎌倉時代末期の仏教史書『元亨釈書』と「看護」」,『日本医史学雑誌』44 号,日本医史学会,1998 年 4 月。

④ 清水宥聖:「『観音利益集』小考:『元亨釈書』『長谷寺験記』をとおして」,『国文学踏查』13 号,1984 年。

⑤ 下間一頼:「『元亨釈書』の明恵伝」,『仏教史研究』38 号,2001 年 10 月。

⑥ 海老沢早苗:「『元亨釈書』に描かれた女性と仏教」,『駒沢大学仏教学部論集』36 号,2005 年 10 月。

⑦ 石川力山:「『元亨釈書』考(続)」,『駒沢大学大学院仏教学研究会年报』8 号,1974 年 3 月。

⑧ 直林不退:「『元亨釈書』と『三国仏法伝通縁起』」,根本诚二:『奈良·南都仏教の伝統と革新』,勉誠出版,2010 年。

⑨ 和田维四郎:「『訪書余録』本文篇」,临川书店,1918 年版,第 258 页。

⑩ 山本禅登:「『元亨釈書解題』,『国訳一切経』史伝部第 19 卷,大東出版社,1938 年版,第 1 页。

⑪ 野村八良:「『元亨釈書』の諸本」,野村八良:『杉木立』,葵梧堂,1942 年。

⑫ 今枝爱真:「『普門院蔵書目録』と『元亨釈書』最古の抄本—大道一以の筆跡をめぐって—」,『田山方南先生花甲纪念論文集』,田山方南先生花甲纪念会,1963 年版;今枝爱真:「『元亨釈書』—その成立と原本及び貞治椠本をめぐって—」,『国史大系書目解題』上卷,吉川弘文館,1971 年版。

版刻本,从而纠正了学界一直以来对这一问题的错误认识①。石川力山对《国书总目录》所著录的七种《元亨释书》版本逐一做了概要性介绍,但未对各版本的收藏情况和书志信息进行考察②。藤田琢司《训读元亨释书》一书以东福寺藏《释书》最古之抄本为底本,对《释书》内容做基础性的训读。该书在编撰中,以东福寺古抄本与宫内厅书陵部所藏贞治三年版本对校,将写本与版本文本差异进行了详细的比勘③。

(四)关于《元亨释书》僧传的史源学研究

此类研究最早见于秃氏祐祥《〈元亨释书〉的素材与〈法华验记〉》一文④。该文从史源学角度考察了《元亨释书》对《法华验记》的史料参照。黑川训义⑤、小山田和夫⑥、直林不退⑦等学者则分别考察了《元亨释书》对《扶桑略记》和《法华验记》等文献的参照征引情况。

(五)对《元亨释书》神国史观和民族主义思想的研究

此类研究最早见于 1934 年日本精神文化研究会所编《日本思想的精髓》⑧一书,书中在介绍《元亨释书》的内容与构成之后,对《元亨释书》的神国思想做了简要评述。其后的《精神文化渊丛》⑨、《精神文化论集》⑩等书都对《元亨释书》"三种神器"的相关表述大加渲染。出版于 1940 年的《〈元亨

---

① 川瀬一馬:『五山版の研究』上卷,日本古書籍商協会,1970 年版,第 373 頁。
② 石川力山:「『元亨釈書』考」,『駒沢大学大学院仏教学研究会年報』第 7 号,1973 年 5 月。
③ 藤田琢司:『訓読元亨釈書』下卷,禅文化研究所,2011 年版,第 894 頁。
④ 秃氏祐祥:「『元亨釈書』の素材と『法華験記』」,『龍谷学報』327 号,1940 年 3 月。
⑤ 黒川訓義:「『元亨釈書』の原史料——特に『扶桑略記』について」,『神道史研究』26 卷 4 号,1978 年 10 月。黒川訓義:「『法華験記』と『元亨釈書』との関係」,『皇学館論叢』12 卷 6 号,1979 年 12 月。
⑥ 小山田和夫:「『元亨釈書』の編纂材料と『扶桑略記』について」,高嶌正人先生古稀祝賀論文集刊行会編:『日本古代史叢考:高嶌正人先生古稀祝賀論文集』,雄山閣出版,1994 年版。
⑦ 直林不退:「『元亨釈書』の先行史書観」,『龍谷史壇』99 号,1992 年 11 月。
⑧ 日本精神文化研究会編:『日本思想の精髓』,目黒書店,1934 年版。
⑨ 政経学会編:『精神文化渊叢』,明善社,1937 年版。
⑩ 精神文化学会編:『精神文化論集』,明善社,1939 年版。

释书〉的精神》①一书,集中性地对神国史观大肆宣扬,后被编入文部省教学局的《教学丛书》中,成为愚昧民众、宣传军国主义思想的教材。此类研究多被军国主义思想利用,把《元亨释书》作为宣传神国史观、弘扬所谓"日本精神"的工具,以粉饰军国主义的侵略扩张。这些研究刻意渲染发酵《元亨释书》的神国思想,缺乏科学与理性的批判精神,是一种病态、扭曲的研究。

迄今为止,研究《元亨释书》的专著共有两部博士论文和一部著述。两篇博士学位论文分别为美国学者玛利安·尤里的《元亨释书:日本首部综合性佛教史书——附部分译介》②和名畑崇的《〈元亨释书〉的研究》③,一部著述为直林不退的《日本三学受容史研究》④。

玛利安·尤里的博士论文《元亨释书:日本首部综合性佛教史书——附部分译介》,由"第一章""第二章""第三章""第四章"和"附录"五部分组成。第一章"作品与读者"分为两节。第一节"作品",就《元亨释书》"传表志赞论"的五体结构及各部内容做概要性介绍;第二节"读者",主要介绍了《元亨释书》撰述的历史背景以及后世学者的评论等内容。第二章"师炼与著述"亦由两节构成。第一节"师炼",内容主要是对撰者虎关师炼的出生、法系和修学等生平履历的概述;第二节"著述",就虎关师炼所撰佛儒著述做简要说明。第三章"《元亨释书》与文化传统",提出《元亨释书》十科僧传采录了大量的佛教故事,并进一步就十科僧传内容进行分析,概括出四类特征:第一,具备"圣徒传"的典型情节,如"诞生瑞兆""往生瑞相"等;第二,记叙神祇与佛教的交流等内容,以宣扬佛主神从;第三,载录儒佛对论情节,强调佛胜于儒;第四,内容含有道教神仙思想。第四章"结构与内容",首先论述《元亨释书》僧传的十科体例是模仿中国梁唐宋三朝高僧传;其次结合附录的英文译文,逐科介绍十科僧传的内容。以对《传智科》和《净禅科》诸传的说明最为详细。附录为《上元亨释书表》、《元亨释书》十科僧传的部分英文译文。该书以对《元亨释书》传部十科收录僧传的解读与评析为主要内

---

① 長沼賢海:『元亨釈書の精神』,文部省教学局,1940年版。

② Marian bloom Ury, *Genko Shakusho*, *Japan's First Comprehensive History of Buddhism*: *A Partial Translation*, *with Introduction and Notes*. Universitty of California, Berkeley, Ph. D. ,1970.

③ 名畑崇:「『元亨釈書』の研究」,大谷大学博士論文,1992年1月。

④ 直林不退:『日本三学受容史研究』,永田文昌堂,2013年版。

容,是第一部向西方读者翻译并介绍《元亨释书》的撰者、成书背景以及十科僧传的内容特征的著作。

名畑崇的博士论文《〈元亨释书〉的研究》,由"序说""第一章""第二章""第三章"和"结论"五部分构成。第一章"虎关师炼与《元亨释书》",就师炼的生平、著述以及《元亨释书》的内容与构成进行简要介绍。第二章"《元亨释书》与显密佛教",分为"圣德太子观""南都佛教""显教""密教""净土教"和"山的修炼"六节,从"圣德太子的历史定位""三论唯识传入""法华信仰""密教信仰""净土信仰""山林佛教"六个方面,以《释书》十科僧传为文本,就《元亨释书》对日本佛教诸宗发展沿革的叙述进行了解读,就《元亨释书》对圣德太子与山林佛教等宗教现象的记叙进行了考察。第三章"《元亨释书》与国家",从"国家与庶民""佛教与神祇""大乘醇淑之疆""率土之滨""末法观""唱导读诵""女性观""民俗传承"八个维度,以《释书》十科僧传为考察对象,从佛教史和文化史的角度进行了分析考察。结论是对前三章内容进行总结。整体而言,名畑崇的论文主要是从佛教史与文化史的角度,对《元亨释书》十科僧传内容所做的分析解读与归纳总结。

直林不退的著述《日本三学受容史研究》,是在其2010年花园大学博士论文基础上修订而成的。该书由四部分共十五章构成。四部分分别为"序论""第一部分""第二部分"和"结语"。第一部分"《元亨释书》的史料性考察"分作两章,分别就《元亨释书》对《延历僧录》和《三国佛法传通缘起》等先行佛教史籍的处理态度和文献征引进行了考察,并对虎关师炼故意无视《延历僧录》、避用《三国佛法传通缘起》文献的原因做了分析。第二部分"日本古代佛教受容过程的展望",共十三章。第一章就《元亨释书》对日本佛教传入初期僧侣的收录标准进行了考察。第二章通过将《元亨释书》对早期佛教传入过程的记载与《三国佛法传通缘起》相关内容的对比,认为后者强调"戒法"于"戒定慧"三学中最早传入日本,而前者则主张禅宗先于戒学传入日本。第三章至第十三章所考证内容未涉及《元亨释书》,而是围绕"日本戒律受容的史源""佛教制度化与三学受容"和"僧尼令·僧纲制下的三学受容"三个主题,在征引《日本书纪》《僧尼令》《东大寺要录》和《日本灵异记》等史料文献的基础上,以"戒律"与"禅法"如何被传入古代日本为中心问题进行了绵密的考证论述。要之,该书主要通过对日本最初的综合性佛

教史籍《元亨释书》以及《日本书纪》《三国佛法传通缘起》和《东大寺要录》等史料文献的解读与考证，从佛教史的研究角度，以"戒定慧"三学于日本接受传播的过程与特征为中心课题进行了开拓性研究，具有创新性和参考价值。

中国学界的《元亨释书》研究仅见笔者的硕士论文《论〈元亨释书〉的历史叙述与"本朝意识"》。无论内容还是数量，20 世纪以来《元亨释书》研究都取得了很大的成绩，但也存在明显的不足。学界对《元亨释书》的研究多集中于从佛教史与思想史方面对《元亨释书》十科僧传的考察与分析：或讨论十科分类的作用；或从历史的层面对个别高僧生平事迹做考证；或将僧传作为反映僧侣思想与生平的历史文本；或从佛教发展史的角度，将《元亨释书》僧传作为佛教史料，借以考证佛教史的发展特征。迄今为止，尚无将《元亨释书》视作独立的文本，从佛教史籍（史学体例、编纂思想和文献来源）的角度进行整体性的研究。

有鉴于此，本书将在借鉴与参考中国学者在佛教史籍研究领域所取得研究成果的基础上，从佛教史籍的角度对《元亨释书》展开研究。本书第二章从文献学的角度，廓清《元亨释书》的版权流传情况，并对《元亨释书》的注释之内容与版本进行考述。第三章将借鉴相关史学理论，就《元亨释书》的传、表、志、赞和论五种体例，分别从其体例渊源和内容特征两个方面分析考察。《元亨释书》在编撰过程中对于僧侣别传（如《唐大和上东征传》《睿山大师传》和《智证大师传》等）、平安期往生传以及禅僧的行状等多有引抄和参照，故本书第四章将从史源学的角度入手，以考证《元亨释书》的传部、表部和志部的传记文献来源。

三、研究方法与构成

（一）研究方法

本书的研究对象《元亨释书》既为日本第一部汉纪传史书，又为日本最初的综合性佛教史籍，故本书将着重从史学和文献学等角度展开研究，具体可分为以下三类：

1. 史学研究方法

有必要借鉴中国学者对佛教史籍的研究方法与视点，并将其运用于对

《元亨释书》的研究中。本书注重在建构和梳理史学理论的基础上,剖析《元亨释书》的个性特征。如《元亨释书》的体例研究,在考察中国儒佛史籍的体例创设与传承的基础上,研究《元亨释书》对中国儒佛史籍体例的模仿和创新。

2. 史源学研究方法

《元亨释书》由传部、表部和志部三部分组成。每部分的撰述皆自他书征引大量史料文献。其所征引文献源于何处? 这些文献又是如何被征引撰写的? 就这些问题,本书将追根溯源,考证比勘,以探明该书的文献来源与征引编撰情况。

3. 文献学研究方法

对佛教史籍的研究,其基础仍然是文献的整理。就《元亨释书》而言,日本学者虽对其成书、抄本、刻本以及注释本等问题有所研究,但系统的版本比勘和梳理以及注释书研究尚不充分。本书通过《国书总目录》及《新纂禅籍目录》等书目的记载,通过对存世抄本与版本的全面清查,初步厘清了《元亨释书》历代的刊刻情况,并以此为基础,廓清了《元亨释书》的版本源流。本书还对东福寺藏《元亨释书》古抄本附注以及 18 种注释书之内容与版本进行了详细的考述。

(二)构成

本书由绪论、正文、结论和附录四部分构成。绪论包括对研究对象《元亨释书》属性的界定、先行研究、研究方法及论文框架。正文分作四章展开,第一章为对《元亨释书》撰者与成书背景等内容的基础性考察,后三章侧重于从史学与文献学两方面对《元亨释书》进行文本研究。结论是在正文四章研究的基础上,对全文内容进行的归纳总结。附录有二,分别为"虎关师炼年谱"和"《元亨释书》文献来源表"。

第一章"《元亨释书》的撰者研究",分为三节。第一节考察了虎关师炼的传记资料、生平履历和著述情况。第二节重点考察虎关师炼对儒家经史子集学问的研习与接受。第三节主要就虎关师炼撰述《元亨释书》的客观历史背景和主观撰述动机进行了考察。

第二章"《元亨释书》的文献学研究",分为两节。第一节考订了《元亨释书》的抄本和刻本,并探讨了《元亨释书》于后世的流播情况。第二节就

《元亨释书》注释书的版本与内容进行了研究。

第三章"《元亨释书》的体例与内容",分为五节。第一节对《元亨释书》传部,即十科僧传的体例渊源和内容主旨进行了研究。第二节就《元亨释书》表部,即《资治表》对《春秋》经传的体例与义例系统的吸收与模仿做了考察。第三节探讨了《元亨释书》志部,即十志的体例渊源和内容主旨,并简要概括了十志的史学价值。第四节在详细考察《元亨释书》"赞论"体例渊源的同时,也分析探讨了"赞论"中所蕴含的虎关师炼对日本佛教兴衰发展的历史思考。第五节通过考察《元亨释书》在叙事与写人两个层面上对"互见法"的运用,揭示了"互见法"联络贯通《元亨释书》传表志赞论五体结构的"纽带"作用。

第四章"《元亨释书》的编撰与文献来源",分为四节。第一节在史料考证与文献比勘的基础上,确定《元亨释书》传部对文献的征引范围、选取倾向及僧传的编撰方式。第二节通过史料比勘,考订《资治表》的文献来源,并对《资治表》采录文献的原则方式做了探讨。第三节就《元亨释书》十志对文献的征引范围和征引方式进行了详细考察。第四节详细考察了《元亨释书》的文献搜集方式。

结论在上述四章研究的基础上,对全文内容进行归纳总结。

第一章

《元亨释书》的撰者研究

《元亨释书》(以下简称《释书》)虽于后世影响巨大,然其撰者虎关师炼之生平后人知之甚少,故本章第一节在先行研究的基础上,对虎关师炼的生平与著述进行基础性考察。《释书》的撰述有赖于虎关师炼深厚的儒学修养,故本章第二节将对其儒学造诣作一探讨。虎关师炼发愤撰述《释书》之举绝非偶然,是在诸种"内因"与"外缘"综合影响下实现的,故本章第三节将对《释书》成立的主客观背景做深入研究。

第一节　虎关师炼的生平与著述

一、虎关师炼的传记资料

虎关师炼(以下简称师炼),法讳师炼,道号虎关,为日本临济宗圣一派三圣门派东山湛照法嗣。生于弘安元年(1278),寂于贞和二年(1346),阅世六十九,法腊六十夏。师炼圆寂后不久,其直传弟子龙泉令淬就为其编纂了履历年谱《海藏和尚纪年录》①。该书以年代为序详细记载了师炼的生平行履。其后,世人对师炼生平逸事的记载散见于多部僧传和史书中②,除去语录中零散不全的只言片记之外,较为系统且完整地记述其生平行实的传记主要有如下四种(表1—1):

表1-1 记述虎关师炼生平行实的传记

传记	作者	成书年代	篇幅
《虎关和尚行状》③	梦岩祖应	贞治六年(1367)	单篇
《东福寺虎关本觉国师传》④	高泉性潡	延宝三年(1675)	单传
《南禅虎关师炼国师》⑤	卍元师蛮	延宝六年(1678)	单传
《京兆南禅寺沙门师炼传》⑥	卍元师蛮	元禄十五年(1702)	单传

上述四部传记虽内容各有侧重,篇幅长短不一,但无一例外地以《海藏和尚纪年录》为参考编撰。故其内容多辗转因袭,鲜有新意。这或许是由于《海藏和尚纪年录》成书最早,且为师炼直传弟子龙泉令淬编纂,故而可信度高,内容最为翔实。

二、虎关师炼的生平履历

上文已有论及,师炼弟子龙泉令淬所撰《海藏和尚纪年录》成书于师炼寂后不久,且内容最为可靠翔实,故本书以此为据将其生平分为四个阶段梳理如下:

---

① 塙保己一:『続群書類従』伝部第9輯下,続群書類従完成会,1957年版,第458页。

② 近藤瓶城:『改定史籍集覧』第19册所收『日本名僧伝』,临川书店,1990年版,第236页。林羅山:『本朝通鑑』,国书刊行会,1919年版,第3858页。

③ 上村観光:『五山文学全集』第1卷,思文阁,1992年版,第856页。

④ 南條文雄:『大日本仏教全書』第109册所收『扶桑禅林僧宝伝』卷5,仏书刊行会,1917年版,第41页。

⑤ 南條文雄:『大日本仏教全書』第108册所收『延宝伝灯録』卷11,仏书刊行会,1917年版,第168页。

⑥ 南條文雄:『大日本仏教全書』第102册所收『本朝高僧伝』卷27,仏书刊行会,1913版,第373页。

（一）习学修行期（1278—1312）

后宇多天皇弘安元年（1278）四月十六日申时，师炼生于京都。父姓藤原，为左金吾校尉，母源氏。师炼天资聪颖，禀赋绝伦。弘安八年，八岁的师炼入三圣寺东山湛照门下为童仆，十岁登比睿山受戒出家。正应五年，东山湛照圆寂，是年十五岁的师炼投南禅寺规庵祖圆门下参禅。翌年，即永仁元年（十六岁），师炼东赴镰仓圆觉寺参禅于桃溪德悟会下。永仁二年（十七岁），于京都从菅原在辅习《文选》。永仁五年（二十岁），于镰仓寿福寺从道源和尚习法相宗教义。同年，从六条有房受《易》经及卜筮之学，后于仁和寺受东密广泽流之密法。嘉元二年（二十七岁），师炼挂锡东福寺藏山顺空门下，同年游醍醐寺习密法。德治元年（二十九岁），二月撰成《聚分韵略》。德治二年（三十岁），赴镰仓建长寺参一山一宁，询问程杨之易说，因不能回答一山关于日本高僧遗事的提问，立志撰述《释书》。应长元年（三十四岁），于骏州澄都僧正习悉昙之学，同年于骏州从显钝翁受密教灌顶。正和元年（三十五岁），挂搭于镰仓建长寺约翁德俭会下参禅。

从出生至三十五岁的这段时期是师炼生命中最为重要的阶段。他的学问与性格也正是在这一时期形成的。师炼所参诸师不限于东福寺的东山湛照、藏山顺空等长老，京都南禅寺佛光派的规庵祖圆、镰仓建长寺大觉派的约翁德俭和圆觉寺的桃溪德悟都对其有过教导，而元代渡日僧一山一宁对其教益尤为深刻。师炼青年时期对京都、镰仓两地禅林诸寺诸派的参悟修习成就了其渊博的知识和宽广的视野，也令其对当时日本禅林诸派学风有较为切实的领悟。师炼的学问于内学可谓禅密兼修，于外典则经史子集无所不含。这些都为其日后"著述弘道"奠定了深厚的学问基础。

（二）诸寺住持期（1313—1331）

正和二年（三十六岁），师炼应后伏见天皇之命，造营欢喜光院。正和三年（三十七岁），梅坡道人素满建造一庵，延请师炼住此。因位于京都白川之北，故名济北庵。师炼常住此地，《济北集》所收作品多撰述于此。庆长五年（三十九岁），伊势信者师亨开创本觉寺，请师炼为开山，但被辞绝。师亨以本觉寺依山傍海、风景秀丽为由劝请师炼，终获许可。师炼以景阳山为此寺山号，作《景阳十境》等诗作。由是年冬至正中元年春的七年间，师炼兼领上述三寺，年年往来于京都与伊势。正中元年夏，在三圣寺南山士云等诸老的再三恳请下,师炼迫于人情入住圆通寺。元亨二年(四十五岁)八月,师炼撰成《释书》,上呈天皇,建言入大藏,未获许可。正中二年(四十八岁),八月撰《禅戒规》,十一月撰《佛语心论》。嘉历元年(四十九岁),十月应本派推选入住三圣寺。入住三圣寺七年间,师炼一直专心于传法著述,为本派三圣门派的繁荣殚精竭虑。

这一时期可谓师炼人生中学问著述最为丰赡的时期。师炼最为着力的两部著述《元亨释书》与《佛语心论》就完成于这一阶段。此外,其还编撰有《和汉编年干支合图》《病仪论》《禅门授菩萨戒轨》和《圣一国师语录》等作品。

(三)五山住持期(1332—1340)

五十五岁之正庆元年秋,师炼在檀越九条道教再三恳请下,接替十四世住持天柱宗杲出任东福寺第十五世住持。是时正值"正中之变"后,朝廷上下人心惶惶,政局动荡。师炼的出任无疑为东福寺的稳定起到了积极作用。次年(五十六岁),后醍醐天皇由隐岐逃归京都重掌朝政,是谓"建武中兴"。这年秋八月,后醍醐天皇于仁寿殿接见师炼,师炼即兴赋诗盛赞后醍醐之中兴伟业。建武元年(五十七岁)春,东福寺大殿起火化为灰烬。师炼在朝廷和关白一条经通的援助下,组织大殿重建。师炼在瓦砾堆中为僧众说法,为东福寺的再建和复兴做出了积极贡献。是年十二月,师炼辞东福寺,归济北庵。建武二年,师炼因西浦师云病重,于二月十七日再住三圣寺。建武四年四月八日,师炼辞三圣寺,再住东福寺。历应二年(六十二岁)三月,光严上皇命师炼入住五山第一之南禅寺,十九日,师炼拜谒光严上皇,上皇询问禅宗教外之旨。

随着名声威望于朝廷与禅林的日益显著,这一时期的师炼逐渐受到皇室(后醍醐天皇、光严上皇)、公家(九条道教)及幕府(足利尊氏、足利直义)的接见与倚重,师炼也得以升任位列五山的东福寺与南禅寺住持。这一时期的主要著述有《宗门十胜论》《文应皇帝外记》等。此外,亦有门徒为其编撰的语录《十禅支录》。

(四)晚年退隐期(1341—1346)

历应四年(六十四岁)春正月,南禅寺内发生纷争,同月十八日,师炼避归东福寺海藏院。从此自号"风月主人",不问世事。是年四月,师炼应九条道教之请,授其法衣。九月,撰《禅仪外文集》。康永元年(六十五岁),南朝后村上天皇授师炼国师号。康永二年正月,应足利直义之请讲《弥勒下生经》;六月,著《正修论》凡十章。康永三年二月,师炼创楞伽寺;四月,为亡母修法华八讲。贞和二年(六十九岁)正月,病重弥留,足利直义、近卫基嗣皆遣医问疾;七月二十四日,酉时圆寂。遗偈曰:"勿启予手,勿启予足。脱体现成,其人如玉。"

归隐后的师炼,或吟诗酬酢于禅林诸友之间,或出入授法于公卿显贵之门。为完成青年时的誓言,其建楞伽寺以酬报达摩祖师之恩;为了却母亲生前凤愿,其为亡母修法华八讲以荐冥福。在最后的岁月里,师炼仍旧笔耕不辍,编撰了《禅仪外文集》和《正修论》,以实际行动彰显了著述弘道的人生价值。

三、虎关师炼的著述

关于虎关师炼的著述,日本学者北村泽吉[1]、福岛俊翁[2]和千坂彦峰[3]等都有所论及。先贤诸家所论各有侧重,详略不一,故笔者在先行研究基础上,结合最新的研究成果从成立、内容和版本等方面就师炼的著述情况总结如下,以期对此问题有较圆满的解决。根据师炼的弟子龙泉令淬的《海藏和尚纪年录》[4],现将其著述按年代顺序列举如下(见表1-2):

表1-2　虎关师炼作品简介

作品	卷数	成立年代	年龄
《聚分韵略》	五卷	德治元年(1306)	二十九岁
《和汉编年干支合图》	一卷	正和四年(1315)	三十八岁
《病仪论》	一卷	元应二年(1320)	四十三岁

① 北村沢吉:『五山文学史稿』,富山房,1941 年版。
② 福嶋俊翁:『福嶋俊翁著作集』第 2 卷,木耳社,1974 年版。
③ 千坂嵯峰:『五山文学の世界—虎関師錬と中巌円月を中心に』,白帝社,2002 年版。
④ 塙保己一:『統群書類従』伝部第 9 辑下,第 461 页。

续表1-2

作品	卷数	成立年代	年龄
《元亨释书》	三十卷	元亨二年(1322)	四十五岁
《禅门授菩萨戒轨》	一卷	正中二年(1325)八月	四十八岁
《佛语心论》	十八卷	正中二年(1325)十一月	四十八岁
《圣一国师语录》	一卷	元弘元年(1331)	五十四岁
《十禅支录》	二卷	建武二年(1335)	五十八岁
《宗门十胜论》	一卷	延元三年(1338)	六十一岁
《文应皇帝外记》	一卷	延元四年(1339)	六十二岁
《禅仪外文集》	二卷	康永元年(1342)	六十五岁
《正修论》	一卷	康永二年(1343)	六十六岁

除以上据《海藏和尚纪年录》所列十二部作品以外,另据《国书总目录》的著录①,可知师炼另撰有:《济北集》(二十卷)、《禅余或问》(二卷)、《纸衣誊》(一卷)、《八海含藏》(一卷)、《出尘集》(三十卷)、《文章指南》(一卷)、《历代皇帝编年图鉴》(一卷)和《异制庭训往来》(一卷)。

上述二十部作品中,《出尘集》《文章指南》和《历代皇帝编年图鉴》今已不存,难以确定为师炼之作。关于《异制庭训往来》,福岛俊翁认为并非师炼所撰②。除此四部之外,余下十六部作品中,《病仪论》《宗门十胜论》和《文应皇帝外记》为收于《济北集》中的单篇文章。本节将详细考察其余十三部作品。另外,此十三部作品并非皆为师炼亲笔撰述。《济北集》为师炼门人收集其生前所作汉诗文作品编撰而成;《十禅支录》《禅余或问》和《纸衣誊》为师炼的门人,就其生前之接机对引等机缘语句以及上堂法语等所作的集录和编纂。据作品的内容,可将师炼的著述分为三部分:其一,内典集共六十卷,为佛教著述;其二,外学集共二十五卷,为儒学著述;其三,两者之外的其他著述,称为杂著,共一卷。下文据此分类就师炼著述分而论之。

---

① 辻善之助:『国書総目録』,岩波书店,1975年版,第339—340页。
② 福嶋俊翁:『福嶋俊翁著作集』第2卷,第125页。

（一）内典集（六十卷）

1.《元亨释书》三十卷，存

就此书的成书与内容，本书"绪论"已有所论及；就此书的版本情况，本书"第二章第一节"有详细论考，此处从略。

2.《禅门授菩萨戒轨》一卷，存

又名《禅戒轨》。师炼于正中二年（1325）八月，四十八岁时所撰。是书从禅戒一如的立场阐述禅戒之本质，开日本临济宗僧撰述禅戒书籍之滥觞。全书由演唱、问遮、发心、忏悔、请圣、三归、三聚、十重、轻戒和回向十门构成，各部概述了禅戒的意义和规制。现仅存写本，藏于龙谷大学图书馆。活字本收于《禅学大系·戒法部》。①

3.《佛语心论》十八卷，存

师炼于正中二年（1325）十一月，四十八岁时所撰关于《楞伽经》之注释书。全书共十八卷八十六品，十九万两千余字，在篇幅上仅次于《释书》。正如序文所言之"圣统不明，殆于丧矣。此论之作也，所以明之也"，师炼撰述此书主旨在于强调《楞伽经》乃禅宗之正统经典，通过注释经典以明禅宗本旨，重续道统。众所周知，《楞伽经》共有四种，现存三种，分别为刘宋求那跋陀罗译之四卷楞伽、北魏菩提流支所译十卷楞伽和唐实叉难陀所译七卷楞伽。《佛语心论》所注之本为成立最早的四卷楞伽。据《海藏和尚纪年录》，师炼十九岁时就有注释《楞伽经》的志向："师一旦旧然而自誓曰，楞伽四卷，为吾祖印心之经。而古难句读，注脚不下。我当锐志于此，以造之笺释，以报祖恩。且建一寺，名之楞伽，以寿其传。"②此书在撰述中大量引抄《楞伽经疏》，就此可详参三崎良周的论考③。

《佛语心论》撰成二十九年后的正平九年（1354），足利尊氏命人上梓刊行，藏于楞伽寺。其后东福寺僧于济北庵重刊，藏于京都兴圣寺。此外，又有宽永三年（1626）版，藏于早稻田大学图书馆、积翠文库、成篑堂文库等处。庆安二年（1649）版，为师炼之十一世法孙见叟智彻募金上梓重刻，于十年后

① 禅学大系编纂局编：『禅学大系·戒法部』，一喝社，1913 年版。
② 塙保己一：『続群書類従』伝部第 9 辑下，第 462 页。
③ 三崎良周：『虎関師錬の密教思想』，三崎良周，『密教と神祇思想』，創文社，1992 年版。

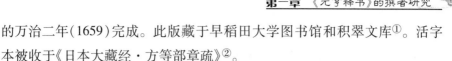

的万治二年(1659)完成。此版藏于早稻田大学图书馆和积翠文库①。活字本被收于《日本大藏经·方等部章疏》②。

4.《禅余或问》二卷,存

师炼门人于师炼逝后收集其生前草稿编撰而成。内容以师炼就徒弟对《楞伽经》等佛教经典的询问所作的释疑开示为主。现仅存宽文十二年(1635)版,其刊记曰:

> 宽文十二壬子年孟夏仲旬
>
> 中野市右卫门梓刊

此版藏于积翠文库、尊敬阁和成簣堂文库等处。

5.《圣一国师语录》一卷,存

师炼于元弘元年(1331)二月,为东福寺圣一派开祖圆尔辨圆编纂的语录。是书为师炼应忠首座之请,与众僧搜集整理圆尔辨圆生前入寺、上堂、小参、升座、拈香、入牌、下火、偈颂、像赞等法语、诗偈等,于元弘元年(1331)二月五日撰成。刊本主要有元和六年(1620)古活字版(藏于内阁文库、大谷大学等处)、延宝三年(1675)版(国立国会图书馆藏本)、文政十二年(1829)版(藏于京都大学、驹泽大学等处)。活字版收于《大正新修大藏经》第80卷和《大日本佛教全书》第95册。

6.《虎关和尚十禅支录》二卷,存

此书为师炼弟子编纂的、师炼五十八岁之前的语录。收录师炼自嘉历元年(1326)十月十九日至正庆元年(1332)入住三圣寺期间和正庆元年(1332)九月二十日至建武元年(1334)十二月入住东福寺期间的上堂、小参、升座、拈提、普说、偈赞、秉拂等法语。此书为师炼驻锡东福寺时,其徒众将其上堂、升座等接机法语整理编辑而成。此书十门的编纂结构以及题名皆为众徒依师炼之教示故意为之。

此书共有四种版本。

(1)建武二年(1335)版。据《海藏和尚纪年录》建武二年条,此版为大

---

① 白石芳留:『東福寺志』,東福寺,1930年版,第857页。

② 日本大藏经编纂会编:『日本大藏经』第10卷,鈴木学術財団,1973年版,第175页。

中成洛据师炼亲书本刊行,但不久佚失①。

(2)再刊版。大中成洛据前版再刊,但逢东福寺大火烧失。

(3)应永二十二年(1415)版。师炼之法孙、天龙寺第六十七任住持月岩令在命工刊行。其刊记曰:

应永二十二年乙未孟冬日

济北比丘令在命工刊行

龙阜寓住比丘桂文笔之

助缘一贯文比丘种善

此版藏于成篑堂文库、内阁文库和积翠文库等处。

(4)庆安四年(1651)版。此版为师炼第十一代法孙见叟智彻刊行。其刊记云:

庆安四年腊月念七

济北远孙沙门智彻、直以印本命工刊行

施主　优婆塞　归本

此本藏于内阁文库、积翠文库和驹泽大学图书馆等处。

7.《虎关和尚续禅支录》一卷,存

此书为师炼五十八岁之后的语录。当为大中成洛等人于师炼逝后编集。此书接续前作,将师炼于建武二年(1335)二月十七日至历应二年(1339)三月间再住三圣寺与东福寺期间,以及历应二年三月至四年正月十八入住南禅寺期间,所作上堂、小参、升座、拈提、立地、偈赞等接机语句与诗文收录其中。此书无序,仅于卷末可见应永二十二年和庆安四年刊记(与《十禅支录》刊记相同)。此书与上文所举《虎关和尚十禅支录》皆收录师炼生前的上堂法语和接机语句,为研究师炼禅学思想最基础的文献。此外两书所收大量诗偈亦为《济北集》未载之作,不应忽视。

---

① 塙保己一:『続群書類従』伝部第9辑下,第479页。

此书初版为月岩令在于应永二十二年（1415），与《虎关和尚十禅支录》一并刊行（与《十禅支录》刊记相同）。此版为见叟智彻于庆安四年（1651）的再刊本（与《十禅支录》刊记相同）。

8.《纸衣誊》一卷,存

此书为师炼的假名法语。撰者不明。是书为师炼于历应二年（1339）至四年住持南禅寺期间为僧侣俗众所讲的上堂法语。由于俗众不解汉语,故师炼"曲说倭语",以便于其理解领会禅学奥义。现存诸本皆为写本,藏于两足院、大谷大学、天授庵和春光院等处。活字本收于《国文东方佛教丛书》第二辑第一卷。

9.《禅仪外文集》二卷,存

此书为师炼于康永元年（1342）九月,六十五岁时所编、集录禅林四六文的范文集。是书序文言明撰述之旨:"我撮古之有体制者,作类聚备鉴戒。"即选取禅林尊宿所作疏、榜及祭文等以为范例,以备后世诸学参考借鉴。全书以"疏""榜"和"祭文"三种文体编排。"疏"部又下分山门疏、诸山疏、江湖疏和杂疏四类,集录慧洪觉范、橘洲宝昙、北涧居简、藏叟善珍、无文道璨和淮海元肇等中国宋代禅僧以及枢密使蒋颖叔、状元汪圣锡等官僚士人的疏文。"榜"部下分"茶"与"汤"两类,载录橘洲宝昙、北涧居简、淮海元肇、藏叟善珍、物初大观和无文道璨等禅僧之榜文。"祭文"部亦分为山门、诸局、诸山、江湖、杂祭五类,收录物初大观、无文道璨、橘洲宝昙、淮海元肇、藏叟善珍及慧洪觉范等禅林大德之作。

《禅仪外文集》成立当年即被上梓刊刻,有多种刊本。

（1）五山版。藏于岩崎文库、成箦堂文库等处。

（2）宽永三年（1626）版。刊记云:

宽永三丙寅历卯月上旬于四条寺町校正刊行

藏于岩崎文库、京都两足院等。

（3）宽永十四年（1637）版。藏于国立国会图书馆、驹泽大学图书馆等处。由于利用的便利性,是书刊印之后,于后世禅林流播极为广泛。

10.《正修论》一卷,存

康和二年(1343),师炼六十六岁之夏,于海藏院休养期间所撰。内容以阐释宗门要义,启发参禅诸徒修道开悟为主旨。全书由"序因""正宗""资度""功夫""除障""辨境""质惑""救偏""契悟"和"劝进"十章构成。此书为虎关师炼弟子大中成洛,于撰成当年,即康和二年付梓刊行。现存版本有两种:①正保三年(1646)版。为见叟智彻于正保三年刊行。藏于驹泽大学图书馆和积翠文库等处。②宽文六年(1666)版。藏于驹泽大学图书馆和龙谷大学图书馆等处。关于注释书,师炼之法孙干山师贞,为显扬师学,于宽保元年(1741)八月撰有《正修论注》。

11.《八海含藏》一卷,存

此书语言浅易通俗,当为启蒙俗众所编。内容为对佛教诸宗的起源以及于印度、中国和日本间传播流衍过程的概述。先叙述具舍、成实、律、华严、三论、法相、真言和天台八宗概要,然后简述佛心宗与净土宗发展过程。此书写本最初为上村观光发现,上村后将此写本赠予岛地大等,后者将此书全文刊登于《禅宗》杂志的第214号上①。活字本收录于《大日本佛教全书》第三册《诸宗要义集》中。

(二)外学集(二十五卷)

1.《聚分韵略》五卷,存

德治元年(1306)二月,二十九岁的师炼应一儒士之请,在借鉴参考《广韵》等宋代韵书的基础上撰成。是书据文字的性质与特征,进一步划分为"乾坤""气形""能艺""食服""光彩""虚押""时候""支体""生植""器材""数量"和"复用"十二门。此书被后世学者称为"三重韵",被多次重刊,流传极广。关于该书的诸本流播情况,可参考川濑一马②、奥村三雄③等日本学者的研究。

---

① 島地大等:「『十宗要道記』並『八海含藏』に就いて」,『禅宗』第214号,1913年1月。

② 川濑一马:『古辞書の研究』,大日本雄弁会講談社,1955年版。川濑一马:『五山版の研究』,日本古書籍商協会,1970年。

③ 奥村三雄:『聚分韻略の研究』,風間書房,1973年版。

2.《济北集》二十卷,存

《济北集》收录了虎关师炼毕生创作的诗赋论文,为研究师炼汉诗文必考之作品。全书由二十卷构成。卷一到卷六所收诗偈共五百四十四首,涉及题材包括天气、地理、山川、时令、人世、寺观、佛像、古迹、游历、器具、音乐、嗜好、饮食、蔬菜、果实、百草、花卉和竹木等,极其广泛。卷七收录原、记、铭,卷八收录序、跋,卷九收录辩、议、书,卷十收录外记、行状、传、表、疏等作品。特别是,卷七收录"三原"(《原嗔》《原慢》《原怨》)和《无价轩记》,卷八收录《佛语心论序》,卷九收录《五家辩》,卷十收录《文应皇帝外记》和《一山国师行状》等代表性作品。卷十一的《诗话》中,虎关师炼评论了孔子、陶渊明、李白、杜甫、韩愈、王维、韦应物、林和靖、黄山谷和王安石等人的作品,其中尤其激烈地批评了陶渊明的诗作和人品。卷十二的《清言》共有三十条,由师炼的弟子对其日常的说教言行记录编纂而成,内容前半部主要以师炼对禅宗相关经典的解释和说明,后半部论述经史与诗文的关系以及诗书文章的作法等。卷十三《祭文》收录渡日元僧一山一宁的祭文等共二十六篇。卷十四《论之一》收录《宗门十胜论》《病仪论》等篇目,前者论述禅宗较佛教其他宗派的优越性,后者是师炼根据自身的罹病体验所论内容。卷十五《论之二》记述了师炼对李斯、萧何、汉文帝、武则天、姚崇等中国历史人物的评论,从中可窥见师炼的中国史观。卷十六《通衡之一》是师炼对《大藏经》及《楞伽经》的论述。卷十七《通衡之二》和卷十八《通衡之三》主要围绕宋儒圭堂的《大明录》展开论述。卷十九《通衡之四》是师炼对《尚书》《周易》《春秋》《论语》《中庸》等中国经典以及汉高祖、孟子、公孙龙、司马贞等历史人物的评论。卷二十《通衡之五》收录了师炼对庄子、列子、荀子、孙子等诸子学说以及韩愈、李白、白居易等人诗文的评论。

此书版本主要有两种:

(1)庆安三年(1650)版。其刊记云:

　　庆安庚寅暮秋吉旦
　　书林中野氏是谁刊

此版藏于国立国会图书馆等处。

（2）贞享元年（1684）版。藏于国立国会图书馆。

（三）杂著（一卷）

《和汉编年干支合图》一卷，佚

据《海藏和尚纪年录》所载，是书为师炼正和四年（1315）所撰①。今已不存。

四、结语

综上所述，笔者就师炼的传记资料、生平履历以及著述等进行了基础性考察。师炼的传记资料，以其亲侍弟子龙泉令淬所撰《海藏和尚纪年录》最为权威翔实，后世所出传记皆以此书为据。纵观师炼的一生，其淡泊名利，多次拒绝住持官寺的朝廷任命，潜心于学问与撰述。师炼的著述繁多，可谓五山文学前期著述最为丰富的禅僧，为后世留下了儒佛著述共十四部、计八十六卷之多。著述弘道的高远志向与荷担佛法的强烈使命感，构成了师炼孜孜不倦、潜心著述的精神动力。

第二节　虎关师炼的儒学造诣

一、先行研究

关于师炼的儒学造诣，中日学界多是从五山汉文学的角度集中于对其汉诗文的研究。日本学者久须本文雄②、千坂彦峰③和佐佐木朋子④等进行

---

① 塙保己一：『続群書類従』伝部第 9 輯下，第 469 頁。

② 久須本文雄：『虎関師錬の中国文学観』，『禅文化研究所紀要』12 号，1979 年。

③ 千坂嶮峰：『五山文学への道—虎関師錬の詩話と詩—』，『聖和』17 号，1980 年。

④ 佐々木朋子：『虎関師錬の詩的基盤』，『日本文学』28 巻 7 号，1979 年。

了深入的研究,值得参考。中国学者俞慰慈①、黄威②等人的研究亦颇有见地。有鉴于此,笔者拟从师炼儒学修习的背景及特征等方面试做如下考察。

二、儒学修习的背景

佛教传入中国后,历朝历代皆涌现出精通儒学的高僧大德,如慧远、道安、玄奘、道宣等。僧侣熟读经史、百家之言和诗赋文章,本质上是为了通过与精通儒学的文人士大夫交往,以会通儒佛,传播佛法。有宋一代,赵氏政权吸取唐末五代军阀割据的历史教训,犹重文治,大力扶持儒释道三教文化发展。另外,新兴禅僧为应对宋儒的排佛运动,更加重视援儒入佛,倡导儒佛一致。契嵩、北涧居简、觉范慧洪和圆悟克勤皆为博学内外的高僧,契嵩更是被称为"儒僧"。在这一时代背景下,宋代禅僧修习儒学、同士大夫酬和诗文之风也随着禅宗的东渡被"移植"入日本禅林。渡日禅僧兰溪道隆、无学祖元和一山一宁皆精通儒学。

一山一宁对师炼教诲极深。自正安元年(1299)一山一宁渡日至其圆寂的文保元年(1317)共十九年间,师炼求学于一山门下,就其咨问儒道百家,裨益极深。尤其是《元亨释书》的撰述多受一山的启发影响。师炼在《一山国师行状》中追忆这段经历时说:"予游师门十数祀,所请之益不鲜矣。"③可见一山一宁对师炼儒学修养的教导与感化是何其深厚。其后,师炼在修禅之余更加专注于对儒家典籍的涉猎与阅读,并犹以对"儒僧"契嵩推崇备至,龙泉令淬论师炼文风曰:"师于文也,其所慎者独明教嵩耳。"在给中岩圆月的回信中,师炼自言:"有三高僧传,谓梁唐宋也。……盖古德勤道不勤学。三传不备者,不勤学者与。唐宋之间,道学兼备者间有之。不造佛史之全书,何哉?就中而言,明教嵩公其人也。"④梁唐宋三朝高僧传不备史体的原因在于撰者"勤道不勤学",即勤于修道而疏于习儒。唐宋间道学兼备(儒佛兼修)者唯有契嵩一人,足见其对契嵩之推崇。对中国僧人儒佛兼修的推崇

① 俞慰慈:《五山文论发微——以日本临济宗圣一派本觉国师虎关师炼〈济北集〉为例》,《复旦大学第二届中国文论国际研讨会》,2009年。
② 黄威:《论宋代诗学思想对日本〈济北诗话〉之影响》,《船山学刊》,2009年第2期。
③ 上村観光:『五山文学全集』第1卷,第228頁。
④ 塙保己一:『続群書類従』伝部第9辑下,第490頁。

构成了师炼钻研儒学的主要原因。

三、虎关师炼的儒学修养

据《海藏和尚纪年录》记载,师炼自幼明敏颖悟,素喜读书,其五岁从乃父习学儒书,十七岁从菅原在辅习《文选》,二十岁从源有房习得《易传》及卜筮之学。弱冠之年就已博览经史百家之书,学通内外。元弘二年(1332)七月二十三日,中岩圆月在与师炼的书信中如此赞赏其学问:

> 凡吾西方经籍五千余轴,莫不究达其奥。置之勿论。其余,上从虞夏商周,下逮汉魏唐宋。乃究其典谟训诰矢命之书,通其风赋比兴雅颂之诗。以一字褒贬,考百王之通典。就六爻贞悔,参三才之玄根。明堂之说,封禅之仪。移风易俗之乐,应答接问之论。以至子思、孟轲、荀卿、杨雄、王通之编。旁入老、列、庄、骚、班固、范晔、太史纪传。三国及南北八代之史。隋唐以降五代、赵宋之纪传。乃复曹、谢、李、杜、韩、柳、欧阳、三苏、司马光、黄陈晁张、江西之宗、伊洛之学。轇轕经纬,旁据牛援。吐奇去陈,曲折宛转。可谓座下于斯文不羞古矣。①

师炼所阅书籍,除内典经籍之外,亦广涉《尚书》《诗经》《春秋》《易》及《礼》之儒家经典、诸子百家之撰述、《史记》《汉书》以下至《五代史》之历代纪传体正史和唐宋诸家诗文。师炼的学问,"上从虞夏商周,下逮汉魏唐宋",出入经史子集,可谓无所不包,无有不涉。《济北集》中,多见师炼对儒家经典、正史列传、《老子》《列子》《荀子》《孙子》等诸子百家以及曹植、韩愈、杜甫和苏轼等中国文人著述的评论。其文多为片段性的评说,共三十余条,反映了师炼对儒家经史子集之学的阅读与思考。笔者举代表性文段,就师炼之儒学思想从经、史、子、集四个方面分而论之。

(一)经学

一般而言,"经"是指以孔子为代表的古代儒家所撰典籍的通称。所谓

---

① 上村観光:『五山文学全集』第 2 卷,思文閣,1973 年版,第 966 頁。

"经学",是指就儒家所撰"经",解释其语句内涵、阐明其义理的学问。经学构成了中国古代学术的主体。师炼对儒家经典颇有涉猎,并敢于推翻经典注疏之说,多发前人未发之创见,颇有新颖独到之处。

1.《尚书》

《尚书》,又称《书经》,是记录尧舜至春秋时代秦穆公时期的官方文件总集。秦汉以来,被奉为儒家五经之一。师炼论《尚书·金縢》篇曰:

　　《尚书正义》,孔颖达所撰。……又《金縢》曰:"史乃祝曰:'惟尔元孙,某遘厉疾。'"孔氏传曰:"元孙武王某名。臣讳君故曰某。"《正义》曰:"本告神云元孙发。臣讳君故曰某也。"《泰誓》《牧誓》皆不讳发,而此独讳之。孔惟言臣讳君,不解讳之意。郑玄云:"讳之者,由成王读之也。意虽不明当谓成王开匮得书。王自读之至此字口改为某。史官录为此篇。因遂成王所读故讳之。"此义不尔,何者?《金縢》本是周公所作。周公,臣也。武王,君也。臣讳君故曰某。安国之注,其义顺矣,颖达作曲说云。《泰誓》《牧誓》皆不讳,而此独讳之是引例之不当也。盖泰牧二誓武王所作不可讳发也。《金縢》,周公作,岂可不讳乎?郑氏之成王读之义本甚迂也。颖达作《正义》当辨斥之。而作佐说云。成王改口为某。史官录为此篇。颖达之意,成王读时史官在傍执笔录之。若成王读时史氏不录者,此篇亡失乎?何其躁甚哉!只是此篇成王读毕付史官,史官写之传世耳。若其某字周公讳之,改发为某何深义之有。况安国注自顺正乎。颖达为诬,横托郑氏为穿凿,不足为《正义》也。①

对《金縢》中"史乃祝曰:惟尔元孙,某遘厉疾"之"某"字,孔安国认为,周武王名姬发,周公身为臣下,为避讳其名而故意以"某"字代称之。但孔颖达在《尚书正义》中引郑玄之说,认为"某"字并非周公所作,而是由于此文为祭典上诵读之祭文,周成王(武王之子)在读的时候故意将"发"改成"某"

---

① 上村観光:『五山文学全集』第1卷,第345頁。

字,史官依周成王所读之内容笔录,故记作"某"字。《尚书》所收《秦誓》与《牧誓》中记"发"而不载"某"。对此,师炼大加贬斥,认为《秦誓》与《牧誓》二文为周武王之作,当然不会避讳己名,但《金滕》为周公所作,周公为人臣子,必须避讳君名,改"发"作"某"。故师炼褒孔安国之注,而大抑孔颖达之疏曰"安国之注其义顺矣,颖达作曲说云",甚至指斥其"不足为《正义》也"。

2.《论语》

《论语》,是由孔子弟子编撰的、记录孔子言行的文集。对记载儒家创始者孔子言论的《论语》,师炼同样以怀疑与批判性的态度审视对待。

> 《论语》曰:"齐一变至于鲁,鲁一变至于道。"吾以为非孔子之言矣。何也?我见齐鲁之兴也,且尚之始。圣贤之治,非无降杀矣。而至于春秋之时,未有优劣焉。然齐犹有桓公树霸业焉。鲁未能霸乎。其余主者互有失得。鲁遂未胜齐矣。只孔子之时三千七十二五之徒,讲道艺学礼仪,是鲁之胜齐之见者也。……是齐之一变而所以为鲁乎。下者且随之,上未焉矣耳。续以鲁变道而为言,岂圣人之者发兹阔大之吻哉?①

"齐一变至于鲁,鲁一变至于道"之句出自《论语·雍也》。所谓"道",是指孔子所倡行仁政之"王道"。孔子认为鲁国的国政近乎仁政,如果进一步改善,就可实现王道。而齐国虽比鲁国富有,但在施行仁政方面不如鲁国,故齐国在仁政方面进一步完善才能接近鲁国。师炼认为此句并非孔子所言。他提出,春秋时齐鲁两国在文化上并无优劣之分。齐国在桓公治下曾为春秋五霸之一,由于鲁国未称霸,可以说齐国优于鲁国。鲁国因有孔子及其三千门徒,故可认为鲁国在文化上优于齐国。但"鲁一变,至于道"之言不免迂阔而不切实际。

3.《中庸》

《中庸》一书,本为《小戴礼记》的第三十一篇,相传为子思所作。宋代程颐、朱熹将其作为儒家修养"道学"的根要列入"四书"之中。

---

① 上村観光:『五山文学全集』第 1 卷,思文阁,1973 年版,第 347 页。

《中庸》云:"子路问强,子曰国无道至死不变,强哉矫。"予见子路死卫难,可谓守中庸矣。或云:"出,公子也。庄公,父也。子路党子背父,其死不顺乎?"曰:"是谓国无道也。君子乱邦不居,危邦不入,不得已而遇之,是先居焉。出公虽子,先主也。庄公虽父,后主也。不得已而遇之,君子与先焉。子路之结缨者,可谓守中庸矣。"①

师炼由《中庸》第十章中孔子对子路的回答——"国无道至死不变,强哉矫"之句,进一步结合子路之行事赞扬其"可谓守中庸矣"。子路,本名仲由。为人伉直,好勇力,是孔门七十二贤之一。周敬王四十年,卫国乱,父子争位,为救卫出公姬辄,为蒯聩所杀。师炼两处褒扬子路"可谓守中庸矣"。其一赞"子路死卫难",其二褒"子路之结缨"。前者是指子路即使面对"国无道"之危难境遇仍旧不惜身命忠于先主卫出公;后者所谓"结缨",语出《左传·哀公十五年》之"子路曰,君子死,冠不免,结缨而死",是指子路宁被杀戮犹不舍儒者之气节——冠缨,手结冠缨慷慨赴死。那么,师炼所论子路"死卫难"与"结缨"二事是否合中庸之道呢?何为"中庸",朱熹解释说:"中者,无过无不及之名也;庸,平常也。"程颐解释为:"不偏之谓中,不易之谓庸。"②即不偏不倚、无过无不及为"中",始终如一、经久不变叫"庸"。表面看来,两者似乎有所区别,但实为辩证统一。朱熹云:"中庸只是一个道理,以其不偏不倚,故谓之中;以其不差异可常行,故谓之庸。"③子路守忠于旧主而"死卫难",守节于儒门而"结缨",正为恪守"中庸"之楷模。看来师炼此处所谓之"中庸"更偏重于始终如一之意。

4.《孟子》

《孟子》一书七篇,由孟子及其弟子编撰,以战国时期孟子的言论为主要内容,被列为儒家五经之一。

---

① 上村観光:『五山文学全集』第 1 卷,第 346 页。

② [宋]朱熹:《四书章句集注》上册,上海古籍出版社,2006 年版,第 23 页。

③ [宋]朱熹:《朱子四书语类》,上海古籍出版社,1992 年版,第 966 页。

　　齐宣王问孟子:"齐桓晋文之事,可得闻乎?"孟子对曰:"未闻也。"后宣王见于雪宫。孟子引晏子语景公事告之。宣王大悦。呜呼,孟子可谓善教者矣乎! 盖孟子始见宣王,未知宣王王霸才。故先欲进王业,佯曰:"桓文事未闻也。"孟子岂不知桓文事哉。庶或引王入王域。故曰:"未闻也。"渐见宣王无王才,不得已雪宫宴,引晏子言教宣王。孟子之于宣王也,厚矣乎。臣之思君之深未有也。夫仲尼徒,无道桓文事,宁下景公乎? 况晏子乎? 然宣王之不才也,不忍弃,犹引晏子言教之。然则,大贤之教救世思君者如孟子者,鲜矣。为人师者,可不为执轨格乎?①

　　《孟子·梁惠王章句下》记载齐宣王两度问政于孟子之事,师炼据此发论。齐宣王首度问政孟子齐桓晋文之事,欲从先王的霸业成就中寻得称霸列国的方法,但孟子答曰:"臣未之闻也。"②齐宣王再度问政孟子关于齐景公寻访民间之事,孟子认为有助于齐宣王体察民间疾苦,故回答之。就孟子拒答的原因,师炼认为,孟子并非不知齐桓晋文之事,而是由于其不知宣王是否具有王者霸者之才,故佯装不知。但孟子恳切盼望宣王成为贤主,故雪宫之问,孟子引齐景公与晏子之例教示齐宣王。文末师炼盛赞孟子应机施教,"可谓善教者",其"思君之深未有也",从中亦可见师炼对孟子所倡施行仁政的民本思想是极为认同的。但认同之余,师炼亦对孟子之论多有反思。其于《济北集·瞽瞍杀人论》中对孟子之论就大加批判。先引《孟子·尽心章句上》瞽瞍杀人一事如下:

　　桃应问曰:"舜为天子,皋陶为士,瞽瞍杀人,则如之何?"孟子曰:"执之而已矣。""然则舜不禁与?"曰:"夫舜恶得而禁之? 夫有所受之也。""然则舜如之何?"曰:"舜视弃天下犹弃敝屣也。窃负而逃,遵海滨而处,终身䜣然,乐而忘天下。"③

---

① 上村観光:『五山文学全集』第1卷,第348页。
② 杨伯峻译注:《孟子译注》,中华书局,2012年版,第15页。
③ 杨伯峻译注:《孟子译注》,第350页。

对此,师炼反论曰:

> 孟子只言法而不言道矣,言介而不言治矣。皋陶之执之,与舜之不禁者,法也。舜之敝踪天下,窃负逃乐者,介也。介之与法者,岂圣人之本乎哉。故曰非至道治德矣。夫道者,法之本也。法者,道之枝也。世宁有伤本而保枝之理乎哉。孟子只知舜之弃天下之无欲,而不知弃天下之不仁矣。何也?舜之为君也,民被仁焉。舜之外也,民受害焉。无欲者,一身之介也。不仁者,天下之害也。孟子曷崇巢由之介,而不崇尧舜之治焉;重申商之法,而不重唐虞之道焉乎哉。……予反复孟子之言也。七篇之中多言道矣。特此章先法后道者,盖有激乎?①

师炼于篇首提出论点:"孟子只言法而不言道矣,言介而不言治矣",而后分而论之。首先,孟子认为舜应任凭皋陶拘捕其父瞽瞍的观点,是法家"法治"思想的表现;其次,孟子所言舜弃天下之举,并非"无欲"之"介"。两者皆为"不仁"之表现,非"圣人之本","非至道治德"。最后,师炼总结道:"孟子曷崇巢由之介,而不崇尧舜之治焉;重申商之法,而不重唐虞之道焉乎哉。"即孟子不应推崇许由和巢父的耿介,而应倡导尧舜之仁治;不应重视商鞅与申不害的法家之"法",而应重视唐尧与虞舜时代的仁治之"道"。故而,师炼所言"夫道者,法之本也;法者,道之枝也"之"法"与"道",分别指法家之"法治"思想与儒家之"仁政"观念。而"仁政"正是《孟子》全书的核心思想,这也是师炼于文末发问"七篇之中多言道矣。特此章先法后道者,盖有激乎"的原因。全文论证环环相扣,颇具说服力。

5.《春秋》

《春秋》为孔子所撰的、记载鲁国隐公元年至哀公十四年共二百四十二年的史事。《春秋》之文辞极为简洁,一字一句皆暗含褒贬,被后人称为"微言大义"。关于《春秋》"大义",最早的解释见于《孟子·滕文公下》:"世衰道微,邪

---

① 上村観光:『五山文学全集』第1卷,第290頁。

说暴行有作。臣弑其君者有之,子弑其父者有之。孔子惧,作春秋。"①师炼对《春秋》经传的研读与接受程度很高,集中表现在《释书·资治表》的撰述中。详细参见本书第三章第二节。

(二)史学

在五山禅僧中,若论对中国史学主动学习模仿、并将所学运用于修史实践者,当首推师炼。师炼对中国史籍的学习研究既广博又深入,可从以下几个方面论述。

1.博览内外史籍

师炼对中国儒佛史籍皆有广泛而深入的研读,下文分而论之。

(1)精通儒家史籍。

1)通读纪传体正史。中岩圆月论及师炼所涉经史诸书曰:"旁入老、列、庄、骚、班固、范晔、太史纪传,三国及南北八代之史,隋唐以降五代赵宋之纪传。"②中国正史中,由《史记》《汉书》及《后汉书》至《三国志》《晋书》《宋书》《南齐书》《梁书》《陈书》《魏书》《北齐书》《周书》《隋书》《南史》《北史》《旧唐书》《新唐书》《旧五代史》和《新五代史》皆为师炼所尽览。可见,师炼博览群书,于正史研究尤详。

2)推崇编年体《春秋》。师炼最为推崇的编年体史书为《春秋》及"春秋三传",其评《春秋》之用字行文曰:

> 文之严也,莫逾于《春秋》矣。不熟《春秋》而曰文者,非也。书霣者,曰石五。书飞者,曰六鹢。下字之妙,常人难及焉。夫飞者,不辨何物,而其数先见焉,熟视知质,故六在鹢上。霣者,不啻不辨何物,其数亦不委几许,至地而后数定,故五在石下。故左氏习之曰,庭实旅百。呜呼!圣人于文也,何其精到此乎③

《春秋》字字珠玑,下笔精到。师炼极尚《春秋》用字之谨严。师炼所举"石五""六鹢"之例出自《春秋》僖公十六年之"陨石于宋五。是月,六鹢退

---

① 杨伯峻译注:《孟子译注》,第 164 页。
② 上村观光:『五山文学全集』第 2 卷,第 966 页。
③ 上村观光:『五山文学全集』第 1 卷,第 344 页。

飞,过宋都"。《春秋》书"六鹢",是由于记飞鸟,于远处时不知为何种鸟类,故先看清飞鸟之数量,飞近后才能辨别出飞鸟为"鹢";《春秋》书"石五",是由于记陨石,下落时不知为何物,在其落地后先辨别为石,后辨明数量。"石五""六鹢"正反映出记录者观察事物的先后顺序。"圣人于文也,何其精到此乎",足见师炼对《春秋》用字之精练严谨推崇之至。

总之,师炼对中国史籍的涉猎极广,既包括纪传体正史之《史记》《汉书》和《后汉书》等十九部正史,也包括《春秋》经传和《资治通鉴》等编年体史籍。

(2)熟读佛教史籍。师炼对中国佛教史籍的研读,可谓广泛而深入。通过考察其著述(以《济北集》和《释书》为主)中对佛教史籍的评论,可知师炼所涉猎中国佛教史籍主要有:以十科分类法编排撰述的《高僧传》《续高僧传》和《宋高僧传》;宋代纪传体佛教史籍《释门正统》和《佛祖统纪》;宋代编年体佛教史籍《隆兴编年通论》;宋代灯录体佛教史籍《景德传灯录》和《五灯会元》;以禅宗法统为主线编撰的《禅林僧宝传》等。其中,以对《高僧传》《续高僧传》《宋高僧传》《释门正统》与《佛祖统纪》的论评最为翔实,可见师炼对上述五部书的研读着力最深。其评这五部佛教史籍曰:

> 我浮图氏朴略无全史焉,盖不意于兹也。以故梁唐宋三传皆偏传也,次而出者皆一家别传也耳。赵宋末,有铠庵吴克己撰《释门正统》,学于太史公也。而崇台教拙取舍。夫欲列万僧专系一宗,宁得为通史乎? 其后志磐纂《佛祖统纪》,亦陷铠庵覆辙焉。①

师炼以"偏传""一家别传"和"通史"三个关键词评论中国佛教史籍。所谓"偏传",是指梁唐宋三朝高僧传仅设传部十科收录僧传,而未有表、志等体例做补充。所谓"一家别传",是指后出的佛教史籍多为各宗各派为彰显自宗正统与优越所作的类传,如《禅林僧宝传》专录禅宗僧侣。而"通史"之论,是说《释门正统》与《佛祖统纪》皆为天台宗僧人吴克己与志磐出于维护天台宗正统之目的而撰述,故两书难称"通史"。师炼的评论里流露出对

---

① 上村観光:『五山文学全集』第1卷,第210页。

中国佛教史籍的贬低与个人的自负，但也可窥见其对上述佛教史籍的内容、体例和编纂思想都有相当程度的把握与思考。师炼评吴克己《释门正统》与志磐《佛祖统纪》的纪传体例"学于太史公"，可谓颇有见地。需要强调的是，中国佛教史籍是中国僧人在吸收仿效儒家史籍体例和编纂思想的基础上创作的。师炼通过对比中国儒佛史籍的异同，能够认识到中国僧人在借用儒家史籍体例的同时，不拘泥于儒家史籍体例的限制，根据撰写的实际需要灵活地创造出新的佛教史籍体例，这是难能可贵的。这也启发师炼模仿借鉴中国儒佛史籍的体例与撰述思想，并构建了《释书》传表志赞论的纪传体例。可以说，《释书》的撰述与中国佛教史籍的启发与影响密不可分。

尽管中国佛教史籍对师炼启发颇多，但师炼对中国佛教史籍及其撰者的评论亦多用贬词。如其评梁唐宋三朝高僧传的撰者慧皎、道宣和赞宁三师曰："三传之师，道博德大而吾之所钦也。然史才者，末也矣。"①师炼认为，梁唐宋三传撰者虽"道博德大"，但"史才"平庸。三传撰者不应仅满足于以十科体例来撰述僧传，而应该从撰史者的角度以编年体《春秋》与纪传体《史记》为最高标准，融合编年纪传之长于一体，创造出新的综合性佛教史籍。又如师炼评《佛祖统纪》撰者志磐曰："东湖志磐撰《佛祖统纪》，可谓博涉。而其间不能无镈。其立志也，以《净土立教志》先于《诸宗立教志》，何不伦之甚乎？……夫笔削者以识为主，磐师乏之乎哉。"②师炼认为，"识"，即史识，是修史者最重要的素质。志磐将专载净土宗俗众传记的《净土立教志》编排于收录诸宗高僧大德传记的《诸宗立教志》之前，是对佛教诸宗主次轻重的认识不清，是缺乏"史识"的表现。在学习继承中国佛教史籍体例思想的同时，亦敢于提出批评和己见，师炼的学问态度值得肯定。

师炼评人论史所用"史才"和"识"等语受到唐代史学家刘知畿"史才三长"说的影响。此论源于《旧唐书·刘子玄传》："礼部尚书郑惟忠尝问：'自古文士多，史才少，何耶？'对曰：'史有三长：才、学、识。世罕兼之，故史者少。夫有学无才，犹愚贾操金，不能殖货；有才无学，犹巧匠无梗楠斧斤，弗

---

① 黑板勝美編：『日本高僧伝要文抄・元亨釈書』，国史大系第 31 卷，吉川弘文館，1941 年版，第 448 頁。
② 上村観光：『五山文学全集』第 1 卷，第 339 頁。

能成室。善恶必书，使骄君贼臣知惧，此为无可加者。'"①刘知幾之语被后世称为"史才三长"说。一般认为，刘氏所谓"史才"，是指史家应具备的修史才能，具体指史家应有的搜集文献和撰述行文的能力。所谓"史学"，是指史家应具有的广博的学识。所谓"史识"，是指对事件的是非曲直和人物的善恶忠奸的辨别能力，"彰善瘅恶"和"善恶必书"的实录立场。刘知幾所著《史通》系统地总结了唐前史学理论，是我国古代史学理论的奠基之作。尽管师炼所谓"史才""史识"与刘知幾之论有所出入，但师炼对刘知幾的"史才三长"说等史学理论的主动运用，从一个侧面说明了师炼对中国史学理论的涉猎之广、造诣之深。

2. 深谙各种体例

通过对体例繁多的中国史籍的博览强记，师炼形成了对各种体例史籍的系统而全面的认识和把握，其对中国史籍体例的品评中亦不乏真知灼见。

（1）对纪传编年二体的把握。就纪传体与编年体史籍的编撰，师炼论曰："凡史传之法有二焉。岁时，一也，合类，二也。岁时，不可紊先后也，合类，不能无贤愚也。"②编年体记史以时间为线索，应按年时月日为序记事，避免时序混乱，前后累出；纪传体叙事以人物为中心，应以人物品行为纲编排史事，避免善恶不分、良莠不齐。师炼对两种体例的认知很是到位。

（2）对"赞论"体例的认知。

> 司马贞难太史公"赞"，曰："君臣百行不能备论终始，乃取一事引一奇，为一篇赞，诚所不取。亦明月之珠不能无类矣。"予谓："不然。史迁岂不能备论终始耶？盖史传赞，自有体耳。若如小司马言，是即论也，非赞矣。赞论异体，不可混而已。"曰："史传赞体，可得闻乎？"曰："子不见左氏传之'君子曰'乎？逢其一奇事必措词焉。只左氏遇处设之，史迁施之尾耳。盖太史公作史记时立为法耳。不必备终始者，丘明之遗意也矣。"③

---

① ［后晋］刘昫等撰：《旧唐书》，中华书局，2000年版，第2150页。
② 上村観光：『五山文学全集』第1卷，第349页。
③ 上村観光：『五山文学全集』第1卷，第352页。

为便于理解，笔者将司马贞《史记索隐》对《史记》"赞论"体例的评论附录于脚注①。司马贞认为《史记》之赞"不能备论始终"，叙事前后不相照应，内容不够完整。师炼不认同这一观点，他认为"赞"应有别于"论"，不可混淆。司马贞所论，当为"论"体的职能。师炼以《左传》"君子曰"为例阐释赞体的职能，他认为"赞"体的职能在于就事论事，褒贬传主，以托评史事；"论"体的职能在于叙事说理，或论述历史发展规律和人事兴衰之理，或揭示取材义例和述作之旨，具有浓厚的史论色彩。"赞"这一史书体例源于《左传》之"君子曰"，而后为《史记》以"太史公曰"的形式系于传末成为独立的史书叙事体例。《史通》曰："夫论者，所以辨疑惑，释疑滞。"②可见，师炼对"论"体的认识同《史通》的相关表述相承不悖，其对"赞论"体例的理解透彻到位。

3. 对儒家史籍的批判与反思

师炼对儒家史籍之熟稔，不仅在涉猎广博，更体现在其在博涉基础上的辩证思考和批判反思。师炼在广泛涉猎儒家史籍的同时，对被儒家学者奉为经典的《史记》《左传》等尤为重视精读与反思。其并未因《史记》与《左传》的经典地位而盲从于成说与旧例，往往辩证性地审视品读，并善于提出问题，在考证问题的过程中总结出自身对史籍体例及编撰方式等问题的独到见解。

师炼极为推崇司马迁和《史记》，其称赞道："夫《史记》者，经世之公典也。"③甚至《释书·序说志》中，他借用太史公"成一家之言"之说阐释《释书》撰述之动机。但他并不盲目崇拜司马迁与《史记》。不仅如此，他还认为《史记》并非十全十美，也存在着缺点与不足：

> 予详太史公文，刘向扬雄以下皆为良史者亦宜焉。班氏摘其失，又当矣。其下字不精者，古文之通患也。其议论不合道者，不

---

① [汉]司马迁撰，[唐]司马贞索隐：《史记》，中华书局，2003 年版，第 135 页。原文曰："右述赞之体，深所不安，何者？夫叙事美功，合有首末，惩恶劝善，是称褒贬。观太史公赞论之中，或国有数君，或士兼百行，不能备论终始，自可略amended概，遂乃颇取一事偏引一奇，即为一篇之赞，将为龟鉴，诚所不取。斯亦明月之珠，不能无类矣。今并重为一百三十篇之赞云。"

② [唐]刘知几撰，[清]浦起龙释：《史通》，上海古籍出版社，2015 年版，第 74 页。

③ 上村観光：『五山文学全集』第 1 卷，第 349 页。

鲜矣。《李斯传·赞》云:"人皆以斯极忠而被五刑死。察其本乃与俗议之异。不然斯之功且与周邵列矣。"呜呼! 迁也! 何容易而发言乎![1]

师炼批评司马迁对历史人物的评论"不合道者,不鲜矣"。此处所谓"道"是指儒家孔孟之道。儒家提倡行"仁政",反对法家之"法治"思想。李斯本从荀子习学儒家经典,但入秦后却离经叛道,以严刑峻法统治民众,司马迁却评其曰:"不然斯之功且与周邵列矣。"这正是师炼批判其"不合道"的原因。

师炼对以叙事详赡著称的编年体史籍《左传》的评价亦是褒中有贬,带着批判与思考:

> 《春秋左氏传》,文辞富赡,为学者所重。而其法律不严,往往作议者在焉。我于晋事见之矣。夫晋之记于春秋也,隐桓庄闵之间不见经焉。至僖二年始策曰:"虞师晋师灭下阳。"传始于隐五年。……闵元年曰:"晋侯作二军。"僖十年曰:"遂杀丕郑、祈举,及七舆大夫:左行共华,右行贾华、叔坚、骓颥、累虎、特宫、山祈,皆里丕之党也。"二十七年曰:"搜于被庐作三军。"二十八年曰:"晋侯作三行以御狄。荀林父将中行,屠击将右行,先蔑将左行。"……左氏记事也,不考始末矣。盖三行之名,兴僖之二十八也。曷于十年书左行共华,右行贾华乎? 又夫十年里丕之乱者,惠公之初也。惠公只用献公二军之制而已,未有三军矣,况三行乎? 何也? 晋之有三军者,文公之时也。若惠之世有三军,文公被庐之蒐不可始作三军矣。以被庐而言惠之世不复三,而只父之二之者无疑矣。国岂二军而有三行之名哉? 若又献惠之世有三行,左氏不可书之于文。文之世,始为三行,惠之时不可系于二华矣。又见其一二军之渐来,惠之始不可有三行矣。[2]

---

① 上村観光:『五山文学全集』第1卷,第352页。
② 上村観光:『五山文学全集』第1卷,第345—346页。

师炼褒扬《左传》"文辞富赡"的同时,也批评其"法律不严"。所谓"法律"是指"史法",即编年体史书叙事,当注重前后照应,应避免所载史事前后屡出,互相矛盾。师炼以晋国扩充军备一事为例展开论述。其将《左传》所载晋国史事逐年罗列:闵公元年,"晋侯作二军"(晋献公);僖公十年,"遂杀丕郑、祈举,及七舆大夫:左行共华,右行贾华"(晋惠公);僖公二十七年,"搜于被庐作三军"(晋文公);僖公二十八年,"晋侯作三行以御狄"(晋文公)。通过对比前后史事,师炼提出《左传》僖公二十八年条载晋文公于三军之外始设"三行",但前出之僖公十年条却记"左行共华,右行贾华",认为两者前后矛盾,《左传》记事"不考始末"。那么,僖公二十八年所言"三行"与僖公十年所载"左行共华,右行贾华"之"左行""右行"是指同一事物吗?所谓"三行",是指晋文公五年(前632)晋国为抵御狄族,在上、中、下"三军"之外增设的三支步卒:中行、右行和左行。"三行"配合"三军"之上军、中军、下军的战车部队作战。《左传·僖公二十八年》曰:"晋侯作三行以御狄。荀林父将中行,屠击将右行,先蔑将左行。"杜预注云:"晋置上、中、下三军,今复增置三行,以辟天子六军之名。"①关于僖公十年所载"左行共华,右行贾华",杨伯峻《春秋左传注》释曰:"七舆大夫,沈钦韩补注以为,下军之舆帅七人也。即左行共华之七人是。"②可见,"左行共华,右行贾华"中的"左行"与"右行"并非上文之"三行"所指的三支步卒,而是指隶属于"三军"的下军的战车部队。故《左传》所记晋国史事并不矛盾,虽师炼所论有误,但其对史事考证之细致严谨,对《左传》研读思考之深入周到可见一斑。

(三)子学

子学,又称诸子百家之学。东汉班固作《汉书·艺文志》,将"子书"独立于"经""史"之外,又分作"儒""道""阴阳""法""名""墨""纵横""杂""农"和"小说"十类。自此,"子学"得来确立③。

1.《老子》

《老子》,是由道家创始人老子所撰的从修身、治国、用兵、养生之道等方

---

① [清]阮元校刻:《十三经注疏》,中华书局,1980年,第1736页。
② 杨伯峻:《春秋左传注》,中华书局,1981年版,第336页。
③ 顾荩臣:《经史子集概要》,华东师范大学出版社,2008年版,第205页。

面系统地论述了道家思想。师炼对以老子为代表的道家思想的认识表现在
其对圭堂《佛法大明录》①的批驳中：

> 夫道家书，《道德经》外，皆伪作也。何者？《道德经》中无佛
> 语，实老子之玄言也。然尚或言广成子语。其余度人生神章等，皆
> 恐张道陵以降，私取佛经神其术也。夫张陵之前衰周之末，言神仙
> 者，庄、周、列御寇为最焉。其书未有佛经语。西汉代刘安好道法，
> 而其《鸿烈解》犹无佛语。逮后汉末，道陵以来，始出数经杂以佛
> 语。因此而言，道士攘佛经作者，无疑耳。②

《佛法大明录》为南宋圭堂论述禅宗修行悟道之作，主张"三教一致"思
想。师炼在《济北集·通衡之二》及《通衡之三》中对圭堂"三教一致"思想
进行严厉批判，谓其"谬妄之甚""乖戾甚矣""言禅不知禅""皆魔说"等。在
《佛法大明录·篇终杂记》中，圭堂引述道教经典论证了"佛道一致"的问题。
上文师炼之论即是针对圭堂这一观点所发的。师炼认为，圭堂引《太上玄灵
经》《太上度人经》和《太上生神章经》等道教经典阐述佛道同源、彼此容摄
的观点为"不辨拟作，谩取为实"所致，并进一步论曰："夫道家书，《道德经》
外，皆伪作也。"即道教经典中，除老子《道德经》为"老子之玄言"外，余书皆
为模仿改窜佛经而成。以东汉张道陵为分野，张道陵之前的老子、庄子和列
子等人的著述以及西汉刘安的《淮南鸿烈解》"未有佛经语"，而张道陵之后
的道经，诸如《太上度人经》和《太上生神章经》等书皆为"道士攘佛经作"之
伪经。总之，师炼颇为推崇道家思想的创始人老子及其著作《道德经》，但在
佛道的相对关系中，师炼反对圭堂等宋代僧人所谓"佛道一致"之主张，主张
以佛教优越的立场主体性地审视佛道二教关系。这种立场与其看待儒佛关
系时所持"佛主儒从"观念是相通的。

2.《庄子》

《庄子》为战国时期道家学派庄周的代表作。其文气势壮阔，蕴含丰富

---

① 杨曾文：《南宋圭堂居士〈大明录〉及其三教一致思想》，《佛教与中国历史文
化》，金城出版社，2013 年版，第 322 页。

② 上村観光：『五山文学全集』第 1 卷，第 324 页。

的哲学思想。师炼论《庄子》曰：

> 始予读《庄子》。爱其玄高奇广，以为诸子之所不及也。后得
> 《列子》，向之玄高奇广皆《列子》之文也。只周加润色，故令我爱其
> 文耳矣。夫文者，立言者难矣，好言者易矣。盖《列子》先而《庄子》
> 后，故《列子》之文简易者，立言而已。周秉撷而修饬焉，故周文奇
> 艰婉丽。或曰："庄周识高才博，岂必采于御寇乎？只其所载事偶
> 同乎？"予曰："不然。《庄子》已立《列御寇》一篇，不为不见《列
> 子》。多收其事，周不廉矣。"中世以来文章陵迟，沿袭剽窃，出己者
> 鲜矣。《庄子》者，中古剽窃之文乎。①

师炼喜好《庄子》之文，赞赏其"玄高奇广"。在对比阅读《庄子》与《列
子》之后，师炼认为《庄子》书成于《列子》之后，庄周在参考《列子》内容的基
础上"秉撷而修饬"，故《庄子》之文句"奇艰婉丽"。对旁人的反问，师炼进
一步陈述道："庄子已立《列御寇》一篇，不为不见《列子》。多收其事，周不
廉矣"，并评论《庄子》为"中古剽窃之文"。就《庄子》与《列子》成书先后这
一问题，现代研究者亦多认为《列子》成书早于《庄子》，庄子在建构自己的思
想体系时，参考和借用过列子的著述材料②。师炼就这一问题所论之观点无
疑值得肯定，体现出其本人精读慎思的学问态度，但其以"剽窃之文"贬《庄
子》之举不免偏颇。毕竟，《庄子》与《列子》重出篇数于《庄子》全书中所占
比例很小，"剽窃"之说有待商榷。

此外，师炼对儒家的《荀子》、道家的《列子》、墨家的《墨子》、法家的《韩
非子》和杂家的《淮南子》等子书也有不同程度论及，但相较于其对"老庄"
之论评颇为浅易简省，兹不赘述。

(四)集部

凡有文人学士著述成书，杂集各种学术或各种文体，而不能列入"经"

---

① 　上村観光：『五山文学全集』第1卷，第354页。
② 　王立锁：《〈庄子〉〈列子〉重出寓言故事辨析——以〈庄子〉〈列子〉之先后为核心
进行考察》，《河南社会科学》，2007年第1期，第134页。

"史""子"诸部之中的,皆称为"集"①。师炼对中国文人文集之涉猎可谓广博。粗略统计其于著述中提及的中国学者就达三十余人,主要有:三国时代建安文学的代表人物之曹操、曹丕和曹植;南北朝之谢灵运;唐之李白、杜甫、韩愈、柳宗元;北宋之欧阳修、三苏(苏洵、苏轼、苏辙)、司马光、黄庭坚、陈师道、晁补之、江西诗派(黄山谷、陈师道)和伊洛之学(周敦颐、程颢、朱熹)等。此外,师炼于《济北集》中所论中国诗人亦有晋之陶渊明;唐之贾至、王维、岑参、元稹、白居易、李端、卢纶、李商隐、石敏若;宋之林和靖、杨万里和王安石等。其中,师炼最为推崇韩愈,极力贬斥的是朱熹。下文分别论之。

1. 韩愈

师炼推崇韩愈,首先表现在对韩愈诗文的喜爱。室町后期禅僧瑞溪周凤所撰《刻楮集》多见对大用有诸《摩诃狮子吼集》的抄录,其中可见一则师炼幼时读韩文的趣事:

> 本邦人初不识韩柳文,圆规庵秘二集。炼虎关少年,有时庵以韩《进学解》一篇出示之,关坐卧经行圃溲之间,贴壁张天井,辛苦训开。②

规庵祖圆以韩愈《进学解》教示少年师炼,师炼自是废寝忘食,痴迷于对韩文的读解。其对韩文之喜爱可见一斑。在《济北集》中更可见师炼对韩愈诗文之褒扬不吝赞辞。其赞韩诗曰:"予爱退之联句句意雄奇。"③其又赞韩文《进学解》曰:

> 始予读韩文李汉序,至"洞见万古,愍测当世",以为斯言不可容易而发矣。汉,门人也,岂溺其师邪。渐至《进学解》……掩卷叹息。汉之言不浪出,可谓尽其师矣。凡唐文人中,岂有此志气邪?

---

① 顾荩臣:《经史子集概要》,第316页。
② 伊藤東慎:「瑞溪周鳳の『刻楮集』について」,萩須純道编:『禅と日本文化の諸問題』,平樂寺書店,1969年版。
③ 上村観光:『五山文学全集』第1卷,第234页。

……或曰:"子释氏也,于韩当有所辨焉,何不顾言乎?"予笑而曰:
"子未知韩,焉能知予乎?"①

师炼初读韩愈《昌黎先生集》之序时,怀疑其徒李汉所作序文有过褒失当之嫌,至其读《进学解》时,师炼始信李汉之褒"可谓尽其师矣"。以至于旁人问师炼为何赞赏反佛之韩愈时,师炼反问:"子未知韩,焉能知予?"众所周知,韩愈曾上书唐宪宗《论佛骨表》,大倡排佛。对持排佛立场的朱熹,师炼贬斥笔诛,但对韩愈却如此推崇。师炼的话暗示其对韩愈之思想与主张极为认同。那么,韩愈的什么思想引起了师炼的共鸣与认同呢? 笔者认为是韩愈的"复古"思想。从佛教传入至中唐已逾七百余年,佛教僧团过度膨胀,弊病丛生。在此种背景下,韩愈在《争臣论》中提出了"复古""明道"的思想主张:"不求闻于人也,行古人之道。"②具体而言,韩愈的"复古"思想,可概括为:一是复秦汉散文之古,二是复儒学道统之古。

(1)复秦汉散文之古。所谓复秦汉散文之古,是指韩愈一扫魏晋南北朝以来骈文之萎靡文风,主张恢复三代两汉之"古文"。韩愈自称:"非三代两汉之书,不敢观。"③韩愈推崇司马迁,柳宗元评其曰:"退之所敬者,司马迁杨雄。"④这说明韩愈所倡导的古文是对《史记》等史传散文叙事传统的一种继承。韩愈在《进学解》中说:"周诰、殷《盘》,佶屈聱牙;《春秋》谨严,《左氏》浮夸;《易》奇而法,《诗》正而葩;下逮《庄》《骚》,太史所录;子云相如,同工异曲。"可见韩愈之文章全从经史学问中得来。韩愈的古文直承三代两汉文风,朴拙浑厚,正如孙昌武先生所言:"是适应了变化了的时代的、全面汲取了自周、秦以来散文发展成就的全新的'古文'。"⑤正是受韩愈文风与学风的影响,于诸文体中,师炼尤尚古文(经史之文)。就文体之沿革与优劣,师炼论曰:

---

① 上村観光:『五山文学全集』第 1 卷,第 359 页。
② [唐]韩愈著,阎琦校注:《韩昌黎文集注释》上册,三秦出版社,2004 年版,第 166 页。
③ [唐]韩愈著,阎琦校注:《韩昌黎文集注释》上册,第 255 页。
④ [唐]柳宗元著:《柳宗元集》,中华书局,1979 年版,第 882 页。
⑤ 孙昌武:《柳宗元评传》,南京大学出版社,2002 年版,第 290 页。

夫文者,有散语焉,有韵语焉,有俪语焉。散语者,经史等文也。韵语者,诗赋等文也。二语共见虞夏商周以来诸书焉。俪语者,表启等文也。出于汉魏之衰世矣。……汉末以降,三国两晋用偶语,至南北朝尤盛焉。唐兴而改南北之弊。故斥杨王卢骆之俪语,复韩柳之古文。古文者,雅言也。雅言者,散语也。唐亡而为五代,又用偶语焉。宋兴而救五代之弊,故又斥西昆之俪语,复欧苏之古文。故知散语者行于治世,俪语者用于衰代焉。①

师炼在这封书信中详细陈述了他的文体观,他认为文体交替与时代兴衰相表里。师炼所谓"散语",是指发端于先秦两汉之"经史等文",与中唐之韩愈、柳宗元一扫六朝骈文之弊而大倡之"古文"一脉相承,此古文之风至北宋又为欧阳修、苏轼等人继承弘扬。除尚古文外,师炼亦好读先秦两汉诸子百家以及经史之作,从中汲取学问知识及语言写作技巧以助己撰述。正如师炼所云:"予释书,十传一表十志,合三十卷。体制专蹈古史。"②《释书》的史书体例就源于"古史":纪传体例仿自《史记》;十志仿《汉书》之十志;《资治表》仿《春秋》经传;《度总论》仿《周易·系辞传》。《释书》中用典之多样、文辞之丰富,多从经史古书中得来。由此可见,师炼对古文的推崇、对经史之学兼收并蓄无疑是受到了韩愈的影响。

(2)复儒学道统之古。所谓复儒学道统之古,是指韩愈"古文运动"的宗旨在复兴儒家道统。韩愈认为唯有建立儒家之道统,方能对抗佛老,重树儒家正统地位。韩愈构建了儒家思想的传承系谱,其自称直承孔孟之儒家传统,以正统儒学者自居,并强调儒家思想相对于佛老之正统地位。

师炼同样重视推崇"道统",可谓与韩愈殊途同归。但此道非彼道,师炼所倡"道统"为禅宗之道统,非韩愈之儒家道统。师炼以禅宗道统的承继者自居,一方面强调日本禅宗相对于中国禅宗的正统与独立,另一方面强调禅宗于日本佛教诸宗内的正统与优越。其对"正统"与"圣统"的言及见于《佛语心论·序》中:

---

① 上村観光:『五山文学全集』第 1 卷,第 208 页。
② 塙保己一:『続群書類従』伝部第 9 輯下,第 490 页。

昔者能仁氏没，而慈氏氏未出矣。岁月辽夐，异端纵横。圣统不明，殆于丧矣。此论之作也，所以明之也。夫圣统者，正统也。正统何？直指也。直指何？现境也。现境何？如来也。如来何？正统也。正统故如来也。……或曰："正统之论得于何？"曰："得于达磨也。"达磨得于何？得于婆伽婆也。婆伽婆说于何？说于楞伽也。①

师炼所言有两点：其一，阐明《佛语心论》之撰述主旨在"明圣统"（禅宗道统）；其二，强调禅宗于诸宗中的正统地位源于佛祖释迦牟尼对初祖达摩的"直指单传"。如果说《佛语心论》的撰述是从四卷《楞伽经》的经义注释层面阐释禅宗之正统地位，那么，《释书》的撰述则侧重于从禅宗史的角度证明日本禅宗道统之正统。众所周知，达摩为中国禅宗之初祖。但师炼将《达摩传》置于《释书》开篇，并强调达摩与圣德太子于片岗山相遇传衣之事。此举是为强调达摩直接授法于日本佛法的开创者圣德太子这一"历史事实"，以从道统（法系传承）的角度确立日本禅宗相对于中国禅宗的正统和独立。师炼不仅在撰述中宣扬这一思想，更是以践行达摩祭的方式维护日本禅宗道统之正统与独立，并极力将这一方式推广至整个禅林。师炼在致渡日元僧明极楚俊的信中说：

某缘修僧史，博阅古记。我达磨祖游本邦者详矣。始祖入梁也，南岳思大亲承示诲，祖荐告此方之游化。故思大岳降上邦，位登监抚，制裁宪章，广作佛事。祖讲旧盟，会晤片冈。腊月朔日，便示迁化。太子将百司营坟塔，见在和州。方今天下，十月初五修祖忌者，丛林之通规也。然视本邦犹为异域。腊朔者，我国之祖忌也。禅刹不修何哉？某修腊祖忌者已十数岁，而诸方见义勇为者鲜矣。今岁天子，一新政化，尤向心宗。公丁妙选，高踞胜蓝。若能振起丛规，新行腊忌，不啻答皇上崇法之眷遇，宁非辅明世至化

---

① 上村観光：『五山文学全集』第 1 卷，第 184 页。

*之端绪乎？*①

　　师炼以其撰《释书》所得史料为佐证，强调达摩渡日并与圣德太子相遇于片冈山为确定无疑的"史实"，并主张虽中日禅林公认十月五日为达摩祭日，但因达摩示迹并入灭于片冈山，应以"腊朔"（十二月一日）为"我国之祖祭"。文末，师炼以"答皇上崇法之眷遇"提示明极楚俊，希望其"见义勇为"号召丛林改行腊朔达摩祭。师炼强调日本禅宗为达摩的直传法脉、维护日本禅宗道统相对于中国之正统与独立的意图，可见一斑。不久之后，师炼又以相似内容致信另一位渡日元僧清拙正澄，再三强调"十月初五修祖忌者，他方也。腊朔者，此土祖忌也"②，希冀清拙以其影响力号召禅林改行之。但师炼的请求并未得到回应。整个丛林唯有师炼坚修腊朔达摩祭，直至其圆寂的数十年间从未间断。其信仰之执着和对道统之维护让人感佩。另外，师炼亦竭力强调禅宗于日本诸宗中的正统地位。其撰《宗门十胜论》，开篇曰：

　　　　天台杂华建于支那，宁非私乎？三论者题目自见。唯识虽禀补处，是无着天亲之私建也。律出世尊而为小仪，唐宣会大亦陷私建。密立毗卢，不免感授。唯我禅门，婆伽直下受授嫡联，故为一代公传。③

　　师炼认为天台、华严、三论、唯识、律及真言诸宗皆为后世高僧依据各自对佛教经典之理解领悟"私建"之宗，唯有禅宗为佛祖嫡传、代代相承之"公传"法脉，故禅宗优越于其他宗派。然后，师炼从"竺乾正续""达摩位高""祖名通呼""派流广长"等十个方面论述禅宗较他宗之优越，最后总论曰："我禅门为竺支之正统也"；"禅门为大统者，明矣"。其道统思想可见一斑。

　　要而言之，师炼与韩愈，虽分属佛儒两道，但皆以对道统的承继者自居。韩愈的"复古"思想对师炼产生了深刻的影响。对"古文"与"古道"的崇尚

---

①　上村観光：『五山文学全集』第 1 卷，第 211 頁。
②　上村観光：『五山文学全集』第 1 卷，第 212 頁。
③　上村観光：『五山文学全集』第 1 卷，第 270 頁。

与祖述,构成了师炼与韩愈的精神纽带和共通的价值追求。

2.朱熹

朱熹建构了庞大的理学体系,被后世称作宋代理学(宋学)的集大成者。随着宋代禅僧的渡日,宋学也被传入日本禅林。师炼对朱熹的《四书章句》等宋学书籍是有所涉猎的,但并不积极接受,师炼的"复古"思想令其倾向于研习孔孟经典和经史学问。在师炼的言论中多表现出对朱熹的贬斥。

> 《晦庵语录》云:"释氏只《四十二章经》,是他古书。其余皆中国文士润色成之。《维摩经》亦南北朝时作。"朱氏当晚宋称巨儒。故语录中品藻百家乖理者多矣,释门尤甚。诸经文士润色者,事是而理非也。盖朱氏不学佛之过也。夫译经者十师成之。十师之中润文者,时之名儒。奉诏加焉者,多有之矣。宋之谢灵运、唐之孟简等也。文士润色实尔,然汉文也,非竺理矣。朱氏议我而不知译事也。又《维摩经》南北时,作者不学之过也。盖佛经西来,皆先上奏。然后奉敕译之。岂闲窗隐几伪述之谓乎?况贝叶梵字不类汉书。故十师中有译语,有度语。汉人之谬妄,不可纳矣。是朱氏不委佛教,妄加诬毁。不充一笑。①

所谓"晦庵语录",是指《朱子语类》。朱熹认为佛经中除《四十二章经》为佛祖教谕之外,余皆为中国儒家文人润笔而成,《维摩诘经》亦为南北朝时儒家文人所作。师炼认为朱子所论完全是"不委佛教,妄加诬毁",贬斥其"不充一笑"。佛经的成立确要经由儒士文人润笔而成,但所润之笔仅限于文辞修饰,并非对经文内容的撰写。至于《维摩诘经》的成立,佛经从西域传至中土,先须呈递朝廷,得朝廷敕令而后方可译经,不可能存在伪造之说。更何况将梵文译为汉文,须译经者十人分工合作,更不可能存在误译。朱氏之语皆为"不学佛之过"。师炼对朱子排佛言论之愤怒由此可见一斑。

此外,师炼于韵书、诗文和书法等方面亦颇有造诣。《聚分韵略》(五卷)为德治元年(1306)师炼二十九岁时所撰韵书,于后世流传甚广;《济北集》所

---

① 上村観光:『五山文学全集』第 1 卷,第 364 页。

收《诗话》被后世奉为日本第一部诗话①；师炼的书法独崇黄庭坚，墨迹至今留存于世②。可参照相关论文，此处从略。

四、结语

综合上文所论，现就师炼于儒家经史子集之学问造诣分别总结如下：

先论经学。师炼极为推崇儒家经典，但他对儒家经典的品读绝不拘泥于前人对经典的注疏，总是以辩证性的学问态度提出独特的见解。究其原因，一方面是时空相隔，未留学中国的师炼对中国儒家经典所载历史人物与事件的时代背景和社会风土缺乏了解，以异域禅僧之视角品藻儒家经典与中土历史，不免陷入片面狭隘的窠臼；另一方面也与师炼对儒佛关系的认识与定位有关。与中国僧人习学儒学为了摄伏外道，借以接近文人士大夫传法弘道的目的不同，师炼对儒学典籍的研读更多的是以异域禅僧的视角对其客观的审视与辩证性反思，表现出强烈的主体性与选择性。联系当时的时代背景而言，宋代临济禅僧倡导儒佛一致的客观缘由有二：其一，儒家自韩愈所发起的排佛思潮，至南宋中期朱子学的形成已构建完成，这为临济禅的发展带来极大压力；其二，临济禅僧为靠近具深厚儒学背景的上层统治阶级，必须倡导"儒佛一致"，以会通儒佛，阐明禅宗与儒学互相融合、并行不悖。但对师炼而言，传法弘道不存在必须通过援儒入佛，强调儒佛一致以获得奉儒学为官方意识形态的王权认可的必要。在当时师炼所处的日本，天皇与公家贵族虽具备基本的儒学教养，且朝廷亦设有专于儒学的博士家，但博士家的儒学已因代代因袭而陷于停滞与衰退。另外，此时的佛教已然成为国家的官方意识形态，上至天皇、公家及武家，下至庶民百姓，无不对佛教至诚信仰，尊崇敬奉。正是基于上述原因，师炼总是以主体性立场审视品读儒家经典，从中汲取知识并运用于自己的撰述中。

再论史学。师炼对中国史籍的研读广泛而深入，他对中国儒佛史籍的诸种体例和编撰思想都有深入透彻的理解和把握。师炼对中国史籍的精读慎思不止于对作品原典的解读，后世儒者对《春秋》《史记》等史籍所做注疏

---

① 胡照汀：「虎関師錬の『済北詩話』について」，『アジア遊学』197 号，2016 年 6 月。

② 直井誠：「虎関師錬の中国書法受容とその展開—『済北集』所見の書法観」，『中京国文学』23 号，2004 年。

和评论、《史通》等史学理论书籍也被其纳入研究与思考的范围。这些都对其吸收中国史籍的体例和思想以及《释书》的编纂构筑了深厚的理论基础。对于中国发达的撰史传统与卷帙浩繁的史家撰述,师炼从不盲从,而是以辩证性的眼光审视对待,在学习模仿、触类旁通的基础上,勇于打破成说、独抒己见。这成为他创造性地构建《释书》纪传体例并撰述成书的关键原因。当然,师炼对中国儒佛史籍的刻意贬低源于其自身的自负性格与民族主义意识,这是需要我们辩证看待的。

再论子学。师炼的学问广涉诸子百家,他也对儒家之外的道家、法家等学派有所论及。师炼的论述与研究中最为详细的当属道家老庄思想。对流行于中国禅林的"三教一致""佛道一致"思想,师炼颇为反对。他认为佛优于道,主张"佛主道从"。他在论述佛教与儒道诸家关系时说:

> 震旦大乘多小乘寡,加以儒墨老庄,乘时陵我者不少焉。大乘之于支那也,鼎鼐之一足也。我日域,纯大无小,其具舍成实者备于学而已,不立宗焉。有儒而无老庄,老庄之书又备于学而已,不立家焉。只儒有数家焉,而不与我竞。……吾国东方醇淑大乘之疆乎。①

大乘佛法,于中国不过鼎鼐之一足,面临儒墨、法、老、庄诸家的竞争。而在日本,老庄仅为学问的一种,并未独立成宗;儒虽有数家,也无力与佛教竞争高下。师炼的语气中渗透着对日本"大乘佛国"的体认与定位以及佛教弘传者的自信,其以佛教者的立场看待儒道之优越感溢于言表。

最后论集部学问。受韩愈"复古"思想影响,师炼极为重视对先秦两汉经史以及诸子百家的研究。他对儒家典籍的研读以重新回归儒家经典为宗旨,不盲从汉唐诸儒之注疏,以独立辩证的视点重读经典。故师炼往往能提出独到新颖的见解,推陈出新并将所学所感运用到自己的撰述中。对朱熹的毁佛排佛立场,师炼极为反感与愤怒,这也成为其拒绝接受朱子学的原因。就此,北村泽吉曾言:"其(师炼)学问虽可归结为儒佛一致,但他对宋儒

---

① 黑板勝美編:『日本高僧伝要文抄·元亨釈書』,国史大系第 31 卷,第 448 页。

的态度毋宁说是一种排斥的倾向。"①但师炼并未全面否定儒家思想,在排斥朱子学(宋学)的同时,他对汉唐儒学推崇备至,尊崇孔孟之"古道"。相较于室町后期倾心于朱子学研究的岐阳方秀和桂庵玄树等五山禅僧,师炼所秉承的儒学是遵守先秦孔孟经典的传统儒学。

要而言之,师炼于儒家经、史、子、集四门学问中,尤重经史;于经史之学中,对史家典籍之研读最为深入。师炼对儒家典籍的研读,是在博学基础上的慎思明辨和自主取舍。其根本目的在于援儒入佛,为我所用,以实现著述明道的宏愿。师炼的儒学造诣为《释书》的撰述奠定了深厚的知识基础。

第三节　虎关师炼与《元亨释书》的撰述

一、《元亨释书》撰述的历史背景

(一)镰仓末期政局与公武崇禅

承久三年(1221),镰仓幕府攻陷京都,屠杀倒幕大臣,并将后鸟羽、土御门及顺德三代天皇流放边地,后世称为"承久之变"。自此之后,天皇的继承权被牢牢地掌握在镰仓幕府手中,京都朝廷与镰仓幕府之间的对立矛盾不断地积累加深。幕府严密监视怀有倒幕意图的天皇与贵族,天皇也暗自组织武士和义军积蓄倒幕力量。至《释书》撰述的镰仓时代末期,朝幕矛盾已经发展到冲突爆发的边缘。另外,皇室内部分裂为大觉寺统与持明院统两派,两派围绕皇位继承权斗争激烈。皇位在两派之间轮流更替,史称"两统迭立"(如图1所示②)。

---

① 北村沢吉:『五山文学史稿』,第120頁。
② 图1数字表示皇位继承顺序。

```
                    ⑦花园天皇
                        |
    ①后深草天皇—④伏见天皇—⑤后伏见天皇—⑨光严天皇……持明院统
后嵯峨天皇—|
    ②龟山天皇—③后宇多天皇—⑥后二条天皇……………………大觉寺统
                        |
                    ⑧后醍醐天皇
```

图1 "两统迭立"

先看这一时期京都皇权的更替。德治二年（1307），师炼发愤著述"皇朝释氏之一经"。是年当后二条天皇七年，为后宇多上皇行院政之时。后宇多院于此年七月出家，并于东大寺受戒。翌年（1308）八月，后宇多院将院政之位让于伏见天皇。同年，后二条天皇退位，花园天皇即位。再看镰仓武家政权。师炼着手起笔撰写《释书》这一年，镰仓幕府之将军职由后深草院之子、伏见院之弟久明亲王担任。执权为北条贞时之后继者北条师时担任。

无论京都的公家贵族，还是镰仓的武家政权都大力崇佛兴禅，极大地推动了新兴禅宗的发展传播。龟山、后宇多和花园三代天皇皆倾心佛门，修禅崇佛。龟山法皇极为崇佛，其本人不仅于嘉元元年（1303）在东大寺受戒，同三年就了圆受密教灌顶，更是将其寝宫龟山殿改建为后来的禅林寺，并命规庵祖圆常侍左右，咨问禅要。后宇多天皇出家后住大觉寺，醉心于密教修行。花园天皇在退位后，于持明院出家，晚年于花园御所修行禅法。镰仓幕府北条氏更是极力地推动禅宗传播。究其缘由，一方面为在宗教意识形态上确立能够对抗京都公家显密佛教的新式佛教，另一方面是禅宗简明易行、质素简朴的宗风与武士所倡廉洁操守相契合，禅宗"生死一如"之宗旨与武士不畏生死的精神相统一。镰仓武家政权从一开始就极力推动禅宗的传入与发展。建长元年（1249），五代执权北条时赖迎兰溪道隆并为其营造建长寺，入住讲法。弘安二年（1279），八代执权北条时宗迎无学祖元于镰仓，并于弘安五年（1282）为其建造圆觉寺。正安元年（1299），元代禅僧一山一宁赴日，受到九代执权北条贞时的尊崇，并应幕府之请住持建长寺、圆觉寺，后又移住京都主南禅寺。不惟临济宗，五代执权北条时赖亦请曹洞宗开祖道元赴镰仓说法并就其授菩萨戒。可以说，日本禅宗在很大程度上是依靠公武政权的大力支持而兴起并发展起来的。

(二)宗教文化背景

1. 新旧佛教对立

旧佛教,是指以天台宗延历寺和真言宗金刚峰寺为代表、以显密佛教为修学内容、以强大的庄园经济为依托、以天皇和公家贵族为檀越的位于南部北岭的体制寺院。因这些显密寺院在政治、经济和文化诸多方面拥有巨大实力,多被史学家称为"权门体制寺院"①。由这些权门体制寺院以及他们所倡导的以天台止观、真言密教和华严唯识为主要修学内容的佛教诸派被统称为"旧佛教"。旧佛教寺院倚仗其权势,豢养大量僧兵,多次以"嗷诉"的形式干涉朝廷的政令决断,并脱离民众逐渐流于世俗化和贵族化。另外,随着佛教在日本社会传播的深度与广度日趋增强,至镰仓末期佛教信仰已深入日本社会各个阶层,与日本的民族宗教神道教以及生活习俗融为一体。为了满足底层民众的信仰需求,也为革新旧佛教的腐败与堕落,一些日本本土僧侣创造出符合本民族信仰特征的新的佛教信仰,如源空的净土宗,亲鸾的净土真宗,一遍的时宗和日莲的日莲宗。相对于旧有的显密佛教,这些新兴佛教教团被称作新佛教。不容忽视的是,构成新佛教的另一宗派禅宗也随着荣西、道元的入宋留学及宋僧兰溪道隆、无学祖元等的渡日被传入日本。禅宗以其简明易行的修行特征受到镰仓幕府武家政权的欢迎,首先得以在镰仓流行开来,而后在荣西、圆尔辨圆等人的努力下又逐渐在京都的公家贵族间渗透传播。

从新佛教成立伊始,新旧佛教就始终处于激烈的矛盾对立中。旧佛教寺院利用特权地位在竞争中长期处于优势,通过干涉朝廷政策的手段时时挤压以净土宗和禅宗为代表的"新佛教"的生存和发展空间,如对净土宗的打压。元久二年(1205),由于净土宗的发展损害旧佛教的利益,兴福寺僧贞庆起草《兴福寺奏状》上书朝廷,请求"停止一向专修"。建永二年(1207),朝廷宣旨严禁一向专修,将源空等人流放至土佐,并处住莲等人死刑②。记

---

① 黑田俊雄:『王法と仏法—中世史の構図』,法藏館,2001年,第10頁。
② 杨曾文:《日本佛教史》,浙江人民出版社,1996年版,第226頁。

载旧佛教打压排挤新兴禅宗的最初的史料见于公家日记《百炼抄》中①。其
载曰：

> 七月五日甲子。入唐上人荣西、在京上人能忍等,令建立达磨
> 宗之由风闻,可被停止之旨。天台宗僧徒奏闻云々。可从停止之
> 趣被宣下云々。②

建久五年(1194)七月五日,荣西和大日能忍建立达摩宗的消息一传至
京都,延历寺僧徒就很快上奏朝廷禁止禅宗的传播。其后,因旧佛教顽固地
诽谤阻挠,荣西不得不多次离开京都转向地方传禅。两个世纪后,取得巨大
发展的禅宗依旧面临旧佛教的倾轧与排挤。康永四年(1345),由足利尊氏
主持兴建的天龙寺落成。光严上皇决定御驾临幸天龙寺落成庆典。此举招
致延历寺僧徒不满。是年七月,延历寺众徒奉神舆上京,要挟朝廷流放梦窗
疏石并焚毁天龙寺。光严上皇不得已放弃参加庆典的计划。八月二十九
日,足利尊氏和足利直义兄弟举行了盛大的落成庆典,上皇仅遣使院使参
加。翌日,光严上皇秘密参加了天龙寺法会。此为康永"嗷诉"事件③。再如
应安元年(1368)延历寺与南禅寺"嗷诉"事件。贞治六年(1367)六月,三井
寺僧徒烧毁南禅寺所设两处关所,南禅寺僧祖禅作《续正法论》大加贬斥显
密诸宗及山门寺门。以此为导火索,应安元年(1368)六月,三井寺联合延历
寺及兴福寺,奉神舆入京要求朝廷拆毁南禅寺,并流放祖禅及春屋妙葩。是
年十一月,朝廷不得已将祖禅流放边地。翌年四月二十日,延历寺众徒再度
奉舆入京,要挟朝廷拆毁南禅寺楼门,朝廷不得不再次妥协,拆毁南禅寺楼
门,并令京都五山以下诸禅寺住持全部退院。八月,延历寺僧徒归山④。两
次事件可谓显密佛教(延历寺)与新兴禅宗(南禅寺与天龙寺)的直接交锋,
也都以朝廷及禅宗寺院对延历寺的妥协而告终。这从一个侧面反映出,虽

---

① 佐藤弘夫:『日本中世の国家と仏教』,吉川弘文館,1987 年版,第 214 頁。
② 黑板勝美編:『日本紀略後篇・百錬抄』,国史大系第 11 卷,吉川弘文館,1965 年
版,第 125 頁。
③ 辻善之助:『日本仏教史研究』第 1 卷,岩波書店,1983 年版,第 253 頁。
④ 辻善之助:『日本仏教史研究』第 1 卷,第 289 頁。

然在室町前期,禅宗已获得巨大发展并得到幕府与皇室贵族的认可与支持,但在实力强大的旧佛教面前依然不得不甘拜下风。可见,在师炼撰述《释书》的镰仓末期,新兴禅宗时刻都面临着旧佛教显密诸宗的敌对与竞争,必须时刻保持警醒与危机感。这构成了《释书》撰述的重要历史背景,也成为师炼于《释书》中处处强调宗门优于教门,并于晚年另作《宗门十胜论》大倡宗门优越的根本原因。

2. 禅宗诸派竞争

就《释书》成立的镰仓末期的禅宗诸派,依禅宗修学内容可将日本临济宗大致分为"纯粹禅"和"兼修禅"两大流派。所谓"纯粹禅",也叫"镰仓禅",是指中国渡日禅僧兰溪道隆、无学祖元以镰仓建长寺和圆觉寺为据点,依宋代禅林清规将宋代禅院的修行方法原样"移植"并推广的禅修风格。其修行具有浓厚的华严宗教学的性质。所谓"兼修禅",亦名"京都禅",是指京都建仁寺荣西和东福寺圆尔辨圆,迫于南都北岭显密诸宗打压新兴禅宗的外在压力,大力倡导"禅教合一",强调禅宗与显密诸宗的融合,并在各自开山的寺院中推动真言、止观和宗门三教兼修。故其修行带有浓厚的密教色彩①。这一时期,也同样是日本禅宗二十四流大部形成的时期。除大鉴派(派祖清拙正澄)、竺仙派(派祖竺仙梵仙)、别传派(派祖别传明胤)、东陵派(派祖东陵永玙)、愚中派(派祖愚中周及)和大拙派(派祖大拙祖能)之外,二十四流中其他十八流派皆已形成②。二十四流中,除道元派(派祖道元)、东明派(派祖东明慧日)和东陵派(派祖东陵永玙)属曹洞宗外,其余二十一流均属临济宗。临济宗二十一流中,除千光派(派祖荣西)传黄龙派法脉,其他皆燃杨岐派法灯。这一时期业已形成的十八流派中,佛光派(派祖无学祖元)、大觉派(派祖兰溪道隆)、圣一派(派祖圆尔辨圆)和一山派(派祖一山一宁)等主要宗派皆具强有力的外护势力(贵族或武士)和固定的修学寺院(五山禅刹),形成了稳定的传承系谱和教派组织。随着禅宗各派蓬勃发展,受法禅僧数量亦急剧增长。各派僧团人数的扩张也导致同派又下分多支分

---

① 萩須純道:『日本臨済禅の二潮流について』,『禅宗史の散策』,同朋舍,1981年版,第37頁。

② 萩須純道:『日本禅宗二十四流史伝考』,『日本仏教学会年報』,第21号,日本仏教学会,1955年。

脉。如东福寺圣一派，派下就分出三圣门派、栗棘门派、龙吟门派、永明门派、大慈门派、庄严门派、桂昌门派和木成门派共八支分脉，其中三圣门派下又分出虎关下和愚直下两脉，虎关下又进一步分出太华令瞻下、义室周庆下、无外令用下和法云圆藤下四派①。各派因扩张势力，争夺信徒，经常产生摩擦与冲突。如佛光派三世法孙梦窗疏石，为与大觉派争夺幕府的信仰与支持，极力扩充自门派势力，以致两派间的对立摩擦逐渐升级，至南北朝时演变为必须由朝廷幕府出面才能调解的政治问题②。随着五山制度的正式确立，禅宗各派结党营私、党同伐异之弊害丛生，如室町时代抄物《玉尘抄》卷二十就载有，梦窗派禅僧因《释书》只字未提该派僧侣就暗自禁传《释书》的记录③。

3. 宋元文化传入

《释书》成立的镰仓末期，同样是宋元文化大规模传入的时期。入宋、入元禅僧除禅籍之外，亦将大量儒家典籍、诗文集等带回日本。如俊芿在建立元年(1168)归国时，其所携书籍除律宗、天台宗和华严宗经论章疏之外，亦有儒书二百五十六卷，杂书四百六十三卷，碑文七十六卷。以荣西、圆尔辨圆为代表的渡宋日僧在传播禅法的同时也携带大量禅籍语录和儒家典籍回国。据《普门院经论章疏语录儒书等目录》记载，当时传入日本典籍除经论章疏一百七十余部，合三百七十余卷册之外，还有《周易》《孟子》和《扬子》等外集，共计二百三十余部，合九百六十余卷册④。东福寺丰富的藏书，为师炼博涉内外之学，饱读儒家典籍提供了便利的客观条件。另一方面，早期渡日禅僧，如兰溪道隆、兀庵普宁、大休正念、西涧子昙、无学祖元和一山一宁等皆学通内外，知识渊博。一山一宁更是通晓儒道百家之学，能赋诗，善书画。师炼褒其学问曰："教乘诸部，儒道百家。稗官小说，乡谈俚语。出入泛滥，辄累数幅。是以学者推博古。"⑤师炼出入一山门下十数年，博学多闻的

① 玉村竹二：『五山禅林宗派図』，思文閣，1985年版，第72-141页。

② 玉村竹二：『臨済宗教団の成立』，『日本禅宗史論集』上，思文閣，1988年版，第975页。

③ 玉村竹二：『五山禅林における朋党の弊害』，『日本禅宗史論集』下之二，思文閣，1981年版，第45页。

④ 木宫泰彦著，胡锡年译：《日中文化交流史》，商务印书馆，1980年版，第352页。

⑤ 上村観光：『五山文学全集』第1卷，第221页。

一山对师炼教诲极深,为其编撰《释书》给予有益的指导。

二、虎关师炼与《元亨释书》

(一)撰述契机

师炼对《释书》的撰述,直接起因于他与一山一宁的一次对话。德治二年冬,三十岁的师炼问学于一山。《海藏和尚纪年录》载曰:

> 山因问师于国朝高僧之遗事,师或泥焉。山期期斯之曰:"公之辨博涉外方事,皆章章可悦。而至此本邦,颇似涩于应对,何哉?"师有惭色,缘此深慨念:异日必当博考国史并杂记等,以作皇朝释氏之一经。①

一山的话刺激了师炼敏感的民族自尊心,促使其立志撰述"皇朝释氏之一经"。师炼的自尊心与宏图大志在其青年时代就已初露端倪。正安元年(1299),二十二岁的师炼欲留学中国,《纪年录》记载了他此时的心境:

> 近时此方庸缁,噪然例入元土,是遗我国之耻也。我其南游令彼知秦有人耳。②

对于当时日本禅僧争相留学中国,师炼嗤之以鼻曰:"是遗我国之耻。"对师炼而言,留学中国并非只是为学习中国文化,更为重要的是要向包括禅僧在内的中国政治文化精英展示自身学问。师炼自幼就熟读中国儒家典籍,他清醒地认识到中日两国在国力与文化方面的巨大差距,故而他要通过对中国文化的学习与吸收,实现对中国文化的超越,并改变日本长期落后于中国的状况与耻辱。尽管因母亲的劝阻及其本人对孝亲的重视,师炼不得不放弃留学梦想,但师炼对中国内学外典的阅读学习从未懈怠,其著述明道的宏愿也从未放弃。这也正是八年后,中国僧人一山一宁的话促使其立志

---

① 塙保己一:『統群書類従』伝部第9輯下,第465页。

② 塙保己一:『統群書類従』伝部第9輯下,第463页。

撰述《释书》的原因。

若进一步深入探讨,师炼所表现出的民族自尊心其实暗含着对抗中国的意识,本质是一种民族主义思想。而这种民族主义思想与师炼幼时生活的时代背景及年轻时受龟山法皇恩宠的经历密切相关。弘安元年(1278),师炼出生于京都下层贵族家庭(父为左金吾校尉),时为"文永之役"(1274)发生的四年后和"弘安之役"(1281)的三年之前。元军的两次入侵刺激了日本朝野上下民族意识的自觉与高涨,那个时代昂扬的民族情绪,通过父辈的教诲在幼年师炼的内心留下了深刻的印迹。正应五年(1292),十五岁的师炼因业师东山湛照圆寂,乃依南禅寺规庵祖圆参学。通过祖圆,师炼得到龟山上皇的赏识并蒙渥遇,《纪年录》记载二人的交往曰:

> 时龟山上皇在下宫。上皇以师之锐气出稠人,时时召入宫。其出入之无间,虽中贵人弗之过也。上皇尝命师亲就御几,点勘经咒等。时会暑,辄笔昏寐。上皇密来,御手弄抚其顶。师以为官人弄己,引手枝梧。上皇匿笑。①

龟山上皇对少年师炼的厚遇恩宠可见一斑。龟山天皇在位期间经历了"文永之役"和"弘安之役",并组织朝廷抗击元军入侵。他素有讨幕之志,欲结束幕府干政和"两统迭立"的混乱政局,重新恢复天皇亲政的"王道"政治。龟山天皇的倒幕思想深刻影响了其孙后醍醐天皇,后者推翻镰仓幕府的统治恢复了天皇亲政,史称"建武中兴"②。嘉元三年秋,弥留之际的龟山上皇依旧惦记着师炼:

> 一日,上皇曰:"久不见炼,为何所在?"圆言寓东福。上皇曰:"朕以为居远地不闻朕疾乎。若在慧峤,宁不知乎,何无闻?"圆言:"炼也常常问候寿量院,只以尊严不能通谒耳。"上皇怃然而曰:"炼之于朕也,宁有若间乎。"圆驰使告师,师便陪寿量。九月望,上皇

---

① 塙保己一:『統群書類従』伝部第9辑下,第461页。
② 平田俊春:『南朝史論考』,锦正社,1994年版,第33、69页。

崩,师陪之四日也。①

从正应五年(1292)至嘉元三年(1305),师炼多次陪侍龟山法皇酬和诗文,砥砺学问,龟山法皇所代表的日本政治上层所持对抗中国意识与民族主义思想也深刻地影响了师炼,促使其确立了著述弘道、尊皇护国的理想。这也反映在《释书》的撰述中。

(二)忧患意识

师炼撰述《释书》的动机,亦源于其本人对日本"僧史"撰述水准的低下与僧团腐化堕落的忧患意识。

1."无通史"

在《释书·序说志》中,师炼说明撰述主旨曰:

> 佛法入斯土以来七百余岁,高德名贤不为不多。而我国俗醇质,虽大才硕笔,未暇斯举矣。其间别传小记相次而出,然无通史矣。故予发愤禅余旁资经史,窃阅国史洽掇诸记,日积月累已有年矣。远自钦明,迄于圣代。补缀裁辑为三十卷。仅成一家之言,不让三传之文。名曰《元亨释书》。②

在七百余年的日本佛教发展史中,虽然产生过诸如思托《延历僧录》、宗性《日本高僧传要文抄》和凝然《三国佛法传通缘起》等佛教史传类作品,但从体例和规模来看其并不能称为真正意义上的佛教史籍,从内容上看也不能超越宗派之见完整地、体系性地总结记载日本佛教各派的发展演变。这正是师炼痛感"无通史"的原因。另外,如本章第二节所论,师炼对中国儒佛史籍的研读思考既系统又深入,其对儒家史籍的体例、儒家撰史宗旨以及"通史"等史学思想的理解透彻到位。所谓"通史",是指连贯地记叙各个时代史事的史书。如纪传体的《史记》、编年体的《资治通鉴》等。宋僧志磐仿效儒家"通史"所撰《佛祖统纪》亦属纪传体"通史"。正如《春秋》之"述往

---

① 塙保己一:『続群書類従』伝部第 9 辑下,第 463 页。

② 黑板勝美编:『日本高僧伝要文抄·元亨釈書』,国史大系第 31 卷,第 448 页。

事,思来者",《史记》之"原始察终,见盛观衰",通史的撰述主旨,在于从历史兴衰演变中总结历史规律,反思历史教训,以有益于"治道"。中日佛教史籍撰述水准的巨大落差以及通过吸收儒家史学思想撰述日本佛教"通史"以弘道辅政的使命感,构成了师炼撰述《释书》的又一动机。

2. 戒律衰颓

虽身居禅院,但师炼时刻保持对历史和现实的关注与思考。在关注国家与民族前途命运的同时,师炼也时刻对日本禅林与佛教诸宗表面繁荣之下所隐藏的内部危机保持着清醒的反思和深刻的忧虑。至《释书》成立的镰仓末期,佛教传入日本已逾七百年,从以东大寺、兴福寺为代表的奈良佛教最初确立,经天台和真言为股肱的平安佛教,至镰仓末期净土宗、禅宗等教派兴起,佛教发展盛况空前,蔚为壮观。七百余年间,僧团涌现出大量高僧,堪为后世释子之楷模。但滥竽充数、徒具虚名者亦为数不鲜。针对当时的禅林时弊,师炼痛加批判:

> 近代丛林之浇漓,尤甚矣。主宾相欺,局务不正。非权则贿,非党则诔。负贩户籍,间不容发。惜乎!少室正脉,大雄遗砚,流为市井之习俗。可悲!可痛![1]

师炼犀利地批判那些欺上瞒下、有名无实的禅门"宗师",对贪慕名利、扰乱宗风之徒深恶痛绝。在贬斥僧团时弊的同时,师炼亦在思考如何中兴佛法。高僧的德行与道德榜样,对于提振宗风、凝聚僧团尤为重要。无论是对弘扬佛法,还是于整饬日益衰弛的戒律,整理和总结祖师先贤的高德伟业都极为必要和紧迫。有鉴于僧团的腐败堕落和出于自身著述弘道的强烈责任感,师炼决定绍续伟业,以儒家史学的"鉴戒"史观指导《释书》的编修,在历史叙述中寄寓褒贬,以"彰善瘅恶"的精神警诫僧侣恪守戒律、专心修行,实现佛法久住、释门永兴。

(三)禅教兼修

师炼的佛教修行特征可以"禅教兼修"来概括。首先,宗门方面,师炼为

---

① 上村観光:『五山文学全集』第 1 卷,第 205 頁。

临济宗圣一派下禅僧。圣一派素以"兼修禅"为其修行特色,派祖圆尔辨圆在建立东福寺时,就与檀越九条道家约定当寺以"显密禅"三者兼修为宗旨。如《圣一国师年谱》中记载:"当学显密性相大小权实等教,以祈国家安宁。复诸君臣寿福。"①又如《光明峰寺入道前关白道家公处分状》中亦见"可令受学戒定慧之三门,以大小显密戒律为总体""禅门天台真言备此三法,唯我一山,印度支那未闻斯盛者也"②等内容。圣一派"兼修禅"的形成并非偶然,而是与京都贵族信仰中浓厚的显密佛教传统密不可分。荣西以及圆尔辨圆在推行新兴禅宗的时候,不得不以一种"折中"的方式与旧佛教传统"妥协",即以最澄所倡天台宗"圆密禅戒"四宗相承为旗帜,在主要推行临济禅法的同时,兼修天台止观与真言密法。师炼正是在圣一派浓厚的诸宗兼修传统的影响下,逐渐形成了其特有的修行特征。其次,在教门方面,弘安九年(1286),师炼十岁于比睿山登坛受戒。时任天台座主者为最源,乃大政大臣藤原良平之子。永仁五年(1297),弱冠之年的师炼于仁和寺习广泽之秘法。其时仁和寺的住持为深性法亲王,深性为后深草天皇皇子。嘉元二年(1304),二十七岁的师炼再度于醍醐寺习学密教。时醍醐寺座主为亲玄,亲玄为久我大纳言源忠通之子。师炼一方面于东福寺、建长寺和南禅寺等位列五山前列的禅宗寺院中参禅问道,既受东福寺圣一派"兼修禅"传统之濡染,又于建长寺和圆觉寺,在习得"纯粹禅"等宋代禅法精要的同时,汲取宋元儒学文化;另一方面亦于延历寺、仁和寺和醍醐寺等显密寺院修习天台、密教和律法。师炼的思想渊源、政治主张与其青年时期在上述体制内官寺修学成长的人生经历密不可分。无论禅宗,抑或教门,上述诸寺皆与皇室、公家和武家关系极为紧密。在禅教诸宗的官寺中长期的修行成长经历,令师炼意识到佛教的弘传发展离不开王权的"外护",这也构成他在《释书》撰述中处处强调"皇朝国家"之优越、日本佛教之正统的动机。此外,禅教兼修的信仰特征也令师炼熟悉佛教各宗要旨与经典教义,为其在审视佛教诸宗发展的宏观立场上组织材料撰述日本佛教"全史"创造了条件。

---

① 南條文雄:『大日本仏教全書』第 95 册,仏書刊行会,1921 年版,第 52 页。

② 東京大学史料編纂所編:『東福寺文書之一』,『大日本古文書』家わけ第 20 卷,東京大学出版会,1956 年版,第 32 页。

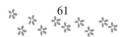

三、结语

晚年的师炼在《自赞》中如此回顾自己的一生：

> 曲禄之床，斑驳之服。偷禅者名，欠禅者实。这般孟浪无方，
> 也有恶称可腼。若非语心论师，即是僧史修撰。①

"偷禅者名，欠禅者实""孟浪无方""恶称可腼"，师炼自嘲的口吻中暗含对自己沉溺于儒学修习与著述弘道，而疏于修禅悟道与心性参究的反省和愧疚。"若非语心论师，即是僧史修撰"之句，足见师炼对十八卷《佛语心论》与三十卷《释书》是何等的推重与自负。师炼将二书视作明道载道的最佳载体，实现其人生价值的最高体现。《佛语心论》的撰述是从祖述并阐释禅宗经典，即四卷《楞伽经》，来强调禅宗于诸宗中的正统。《释书》则是通过记叙梳理佛教史和禅宗史的发展演变轨迹，以揭示日本佛法与王法融合统一的历史本质和佛法传承流衍的历史规律。

小　结

虎关师炼，为日本镰仓末期至室町初期最重要的五山禅僧之一，为五山文学的先驱性人物。其一生以著述弘道为己任，创作儒佛著述共十四部、计八十六卷之多。虎关师炼的儒学造诣深厚广博，于经史子集之学无所不通，就中尤对经史学问的钻研最为着力。虎关师炼学通内外，兼收并蓄，为《释书》的撰述奠定了坚实的学问基础。镰仓末期，随着荣西、圆尔辨圆等留学僧归国以及兰溪道隆、无学祖元等宋僧渡日，禅宗及宋代文化被大量"移植"入日本，新兴禅宗在公武政权的支持下迅速兴起；但以延历寺为代表的旧佛

---

① 上村観光：『五山文学全集』第 1 卷，第 72 頁。

教打压禅宗等新兴宗派的发展,这构成了《释书》撰述的"外缘"。师炼撰述《释书》的动机直接源于一山一宁的提问对其自尊心的刺激。对僧团腐化的忧患意识以及于禅教诸宗之体制内官寺的修行成长经历亦构成了师炼撰述《释书》以践行著述弘道、尊皇护国理想的"内因"。

第二章

《元亨释书》的文献学研究

本章主要从文献学角度考察《元亨释书》诸本及其注释书的版本与内容等问题。第一节,据《国书总目录》等书目之著录,考订《元亨释书》的抄本与刻本;第二节,主要考察《元亨释书》注释书的版本与内容。

第一节 《元亨释书》的版本及流传

一、先行研究

关于《元亨释书》的版本问题,日本学界已有详细的研究成果。和田维四郎最初在《访书余录》中对《元亨释书》的三种朝鲜活字本,即庆长四年(1599)版、庆长十年(1605)版和元和三年(1617)版做了简要的介绍①。山本禅登在《国译一切经·元亨释书》的解题中列举了《元亨释书》的各种版

---

① 和田維四郎:『訪書余録』本文篇,臨川書店,1918 年,第 258 頁。

本①。野村八良对《释书》宽永元年（1624）、庆长四年（1599）和庆长十年（1605）共三种古活字本进行了详细的考察，指出《释书》由于成书不久即付梓刊行，故不存异本②。今枝爱真对东福寺藏《元亨释书》古抄本的抄录者、抄录年代以及成立背景等做了详细的考证，颇具开拓性③。川濑一马对《释书》版本的研究最为突出，他通过对宫内厅书陵部所藏"贞治椠本"、大东急纪念文库藏本、大谷大学藏本和内阁文库藏本的细致比勘，认为所谓"贞治椠本"今已不存，上述诸本皆为明德二年（1391）版刻本，从而纠正了学界一直以来对这一问题的错误认识④。石川力山据《国书总目录》所著录的七种《元亨释书》版本逐一做了概要性介绍，但未对各版本的收藏情况和书志信息进行考察⑤。藤田琢司《训读元亨释书》一书以东福寺藏《释书》最古之抄本为底本，对《释书》内容做基础性的训读。该书在编撰中，以东福寺古抄本与宫内厅书陵部所藏贞治三年版本对校，将写本与版本文本差异进行了详细的比勘⑥。在对个别藏本的版本判别上，上述诸书的意见不尽相同。

本文据《国书总目录》⑦及《新纂禅籍目录》⑧对《元亨释书》诸本的著录情况，在上述研究的基础上，结合实地调查，整理《元亨释书》的诸版本及现存藏本的基本情况，并就《元亨释书》于东亚的传播略作探讨（表2-1）。

---

① 山本禅登:『元亨释书解题』,『国訳一切经』史伝部第 19 卷,大東出版社,1938年,第 1 页。

② 野村八良:「『元亨释书』の諸本」,『杉木立』,葵梧堂,1942 年。

③ 今枝爱真:「『普門院藏书目録』と『元亨释书』最古の抄本—大道一以の筆跡をめぐって—」,『田山方南先生花甲紀念論文集』,田山方南先生花甲紀念会,1963 年;今枝爱真:「『元亨释书』—その成立と原本及び贞治椠本をめぐって—」,『国史大系书目解題』上卷,吉川弘文館,1971 年版。

④ 川濑一馬:『五山版の研究』上卷,日本古书籍商协会,1970 年,第 373 页。

⑤ 石川力山:「『元亨释书』考」,『駒沢大学大学院仏教研究会年報』第 7 号,1973年 5 月。

⑥ 藤田琢司:『訓読元亨释书』下卷,禅文化研究所,2011 年版,第 894 页。

⑦ 辻善之助:『国书総目録』第 3 卷,岩波书店,1990 年版,第 107 页。

⑧ 駒沢大学图书館编:《新纂禅籍目録》,日本仏书刊行会,1962 年,第 92 页。

表2-1 明治以前《元亨释书》诸本及收藏情况一览

制版(抄录)年代	收藏机构	现存数量	备注
元亨二年至应安三年(1322—1370)抄	东福寺	30册	
永禄元年(1558)抄	国立国会图书馆	15册	
庆长元年(1596)抄	内阁文库	15册	
(年代不明)抄本	积翠文库	1册	欠本,仅存卷一和卷二
(年代不明)抄本	京都大学	1册	欠本,仅存卷十三和卷十四
(年代不明)抄本	静嘉堂文库	1册	
贞治三年(1364)刊	宫内厅书陵部	30册	据川濑一马《五山版的研究》,此版现已不存,此6件皆为明德二年版刻本
	内阁文库	6册	
	京都大学	15册	
	大东急纪念文库	8册	
	建仁寺两足院	8册	
明德二年(1391)刊	成篑堂文库	15册	
	比睿山文库	15册	
庆长四年(1599)刊	内阁文库	10册	
	东洋文库	10册	
	京都大学	10册	
	大东急纪念文库	10册	
	成篑堂文库	10册	
	岸泽惟安	10册	
	阳明文库	6册	
	早稻田大学图书馆	16册	此处据《新纂禅籍目录》著录此件藏本,《国书总目录》未著录此件
庆长十年(1605)刊	东洋文库	10册	
	宫内厅图书寮	10册	
	京都大学	10册	
	驹泽大学	10册	
	东京大学	10册	
	浅野文库	10册	

续表2-1

制版(抄录)年代	收藏机构	现存数量	备注
庆长十年(1605)刊	蓬左文库	10 册	
	栗田文库	10 册	
	神宫文库	10 册	
	集萃文库	10 册	
	大东急纪念文库	10 册	
	高木文库	10 册	
	成箦堂文库	10 册	
	穗久弥文库	10 册	
	和阪本龙门文库	10 册	
	国立国会图书馆	10 册	此处据《新纂禅籍目录》著录此件藏本,《国书总目录》未著录此件
元和三年(1617)刊	东洋文库	10 册	
	京都大学	10 册	
	东京大学	10 册	
	岩濑文库	10 册	
	成箦堂文库	10 册	
	天理图书馆	10 册	
	岩泽惟安	10 册	
宽永元年(1624)刊	内阁文库	15 册	
	东洋大学	15 册	
	宫内厅书陵部	15 册	
	东京国立博物馆	15 册	
	大谷大学	15 册	
	京都大学	15 册	
	驹泽大学	15 册	
	早稻田大学	15 册	
	东京大学	15 册	
	东北大学	15 册	
	名古屋大学	15 册	
	龙谷大学	15 册	

续表 2-1

制版(抄录)年代	收藏机构	现存数量	备注
宽文元年(1696)刊	金泽大学	15 册	据笔者调查,此件为宽永元年刊,《国书总目录》著录有误
	药师寺	14 册	欠本,卷十七和卷十八欠
刊年不明	香川大学	1 册	欠本,仅存卷十五和卷十六
	京都大学	不明	欠本
	成簣堂文库	15 册	
	饭田文库	14 册	欠本,卷二十九和卷三十欠

二、抄本与刻本

(一)抄本

1. 东福寺藏本

《元亨释书》最古之抄本,现藏于东福寺,被称为东福寺抄本。关于此本,今枝爱真已做详细考证①。《元亨释书》最新的注释书《训读元亨释书》就以此本为底本,其下卷卷末附录该抄本的影印资料②。据今枝所考,并结合《训读元亨释书》附录影印资料将此抄本情况介绍如下:

箱装。三十册三十卷。表纸为桦色,用纸为楮纸。各册题签可见墨书"元亨释书第一～三十",并钤有"大道"朱文方印各一枚。各册的第一页或第二页的表或里可见"大道"朱文方印和"一以"朱文方印各一枚,可判定为大道一以的个人藏本。大道一以(1292—1370),为东福寺六世藏山顺空之法嗣,于虎关师炼门下参学多年,颇受倚重。

今枝认为,第一册、第五册、第六册、第十一至第十六册、第二十一册、第二十三册、第二十五册后半部至第三十册,共十六册半为大道一以所抄录,

---

① 今枝爱真:「『普門院蔵書目録』と『元亨釈書』最古の抄本―大道一以の筆跡をめぐって―」,『田山方南先生花甲紀念論文集』,田山方南先生花甲紀念会,1963 年版;今枝爱真:「『元亨釈書』―その成立と原本及び貞治槧本をめぐって―」,『国史大系書目解題』上卷,吉川弘文館,1971 年版。

② 藤田琢司:『訓読元亨釈書』下卷,禅文化研究所,2011 年版,第 417-882 頁。

第十八册为性海灵见所抄录。其余诸册中可辨别出八种字迹,分别标记为A、B、C、D、E、F、G和H。第二册和第三册为A,第四册为B,第七册为C,第八册和第二十册为D,第九册、第二十四册和第二十五册前半部(第八页以前)为E,第十册、第二十二册为F,第十七册为G,第十九册为H。就此抄本的抄录过程,今枝据相关文献推测认为:以大道一以为中心,师炼的嗣法弟子性海灵见、檀溪心凉、龙泉令淬、日田利涉等主要学僧共同参与完成。另外,今枝认为各册所见墨书附注亦为大道一以所作。

就此抄本成立年代,今枝认为成立上限为元亨二年(1322)七月《释书》第三稿成立,下限为大道一以示寂的应安三年(1370)二月二十六日。关于该抄本是否为《释书》原本,学界尚无定论。

2.国立国会图书馆藏本

抄本。外题:"元亨释书第一(～三十)",手写,位于表纸左上。无题签。原装表纸,无纹样,狐色。每册卷首钤有"米泽藏书"朱文方印一枚。四眼线装本。共十六册,三十卷。目录为第一册,正文三十卷为每两卷一册。表纸高26.2厘米,横18.2厘米。半页9行,行17字。四周单线。有朱笔句读点,当为藏书者添加。

各册第一页里可见墨书题记曰:

前永平南龄儿代 奉寄附松树山刚安禅寺之常住物
永禄二年己未 小野义高①

可知为此书为小野义高于永禄二年(1559)寄进刚安寺之书。第十六册卷末可见明德二年(1391)版刊记云:

明德二年辛未十一月日 重刊置于海藏院

由此可知,此本是以明德二年版为底本抄录。

---

① 原文为汉文,以下若不特别出注,皆同此。

3.内阁文库藏本

抄本。外题:"元亨释书第一(～三十)",手写,位于表纸左上。无题签。原装表纸,无纹样,狐色。四眼线装本。共十五册,三十卷。目录、卷一和卷二为第一册,其余各卷每两卷一册。表纸高26.6厘米,横18.6厘米。半页9行,行17字。四周单线。有朱笔句读点。

第十五册墨书题记云:"庆长元年丙申八月/庆长元年蜡尾而终/吉祥寺周杲。"可知此本为吉祥寺僧人周杲于庆长元年(1596)八月至同年十二月底抄录。第十六册卷末可见明德二年(1391)版刊记云:"明德二年辛未十一月日/重刊置于海藏院。"由此可知,此本是以明德二年版为底本抄录。

4.京都大学、积翠文库藏本

据《国书总目录》著录,京都大学所藏抄本现存仅1册(卷十三、十四);积翠文库所藏抄本现存仅1册(卷一、二)。两件抄本皆为欠本,抄录年代不明。

(二)明治以前刻本

1.贞治三年(1364)版

该版本为《释书》最早的刻本,亦被称为"贞治椠本"。《国书总目录》著录该版本传本共有6件:内阁文库藏6册本、宫内厅图书寮藏31册本、京都大学藏15册本、大东急纪念文库藏8册本和建仁寺两足院藏8册本。

据宫内厅图书寮所编《图书寮典籍解题·历史篇》[①],此本为《释书》最古之贞治版本的初刻本,即五山版。折本。三十一帖。版框高27.6厘米,宽11.2厘米。四周单边,有界格。半页9行(卷十二为半页8行),行17字。黑口,单鱼尾,下刻卷数及页数。目录及上表文为一帖,正文三十卷分为三十帖。各帖无外题,右下记有卷数。用纸为楮纸。目录、第一帖和第三十帖钤有"宗勋"朱文圆印和"功泽"朱文鼎形印各一枚,可知此本为妙心寺六十七世功泽宗勋的旧藏本。该版本模仿宋版大藏经将刊记刻于卷首,其文曰:

　　大日本国延文庚子六月有旨入毗卢大藏。海藏禅院寓居比丘

　　单况等谨募众缘,恭为今上皇帝祝延圣寿文武官僚资崇禄位国泰

---

① 宫内厅书陵部编:『图书寮典籍解题·歴史篇』,養德社,1950年版,第75頁。

民安,命工镂梓与大藏经印板共行一部三十卷。时贞治三年甲辰
正月日谨题。

由刊记可知,延文五年(1360)六月七日,《释书》获后光严天皇敕许得以
编入大藏之后,师炼弟子东福寺海藏院无比单况命工仿宋版"一切经"的样
式在卷首题刻印刊记,并付梓刊行。上述刊记亦见于卷十三、卷十四和卷十
五。另外,卷十二卷末可见刊记:"开板干缘比丘单况命工刊行",卷十六卷
末可见刊记:"应安元年戊申十二月",卷十七卷末可见刊记:"大日本国延文
庚子六月有旨入毗卢大藏。海藏禅院寓居比丘单况等谨募众缘",卷十九卷
末可见刊记:"永和三年丙辰八月日",卷二十二卷末可见刊记:"永和三年丙
辰六月",卷二十八和卷二十九卷末可见刊记:"斯卷者平安城人上池轩主惠
勇捐财绣梓、于时永和三祀丁巳九月也"。由此可知,此版本自获得入藏许
可后的第四年贞治三年(1364)始,至永和三年(1377)终,前后共历十四年才
得以完成。永德二年(1382)二月十六日,海藏院发生大火,书库被烧毁,此
版版木也在火灾中化为乌有①。

2.明德二年(1391)版

《国书总目录》著录此版本有两件,分别为成篑堂文库藏 15 册本和比睿
山文库天海藏 15 册本。根据笔者调查,将成篑堂文库藏本的书志信息记录
如下:

刻本。15 册 30 卷。表纸高 26.6 厘米,横 16.6 厘米。版框高 23 厘米,
横 16 厘米,四周单边,有界格。半页 9 行,行 17 字。版心刻有卷数、页码。
目录及卷一、卷二为第一册,其余各卷每两卷为一册。用纸为楮纸。第一册
目录之后附有义堂周信所作《化缘疏》②。此版本第三十卷卷末有刊记云:

　　　明德二年辛未十一月日　　重刊置于海藏院

此刊记亦被其后刊行的各版《元亨释书》刻本原样保留。由上述《东福

---

① 白石芳留:『東福寺志』,東福寺,1930 年版,第 472、476 页。
② 同文亦载于上村観光:『五山文学全集』第 2 卷,第 1872 页。

寺海藏院重刊元亨释书化疏有叙》与刊记内容可知:此版本为师炼之法嗣性海灵见于至德元年(1384)六月,委托等持寺的义堂周信作成《化缘疏》,并于八年后的明德二年(1391)完成刊刻。

3. 庆长四年(1599)版

此版为古活字本。所谓古活字本,一般是指文禄至庆安年间(16 世纪末至 17 世纪初)日本所刊行的活字印刷本的总称①。此种刻本源于"文禄之役"期间日军于朝鲜所俘获的铜版活字。文禄二年(1593),后阳成天皇敕命六条有广利用所获铜版活字刊行《古文孝教》一书,此为日本最初之古活字本,即"文禄敕版"。其后,使用木活字的活字印刷迅速普及于民间书肆和寺院。《元亨释书》庆长四年(1599)版及随后的庆长十年(1605)版、元和三年(1617)版皆为出于民间书肆町人之手的古活字本。《国书总目录》著录此版本共 7 件,分别为内阁文库藏 10 册本、东洋文库藏 10 册本、京都大学藏 10 册本、大东急纪念文库藏 10 册本、成箦堂文库藏 10 册本、阳明文库藏 6 册本、岸泽惟安藏 10 册本和早稻田大学图书馆藏 16 册本。上述诸本可分为 16 册、10 册和 6 册三种系统,分别说明如下。

(1)16 册本。现存 16 册本藏于早稻田大学图书馆。据笔者调查,将此藏本书志抄录如下:

四方帙装。共 1 帙。外题:"元亨释书(一~)",手写,位于表纸左上。无题签。内题:"元亨释书目录""元亨释书卷第一(~三十)"。原装表纸,无纹样,狐色。每册卷首钤有"远寿院"和"纯长"朱文方印各一枚,每卷卷尾有"纯长"朱文方印一枚。第一册右上可见墨书千字文"鱼"。第一册卷尾钤有"诠量坊纯长"朱文方印一枚。四眼线装本。正文用纸为楮纸。

共 16 册,30 卷。目录为第一册,正文三十卷为每两卷一册。版心可见"尺(一~三十)",有页码,双黑口鱼尾。表纸高 26.6 厘米,横 16.6 厘米。版框高 23 厘米,横 16 厘米。半页 9 行,行 17 字。目录有割注、头注和旁注。正文有旁注、头注和割注。四周无界。无插图。正文内有墨笔训点(返り点、送り假名),有朱笔句读点。注释为汉文文体。片假名训点当为藏书者添加。

---

① 川瀬一馬:『古活字版之研究』上卷,安田文庫,1967 年版,第 356 頁。

第一册卷首依贞治三年版版式依次载有"贞治三年刊语""元亨释书目录"。第二册卷首有"上元亨释书表"。第四册卷末有墨笔识语:"庆长十七壬子季孟秋念二冥夜于灯下点之功了/洛阳寂光教寺诠量坊纯长日允/四九才。"第七册卷末可见刊记:"开版干缘比丘单况命工刊行",其后版框外有墨字识语云:"庆长第九甲辰秋七月十五日写足之功迄 笔者纯长日允。"由此可推知:全书训点注释为藏书者"纯长"添写。第十六册卷末附有"至德元年重刊化缘疏"和"庆长四年刊记"。"至德元年重刊化缘疏"与上述明德二年版所附《东福寺海藏院重刊元亨释书化疏有叙》内容相同;第十六册卷尾有刊记云:

于时庆长四年己亥月日、日东　洛阳　如庵　宗乾　摸行

可推知此本为京都民间书肆的町人所刊印。

(2)10 册本。据笔者调查的内阁文库所藏 10 册本的书志信息,可知 10 册本卷次编排情况为:目录、卷一、卷二为第一册,卷三、四、五为第二册,卷六、七、八为第三册,卷九、十、十一为第四册,卷十二、十三、十四、十五为第五册,卷十六、十七、十八为第六册,卷十九、二十、二十一为第七册,卷二十二、二十三、二十四为第八册,卷二十五、二十六、二十七为第九册,卷二十八、二十九、三十为第十册。可见,16 册本与 10 册本两种系统的版本在版式、内容和刊记等方面并无差异。16 册本当是将 10 册本分拆后重新编排而成。

(3)6 册本。阳明文库藏 6 册本,笔者未及目验。另,《新纂禅籍目录》并未著录此件藏本①。

4.庆长十年(1605)版

此版亦为古活字本。关于其藏本,《国书总目录》共著录 15 件:东洋文库藏 10 册本、宫内厅图书寮藏 10 册本、京都大学藏 10 册本、驹泽大学藏 10 册本、东京大学藏 10 册本、浅野文库藏 10 册本、蓬左文库藏 10 册本、栗田文库藏 10 册本、神宫文库藏 10 册本、集萃文库藏 10 册本、大东急纪念文

---

① 驹泽大学図书馆编:『新纂禅籍目録』,第92頁。

库藏 10 册本、高木文库藏 10 册本、成簀堂文库藏 10 册本、穗久弥文库藏 10 册本和版本龙门文库藏 10 册本。据笔者对国立国会图书馆藏 10 册本的调查,将书志信息抄录如下:

箱装。共 1 箱。上书:"庆长版元亨释书"。外题:"元亨释书",为手写,无题签,位于表纸左侧。内题:"元亨释书目录""元亨释书卷第一(～三十)"。原装表纸,无纹样,褐色。每册卷首钤有"皎亭改藏"朱文方印一枚、"宝玲文库"墨文方印各一枚。四眼线装本。正文用纸为楮纸。

共 10 册,30 卷。目录和卷一、二为第一册,卷三、四、五为第二册,卷六、七、八为第三册,卷九、十、十一为第四册,卷十二、十三、十四、十五为第五册,卷十六、十七、十八为六册,卷十九、二十、二十一为第七册,卷二十二、二十三、二十四为第八册,卷二十五、二十六、二十七为第九册,卷二十八、二十九、三十为第十册。版心可见"尺(一～三十)",有页码,双黑口鱼尾。表纸高 28.2 厘米,横 20.5 厘米。版框高 21.2 厘米,横 18 厘米,四周双边,无界。半页 9 行(正文、序、跋),行 17 字,目录与正文无注释。无插图。无朱笔和墨笔训点。

第一册卷首依《元亨释书》贞治三年版版式依次载有"贞治三年刊语""元亨释书目录""上元亨释书表"。第十册卷末附有"至德元年重刊化缘疏""庆长十年刊记"。"至德元年重刊化缘疏"与上述明德二年版所附《东福寺海藏院重刊元亨释书化疏有叙》内容相同;第十册卷尾有刊记云:

庆长乙巳岁仲夏日　下村生藏刊之

可知此本为坊刻本或町版,为民间书肆所刻的版本。

5. 元和三年(1617)版

此本亦为古活字本。《国书总目录》著录有 7 件,分别为东洋文库藏 10 册本、京都大学藏 10 册本、东京大学藏 10 册本、岩濑文库藏 10 册本、成簀堂文库藏 10 册本、天理图书馆藏 10 册本、岩泽惟安藏 10 册本。据笔者对西尾市岩濑文库藏 10 册本的调查,将其书志信息抄录如下:

箱装。共 1 箱。上书:"元亨释书"。外题:"元亨释书",手写,无题签,位于表纸左侧。内题:"元亨释书目录""元亨释书目录卷第一～三十"。原

装表纸,无纹样,褐色。第九、十二、十六、二十二和二十五卷各卷卷首钤有"鹰峰檀林库书"墨文方印、"鹰峰檀林"墨文方印、"中坛林什书"朱文方印和"江风山月庄"(稻田福堂)朱文方印各一枚。第四册(卷十一末)可见墨笔识语:"讲务余暇此抄令披见,末代后能一偏回向所希也。宽政十一己未岁次八月六日入山,大光山塔头一妙院当职学道,当檀贰百卅嗣法,求法讲院百六十九嗣法。大澍院日逢(花押)。"第七册钤有"中坛林什书"墨文方印、"江风山月庄"墨文方印和"善正寺什物"墨文方印各一枚,有墨笔识语:"龙江日深""隆山"。正文用纸为楮纸。

共 10 册,30 卷。目录和卷一、二为第一册,卷三、四、五为第二册,卷六、七、八为第三册,卷九、十、十一为第四册,卷十二、十三、十四、十五为第五册,卷十六、十七、十八为第六册,卷十九、二十、二十一为第七册,卷二十二、二十三、二十四为第八册,卷二十五、二十六、二十七为第九册,卷二十八、二十九、三十为第十册。版心可见"尺(一~三十)",有页码,双黑口鱼尾。表纸高 27.2 厘米,横 19.8 厘米。版框高 21 厘米,横 18 厘米。半页 11 行(正文、序、跋),行 20 字,此区别于《元亨释书》其他诸版本。目录与正文无朱笔和墨笔注释。无插图。

第一册卷首依《元亨释书》明德二年版版式依次载有"贞治三年刊语""元亨释书目录""上元亨释书表"。卷十六卷首可见应安元年十二月原刊语。卷二十二、卷二十八、卷二十九卷首可见永和三年八月原刊语。第十册卷末附有"至德元年重刊化缘疏"和"元和三年刊记"。"至德元年重刊化缘疏"与上述明德二年版所附《东福寺海藏院重刊元亨释书化疏有叙》内容相同;第十册卷尾有刊记云:

洛阳二条通鹤屋町寿闲开版　元和三丁巳历孟秋上旬

可知此本为坊刻本或町版,为民间书肆所刻的版本。

6. 宽永元年(1624)版

此本为刊本。《国书总目录》著录有 12 件,分别为内阁文库藏 15 册本、东洋大学藏 15 册本、宫内厅书陵部藏 15 册本、东京国立博物馆藏 15 册本、大谷大学藏 15 册本、京都大学藏 15 册本、驹泽大学藏 15 册本、早稻田大学

藏 15 册本、东京大学藏 15 册本、东北大学藏 15 册本、名古屋大学藏 15 册本和龙谷大学藏 15 册本。现据早稻田大学图书馆所藏此版本的书志抄录如下:

四方帙装。共两帙(第一帙为七册,第二帙为八册)。无外题,无题签。内题:"元亨释书目录""元亨释书卷第一～三十"。原装表纸,无纹样,狐色。每册卷首钤有"望月藏禁门外"朱文方印、"光音院库"墨文方印和"嘉寿轩文库"墨文方印各一枚。四眼线装本。正文用纸为楮纸。

共 15 册,30 卷。目录、卷一和卷二为第一册,以下每两卷依次为一册。版心可见"尺(一～三十)卷",有页码,白口双花鱼尾。表纸高 26.6 厘米,横16.6 厘米。版框高 23 厘米,横 16 厘米,四周单边。半页 9 行(正文、序、跋),行 17 字,正文与目录无注释。第一册全部,第二册第 15 页之前有朱笔附注句读点(当为藏书者所作)。正文为汉文文体,有刊刻的片假名训点。

第一册卷首依《元亨释书》明德二年版版式依次载有"贞治三年刊语""元亨释书目录""上元亨释书表"。卷十六卷首可见刊记:"应安元年戊申十二月",卷二十二卷末可见刊记:"永和三年丙辰六月",卷二十八和卷二十九卷末可见刊记:"斯卷者平安城人上池轩主惠勇捐财绣梓、于时永和三祀丁巳九月也"。第十五册卷末附有"至德元年重刊化缘疏""宽永元年刊记"。"至德元年重刊化缘疏"与上述明德二年版所附《东福寺海藏院重刊元亨释书化疏有叙》内容相同。第十五册卷尾有刊记云:

元亨释书者近代板行于世者悉皆活字成行。故不能无颠倒错误。而未有镂于巨板者也。而又未有加训点者也。今雇良工、张贴海藏院古本于木以雕刻焉。且又考诸本之旧点,而补写于其行间并刻之。每板一枚,面背共四页,板计二百十二枚,纸计八百四十七页,都为全板。夫是举者,盖是本朝三宝之流布又近代一板之再胜者乎。庶几将行于不朽,而传于无穷哉。

宽永元甲子年春三月日　洛下小岛家富跋

由刊记可知此版刊行的原因:鉴于庆长至元和年间相继刊行的三种活字版本,即庆长四年(1599)版、庆长十年(1610)版和元和三年(1617)版多有错误,且无训点,故而以海藏院所存古版本为底本付梓刊行。由于此版本第十五册卷末可见载于明德二年版的《东福寺海藏院重刊元亨释书化疏有叙》,和卷末刊记"明德二年辛未十一月日重刊置于海藏院",可知此处所言"海藏院所藏之古本"为明德二年版。宽永元年版是以明德二年版为底本的重刊本。但经仔细辨识,宽永元年版较明德二年版刻更加细致严密,明德二年版的字句错误多被订正。宽永元年版首次于正文中刊刻训点,是为该版本最大特征,也对后世的《大日本佛教全书》本和《新订增补国史大系》的编纂影响极大。

7. 宽文元年(1661)版

《国书总目录》著录此版的藏本仅存两件,分别为金泽大学晓鸟文库藏15册本和药师寺藏14册本(欠卷十七、十八)。据笔者于金泽大学实地调查,金泽大学晓鸟文库所藏15册本并非宽文元年版,而为宽永元年版刻本。《国书总目录》此处著录有误,应当更正。将金泽大学图书馆晓鸟文库藏宽永元年版15册本的书志抄录如下:

帙装。共两帙(第一帙为8册,第二帙为7册)。外题:"元亨释书 一~三十",有刊印题签,位于表纸左侧。内题:"元亨释书目录""元亨释书卷第一~三十"。原装表纸,无纹样,蓝色。每册卷首钤有"晓鸟文库"朱文方印和"金泽大学图书馆"朱文长形方印各一枚。五眼线装本。正文用纸为楮纸。

共15册,30卷。目录、卷一和卷二为第一册,以下每两卷依次为一册。版心可见"尺(一~三十)卷",有页码,白口双花鱼尾。表纸高27.8厘米,横19.6厘米。版框高23厘米,横16厘米,四周单边。半页9行(正文、序、跋),行17字,正文与目录无朱笔和墨笔注释。正文为汉文文体,有刊刻的片假名训点。

第一册卷首依《元亨释书》明德二年版版式依次载有"贞治三年刊语""元亨释书目录""上元亨释书表"。卷十六卷首可见刊记:"应安元年戊申十二月",卷二十二卷末可见刊记:"永和三年丙辰六月",卷二十八和卷二十九卷末可见刊记:"斯卷者平安城人上池轩主惠勇捐财绣梓、于时永和三祀丁巳九月也"。第十五册卷末附有"至德元年重刊化缘疏""宽永元年刊记"。"至德元年重刊化缘疏"与上述明德二年版所附《东福寺海藏院重刊元

亨释书化疏有叙》内容相同。第十五册卷尾可见与宽永元年版同文之刊记。关于药师寺藏 14 册本,笔者未及目验,情况不明。

8. 刊年不明

《国书总目录》亦著录有 4 件刊年不明的《元亨释书》刊本,分别为香川大学藏 1 册本(存卷十五和卷十六)、饭田文库藏 14 册本(欠卷二十九和卷三十)、成簀堂文库藏 15 册本和京都大学藏本。

(三)明治以后刻本

1.《大日本佛教全书》本

从明治四十四年(1911)至大正十一年(1922),由南条文雄、高楠顺次郎等人成立之佛书刊行会编印,共 150 册。收录日本撰述(亦有若干中国撰述)之经律论注释书、诸宗宗典等 953 部,3396 卷。《元亨释书》被收录于该书的第 101 卷,属史传部。该版《释书》以宽永元年版为底本。昭和四十八年(1973),铃木学术财团重新刊行 100 卷本《大日本佛教全书》,由讲谈社发行。该版《大日本佛教全书》为前版的重刊本,增补了索引以及佛典解题,《释书》被收于此版的第 62 卷。

2.《新订增补国史大系》本

由昭和四年(1929)至昭和三十九年(1964),吉川弘文馆刊行的日本古代史籍丛书。全 66 册。黑板胜美编辑、丸山二郎等校订。编辑过程中,黑板于昭和二十一年(1946)病逝,丸山二郎和黑板昌夫等成立国史大系编修会继续编修工作,最终于昭和三十九年(1964)完成。《释书》于昭和五年(1930)被收入《新订增补国史大系》第三十一卷刊行。《释书》的国史大系本以宫内厅书陵部所藏贞治三年版 31 册本为底本,参校庆长十年(1610)版活字本和宽永元年(1661)版刻本,保留了底本的句读、训点、送假名及注释,对学界的研究裨益甚广。《国史大系》本为目前最通行之《释书》版本。本研究即以此昭和五年版《新订增补国史大系本》为底本展开。

三、关于《元亨释书》诸本的两个问题

(一)"贞治椠本"的存否问题

关于"贞治椠本",即《释书》贞治三年(1364)版的存否问题,学界多有争议。和田维四郎、山本禅登、野村八良和今枝爱真等学者认为新订增补国史大系本《元亨释书》作为底本参照的、宫内厅书陵部藏 31 册本为最古的"贞治椠本",此外,大东急纪念文库藏 6 册本、大谷大学藏 8 册本和内阁文库藏 6 册本,亦为"贞治椠本"。川濑一马在《五山版的研究》一书中,通过对版式、印刷等方面的考察认为,永和三年(1377)的原刻本(贞治三年版)并非传本,全都是明德二年(1391)的重刊本,但故意略去明德二年重刊之刊记,表面装裱成永和三年刊本的传本有很多。不具明德二年重刊刊记的明德二年重刊本还有:大东急纪念文库本、大谷大学本和内阁文库藏本①。其后,石川力山赞同川濑的结论,并指出宫内厅书陵部本与大东急纪念文库本皆为明德二年的重刊本②。藤田琢司《训读元亨释书》亦取川濑的观点,认为"贞治椠本"现已不存,载有明德二年刊记的刻本为最古之刊本,宫内厅书陵部藏本亦为明德二年版本③。据此,本书倾向于川濑一马等学者的观点,认为"贞治椠本"今已不存,将明德二年版作为《释书》最古的刊本。

(二)东福寺古抄本与明德二年版的同异问题

上文已述,《释书》的传本主要为东福寺藏古抄本和明德二年版本(现存诸版本皆以明德二年版本为底本)。两者在诸如"半页 9 行、行 17 字"等版式方面大体一致,但细加比较仍可发现不少差异。关于两者的同异比勘问题,藤田琢司《训读元亨释书》进行了考察。以其考察内容为基础,结合笔者的实地调查,将两者在用字语句和章次内容等方面的差异归纳如下:

(1)明德二年版第一册卷首附有目录,东福寺抄本未见。

(2)东福寺抄本第一册卷首收有《上元亨释书表》,明德二年版刊本未见。

(3)明德二年版刊本卷一《道昭传》之"又指见相州隆化寺慧满禅师。满委曲开示谓曰,先师僧那曰。昔达磨以楞迦经付二祖曰。吾观震旦所有经

---

① 川濑一馬:『五山版の研究』上卷,日本古書籍商協会,1970 年,第 374 頁。原文为:永和三年の原刻本は未だ伝本に接せず、何れも明德二年の重刊本で、而も明德二年重刊の刊記を取り去り、永和三年刊本の如くに見せかけた伝本がほとんど占めているということになるわけである。明德二年重刊の刊記の部分を具えない明德二年重刊本に、大冬急紀念文庫・大谷大学・内閣文庫などの蔵本がある。

② 石川力山:「『元亨釈書』考」,『駒沢大学大学院仏教学研究会年報』7 号,1973 年 5 月。

③ 藤田琢司:『訓読元亨釈書』下卷,禅文化研究所,2011 年版,第 894 頁。

唯此四卷可以印心"共五十字,东福寺抄本未载。当为誊写时漏抄。

(4)明德二年版刊本卷十八《白山明神传》中,为补写"大占边尊"四字,以割注形式分作两行。东福寺抄本中不见此四字。

(5)明德二年版刊本卷三十《智通论》之"明净也。以等智而见观察。大小偏圆未尝不"共十七字,东福寺抄本未载。当为誊写时漏抄。

由此可知,明德二年版本的刊刻并非以东福寺抄本为底本,应是以其他传本为底本刊刻的。

四、《元亨释书》在东亚的流播

(一)《元亨释书》在日本的流播

关于《释书》在日本的传播,多贺谷健一与芳贺幸四郎在其论考中对室町时代禅僧与公家贵族对《释书》的讲读记录多有提及,下文分别引述两位学者的研究。多贺谷健一在论及室町中期公家贵族对"建武中兴"相关的历史书籍的阅读范围时,作为论据列举了《释书》被公家贵族借阅的历史记录,如《实隆公记》文明十一年(1479)闰九月二十日条载曰:"元亨释书十六册铭,可书进之由,被仰下之间,即时染笔进上了。"同书文龟元年(1501)四月二十日条载曰:"元亨尺书古今二部,自禁里被借下之,先日所申请也。"又同书文龟元年闰六月九日条云:"元亨尺书,禁里御本今日返上之。"《言经卿记》天正二十年(1592)九月十五日条亦可见"幽庵へ元亨释书一册返之,正应寺本也"等记载①。芳贺幸四郎也在论考中提及义堂周信多次向足利义满提及《释书》的内容,并于永德二年(1382)劝请足利义满资助《释书》再刊一事。此外,《卧云日见录》《阴凉轩日录》《碧山日录》《蔗轩日录》和《幻云文集》等日记中都载有《释书》被禅僧与公家贵族研读的记录②。可见,在出版技术尚未普及的室町时代,《释书》的传播范围仅限于京都的五山禅僧与公卿贵族,并未普及至中下层民众。

随着室町末期活字印刷技术的传入,从庆长四年(1599)至元和三年

---

① 多贺谷健一:『戦国時代の王政復古運動と建武中興』,『建武』第 4 卷 2 号,建武義会,1939 年。

② 芳贺幸四郎:『中世禅林の学問および文学に関する研究』,日本学术振兴会,1956 年版,第 162 页。

(1617),《释书》被民间书肆连续翻刻三次。至江户初期的宽永元年(1624),《释书》被加注训点以整版的形式付梓刊行。短短二十五年间,如此频繁的刊刻频率说明了《释书》向中下层町人社会传播之迅速。《释书》在江户时代的传播普及也体现在大量《释书》注释书的出现。据笔者统计,江户时期成立的注释书共达18种,主要为僧侣与儒者所撰。东福寺末寺丹波瑞岩寺师炼派下的玄外智逢与幹山师贞师徒就师炼的著述撰写了大量的注释书,其中包括《元亨释书便蒙》30卷。净福寺天台宗僧惠空撰23卷《元亨释书和解》。此外,江户儒者曾澄伯清撰《元亨释书文辨》1卷;谷秦山撰《元亨释书王臣传论》1卷;毓山人撰《元亨释书字例异考》1卷;独立性易撰《元亨释书批评》1卷;等等。

(二)《元亨释书》在朝鲜的流播

关于《释书》于朝鲜流播的研究,以研究朝鲜佛教史闻名的江田俊雄博士有所论及①。江田在论文中记述其于1931年在中央佛教专门学校(现首尔东国大学)发现了《释书》的朝鲜本。但该本仅存第十一卷至第十五卷,全本不存。其后江田又亲赴该本的发现地韩国全罗南道大兴寺调查,亦未见全本。江田从版框的尺寸、鱼尾等版式判断该本为朝鲜刊行的活字版本。通过与《释书》其他版本的比勘,江田推测此朝鲜版刊行的时间当在日本北朝的永德元年(1381)至文禄元年(1592)之间。他认为,室町后期,往返于日朝之间承担足利幕府外交任务的日本禅僧,极有可能在向朝鲜方面请求高丽大藏经时将记载日本高僧传记的《释书》带到了朝鲜。此外,《释书》所载十数位渡日朝鲜僧侣的事迹抑或构成朝鲜僧侣组织刊印此书的原因。日本人所撰僧传被朝鲜僧人刊刻并传播于朝鲜,这在朝日佛教交流史上是罕有的,此方面的研究也意义深远。朝鲜版《释书》是否尚存于世,现存何方,笔者限于研究条件难以确证,希冀《释书》于朝鲜半岛传播的相关研究取得更大的突破。

---

① 江田俊雄:「朝鮮本『元亨釈書』について」,『現代仏教』第9卷,大雄閣,1932年。

五、结语

综合已上论考,可得出两点结论。其一,《释书》于后世的传播以刊本的形式为主,抄本的流传范围极为有限;其二,《释书》在流传过程中异本存在的可能性极小。就此结论,可将理由归纳如下:

首先,关于传播形式。除去年代不明者,现存成立于明治前的《释书》诸本,共有 6 种刊本,共52 件;3 种抄本,共3 件。刊本在数量上远多于抄本,可见《释书》成立后以刊本为主要形式传播。

其次,关于异本存否。撰者师炼圆寂十五年后的延文五年(1360),《释书》即被敕许入藏,四年后的贞治三年(1364)即被上梓刊刻。其后此版版木虽于永德二年(1382)遭火灾焚毁,但两年后的至德元年(1384),师炼弟子性海灵见即募缘组织重刊,至明德二年(1391)最终完成。再者,后世的重刊本,即庆长四年(1599)版、庆长十年(1605)版、元和三年(1617)版、宽永元年(1624)版和宽文元年(1661)版皆以明德二年版为底本参照,各版在用字语句、章次内容和版式(半页 9 行,行 17 字)等方面与明德二年版无明显差异。另一方面,现存数种抄本中,除东福寺藏古抄本外,国会图书馆藏永禄元年抄本和内阁文库藏庆长元年抄本内容一致,皆以明德二年版刊本为底本抄录。故《释书》在流传过程中产生异本的可能性微乎其微。

第二节 《元亨释书》的注释书研究

一、先行研究

任何一部典籍在其传播过程中都会被后人从各种角度阅读诠释,《元亨释书》更是如此。自《释书》完成之日,后人对其的解读和注释就已经开始。从《释书》东福寺藏古抄本所见大量头注和割注开始,经室町中后期至江户末期,共有18种关于《释书》内容的注释书陆续撰成①。从其形态和规模可将其分为部分性注释书及综合类注释书两大类。所谓部分性注释书,主要是对《释书》中的部分内容或某一方面进行注释,且成书形态多为单行的刊本或抄本;综合性注释书则是对《释书》全书30卷内容的综合系统性注释,皆为成套的刊本。

尽管大量的《释书》注释书留存至今(表2-2),但关于这些注释书的先行研究并不充分。山本禅登②列举了部分《释书》注释书并进行简略说明,并未有深入研究。石川力山③在其论文中围绕《元亨释书微考》的作者、版本以及引用典籍进行了详细的考察,并通过《元亨释书微考》所引典籍对中世五山禅林的学问实态进行了深入的研究。曾根正人④在说明《元亨释书和解》的作者、成立时期以及版本等问题之后,对著者净福寺慧空与《元亨释书和解》的关系进行了重点的考察。这些研究多为针对单部注释书的研究,故本文将所有关涉《释书》的注释书作为研究对象,将其分作东福寺古抄本附注、综合性注释书和部分性注释书三大类,分别从版本文献和内容特征两个方面进行考察。

表2-2 《元亨释书》注释书诸本及收藏情况一览

名称	存佚	撰者	制版(抄录)年代	现存数量	收藏机构	备注
《元亨释书拔书》	存	不明	天文七年(1538)抄	1册	东京大学史料编纂所	

---

① 《国书总目录》共著录18种,《新纂禅籍目录》共著录14种。详见文末附表2"《元亨释书》注释书诸本及收藏情况一览表"。

② 山本禅登:『元亨釈書解題』,『国訳一切経』史伝部第19卷,大東出版社,1938年版,第1页。

③ 石川力山:「中世五山禅林の学芸について一『元亨釈書微考』の引用典籍をめぐって一」,『駒沢大学仏教学部論集』第7号,1976年。

④ 曾根正人:『元亨釈書和解解題』,『元亨釈書和解』(一),統神道大系論説編,神道大系編纂会,2003年版,第5页。

续表2-2

名称	存佚	撰者	制版(抄录)年代	现存数量	收藏机构	备注
《元亨释书微考》	存	不明	延宝三年(1675)刊	16册	内阁文库	
				16册	京都大学	
				16册	大正大学	
				16册	大阪大学	
				16册	高野山持明院	
				16册	神宫文库	
				16册	成篑堂文库	
				16册	松岗文库	
			天和二年(1682)刊	16册	国立国会图书馆	
				16册	内阁文库	
				16册	静嘉堂文库	
				16册	宫内厅书陵部	
				16册	东京国立博物馆	
				16册	大谷大学	
				16册	京都大学	
				16册	驹泽大学	
				16册	东洋大学	
				16册	日本大学	
				16册	龙谷大学	
				16册	高野山三宝院	
				16册	阳明文库	
			刊年不明	16册	学习院大学	
				16册	东京大学	
				8册	高野山金刚三昧院	

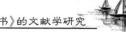

续表2-2

名称	存佚	撰者	制版(抄录)年代	现存数量	收藏机构	备注
《元亨释书和解》	存	慧空	天和三年(1683)刊	23 卷	龙谷大学	
					大阪府立中之岛图书馆	
					成田山佛教图书馆	
			元禄三年(1690)刊	10 册	内阁文库	
				10 册	静嘉堂文库	
				10 册	宫内厅书陵部	
				10 册	大谷大学	
				10 册	学习院大学	
				10 册	京都大学谷村文库	
				10 册	筑波大学	
				10 册	东京艺术大学	
				10 册	驹泽大学	
				10 册	早稻田大学	
				10 册	大正大学	
				10 册	日本大学	
				10 册	广岛大学	
				10 册	龙谷大学	
				10 册	秋田县立图书馆	
				10 册	京都府立综合资料馆	
				10 册	成簀堂文库	
				10 册	天理图书馆	
				10 册	金泽稼堂文库	
				10 册	市立米泽兴让馆文库	
《元亨释书私考》	存	慧空	元禄三年(1690)抄	1 册	不明	此件据《国书总目录》,但未著录藏书机构

续表2-2

名称	存佚	撰者	制版(抄录)年代	现存数量	收藏机构	备注
《元亨释书王臣传论》	存	谷秦山	元禄九年(1696)刊	1册	内阁文库	
				1册	庆应大学	
				1册	早稻田大学	
				1册	高知县立图书馆	
				1册	神宫文库	
				1册	无穷神习文库	
				1册	国立国会图书馆	
				1册	京都大学	
				1册	东京大学史料编纂所	
				1册	彰考馆	
《元亨释书文辨》	存	曾澄伯清	元禄九年刊(1696)	1册	大谷大学	
				1册	高野山大学	
				1册	驹泽大学	
				1册	大正大学	
				1册	广岛大学	
				1册	龙谷大学	
				1册	刈谷市中央图书馆	
				1册	无穷神习文库	
				1册	金刀比罗图书馆	
《元亨释书便蒙》	存	弦外智逢	享保二年(1717)刊	16册	国立国会图书馆	
				16册	宫内厅书陵部	
				16册	东京国立博物馆	
				16册	驹泽大学	
				16册	早稻田大学	
				16册	大正大学	
				16册	龙谷大学	
				16册	建仁寺大中院	
				16册	无穷神习文库	
			嘉永五年(1852)刊	16册	广岛大学	据《国书总目录》,《新纂禅籍目录》未著录此件
				16册	岸泽文库	据《新纂禅籍目录》,《国书总目录》未著录此件
《元亨释书字例异考》	存	毓山人	抄本(年代不明)	1册	驹泽大学	

续表2-2

名称	存佚	撰者	制版(抄录)年代	现存数量	收藏机构	备注
《元亨释书源空上人别传私注》	存		抄本（年代不明）	1册	大正大学	据《国书总目录》,《新纂禅籍目录》未著录此件
《元亨释书批评》	存	独立性易	抄本（年代不明）	1册	彰考馆	
《元亨释书王臣传赞论》	存	大拙丰赞	安永十年(1781)刊	1册		据《国书总目录》,但未著录藏书机构
《元亨释书目录》	存	不明	不明	1册	静嘉堂	据《国书总目录》,《新纂禅籍目录》未著录此件
《元亨释书类字》	存	不明	抄本	1册	国立国会图书馆	据《佛书解说大辞典》,《国书总目录》未著录此件
《元亨释书索隐》	不明	真阿珂然	不明	6卷	不明	据《新纂禅籍目录》,《国书总目录》未著录此件
《元亨释书注》	不明	一条兼良	不明	1册	不明	据《新纂禅籍目录》,《国书总目录》未著录此件
《元亨释书注解》	不明	不明	不明	不明	不明	据《新纂禅籍目录》,《国书总目录》未著录此件
《元亨释书辅玷》	不明	黑庵大任	不明	12卷	不明	据《新纂禅籍目录》,《国书总目录》未著录此件
《元亨释书文辨摘失》	不明	幹山师贞	不明	1册	不明	据《新纂禅籍目录》,《国书总目录》未著录此件

二、东福寺古抄本附注

现存文献中,《释书》最早的注释见于东福寺所藏、最古的《元亨释书》古抄本中。因东福寺古抄本为虎关师炼的弟子大道一以的藏本,故而此注释极可能为大道亲注。尽管此注释成立时期距《释书》撰成时间最近,具有很高的研究价值,但至今尚未被学界重视。东福寺本的书志情况已于上节介绍,故笔者以藤田琢司《训读元亨释书》下卷所附东福寺古抄本的影印资料为研究文本,对此附注的内容进行初步考察,可将其内容分为以下五个方面:

1. 释名相

(1)解释人名、寺名及官职名。

人名解释。如"贞庆",旁注云:"笠置解脱上人也。""荣朝",旁注云:"世良田长乐寺开山也。""余庆",旁注云:"余庆者,三井之徒也。"①。

寺名解释。如"大学寺",旁注云:"见今在北山。""安详寺",旁注云:"见今在四条河原。""瑞鹿山圆觉寺",旁注云:"群鹿之中有白鹿,故名瑞鹿。"②

官职解释。如"户部尚书",旁注云:"民部卿。""都督长史",旁注云:"奥州按察使。"③

(2)释义汉文词汇。"在缠",旁注云:"在者,在家之义。缠者,缚也。故在家号在缠,出家云出缠也。又教分十缠也。"④"货殖",旁注云:"贱买而贵卖之,谓之货殖。"⑤"秃丁",旁注云:"僧之堕落者也。"⑥

2. 释典故

(1)卷五《高辨传》后之"赞"云:"(前略)豫章从小有梁栋者,辨之谓

---

① 藤田琢司:『訓読元亨釈書』下卷,第495、501、795頁。
② 藤田琢司:『訓読元亨釈書』下卷,第622、652、527頁。
③ 藤田琢司:『訓読元亨釈書』下卷,第496、687頁。
④ 藤田琢司:『訓読元亨釈書』下卷,第672頁。
⑤ 藤田琢司:『訓読元亨釈書』下卷,第536頁。
⑥ 藤田琢司:『訓読元亨釈書』下卷,第609頁。

乎。"①其头注云:"山谷诗全句。"②按:此句出自黄庭坚《山谷集》卷九③。

(2)卷十二《睿效传》后之"赞"云:"法华曰,若欲得菩提者,能燃手足一指供养佛塔。"④其旁注云:"药王品。"⑤按:此句出自《妙法莲华经》卷六⑥。

3.校订文字

东福寺抄本注释亦见两处对该本误写错讹之处的校正。第一处见于东福寺本卷二十九《音艺志》中,其云:"一日披呗策画索谱。""索"字有旁注云"版本为墨",对校新订增补国史大系本《释书》可见"一日披呗策,画墨谱"。第二处见于东福寺古抄本卷三十《序说志》中。其云:"我大觉世尊身土不二,世属土,名属身,四海不剖,唯一觉也。""海"字有旁注云:"版本为法。"按:新订增补国史大系本《释书》作"四法不剖"。

4.补充说明史事

(1)《释书·圆尔辨圆传》云:"仁治三年秋,谢国明于博多东偏创承天寺,与尔领之。佛鉴闻新寺事,书承天禅寺及诸堂额诸牌等大字寄之。佛鉴书法妙绝,故有此送。"⑦无准师范(佛鉴禅师)为博多承天寺书写"承天禅寺"及诸佛堂额牌,并寄予圆尔辨圆。东福寺古抄本割注云:"今都鄙之禅刹有佛鉴之额牌者,皆传写之。"⑧按:割注说明佛鉴之墨宝于当时日本禅林极受推崇的历史背景。

(2)《释书》卷八《规庵祖圆传》中记载了一则逸事。一夕,源有房忽于梦中惊醒,疾驰入宫,询问龟山法皇抑郁不安的原因,龟山笑答道:"今日与圆举论宗门。圆征诘抑逼,不少假也。朕旗靡阵披,是以胸怀梗塞未能寐也。如卿之忠襟与朕通乎?有此感来也。"⑨东福寺本《释书》头注云:"或时上皇与圆曰:'公寻常与朕对谈,动似推一头地,愿公莫作此虑。'因此圆公不

① 黑板勝美编:『日本高僧伝要文抄・元亨釈書』,国史大系第31卷,第97页。
② 藤田琢司:『訓読元亨釈書』下卷,第497页。
③ [宋]黄庭坚著,黄宝华点校:《山谷诗集注》第9卷,上海古籍出版社,2003年版,第235页。
④ 黑板勝美编:『日本高僧伝要文抄・元亨釈書』,国史大系第31卷,第193页。
⑤ 藤田琢司:『訓読元亨釈書』下卷,第604页。
⑥ 高楠順次郎:『大正新修大藏経』第9卷,第54页。
⑦ 黑板勝美编:『日本高僧伝要文抄・元亨釈書』,国史大系第31卷,第113页。
⑧ 藤田琢司:『訓読元亨釈書』下卷,第516页。
⑨ 黑板勝美编:『日本高僧伝要文抄・元亨釈書』,国史大系第31卷,第131页。

少假征诘抑逼云。"①按:附注交代了规庵祖圆不拘君臣之礼,机锋接引以致龟山法皇夜不能寐的缘由。

(3)《释书·音艺志》描写佑宗临终样貌:"宗忽高唱曰:'乘此宝乘直至道场。'子弟傍闻曰:'翁病少差乎?久无举唱今偶闻焉,快哉。'其后不继。子弟曰:'何其寡哉。'语共怪乃往父处,双手拱胸上安详而逝。"②东福寺本旁注云:"师亲见之者。"③按:"师",当为大道一以对其师虎关师炼的称呼。上述文段表明东福寺古抄本的注释多源自大道一以的亲身见闻。大道一以为说明传文情节的原因、背景,将其从师炼及其周边禅僧的对话中获知的逸事写入注释。

5.解说僧传内容

(1)《释书》卷八《无学祖元传》云:"十四,趋双径拜佛鉴。鉴一见,许参堂。迨于十七,誓不出云堂提撕狗子话。一夜四更,闻首座寮板,忽尔启蒙,便作偈。"④本则故事记述了14岁的无学祖元初参无准师范(佛鉴禅师)以求开悟的故事。祖元于深夜忽被佛鉴所击寮板之声惊醒而开悟,并将偈语呈送佛鉴以作印证。东福寺古抄本《释书》头注云:"首座巡堂之时,鸣寮前之板。"⑤对细节"寮板"的解释使不了解禅院规制的读者疑窦顿开,整则故事亦清晰明了许多。

(2)《释书·寻禅传》云:"安和帝不豫,连年不差,敕禅加持。禅侍御座侧,帝狂嗔拔剑欲击。禅避之,衣篚尚在堂上。护神守篚,帝于篚傍自缚倒。盖护神为之。帝病即愈。"⑥此传记载了寻禅为冷泉天皇加持治病的故事。东福寺本《释书》所载本传的割注云:"本朝高僧侍咫尺之时,持衣篚而到,以为定式云云。"头注亦曰:"有德之比丘必有护神,禅远避,故护神留守篚矣。"⑦对故事情节中的关键要素"衣篚"的解释说明,令传文内容明了,易于理解。

① 藤田琢司:『訓読元亨釈書』下卷,第536頁。
② 黒板勝美編:『日本高僧伝要文抄·元亨釈書』,国史大系第31卷,第433頁。
③ 藤田琢司:『訓読元亨釈書』下卷,第859頁。
④ 黒板勝美編:『日本高僧伝要文抄·元亨釈書』,国史大系第31卷,第121頁。
⑤ 藤田琢司:『訓読元亨釈書』下卷,第526頁。
⑥ 黒板勝美編:『日本高僧伝要文抄·元亨釈書』,国史大系第31卷,第147頁。
⑦ 藤田琢司:『訓読元亨釈書』下卷,第554頁。

(3)《释书·净藏传》云:"昌泰帝修佛名会,藏为梵呗。沙门平塞潜嘲之。会已,上诏侍中藤公忠宣塞曰:'藏之音韵非凡调,汝等学之应后会。'塞愧恐。"①东福寺古抄本《释书》头注云:"帝见塞之嘲藏之状,故有此宣旨使人重藏师也。"此注亦为解释传记内容,以便于读者理解。

东福寺古抄本《释书》可见大量头注和割注,各卷分布不均。其中尤以卷六至卷八《净禅科》的注释最为详细。这在客观上说明了此注释出自禅僧之手,与大道一以的禅僧身份相符。东福寺本《释书》所见注释,多以大道一以的个人知识见闻与阅读感受为注释根据,故其内容较为主观,缺乏对《释书》所引汉和佛儒等典籍的客观考证与引用。但是,此注释成立年代最为接近撰者师炼生存的时代,且为撰者生前的近侍弟子所注,故其中有大量基于师炼亲历和接近当时时代背景的内容,值得进一步深入研究。

三、综合性注释书

(一)《元亨释书微考》

据《国书总目录》的著录,《元亨释书微考》(以下简称微考)主要有延宝三年(1675)刊本和天和二年(1682)刊本两种。此外,《佛书解说大辞典》②和《国译一切经》③皆指出元和三年(1617)刊本的存在,但所藏地点及保存状况皆不详,故笔者未有亲见。现据笔者的实地调查,将前述两种版本的书志情况介绍如下:

1. 延宝三年(1675)版

此本为刊本。《国书总目录》著录有 8 件,分别为内阁文库藏 16 册本、大正大学藏 16 册本、京都大学藏 16 册本、大阪大学藏 16 册本、高野山持明院藏 16 册本、成箦堂文库藏 16 册本、松岗文库藏 16 册本和神宫文库藏 16 册本。现据笔者实地调查,将成箦堂文库所藏此版本的书志抄录如下:

帙装。共两帙(8 册、7 册)。外题:"元亨释书微考(一~十六)",刊印题签,位于表纸左上。无内题。原装表纸,无纹样,狐色。四眼线装本。正

---

① 黑板胜美编:『日本高僧伝要文抄·元亨釈书』,国史大系第 31 卷,第 159 页。
② 小野玄妙:『仏书解说大辞典』第三卷,大东出版社,1935 年版,第 188 页。
③ 山本禅登:『元亨釈书解题』,『国訳一切经』史伝部第 19 卷,大东出版社,1938 年版,第 28 页。

文用纸为楮纸。共十六册,三十卷。目录和第一卷为第一册,卷二单独为第二册。其余每两卷为一册。各册版心版式不统一。第一册版心可见"释孝卷一",有页码,黑口双花鱼尾。第二册至第十四册版心可见:"释孝卷第(二~二十六)",有页码,白口双花鱼尾。第十五、十六册版心可见"释考卷第(二十七~三十)",有页码,白口双花鱼尾。

版框高 21.6 厘米,横 16.2 厘米,四周单线,半页 11 行,行 20 字。正文有旁注、头注和割注(皆为原版刊刻)。无界。无插图。无朱笔附注。文体为汉文,有片假名训点(刊刻)。无句读。

第十六册卷末可见刊记云:

> 此注书本在禅刹诸岳之书生,虽被欣慕之肯不许密尚矣。有仁者顾学道之阶梯而附梓行于某甲,欲令此注解充扶桑邦里之金刹。倪幸顺芳机,正传写于笔耕,籍校合于兰若而令刊行竟。
>
> 延宝乙卯之吉祥日
>
> 书室中村氏昌芳

中村昌芳为何许人,现已无所查考,由刊记的内容可推知两点:一是延宝三年(1675)版刊本是《微考》的初刊本。《佛书解说大辞典》所著录的《微考》元和三年(1617)版刊本当为对《释书》元和三年版刊本的混淆;二是《微考》一书从其成立至延宝三年(1675)刊行已于"禅刹诸岳"之间流传许久,故可推测其成立时期当为室町末期至江户初期。

2. 天和二年(1682)版

此本为刊本。《国书总目录》著录有 13 件,分别为内阁文库藏 16 册本、国立国会图书馆藏 16 册本、静嘉堂文库藏 16 册本、宫内厅书陵部藏 16 册本、东京国立博物馆藏 16 册本、京都大学藏 16 册本、大谷大学藏 16 册本、驹泽大学藏 16 册本、东洋大学藏 16 册本、日本大学藏 16 册本、龙谷大学藏 16 册本、高野山三宝院藏 16 册本和阳明文库藏 16 册本。现据驹泽大学图书馆藏本考察此版本的书志情况。通过将此版本与延宝三年刊本的比勘发现,两者除刊记之外,版式和内容完全相同。故仅将此版本第十六册卷末刊记抄录于下:

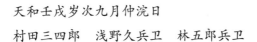

天和壬戌岁次九月仲浣日

村田三四郎　浅野久兵卫　林五郎兵卫

关于《微考》的撰者及内容,石川力山做了详细的考察①。《国书总目录》②及《新纂禅籍目录》③都将《微考》的撰者著录为虎关师炼,石川对此观点予以纠正。石川通过将《微考》所引近三百种典籍与东福寺所藏《普门院经论章疏语录儒书等目录》的对比,发现两者所载书目绝大多数一致,故其认为《微考》的撰者极有可能为可自由利用东福寺普门院藏书的东福寺圣一派禅僧。另外,由于《微考》的注释中多处存在前后形式的不统一,且延宝二年版刊本的刊记中可见题记曰:"此注书本在禅刹诸岳之书生",故石川认为《微考》的注释者并非一人,而为多人。即《微考》是由东福寺派禅僧在相互传阅讲读的过程中注释的,成书后为裨益后学而得以刊行。

据笔者所考,《微考》的注释多为依据《释书》本身,对其难解之语句、史事和典故,通过引用内外之典籍,以割注的形式加以说明和解释。其中,对《释书》僧传的注释最为详细,其次为《释书》十志的注释,对《资治表》的注释最为疏略。据石川所考,其引典籍近三百种,内容上呈现如下四个特征:

第一,关于汉籍引用,以对四书五经的引用最频,其中尤以对《论语》《孟子》的引用为最。对儒家经典的引用无一例外皆以新注本,即朱子的"集注"本为据。这说明在室町后期的五山禅林,朱子学已成为儒学受容的主流。

第二,注释中多见《礼记》《周礼》和《大戴礼记》的引用,其中尤以对《礼记》的引用最为频繁。

第三,史书中对《史记》引用最多。这也可见师炼对《史记》的推崇。

第四,关于日本撰述作品的引用,尤以对《日本书纪》《续日本纪》等六国史的引用最多,且多将对六国史的引用作为对《释书》所载史事的旁证。

《微考》主要由东福寺派禅僧注释,故反映了东福寺派禅僧对《释书》的研读和理解程度,从中亦可窥见中世后期五山禅僧对宋学、史籍以及汉诗文

---

①　石川力山:「中世五山禅林の学芸について—『元亨释书微考』の引用典籍をめぐって—」,『驹泽大学仏教学部论集』第7号,1976年。

②　辻善之助:『国书総目録』第3卷,第107页。

③　驹沢大学図書馆编:『新纂禅籍目録』,第92页。

作品的广泛涉猎,以及旁征博引的学问研究状况。

(二)《元亨释书和解》

《元亨释书和解》(以下简称《和解》),全23卷,除7卷《资治表》之外,对《释书》的十科僧传和十志进行了全面的注释。该书将原汉文体的《释书》训读为和汉混交文体,对人名地名等专有名词附注音训,对文本中出现的词汇、文句和典故施以注释(割注、旁注和头注)。注释者为净福寺惠空。据《国书总目录》的著录,该书主要存天和三年(1683)刊本和元禄三年(1690)刊本两种。现行活字本被收入《续神道大系》论说编(共3册)。其卷首所附《解题》从《和解》的撰者、成书、版本以及内容等方面进行了全面的考察①。

1. 天和三年(1683)版

此版为刊本,《国书总目录》仅著录3件,分别为龙谷大学藏10册本、大阪府立中之岛图书馆藏10册本和成田山佛教图书馆藏10册本。笔者未及目验,故暂且保留此问题,留待后考。

2. 元禄三年(1690)版

此版为刊本。《国书总目录》共著录20件,分别为内阁文库藏10册本、静嘉堂文库藏10册本、宫内厅书陵部藏10册本、大谷大学藏10册本、学习院大学藏10册本、京都大学谷村文库藏10册本、筑波大学藏10册本、东京艺术大学藏10册本、驹泽大学藏10册本、早稻田大学藏10册本、大正大学藏10册本、日本大学藏10册本、广岛大学藏10册本、龙谷大学藏10册本、秋田县立图书馆藏10册本、京都府立综合资料馆藏10册本、成箦堂文库藏10册本、天理图书馆藏10册本、金泽稼堂文库藏10册本和市立米泽兴让馆文库藏10册本。现据笔者实地调查,将早稻田大学图书馆藏此版本的书志抄录如下:

帙装。共3帙(4册、3册、3册)。外题:"和解元亨释书(一~二十三)",有刊印题签,位于表纸左上。无内题。原装表纸,无纹样,蓝色。四眼线装本。正文用纸为楮纸。共10册,23卷。目录、卷一和卷二为第一册,卷三、四为第二册,卷五、六、七为第三册,卷八、九为第四册,卷十、十一为第五册,卷十二、十三、十四为第六册,卷十五、十六为第七册,卷十七、十八为第

---

①　曾根正人:『元亨釈書和解解題』,『元亨釈書和解』(一),第5页。

八册,卷十九、二十为第九册,卷二十一、二十二、二十三为第十册。前十九卷与《释书》卷次相同,后四卷依次为《释书》十志,无《资治表》。版心可见"释和(卷之一~)",有页码,白口双黑鱼尾。版框尺寸:高 23.2 厘米,横 18.6 厘米,四周单线,半页 12 行,行 20 字。有割注、头注和旁注。无插图。无朱笔附注。文体为和汉混交文,有片假名训点(刊刻)。第一册目录末可见刊语云:

天和三癸亥五月吉辰 开板

第十册卷末刊记:

元禄三庚午五月吉辰 京一条通镜石町 津屋勘兵卫

关于元禄三年版的刊记,笔者进一步调查了内阁文库、驹泽大学图书馆所藏《和解》诸刊本,所见刊记与上述内容完全一致。故笔者认为:元禄三年版(1690)和天和三年(1683)版当为同一版本,该版自天和三年五月开版,经过八年,全本于元禄三年五月刊行完成。但曾根正人在《解题》中指出《和解》元禄三年版卷十《相应传》的头注中所见引用"阿比舍、谷响集九曰、因问所言阿比舍何页。答,病鬼也,如苏悉地经云,若复有人欲求摄伏诸余鬼魅及阿比舍等,(中略)又讲降天等,亦名阿尾舍也",乃是引自元禄二年(1689)刊行的泊如运敞所撰《寂照堂谷响集》卷十。故曾根正人推断:《和解》元禄三年版为天和三年版的增补改订版①。据曾根正人所考,《和解》的撰者为江户前期的天台宗僧惠空(1643—1691)。幼时于纪伊名草郡净福寺出家,后为京都正立寺住持。著作涉及领域极广,除《和解》外,亦有《实语教谚解》和《徒然草参考》等。俗姓木曾,号曲肱亭②。《和解》的注释多见对《释书》内容语句的订正。《释书》卷一《最澄传》"牛顶山"、卷四《仲算传》"南纪之爪牙"、卷五《觉鑁传》的"石平庄"皆被注记为"牛头山""南都之爪牙""石手

---

① 曾根正人:『元亨釈書和解解題』,『元亨釈書和解』(一),第 28 页。

② 曾根正人:『元亨釈書和解解題』,『元亨釈書和解』(一),第 6–27 页。

庄"的误记。

笔者认为,《和解》较之先行的注释书最突出的优点在于,将《释书》的汉文文本训读改写为易于理解的和汉混交文体,并对固有名词(人名、地名和寺社名)加注训点。这极大地方便了普通民众对《释书》的阅读,对《释书》于民间的普及起到了积极的推动作用。

(三)《元亨释书便蒙》

《元亨释书便蒙》(以下简称《便蒙》),全30卷,为东福寺末寺瑞岩寺中兴第二世弦外智逢所著,后由其徒幹山师贞修订并于享保二年(1717)付梓刊行。《便蒙》是以《释书》30卷为注释对象,且由东福寺派下禅僧玄外智逢、幹山师贞师徒合力注释,故而此书于《释书》的注释书中最为权威,亦最具参考价值,尤为值得研究者认真研读。《国书总目录》著录《便蒙》主要有享保二年(1717)版和嘉永五年(1852)版两种刊本。

1. 享保二年(1717)版

此版为刊本。《国书总目录》共著录9件,分别为国立国会图书馆藏16册本、宫内厅书陵部藏16册本、东京国立博物馆藏16册本、驹泽大学藏16册本、早稻田大学藏16册本、大正大学藏16册本、龙谷大学藏16册本、建仁寺大中院藏16册本和无穷神习文库藏16册本。现据笔者实地调查,将早稻田大学图书馆藏享保二年版《便蒙》的书志情况介绍如下:

帙装。共3帙(5册、5册、6册)。外题:"元亨释书便蒙(目录)(一~)",刊印题签,位于表纸左上。无内题。原装表纸,无纹样,蓝色。四眼线装本。正文用纸为楮纸。藏书印:"早稻田大学图书"。共16册,30卷。目录为第一册,卷一为第二册,卷二、三为第三册,卷四、五为第四册,卷六、七为第五册,卷八、九为第六册,卷十、十一为第七册,卷十二、十三为第八册,卷十四、十五为第九册,卷十六、十七为第十册。卷十八、十九为第十一册,卷二十、二十一为第十二册。卷二十二、二十三为第十三册。卷二十四、二十五、二十六为第十四册。卷二十七、二十八为第十五册。卷二十九、三十为第十六册。版心可见"释书(卷之~)",有页码,无鱼尾。版框高22.3厘米,横16.6厘米,四周为单线,半页11行,行22字。有割注、头注和旁注。无界。无插图。无朱笔附注。汉文体,有训点(原版刊刻)。

第十六册卷末刊记云:

师贞钦书全功了。以族兄云岳元水居士遗财,元亨释书便蒙全版雕刻既毕。人人学先哲之谊行,个个证浮图之果体。

　　昔享保第二丁酉岁　佛成道日　丹丘瑞岩沙门师贞志焉　版施舍于常住

　　由上述刊记可知,此版为丹波瑞岩寺沙门幹山师贞于享保二年佛成道日刊行,其版木寄存于师贞所住瑞岩寺。

　　2. 嘉永五年(1852)版

　　据《国书总目录》著录,此版为刊本,共著录两件,分别为广岛大学藏16 册本和岸泽文库藏16 册本。由于客观原因,笔者未及亲见。

　　《元亨释书便蒙》的撰者为玄外智逢与幹山师贞师徒。玄外智逢(1627—1708),江户人。22 岁拜投东福寺末寺瑞岩寺住持见叟智彻门下习禅。宽文八年(1668),依见叟智彻之命入住瑞岩寺。其后多次应邀于东福寺讲授师炼所撰《佛语心论》。著述有《元亨释书便蒙》16 卷。幹山师贞(1676—1745),京都人。11 岁入玄外智逢门下出家。宝永五年(1708),因玄外智逢示寂,补瑞岩寺住持之位。著述共有30 余部,其中仅就虎关师炼作品所作考证注疏就有《正修论考》1 卷、《济北集注》20 卷(佚)、《海藏和尚十禅支录摘叶》3 卷(佚)和《禅余或问考注》1 卷(佚)。遗憾的是,今已大部散佚。《元亨释书便蒙》可谓瑞岩寺玄外智逢与幹山师贞师徒钻研师炼学问著述的集大成之作,体现了"虎关学问"研究的最高水准。

　　在注释方法上,《元亨释书便蒙》优于《元亨释书微考》与《元亨释书和解》之处就在于其多引用《释书》撰者师炼的相关著述,如《济北集》和《佛语心论》等,表现出对师炼学问著述的熟稔。另外,《便蒙》的注释,无论是在语汇、文句,抑或是历史典故都表现出以中国相关出典为依据的倾向,这一倾向是受到当时训诂学影响的结果。《便蒙》的注释内容极为广泛,从佛教术语、汉文词汇到中日印三国的历史、地理和传说故事,乃至佛教教理、日本神道、本草学以及天文学的相关内容。构成这一广泛注释的是数目繁多的引用文献,《便蒙》共引汉和佛儒典籍共达六百余种,兹分类介绍如下:

1.汉籍

汉籍包括佛典与儒书两大类,约占引用文献的四分之三。

(1)佛典。属经律论三藏的佛经典籍约百部,经部中引用频度最高的为天台宗《法华经》,频率较低的依次为禅宗《楞伽经》《首楞严经》,华严宗的《华严经》和《佛本行集经》,密教的《大日经》。律部中当属《梵网经》引用较频。论部中,《大智度论》和《般若灯论》引用较多。对佛经的引用,多被用作引证佛教典故和佛教教义。

佛经之外,经典的注疏、字义书、禅宗语录、僧传、佛教史籍和佛教相关地理书籍亦多被引用,共达百部。其中,最为频繁引用的是佛教辞书《翻译名义集》、注疏《华严经随疏演义钞》和佛教类书《法苑珠林》。

佛教史籍中,被引用最多的是《佛祖统纪》,其次为梁唐宋三朝高僧传。此外,纪传体的《释门正统》以及编年体的《佛祖历代通载》《释氏稽古略》;禅宗的《景德传灯录》《嘉泰普灯录》和《五灯会元》,以及《大唐西域记》、契嵩的《传法正宗记》等亦有征引。佛教词典《释氏要览》《义楚六帖》和《正续古今译经图记》等亦被引用。禅僧的语录文集,如觉范慧洪的《林间录》、契嵩的《谭津文集》、北涧居简的《北涧文集》也多被引用以解释《释书》所载僧人履历和佛教史事。禅宗的语录《碧岩录》《虚堂录》《宗镜录》和《林间录》,类书《祖庭事苑》以及《敕修百丈清规》等被引用以说明禅宗的史事典故。

(2)儒书。《便蒙》所引儒书有200余种。可分作以下四类:

1)史书。征引史书主要有:纪传体正史之《史记》《汉书》《后汉书》《南史》《北史》《旧唐书》《新唐书》《宋史》和《元史》;编年体的《左传》;纲目体的《通鉴纲目》;等等。

2)儒家经典。作为汉文词汇、文句、典故的出典,多引朱子所注四书五经及《礼记》和《周礼》。频度稍低的是《孟子》《庄子》《荀子》《墨子》《尔雅》《孝经》和《淮南子》等书。

3)诗文集。《文选》被引用最多,其次为《文心雕龙》和《楚辞》。此外,两汉班固、贾谊和司马相如的赋文,唐宋诗人李白、杜甫、白居易、张九龄、韩愈、柳宗元和苏轼等人的诗文被作为文句的出典引用,其中,韩愈《韩昌黎文集》、苏轼《东坡集》和柳宗元《河东先生集》的引用最为广泛。此外,亦见南宋词话《苕溪渔隐丛话》和《诗人玉屑》的征引。

4) 辞书地理类。引用最多的辞书为《字汇》,其次为韵书,如《小辅韵会》《五事韵瑞》《广韵》《集韵》《说文解字》《尔雅》《佩文韵府》和《时物典汇》。所引类书主要有《书言故事》《太平御览》《贞观政要》和《事林广记》。亦可见地志类书籍《方舆胜览》和《广舆记》被征引。

2. 和书

(1)佛典。所引日本佛教史籍主要有:僧传类的《本朝高僧传》和《扶桑禅林僧宝传》;词典《尘添壒囊钞》;往生传之《日本往生极乐记》《续本朝往生传》等。此外,师炼的著述《济北集》和《佛语心论》亦被多处引用。《海藏和尚纪年录》《答中岩和尚书》亦有征引。《三国佛法传通缘起》和《扶桑略记》仅见数例引用。

(2)外学。六国史所载史料,或被用来确认年代记载,或被用来确认传记出处,被引用最为频繁。《帝王略记》《王代一览》《日本事迹考》和《本朝文萃》的引用仅被用来提示《释书》所载人物的作品。类书《职原抄》和《拾芥抄》被用作注释相关的官职、政制、地理和度量衡等内容。另外,亦见对神祇类书籍,如《延喜式神名帐》《神书》《神社启蒙》和《神社考》等的引用。

四、部分性注释书

就《释书》的部分性注释书,从书志与内容两个方面依次介绍如下:

1.《元亨释书拔书》

一册,天文七年抄本(1538)。东京大学史料编纂所藏。四眼线装本。67 页。卷首钤有"沼田文库""应山现藏"朱文方印各一枚。其墨书题记云:

右以常宣院全部之本所拔书之也,愚昧之迷见写数多有之。后览御直奉凭者也。
天文第七历戊戌霜月廿日书之讫
尾州岩仓住人
宣藏坊
日相(花押)
廿五岁

宣藏坊为何许人,已无从可考。此书为天文七年(1538)抄录,内容为对《释书》原文的部分性抄录与注释。正文中多见旁注,可知此书被频繁翻阅。

2.《元亨释书私考》

据《国书总目录》著录,此书一册,为抄本(惠空自笔),撰者为惠空,成立于元禄三年(1690),但藏书机构不明。

3.《元亨释书王臣传论》

现存元禄九年(1696)刊本。《国书总目录》著录此本共10件,分别为内阁文库藏单册本、庆应大学藏单册本、早稻田大学藏单册本、高知县立图书馆藏单册本、神宫文库藏单册本、无穷神习文库藏单册本、国立国会图书馆藏单册本、京都大学藏单册本、东京大学史料编纂所藏单册本和彰考馆藏单册本。据笔者实地调查,将早稻田大学所藏元禄九年刊本的书志抄录如下:

外题:"元亨释书王臣传论",有原本手书题签,双线版框,位于表纸左上。无内题。全一册。共8页。表纸和本文不共纸。本文用纸为楮纸。第一页里钤有"曲亭文库"朱文方印一枚,可知为龙泽马琴旧藏。四眼线装本。版心可见"王臣传论",白口单黑鱼尾。有页码。版框高23.4厘米,横17.2厘米。四周单线。半页8行,行16字。无序,无跋。文体为汉文,有片假名训点。无句读(原版刊刻)。无朱笔注释。跋语曰:

　　六角通御幸町西へ入町　　柳枝轩

　　卷首序言末尾题记云:

　　元禄丙子九月十七日　　土佐国谷重远谨书

由此可知,此本刊行于元禄九年九月十七日以后,为江户前期町人所刊。此书内容主要为对《释书》卷十七《愿杂科·王臣篇》之"论曰"所载内容的抄录和论述。撰者谷重远褒赞师炼对日本国体的推崇,极力倡导日本为举世无双之"神国",民族情绪之高昂溢于笔端。

4.《元亨释书文辨》

现存元禄九年(1696)刊本。《国书总目录》著录此本共9件,分别为大谷大学藏单册本、高野山大学藏单册本、驹泽大学藏单册本、大正大学藏单册本、广岛大学藏单册本、龙谷大学藏单册本、刘谷市中央图书馆藏单册本、无穷神习文库藏单册本和金刀比罗图书馆藏单册本。据笔者实地调查，将驹泽大学所藏元禄九年刊本的书志抄录如下：

外题："元亨释书文辨"，有原本手书题签，双线版框，位于表纸左上。无内题。全一册。共 8 页。原装表纸，无纹样，蓝色。本文用纸为楮纸。第一页里钤有"驹沢大学图书馆"朱文长形方印一枚。四眼线装本。版心无字，版框为单线，无鱼尾，有页码。正文 54 页，序 2 页，凡例 2 页。版框高 22.5 厘米，横 16.5 厘米。序文，半页 6 行，行 13 字。正文，半页 7 行，行 17 字。文体为汉文，有片假名训点（原版刊刻）。无句读。有训点。无朱笔注释。卷首序言后可见刊记曰：

元禄九年龙次丙子八月庚子　洛北隐士曾澄伯清书

可知，此书刊行于 1696 年 8 月以后。《元亨释书文辨》主要内容为对《元亨释书》用字的订正批评。试举《元亨释书文辨》一节如下：

此书往往曰两朝者，盖指唐山与本邦也。其曰本朝者，是指本邦也。如他邦，则异姓相继，故指当代谓之当朝，指受禅之代谓之先朝。至称其所克之代谓之伪朝。如本邦则自开辟以来唯一姓无一姓之继者，则安可称本朝而简异之。当改作国或土又邦字类也。

可见此书主要内容为儒士对《释书》"本朝"用字之批评。其认为中国因异姓革命而朝代更替频繁，其用"朝"字称呼其国；但日本自古一姓相承，从未有王朝更迭，故而应以"邦"字自称，以示区别。此书主要是以对宽永元年（1624）版《释书》用字的订正为主要内容，其所论多有牵强不当之处。幹山师贞另撰《元亨释书文辨摘失》以批驳其观点。①

5.《元亨释书字例异考》

抄本。据《国书总目录》著录，该书现仅存抄本一册，藏于驹泽大学图书馆。据笔者实地调查，将驹泽大学图书馆所藏抄本的书志介绍如下：

---

① 据《新纂禅籍目录》著录，《元亨释书文辨摘失》已佚。

抄本。无外题。四眼线装本。正文共 11 页。第一页表有题记曰："元亨释书事例异考/纸数拾数叶。"墨书题记云："评阅元亨释书终/毓山人谨书。"可知此书为毓山人抄录。

此书内容主要为对《释书》文句语序的调整修改。共引《释书》文句36 条，撰者对其认为错误之处逐一订正。如引《释书·善无畏传》之"是所以我痛绝也"，其订正曰："所以二字当著我字下。"又如引《释书·圆珍传》之"俄夜遭猛风"，其曰："俄字当著夜字下。"又如引《释书·安愿传》之"海上室中，忽起白云"，其曰："忽起二字当著白云之下。"又如引《释书·慈宝传》之"所以是予合宝而不削也"，其云："所以二字当著合字之上。"此书对《释书》文句错误的指摘多如上文所举诸例。撰者的修改，本质上是对汉文语序的调整，但《释书》原文文句的表达并无明显语病，撰者的勘误并不恰当，有待商榷。

6.《元亨释书源空上人别传私注》

抄本。据《国书总目录》，该书现仅存抄本一册，藏于大正大学图书馆。笔者未及亲验，具体内容不详。

7.《元亨释书批评》

与《元亨释书王臣传论》合为一册。抄本。藏于彰考馆，为独立性易所撰。据此抄本墨书题记：

右元亨释书批评佐宗淳在京师借摄州富田庆瑞寺龙溪所藏之
本写之

由墨书题记可知，此书为佐佐宗淳抄录。佐佐宗淳为水户藩彰考馆著名史官之一，其为江户第一部纪传体史籍《大日本史》的撰写做出了重大贡献。此抄本或为佐佐宗淳为借鉴《释书》之纪传体例编纂《大日本史》而抄录。撰者独立性易之履历不明，但此书对《释书》内容的议论尤有可称道之处。其论述多集于《释书》卷十九之后的《资治表》及《度总论》诸篇，现举数例论之。其赞《度总论》曰："是论文辞气势，宛如易传系说卦之篇，后学安能及其万一哉。"评论中肯得当。再举对《资治表》的评论二例。如《资治表》钦明皇帝三十一年条表文之"仆射苏稻目麑"，其批判曰："史法未有官仆射而薨者,春秋之笔左矣","法非春秋非司马,可以遗笑于后也"。认为苏我稻目官至仆射,不应以"薨"书其死,此处不合"春秋笔法"。又如《资治表》用明皇帝二年条传文之"守屋之诛,不系于我,曷为书之? 深寇也。寇则寇矣,奈诛之不干何? 守屋谋厩户,厩户举伐。厩户之寇,我之寇也。苟我之寇,书之无咎",其评曰:"书者如此转笔脱却,写出厩户之寇而曰:'书之无咎'。何不明发肝胆,直笔以尽资治之诛,始为春秋之法。"其认为,此处不应以一问一答的方式转笔重复,应直接施以笔诛,方合"春秋笔法"。独立性易所论未及本质,此处笔诛之语为师炼模仿《春秋公羊传》之问答体解经方式撰写,并非"转笔脱却"。

8.《元亨释书王臣传赞论》

据《国书总目录》著录,此书仅存1册安永十年(1781)刊本,为大拙丰赞撰写。其余情况不明。

9.《元亨释书目录》

据《国书总目录》著录,此书仅存1册,藏于静嘉堂文库。其余情况不明。

10.《元亨释书类字》

据《佛书解说大辞典》著录,此书仅存1册抄本,藏于国立国会图书馆。其余情况不明。

11.《元亨释书索隐》

据《新纂禅籍目录》著录,此书共6卷,为真阿珂然所撰。其余情况不明。

12.《元亨释书注》

据《辨疑书目录》著录,此书共1册,为一条兼良所撰。其余情况不明。

13.《元亨释书注解》

据《辨疑书目录》著录。其余情况不明。

14.《元亨释书辅砧》

据《新纂禅籍目录》著录,此书共12卷,为黑庵大任所撰。其余情况不明。

15.《元亨释书文辨摘失》

据《新纂禅籍目录》著录,此书共1卷,为干山师贞所撰。其余情况不明。

五、结语

　　《元亨释书》最早的注释,见于东福寺藏古抄本的头注与割注中,由藏书印可推测为师炼亲侍弟子大道一以所注。由于此注释距《元亨释书》成书最为接近,故而具颇高史料价值,值得学界进一步深入研究。《元亨释书》的综合性注释书的出现,以江户时代延宝三年(1675),30卷本《元亨释书微考》的刊行为标志。此书被认为是东福寺禅僧在讲读传抄过程中产生,大致成书于中世末期至江户初期。天和三年(1683),天台宗僧惠空所撰23卷本《元亨释书和解》刊行问世。正如其题名"和解"所示,此书最大特色在于将《元亨释书》的原本汉文译为和汉混交文,极大地方便了普通民众的阅读。但《元亨释书》的"赞曰""论曰"以及7卷《资治表》未被和译,影响了《元亨释书》整体的读解和普及。其后的享保二年(1717),迄今为止《元亨释书》最完整、最详细的注释书——30卷本《元亨释书便蒙》刊行问世。此书由东福寺末寺丹波瑞岩寺住持玄外智逢及其徒幹山师贞合力撰成,为《元亨释书》研究中最值得参考的注释书。明治以后,共出现了两种《元亨释书》的训读本。第一种出版于1963年,由山本禅登撰述,被收入《国译一切经》史传部第19册和第20册。第二种为2011年京都禅文化研究所出版的、由藤田琢司编撰的《训读元亨释书》,此书以东福寺藏古抄本为底本,并附有人名、寺社名和书名解说,便于参考利用。

　　关于《元亨释书》的部分性注释书。通过对《元亨释书文辨》和《元亨释书字例异考》等书内容的考察,可以发现部分性注释书对《元亨释书》的注释主要集中于对《元亨释书》行文撰述和语句文法的纠正和指摘,并非对语句文意的注释。其观点较为主观,缺乏理论依据和对《释书》的系统研究,故参考价值不高。另外,《释书》部分性注释书多为单册本,且多数藏馆限制阅览并禁止拍照。受上述客观条件所限,笔者对《释书》单行本注释书的考察仅限对原文部分内容的抄录解读,未能反映其全貌。权且作为未解决课题留诸以后探讨。

小　结

　　《元亨释书》成书后，于后世屡有抄录和刊刻。《元亨释书》的流传以刊本为主要形式，抄本流传范围有限。师炼圆寂十九年后的贞治三年（1364），《元亨释书》即被上梓刊刻，是为初刻本。此初刻本虽于永德二年（1382）焚毁，两年后的至德元年（1384），师炼弟子性海灵见即组织重刻，是为明德二年版。其后刊行的庆长四年版、庆长十年版、元和三年版、宽永元年版和宽文元年版皆以明德二年版为底本翻刻，各版的内容版式与明德二年版无明显差异。另外，现存数种抄本中，除东福寺藏古抄本外，皆以明德二年版为底本抄录，故《元亨释书》在流播过程中不存异本。现存《元亨释书》注释书共19种，可分为东福寺古抄本附注、综合性注释书和部分性注释书三类。东福寺古抄本附注，为师炼亲侍弟子大道一以于《元亨释书》成立不久后所作，其内容包括语句名相之注释、文字之校勘和事迹之考辨等，具重要研究价值。近世以降，日本先后出现三种综合性注释书，即30卷《元亨释书微考》、23卷《元亨释书和解》和30卷《元亨释书便蒙》。三者中，尤以《元亨释书便蒙》注释最为全面翔实，可为今日《元亨释书》的研究借鉴参考。部分性注释书多为单册本，内容多样。或如《元亨释书文辨》和《元亨释书字例异考》等书集中于对《元亨释书》文句语法的纠正，或如《元亨释书批评》和《元亨释书王臣传论》等书侧重于就《元亨释书》之内容阐发议论，但整体皆缺乏理论依据和系统性，参考价值不高。

第三章

《元亨释书》的体例与内容

　　史书的体例,是指史家著史的原则和法度。刘知幾《史通·序例》云:"夫史之有例,犹国之有法,国无法,则上下靡定;史无例,则是非莫准。"①足见体例于史书之重要。中国史学的撰述体例,大体而言可分作纪传与编年两种。编年体以时间为线索记事;纪传体以人物为中心编排史事。对史书体例,师炼在《资治表·序》中曰:

　　　　昔者仲尼之作春秋也,编年月而系言焉。覃子长之变圣制而立传焉,后之修史者皆则迁焉。盖编年者系于时也,立传者系于类也。系类之者,下愚犹便之看读矣。系时之者,中才或病诸纷纠矣。是所以史经之有变也。初予修此书欲则春秋,只恐中下之或病诸,其不得已耳矣。②

　　师炼深谙史书编年纪传二体的特征,在撰述之初,本欲仿《春秋》编年体例撰述,但由于"恐中下之或病诸",且纪传体例"下愚犹便之看读",故仿司马迁《史记》之纪传体例编撰《释书》。就《释书》的体例,师炼阐释曰:"此书有五格焉,传、赞、论、表、志也。传,十也。赞,二,而或系一焉,或综多焉。

---

① 　[唐]刘知幾撰,[清]浦起龙注:《史通》,第80页。
② 　黑板勝美编:『日本高僧伝要文抄·元亨釈書』,国史大系第31卷,第289頁。

论,又二,而通别也。通,托评焉;别,解惑焉。表,一也。志,又十也。"①师炼之言有两层含义。其一,《释书》由"传""赞""论""表"和"志"五种体例构成,"传"共有十科,"表"共为一篇,"志"共由十篇构成;其二,"赞"有两种,或系于一传之后,或系于多篇僧传之后。"论"亦有两种,或就传中史事评论,或释疑解惑。从结构和卷数而言,《释书》三十卷可分作传部、表部和志部。传部袭用中国梁唐宋三朝高僧传的十科分类体例,分设《传智科》《慧解科》《净禅科》《感进科》《忍行科》《明戒科》《檀兴科》《方应科》《力游科》和《愿杂科》,被置于卷一至卷十九,共十九卷。表部,即《资治表》。题名取自《资治通鉴》,撰述体例则专仿《春秋》经传,被编排于卷二十至卷二十六,共七卷。志部,体例源于纪传体正史之书志体,分为十志:《学修志》《度受志》《诸宗志》《会仪志》《封职志》《寺像志》《音艺志》《拾异志》《黜争志》和《序说志》,共四卷。为便于说明,将《释书》体例结构表示如下(表3-1):

表3-1 《释书》体例结构

传	传智科	慧解科	净禅科	感进科	忍行科	明戒科	檀兴科	方应科	力游科	愿杂科
表	资治表									
志	学修志	度受志	诸宗志	会仪志	封职志	寺像志	音艺志	拾异志	黜争志	序说志

师炼解释"传""表""志"三体之间的关系时说:"十传者,所以载其人也。十志者,所以载其事也。""一表居中焉,所以通串传志也。"可见,"传""表""志"三体内容共通、体例互见,令《释书》构成了有机统一的整体。

本章就《释书》的传部、表部和志部,分别于第一、第二和第三节考察其体例渊源,概述其内容主旨。第四节考察《释书》"赞论"的体例渊源和内容特征。第五节考察《释书》对《史记》所创"互见法"的模仿运用。

---

① 黑板胜美编:『日本高僧伝要文抄・元亨釈書』,国史大系第31卷,第446页。

第一节　传部的体例与内容

一、传部的十科体例

今日可考最早有分科的僧人总传为南朝梁宝唱之《名僧传》，据东大寺僧宗性《名僧传抄》可知该书由"法师""律师""禅师""神力""苦节""导师"和"经师"七科构成。慧皎《高僧传》以之为参考增删改进，开创了僧传以十科分类之先河，亦成为后世僧传分类之主流。《高僧传》十科分别为：译经科、义解科、神异科、习禅科、明律科、遗身科、诵经科、兴福科、经师科和唱导科。可见，慧皎是将僧侣修行之"德业"分作十门，依据僧人的主要德行来编排收录的。道宣《续高僧传》和赞宁《宋高僧传》亦分列十科，虽体例稍有调整，但基本为对慧皎《高僧传》的沿袭因循。《释书》传部的十科体例乃是对中国梁唐宋三朝高僧传的借鉴与模仿。兹列表明示如下（表3-2）：

表3-2　《释书》传部十科体例与中国梁唐宋三朝《高僧传》比例

《高僧传》14卷	①译经	②义解	③神异	④习禅	⑤明律	⑥遗身	⑦诵经	⑧兴福	⑨经师	⑩唱导		
《续高僧传》30卷	①译经	②解义	⑥感通	③习禅	④明律	⑧遗身	⑦读诵	⑨兴福	⑩杂科（声德）	⑤护法		
《宋高僧传》30卷	①译经	②义解	⑥感通	③习禅	④明律	⑧遗身	⑦读诵	⑨兴福	⑩杂科（声德）	⑤护法		
《元亨释书》30卷	①传智	②慧解	④感进	③净禅	⑥明戒	⑤忍行		⑦檀兴	⑩愿杂（古德，王臣，士庶，尼女，神仙，灵怪）	⑧方应	⑨力游	

注：表中数字所示为各科于该书中的次序。

据表3-2可知：《释书》十科直接模仿中国梁唐宋三朝高僧传设立。将

《释书》与成书时代最为接近的《宋高僧传》对比后可以发现：《宋高僧传》的义解、感通、习禅、明律、遗身、兴福和杂科分别与《释书》的慧解、感进、净禅、明戒、忍行、檀兴和愿杂诸科相对应。《宋高僧传》的译经、读诵和护法诸科被《释书》改换为传智、方应和力游。对此，《释书·序说志》分别做出说明。对于传智科，其言："夫传智者，译经也。我国无译事，故换号。"对于方应、力游二科，其曰："方应力游，古科无之。今详法义建二。"关于删除护法科的原因，师炼说，"此土无恭君悖吏，何护之有"，而读诵科的内容被撰者整合入《释书·音艺志》中，故该科被删除。

僧传十科的前后顺序体现着撰者对僧侣修行特征的定位与思考，同时十科设置又有其内在逻辑，是相辅相成、圆融统一的整体。赞宁认为，僧传的十科体例是依"信""解""修""证"这一佛法修学次第的内在逻辑设计的。就此，赞宁解释曰："我教法中以信解修证为准的。至若译经传法，生信也。义解习禅，悟解也。明律护法，修行也。神异感通，果证也。"①《释书》十科对梁唐宋三朝高僧传的十科体例的模仿并非照搬照抄，而是撰者师炼根据本国佛教的内在特征扬弃取舍的结果，与师炼对日本佛法本质的把握与定位密不可分。师炼在《释书·序说志》中对比印度、中国和日本三国佛教之后，盛赞日本为"东方醇淑大乘之疆"，并解释道："此书以波罗蜜建十科也。"②师炼将日本视为阎浮界中最为纯正的大乘佛国，日本佛法亦为最正统的大乘佛法，分别以十波罗蜜配比十科科名，创立十科体例。所谓"波罗蜜"，本为梵文之音译，意为自生死迷界之此岸而至涅槃解脱之彼岸③。依诸经论而有"六波罗蜜""十波罗蜜"和"四波罗蜜"等。"六波罗蜜"为诸部般若经之说，指大乘菩萨所必须实践之六种修行。即："布施波罗蜜"，又作檀那波罗蜜，谓全然施惠；"持戒波罗蜜"，谓全然持守教团之戒律；"忍辱波罗蜜"，谓全然忍耐之意；"精进波罗蜜"，谓全然努力之意；"禅定波罗蜜"，谓心全然处于一境；"智慧波罗蜜"，谓圆满之智慧，系超越人类理性之无分别之智能，为其他五波罗蜜之根本。《金光明最胜王经》卷四《最净地陀罗尼品》等经中又加入"方便波罗蜜"（救济众生之巧妙方法）、"愿波罗蜜"（谓得智慧后，救济

---

① ［宋］赞宁撰，范祥雍点校：《宋高僧传》，中华书局，1987 年版，第 577 页。
② 黑板胜美编：『日本高僧伝要文抄·元亨釈書』，国史大系第 31 卷，第 499 页。
③ 織田得能：『織田仏教大辞典』，大藏出版，1974 年，第 1430 頁。

众生的殊胜之愿)、"力波罗蜜"(谓能正确判断所修所行的全然之能力)、"智波罗蜜"(谓享受菩提之乐,并教导众生得全然之智慧),总称"十波罗蜜"。《释书》的十科之名即源于"十波罗蜜"。具体可参看表3-3:

表3-3 《释书》十科之名与"十波罗蜜"之比较

十波罗蜜	智波罗蜜	智慧波罗蜜	禅定波罗蜜	精进波罗蜜	忍辱波罗蜜	持戒波罗蜜	檀那波罗蜜	方便波罗蜜	力波罗蜜	愿波罗蜜
《释书》十科	传智	慧解	净禅	感进	忍行	明戒	檀兴	方应	力游	愿杂

　　《释书》配比"十波罗蜜"分立十科,体现了师炼以大乘佛法统摄世界的价值定位,对日本佛教本质——"大乘醇淑之疆"的认识思考。另外,"十波罗蜜"本为大乘佛教的十种实践法门,众生各自以其机根深浅选择适合自己的修行法门以开悟成佛,实现自我完善。大乘佛教讲求自度度他,即在自我成佛的同时也要救济他人。故而,十波罗蜜亦为佛菩萨教化有情、普度众生的十种方便。《释书》所载十科僧传也是对日本高僧大德发菩提心,以真实佛法救济众生、利济行化的功德记录。

　　此外,《释书》十科科名皆为从"十波罗蜜"中各取一字而来,各科科名的含义并未与"十波罗蜜"的含义完全对应。综观各科内容,各科所收僧传在内容上也并未与各科科名之含义相对应。如《感进科》专收僧侣修行所现神异感通之事,但《释书》十科僧传可谓篇篇皆有神通情节;又如《檀兴科》专录建寺造像、兴建伽蓝之功德高僧,但《传智科》之最澄、空海、荣西,《方应科》之圣德太子,《净禅科》之圆尔辨圆、无学祖元等皆有开山建寺的功德记录。因此而言,十科科名所设,象征意义大于其内在本质,更多的原因在于撰者师炼欲令《释书》传部十科区别于中国梁唐宋三朝高僧传以显示其独特创作意图而故意为之。

二、传部十科的内容

　　十科僧传共载僧俗416人,其中僧尼355人,俗众61人。不同于《高僧传》《续高僧传》和《宋高僧传》皆设附传的体例,《释书》所录416传皆为正传,无附传。所谓正传与附传体例,最初由《史记》开创。正传是指正史列传中记载传主生平事迹的正式传记;附传指记录传主生平履历时附带记录他人生平的传记①。《释书》十科僧传之后,又被加以"赞曰"和"论曰"以述作者褒贬评论。逐一介绍十科内容如下:

(一)《传智科》

《序说志》概述此科主旨曰:"维我佛乘,智为先导。劝示悟证,皆智之操。灌真来唱,昭训去学。澄海荣西,相继高蹈。自兹此方,竞向真诰。传智居初焉。"②此科凡一卷半,被置于卷一与卷二前半卷。该科被列为十科之首是因为"智波罗蜜"在象征佛教智慧的"十波罗蜜"中居于首位,其具"一摄五衍"的先导作用。从内容来看,该科共收录 10 位僧人传记,列表如下(见表3-4):

表3-4 《传智科》所列 10 位僧人情况

国籍	僧名	所属宗派
南天竺	达摩	禅宗中土初祖
高丽	慧灌	日本三论宗首传
吴国	智藏	日本三论宗再传
日本	道昭	日本法相宗初祖
北天竺	善无畏	真言密教五祖
日本	慈训	日本华严宗初祖
唐国	鉴真	日本律宗初祖
日本	最澄	日本天台宗初祖
日本	空海	日本真言宗初祖
日本	荣西	日本禅宗初祖

如表3-4所示,此科所录僧人除达摩与善无畏外,皆为将佛法初传日本,并开宗立派、传承不绝的开宗祖师。该科承担着叙述日本佛法"起源"的历史机能。从僧侣所属宗派而言,慧灌和智藏(三论宗)、道昭(法相宗)、慈

---

① 李贤民:《〈史记〉附传探微》,《河南师范大学学报》,2000 年第 2 期,第 61 页。

② 黑板胜美编:『日本高僧伝要文抄·元亨釈书』,国史大系第 31 卷,第 446 页。

训(华严宗)、鉴真(律宗)、最澄(天台宗)、空海(真言宗)、达摩(禅宗)、荣西(禅宗)、善无畏(真言宗)皆被入传。而成实宗、具舍宗和净土宗祖师未被收录。该科中,达摩与善无畏被分别列为日本禅宗与密教的传法祖师,颇具争议。《景德传灯录》等中国禅宗史籍皆以达摩为禅宗传法谱系中的西天二十八祖和东土禅宗初祖,但师炼无视中国禅宗史籍之"定论",于《达摩传》中记载"达摩与圣德太子片冈山相遇"一事,强调达摩传禅于日本的"史实",其目的在于强调日本禅宗直承达摩,具有独立于中国的正统性。同样,据《宋高僧传》记载,善无畏本为中国真言宗传持第五祖,师炼载录善无畏传密教于日本一事,同样意在强调日本密教的正统与优越。师炼赞二人"共大法之始祖也",其树立并维护日本禅宗与密教正宗法统的意图可见一斑。

(二)《慧解科》

《序说志》概述该科主旨曰:"智之与慧,名异体同。赫赫诸子,惟业惟隆。不唯闻思,修勤解通。慧解续焉。"①此科承接《传智科》,凡四卷,共收录85位僧人传记,各传据僧侣卒年为序排列。下文逐卷介绍其主要内容。

卷二,主要收录华严宗、三论宗和法相宗等南都六宗的学问僧以及平安初期随最澄入唐、于早期天台宗传教史上据重要位置的义真、圆澄等人的传记。其后载善谢、慈云、胜悟、善议、安澄、光意、常楼、常胜、品慧、道证和奉实等于延历、弘仁年间活跃的僧人传记。正如师炼在随后的"赞曰"中所评"二谛之全盛",这一时期正是最澄、空海先后入唐分别传来显教(天台)和密教(真言),开创比睿山与高野山,为后世日本佛教奠定基础的时期。卷三,主要以平安初期至摄关期推动天台宗教学和发展的僧侣传记,其中尤以圆仁(天台山门派之祖)、圆珍(天台寺门派之祖)的传记最为详细。卷四,记载的时代大致处于摄关期至院政期。从僧人宗派来看,与卷三多位天台宗僧侣不同,该卷多录密教僧侣传记。由传中"禀显密秘奥""学显密教"等文句可知,这一时期所谓"显密兼修"的僧人传记多被收录。卷五,所录诸僧大致处于平安末期至镰仓初期,既有代表体制佛教的显密僧人,亦有净土宗开祖源空的传记。

与《传智科》所载日本佛法初传诸祖相比,该科所列僧人多为日本佛教

---

① 黑板胜美编:『日本高僧伝要文抄・元亨釈書』,国史大系第31卷,第446页。

各宗中发演宗义的著名学僧。该科记载历史时期涵盖了奈良佛教(南都六宗)的确立、平安佛教(显密佛教)的繁荣以及镰仓新佛教(净土宗)的形成等多个历史阶段。

(三)《净禅科》

《序说志》解释此科主旨曰:"攀缘观察,愚夫所行。单传直指,如来禅清。净禅续焉。"①此科凡三卷,收录禅宗僧侣共 22 位,各传据僧侣卒年为序排列。下文逐卷介绍其主要内容。

卷六,收录平安初期将禅籍带入日本的唐僧义空、院政期初次传宋朝禅于日本的觉阿、曹洞宗开祖道元、荣西法嗣荣朝、性才法心、心地觉心、应北条时赖之请前后赴日的宋僧兰溪道隆、兀庵普宁、无关普门、月峰了然和约翁德俭,共 11 位禅僧传记。该卷所录 8 位日本僧中,除荣朝之外皆有留学宋朝经历。宋朝禅僧的渡日与传禅对镰仓前期日本禅宗的确立所具重要影响可见一斑。卷七,由师炼所属临济宗圣一派派祖、东福寺开山的圆尔辩圆一人之传记构成,全传达 4800 余字,可见师炼对自门派祖的推崇维护。师炼的门派意识同样见于卷八各传的编排。卷八在 4 位渡日中国僧无学祖元、大休正念、溪礀子昙和一山一宁之后,共载 6 位日本禅僧。此 6 位日本禅僧中,除桑田道海和规庵祖圆之外,东山湛照、无为昭元、白云慧晓和藏山顺空皆与师炼同属东福寺圣一派。

《净禅科》始于平安初期义空,终于师炼本人师事过的规庵祖圆。就日本禅宗史而言,此科所载内容反映了镰仓末期禅宗的形成过程。这一时期同样也是日本禅林二十四流大部确立、彼此竞合的时期,但师炼于该科仅录大觉派、一山派、佛光派和圣一派四派禅僧。从禅僧身份来看,一方面,此科所录禅僧皆为师炼或有参学(一山一宁、规庵祖圆),或与圣一派关系亲密(兰溪道隆)的禅僧;另一方面,所收录诸派禅僧中圣一派禅僧共计 8 位,占此科立传人数的三分之一强。从该科的编排与构成可见撰者师炼对自门派圣一派的重视和偏重。通过著述修史使自派在与禅林他派竞争中确立优势,是师炼编撰该科的主要目的之一。

---

① 黑板胜美编:『日本高僧伝要文抄·元亨釈書』,国史大系第 31 卷,第 446 页。

(四)《感进科》

"慕道之士,进其为精,进进不止,感应便生。进感续焉"[1],正如师炼在《序说志》中对此科主旨的概述,此科多载僧人因精进修行佛法而产生的种种佛菩萨"感应"与灵验。撰述主旨在于通过描写和记述各种"感应"故事,在褒扬僧侣精进修行的同时,宣传佛法之灵验。此科篇幅凡三卷半,置于卷九、卷十、卷十一和卷十二前半部分。共载僧人 111 位,所载僧人数量约为《释书》全书的四分之一,于十科中规模最大。该科记叙了大量神异感通事迹,以褒扬僧侣"精进"修行之功,宣扬佛法灵验。一方面,该科所载僧侣大体可分为两类:一类为显密体制寺院内的官僧,这类僧侣或通过密教祈雨,或为天皇贵族加持治病,或以密教加持祈祷战争胜利;另一类为被称作"圣"或沙弥的民间传教者。这类僧人或"入冥"拯救双亲脱离地狱苦海,或布施贫者,行善积德。显密官僧多以东密或台密的密教僧居多。台密僧,以相应、增命、尊意、净藏、良源、胜算、行尊等为代表,其所行密法多为天皇贵族加持愈疾;东密僧,如仁海、成尊等,其修密法多为祈雨禳灾。天皇、后妃的疾病多为"疱疮""产难""患腰""邪疾""妖病"和"鬼魅"等,修法内容多为"观自在轨""不动法""尊胜陀罗尼"等的诵持和持念。另一方面,该科所录僧侣中近一半为民间传教的"圣"与沙弥,其传记资料多采自《法华验记》和往生传等佛教故事集。传中多"专持法华""一心诵法华""唱弥陀号""修念佛三昧"等行业纪录,反映了法华信仰与净土信仰于日本民间的传播盛况。

佛法传入日本之后,一方面,日本皇室为统辖佛教教派僧团,令其发挥"镇护国家"的职能,在制度层面设立僧纲制度;另一方面,在教理经义的层面,令南都北岭的显密寺院发挥解经通义的教学研究职能。这在根本上导致佛教与下层民众信仰严重脱节,是导致佛教世俗化和贵族化的主要原因。平安末期至镰仓初期,接连发生的保元、平治之乱引发社会动荡与政局混乱,下层民众面对现实生活中的苦难,对佛法"精神救济"的需求日益高涨。在这一背景下,以净土宗为代表的镰仓新佛教迅速崛起并传播渗透于日本下层民众之间。由于活跃于民间布教的"圣"与沙弥的信仰活动构成了日本大乘佛法的重要组成部分,故而立志撰述日本佛教"全史"和"通史"的师炼

---

[1]　黒板勝美编:『日本高僧伝要文抄・元亨釈書』,国史大系第 31 卷,第 446 頁。

将反映其信仰生活的传记资料改写为僧传编入该科之中。

前四科共录僧侣228人,已超过传部所录僧侣总数的二分之一。其中,《传智科》叙述日本佛教的起源,《慧解科》叙述奈良时代南都六宗与平安时代显密诸宗的发展史,《净禅科》则记载镰仓末期禅宗的传入与发展。同上述三科多录显密体制内僧侣不同,《感进科》所录僧侣不限于体制内僧侣,更注重对体制外僧侣的记载。师炼通过描写大乘佛教渗透于社会各个阶层的传播实态,以反映日本"大乘"佛法的本质。

(五)《忍行科》

《序说志》概述该科主旨曰:"佛道悬旷,动有退还。忍之为德,不崩不骞。烈士行之,曜后扬前。忍行续焉。"①该科凡半卷,置于卷十二后半部分。共录14位僧人,于十科中规模最小。从体例而言,虽科名稍异,但该科相当于梁唐宋三朝高僧传之《遗身科》。该科所录诸传中多见"自焚""烧身""绝食""剥皮燃指""斩剥皮骨供养佛法"和"镂字"等内容,多载僧人以"烧身供养"等方式传教弘法的事迹。此科所录14位传主之后,师炼在"赞曰"中赞道:"善哉,佛子健忍深悲者乎。"以示褒扬。

(六)《明戒科》

"戒法毗尼,如来威仪,不唯固持,明之知之。明戒续焉"②,如《序说志》所云,该科专录律宗僧侣,承担着记叙律宗发展史的功能。此科仅一卷,置于卷十三,共立10位僧人传,体例相当于梁唐宋三朝高僧传之《明律科》。力邀鉴真渡日的日本僧普照,随鉴真渡日的中国律僧法进、如宝三人之后,道忠、丰安、明佑、实范、俊芿、睿尊和忍性7位日本僧的传记亦相继被载录。7名日本僧多为鉴真、法进和如宝的传法弟子,其中尤以入宋僧俊芿之传记最详。

(七)《檀兴科》

"檀之为事,施与营筑,原薄有异,共归兴福。檀与续焉。"③此科凡一卷,置于卷十四,所载僧人计19人,各传以卒年先后为序编排。该科始于奈良时

① 黑板胜美编:『日本高僧伝要文抄・元亨釈书』,国史大系第31卷,第446页。
② 黑板胜美编:『日本高僧伝要文抄・元亨釈书』,国史大系第31卷,第447页。
③ 黑板胜美编:『日本高僧伝要文抄・元亨釈书』,国史大系第31卷,第447页。

代活跃于民间布教的行基,终于镰仓初期致力于东大寺修复的文觉和重源。"营新宇""好修古塔废寺""夷险途""架绝桥""铸洪钟"和"造弥陀像"等造像建寺的表述成为该科各传统一的内容特征。需要注意的是,离开朝廷统制之下的体制寺院、热衷于民间传教的民间佛教者的传记在此科中被详细撰写,对他们功绩的褒扬亦随处可见。其中最具代表性的就是行基与空也。《行基传》主要采录自《法华验记》,其传后师炼赞道:"讳乎!基之为名也,我道之地乎。"将行基喻为日本佛法的奠基者。《光胜传》后,师炼赞道:"方今孩婴稚儿戏谑娱悲,靡不以弥陀为口号者,也化之遗也。"将其视为"口称念佛"的首倡者,对日本净土宗的成立发挥重要作用。在师炼看来,以行基与空也为代表的、超越宗派与体制寺院的束缚、潜心民间传教的民间佛教者是日本大乘佛法不可或缺的重要部分,这也构成了师炼为"鼓黔首之民,倡市尘之佛事"的民间传教者立传的主要原因。

(八)《方应科》

"古圣深悲,周流屡迁,善应无方,是名巧便。方应续焉。"①此科凡一卷,置于卷十五,共录9传。于十科中规模最小,立传人数最少。日本佛教的创始者圣德太子被置于科首,其后,载飞鸟及奈良时代山林佛教的修行者役小角和泰澄的传记,平安前期的教待被置于卷末。此科为师炼独创,正反映出师炼对日本佛教史的独特思考。该科将《圣德太子传》列于科首,在传中强调"圣德太子南岳慧思后身说",并在传文中载曰:"二十六年冬十月,语妃膳氏曰:'我在南岳,承达磨劝诱生此土,我今只世缘二茸耳'。……春二月五日,语膳氏曰:'我昔在震旦,持法华,今为日域副贰,流传佛法,广宣一乘。'"②师炼强调南岳慧思之所以转生为圣德太子,是遵从禅宗初祖达磨的"劝诱",由此可见师炼对日本禅宗道统的重视。另外,该科多见"遁山谷""缚草庵""衣藤皮""驱使鬼神""优游仙府"等关于修验道,即山林佛教修行者信仰状态的记载。其目的在于通过记载并呈现山林佛教修行者特殊的信仰状态,以反映日本"大乘佛法"的佛教特质。这也是师炼欲撰述超越宗派的、佛教"全史"这一撰述动机所致。

---

① 黑板胜美编:『日本高僧伝要文抄·元亨釈書』,国史大系第31卷,第447页。
② 黑板胜美编:『日本高僧伝要文抄·元亨釈書』,国史大系第31卷,第217页。

(九)《力游科》

《序说志》介绍该科主旨曰："智用为力,有动乘斯,万里游戏,寻道访师。力游续焉。"[1]此科篇幅凡半卷,置于卷十六前半。共收僧人 29 人。各传史料多采自六国史纪年条,故而大多篇幅较短。所立传主多数生存于奈良时代以前,多为早期游学于中日韩三国的留学求法僧。29 传以卒年先后排序,故依其时代先后介绍如下:

三韩渡来僧。佛法初传日本的时期(6 世纪末至 7 世纪前半),由古代朝鲜半岛迁居于日本的 8 位僧侣,分别为昙慧、慧便、慧聪、慧慈、观勒、僧隆、慧弥和昙微。

中国渡来僧。7 世纪后半至奈良初期,由中国迁居日本的 4 位僧侣,分别为福亮、神睿、道睿和道荣。

入唐留学僧。7 世纪后半至奈良时代初期,随遣唐使留学中国的 6 位日本僧侣,分别为慧济、僧旻、慧隐、智通、智凤和玄昉。亦有留学新罗的日本僧 1 人,净达;留学高丽的日本僧 1 人,行善。共 8 人。

入唐留学僧。平安初期,在日本天台宗、真言宗建立之后随遣唐使入唐的 6 位日本留学僧,分别为行贺、永忠、圆行、慧运、慧萼和真如。

入宋留学僧。平安中后期,入宋留学的 3 位日本留学僧,分别为奝然、寂昭和成寻。

综上所述,该科在客观上反映了以日本为中心的古代中日韩三国佛法流通的历史过程,这一过程在各个时期呈现出各自不同的特点,也体现出师炼对中日韩三国佛法流通史的特殊思考。

(十)《愿杂科》

此科科名之"愿"字取自十波罗蜜中的"愿波罗蜜"。"杂"者,盖因此科广录四部众,即比丘、比丘尼、优婆塞和优婆夷的传记。四部众因智修不足,故驾愿力而达于彼岸。此科类似于《续高僧传》与《宋高僧传》之《杂科》,但较其品类更多,内容更为广泛。《序说志》概括该科主旨曰："我有大誓,其品万科,随类俱作,清浊扬波。愿杂竟焉。"[2]"随类俱作",暗示此科类分为古

---

① 黑板胜美编:『日本高僧伝要文抄·元亨釈书』,国史大系第 31 卷,第 447 页。
② 黑板胜美编:『日本高僧伝要文抄·元亨釈书』,国史大系第 31 卷,第 447 页。

德、王臣、士庶、尼女、神仙和灵怪六篇。"清浊扬波",语出《离骚》,"清"指出家受戒之僧尼,"浊"则指在家修行之俗世男女。此科凡三卷半,被置于卷十六后半至卷十九;共列 107 传,其中僧 37 传(《古德篇》18 传及《灵怪篇》19 传)、尼 9 传(《尼女篇》9 传)、优婆塞 42 传(《王臣篇》27 传及《士庶篇》15 传)、优婆夷 6 传(《尼女篇》6 传),另设《神仙篇》收录 13 传。此科仿《史记》于每篇篇首设"序",以述每篇撰述之旨。现逐篇考察如下:

1.《古德篇》

序曰:"予读日本纪,钦明之后沙门之见国史者,斑斑在焉。又古记遗篇每每得之,只其事迹略焉。今掇片事只迹系于此,庶几不陨昔贤之名也。"[1]如序文所言,为"不陨昔贤之名",师炼于《日本书纪》等国史中博搜"片事只迹"编撰此篇。此篇置于卷十六后半部,凡半卷,共立僧人 18 传。各传传文多采自《日本书纪》的片段史事,故而篇幅极短,最长的《丰国传》仅 66 字,最短的《德积传》和《弘曜传》同为 18 字。盖此篇专为从国史纪年条中发掘出埋没于遥远历史且为日本佛法初传做出历史贡献的僧人而设。

2.《王臣篇》

"我国家圣君贤臣相次间出,皆能钦歆我法。予博见印度支那之诸籍,未有此方之醇淑也。何者? 神世一百七十九万二千四百七十余岁人皇二千年。一刹利种,系联禅让,未尝移革,相胤亦然。阎浮界里岂有如是至治之域乎? 以故佛乘繁茂,率土和洽。君臣崇奉,岁历绵邈。亦我真宗之助化与。"[2]如序所言,正是由于日本王法之传承"未尝移革,相胤亦然",才成就"佛乘繁茂,率土和洽"的大乘佛国。另外,王法之"岁历绵邈"亦在于佛法"真宗之助化"。故而此篇主旨在彰显王法佛法相辅相成、相得益彰的统一关系。此篇置于卷十七前半部,凡半卷,共 27 传。史料多采自六国史、《法华验记》及往生传。从编排来看,篇首依次载录圣武、清和、宇多和花山 4 位天皇传记,可见撰者对"万世一系"天皇权威的尊重和日本国体的自觉维护。其后,苏我稻目、苏我马子、司马达等、藤原镰足等在历次围绕敬佛排佛的政治斗争中推动佛法传播的权臣被接连立传。继而,和气真纲、源显基、三善

① 黑板勝美编:『日本高僧伝要文抄・元亨釈書』,国史大系第 31 卷,第 237 页。
② 黑板勝美编:『日本高僧伝要文抄・元亨釈書』,国史大系第 31 卷,第 242 页。

为康、源雅通等平安往生传中载录人物被立传,平安末期流行于文人贵族之间的净土信仰的多种样态逐次呈现。相对于上述公家贵族,篇尾载镰仓幕府执权北条时赖的传记。这主要是由于北条时赖积极邀请中国禅僧赴日,对禅宗于日本的初期传播留下了极大历史功绩。

3.《士庶篇》

"周分四民而布王化。我国家王泽流行,民无事矣。不怠所业,崇奉佛法。今撰甚尤者作士庶篇。"①如序所言,本篇专为"不怠所业,崇奉佛法"之士庶民众立传。此篇置于卷十七后半部,凡半卷,共 15 传。史料集中采于《法华验记》及各部往生传。从内容来看,所立传主身份多为"沙弥""工匠""比丘""神官""名儒"和"仆御"等,可见渗透于民众之间的法华信仰与净土信仰实态。

4.《尼女篇》

"以色事人者,色衰而爱弛。置色事佛者,爱绝而道美。今之撰述者,其于此乎。"②依序所言,此篇为女性信佛者而设,旨在褒扬其"置色事佛"之高尚节操。该篇置于卷十八前半部,凡半卷,共 15 传(尼 9 传,优婆夷 6 传)。史料采自六国史、《法华验记》及各部往生传。所立传记始于继体十六年日本最初之善信尼、其后立自百济渡日之法明尼。此后,载皇后(光明子、欢子)与嫔妃(如意尼),王臣妻女(入藏尼、高敦远妻、藤原敦光女、藤原经实妻)等多人。佛教故事色彩浓厚。

5.《神仙篇》

"然则神仙之归我者,尚矣。此方纯淑大乘之域,虽异道,皆奉佛。盖亦多自吾出焉。"③依序文所言,虽神仙为"异道","皆奉佛",且从属于"大乘"佛国,故设此篇。此篇置于卷十八后半部,凡半卷,共 13 传。史料多采自神宫记录、寺社缘起、《本朝神仙传》及《法华验记》等。从编排来看,本篇在皇太神宫、白山明神、丹生明神、新罗明神、天满大自在天神共五神传记之后,又载法道、久米、阳胜、窥仙、都良香、藤太主、生马仙和法空共八传。从五神的选择与编排来看,"伊势皇太神宫者、天照大神之庙也",故而伊势神宫被

---

① 黑板胜美编:『日本高僧伝要文抄·元亨釈书』,国史大系第 31 卷,第 253 页。
② 黑板胜美编:『日本高僧伝要文抄·元亨釈书』,国史大系第 31 卷,第 260 页。
③ 黑板胜美编:『日本高僧伝要文抄·元亨釈书』,国史大系第 31 卷,第 266 页。

列为第一;天照大神的亲神,即白山明神被列为第二;丹生明神与新罗明神作为真言宗与天台宗的守护神位列第三、第四;天满大自在天神虽为恶神,但因其日本佛法王法守护神的性质位列第五。上述五神既有登场于记纪神话的神,亦有御灵信仰之神,虽性质不同,但皆具守护日本王法与佛法这一共通性质。如《皇太神宫传》之"论曰"所言:"我国佛法繁传者,神宫之内助也。"该篇多处可见师炼对佛主神从、佛法优于神道的强调。

6.《灵怪篇》

"吾佛之化,明冥俱济。大经曰,戒缓乘急者,处三途而见佛。况转报之余习,阴梦之感激乎?苟预化者采掇焉。故系愿之六矣。"①依序所言,"吾佛之化,明冥俱济"。大乘佛法广涉人、神、明、冥,无所不包,故设此篇。此篇置于卷十九前半部,凡半卷,共 19 传。史料多采自《法华验记》及往生传。从编排与内容来看,各传多以转生故事、"入冥"情节为主要内容,蕴含因果应报、轮回转生等佛理。寓佛理于传记,教化启蒙民众的编撰意图颇为明显。

三、结语

《释书》传部十科是在对中国梁唐宋三朝高僧传十科分类体例模仿的基础上,根据日本佛教发展的特征经过变通取舍而设立的。《释书》十科科名并非师炼独创,是在借鉴中国高僧传十科科名基础上的创新。十科科名虽比照"十波罗蜜"各取一字而来,但实质上是对中国高僧传科名的袭用。如《慧解科》之"慧"字取自"智慧波罗蜜",但"解"字则沿用中国高僧传《义解科》之"解"字,且沿袭中国高僧传《义解科》的科设主旨,收录解经通义的各宗学僧;再如《明戒科》,虽"戒"字取自"持戒波罗蜜",但"明戒"之"明"字袭用中国高僧传之《明律科》,专录律宗僧侣;又如《檀兴科》,"檀"字取自"檀那波罗蜜",但"兴"字则取自中国高僧传之《兴福科》,专录建寺造像的弘法高僧。十科科名的设立,根本目的是为区别于中国高僧传,以凸显《释书》十科创变的新意。

《释书》十科僧传超越宗派与寺院之别,共收录僧俗男女 416 人,内容广

---

① 黑板勝美编:『日本高僧伝要文抄・元亨釈書』,国史大系第 31 卷,第 277 页。

涉入神明冥,体现了撰者师炼对日本大乘佛法本质的思考,也反映了日本佛教的全貌与特色。十科所收僧尼共 355 人,分属天台、真言、律、禅、法相、三论、华严、唯识、具舍和净土共十宗。其中,既有解经通义的显密官僧、开宗立派的祖师高僧,亦有体制外的"圣""沙弥"等民间传法僧和山林修行僧等。僧尼之外,《愿杂科》亦录王臣士庶共 61 人。在撰者看来,即使是机根浅钝的庶民、士女,只要其发愿信佛,亦能依各自所修功德达于彼岸。他们对佛祖的虔诚皈依、精诚修行同样应给予肯定和褒奖。

第二节 表部的体例与内容

《释书》的传部、表部和志部中的"表部",是指《资治表》。《资治表》被编入《释书》卷二十至卷二十六,共 7 卷。《资治表》记载年代起于钦明天皇元年(539),终于顺德天皇承久三年(1221),前后共历 682 年,以编年体形式载 51 代天皇史事。一直以来,学界关于《释书》的研究多集中于传部,而《释书》中占 7 卷篇幅的《资治表》却鲜有论及。故本部分以《资治表》为中心,从体例与义例两个层面就《春秋》及其解经之作:《春秋左氏传》《春秋公羊传》和《春秋穀梁传》对《资治表》撰述的影响进行考察,并对《资治表》于春秋接受史中的地位与价值做粗浅探讨。

一、《资治表》的体例

《资治表》序云:

> 昔者仲尼之作春秋也,编年月而系言焉。覃子长之变圣制而立传焉,后之修史者皆则迁焉。盖编年者系于时也,立传者系于类也。系类之者,下愚犹便之看读矣。系时之者,中才或病诸纷纠矣。是所以史经之有变也。初予修此书欲则春秋,只恐中下之或病诸,其不得已耳矣。然其胸怀犹介然于此也。窃见皇朝之德化,

且托佛乘之翼佐也。故予摭其系吾之实事，以寓素蕴而作资治表。
既而授二三子，有效凡例于左高赤者，今并而录焉。①

由序言可知，对于《春秋》代表的编年与《史记》代表的纪传两种体例，师
炼尤为重视编年体。其本欲以编年体撰述《释书》，但"恐中下之或病诸"，故
不得已采纪传体编撰《释书》，于其中仿《春秋》编年体作《资治表》，又效"左
高赤"，即"春秋三传"之"凡例"另作"传文"，以解"表文"之义。那么，何为
"传文"，何为"表文"呢？姑举一例明之。

[例1]用明皇帝二年表文："诛守屋。"
传文："苏马子诱诸王子谋守屋。初守屋欲立皇弟穴穗王子而
咀帝，以故帝夭也。又谋诛诸王子成穴穗事，事发。泊濑王子厩户
王子及马子群臣帅师到涩河，守屋拒之，其兵甚锐，官师三却。厩
户皇子乃斫白胶木刻四天王像，置顶发中誓曰，官军得胜当作护世
四王寺。马子又誓，营寺宇兴三宝。于是乎厩户舍人赤捣放矢曰，
是四天之箭。便贯守屋胸而死。物氏歼焉。冬，摄州玉造岸上建
四天王寺。分守屋田货为二，一纳于寺，一赐赤捣。守屋之诛不系
于我，曷为书之？深寇也。"②

如上所示，所谓"表文"，即仿《春秋》以简略的文字记事；所谓"传文"，
即仿"春秋三传"解经方式，解释"表文"之义。《资治表》是兼具"表""传"的
编年体历史年表。

(一) 表文对《春秋》体例的模仿

《春秋》以鲁国十二君之序编年载史，国君之下以"年""时""月""日"
的顺序编纂。《资治表》参照《春秋》编年体例撰述。以下按"年""时""月"
"日"的顺序逐一考察。

首先，关于"年"的书法。《资治表》沿袭《春秋》的"逾年立元"记天皇之

---

① 黑板勝美編：『日本高僧伝要文抄・元亨釈書』，国史大系第31卷，第289頁。
② 黑板勝美編：『日本高僧伝要文抄・元亨釈書』，国史大系第31卷，第294頁。

即位元年,这亦是《资治表》不同于以往日本天皇年代记之处。所谓"逾年立元",指前君之崩年不立元,逾年,立次年为新君之元年。例如,孝德皇帝元年表文:"春正月,建元大化。夏四月。秋七月。冬十月。"传文:"元年丙午正月,不书即位。去岁六月,于难波宫也。帝皇极之弟。旧史系元于乙巳,曷为今立丙午?春秋之法,一年不二君。逾年即位。逾年立元,法于春秋也。旧史去七月书建元,今改正月盖春秋之意也。"①"旧史"指《日本书纪》,立"乙巳"年(皇极天皇四年)为大化元年,但依"春秋之法",即"逾年立元"法,立次年"丙午"年为大化元年。

其次,关于"时"的书法。异于《春秋》之处主要表现在"工"字的取舍。《春秋》为彰显对周王室之尊重,必于"正月""二月""三月"之前书"王"字,如庄公四年"春王二月"②。但《资治表》相应之处不书"王"字,如敏达皇帝"元年春正月"③,昌泰皇帝"二十有七年春二月"④等。

再次,关于"月"的书法。与《春秋》同,有事则书,当月无可书之事则略,未必每月皆书。

最后,关于"日"的书法。《春秋》仅在要盟、败战、薨、日食等极少的情况下以干支书"日"。《资治表》亦仿照《春秋》选择性以干支书"日",其书"日"集中于"皇朝"与"佛乘"两方面。"皇朝"包括:天皇之皇位传承、出家、崩;政变、改元、迁都、太子的废立;崇佛大臣薨等内容。"佛乘"包括:高僧圆寂、僧职初设、初行大乘戒等内容。

(二)传文对"春秋三传"的模仿

"春秋学"中所谓的"传"是指从不同角度挖掘阐明《春秋》经义的解经之作,尤以"春秋三传"解经最为系统完备。《左传》解经,着重于通过记述历史事件来阐明《春秋》所载史事之历史背景,故被称为"以史传经";《公羊传》解经,对经文逐字逐句设问,然后逐一回答,以发掘《春秋》之"义",故被称为"以义传经"。《资治表》的传文综合了这两种不同的解经方式。如例1的传文既有模仿《左传》的史事铺陈,又有以《公羊传》问答体对表文"经义"

① 黑板胜美编:『日本高僧伝要文抄・元亨釈书』,国史大系第31卷,第305页。
② [清]阮元校刻:《十三经注疏》,中华书局,1980年版,第1763页。
③ 黑板胜美编:『日本高僧伝要文抄・元亨釈书』,国史大系第31卷,第292页。
④ 黑板胜美编:『日本高僧伝要文抄・元亨釈书』,国史大系第31卷,第362页。

的解释。

例1传文以"初"字领起,详述了苏我马子、圣德太子同物部守屋之间围绕崇佛废佛而发生军事冲突的因果本末。这是对《左传》"追叙法"的仿用。所谓"追叙法",是指"对故事发展到现阶段之前的事件的一切事后追述"①。因编年体史书叙事多被时间打断,故《左传》多以"初"字领起下文以追叙补充史事的来龙去脉和因果关联。如《春秋》隐公元年"郑伯克段于鄢",《左传》释曰:"初,郑武公娶于申,曰武姜,生庄公及共叔段。庄公寤生,惊姜氏,故名曰寤生,遂恶之。爱共叔段,欲立之。"②《左传》以"初"字追叙庄公之父郑武公娶武姜,武姜因难产而厌恶庄公偏爱共叔段等史事,以阐明"郑伯克段"的前因后果。

例1传文亦可见仿《公羊传》解经语对书"诛"字原因的解释"守屋之诛不系于我,曷为书之。深寇也"③,此当仿《公羊传》隐公六年"外取邑不书,此何以书? 久也"④。此外,《资治表》传文对《左传》的"故书~""不书~",《公羊传》的"曷为~""何以~"以及《穀梁传》的解经语都多有模仿。例如,《资治表》圣武皇帝四年"褒渊之德望,酬皇眷。故书以官"⑤仿自《左传》文公八年"司马握节以死,故书以官"⑥。又如,《资治表》宽和皇帝十六年"寻常律师不书,曷为书? 毁也。曷为毁? 得觉庆之让也"⑦仿自《公羊传》桓公八年"常事不书,此何以书? 讥。何讥尔? 讥亟也"⑧;"疑则传疑,春秋之法也"⑨仿自《穀梁传》桓公五年"《春秋》之义,信以传信,疑以传疑"⑩。

《左传》"君子曰"为左氏品藻人物,褒贬历史之"书例",其亦为《资治表》传文仿用。杨伯峻认为此书例"或为自己之议论,或为作者取他人之言论",本

---

① [法]热拉尔・热奈特著,王文融译:《叙事话语・新叙事话语》,中国社会科学出版社,1990年版,第17页。

② [清]阮元校刻:《十三经注疏》,第1720页。

③ 黑板胜美编:『日本高僧伝要文抄・元亨釈書』,国史大系第31卷,第294页。

④ [清]阮元校刻:《十三经注疏》,第2208页。

⑤ 黑板胜美编:『日本高僧伝要文抄・元亨釈書』,国史大系第31卷,第322页。

⑥ [清]阮元校刻:《十三经注疏》,第1846页。

⑦ 黑板胜美编:『日本高僧伝要文抄・元亨釈書』,国史大系第31卷,第372页。

⑧ [清]阮元校刻:《十三经注疏》,第2218页。

⑨ 黑板胜美编:『日本高僧伝要文抄・元亨釈書』,国史大系第31卷,第294页。

⑩ [清]阮元校刻:《十三经注疏》,第2374页。

质皆为"左氏自为论断之辞"①。《资治表》中亦设"君子曰",以评论史事。

　　[例2]天武皇帝十五年表文:"俗供供九沙门。"

　　传文:"召三纲及大官寺知事佐官并九比丘,以俗供供之。施布帛各有差,非礼也。君子曰,以鸟养鸟,古之鉴乎。"②

　　此例"君子曰"化用《庄子·至乐篇》"以己养养鸟也,非以鸟养养鸟也"③之语,贬朝廷以俗礼供养僧人之荒唐。《资治表》传文中"君子曰"共11条,既有师炼自身之言辞,亦多见对《庄子》《论语》《国语》《诗经》《史记》等中国典籍的引用。

二、《资治表》之"例"

　　"例"即《春秋》记事的规则,同类事以相同的笔法记录下来就构成了"例",而《春秋》的"义"就存在于对"例"的遵循与违背中④。《春秋》之"例"多为后世经学家所阐发,大体可概括为:"书与不书"例、用字例、称谓例和"日月时"例等。据此分类,笔者对《资治表》所立诸例做如下探讨。

(一)"书与不书"例

　　"春秋三传"认为《春秋》对史事的"书"与"不书"皆蕴含"春秋大义",故三传对其加以阐发形成了"书与不书"例。《资治表》亦仿此法阐发"书与不书"例共99例,按其内容可分为两类:一是关涉"皇朝",二是关涉"佛乘"。

　　1.关涉"皇朝"

　　此类共55例,可分为:关涉天皇的"不书即位"47例,褒天皇出家5例,褒公卿贵族敬佛3例。

　　[例3]宽和皇帝二年表文:"天皇祝发于花山寺,圣算一十

---

　　①　杨伯峻:《春秋左传注》,第15页。
　　②　黑板胜美编:『日本高僧伝要文抄·元亨釈書』,国史大系第31卷,第312页。
　　③　郭象注,成玄英疏:《庄子注疏》,中华书局,2011年版,第338页。
　　④　赵伯雄:《春秋学史》,山东教育出版社,2004年版,第38-40页。

有九。"

传文:"书圣寿,贵也。"①

［例4］元明皇帝二年表文:"右仆射藤公修维摩会。"
传文:"此会中微,藤公更修。贵之而书。"②

例3,书天皇年龄以褒其出家;例4,藤原不比等重修维摩经会,故褒而书之。

2.关涉"佛乘"

(1)凡佛教制度初始,必书。

［例5］《资治表》文武皇帝元年表文:"沙门道眼为大僧都。"
传文:"大僧都自眼始,故书。凡始者,虽微书。"③

［例6］《资治表》舒明皇帝十二年表文:"释慧隐讲于宫中。"
传文:"宫中设斋会,宣慧隐讲无量寿经。曷为书？曰宫讲始也。"④

此类计30例,专载佛教制度的初次设立。如僧纲(例5)、法会(例6)等佛教制度的初设。

(2)凡"僧正"以下僧侣,不书。

［例7］承保皇帝九年表文:"僧都祯范如宇佐。"
传文:"寻常僧都不书,曷为书？褒范之应朝选。"⑤

---

① 黑板胜美编:『日本高僧伝要文抄・元亨釈書』,国史大系第31卷,第370頁。
② 黑板胜美编:『日本高僧伝要文抄・元亨釈書』,国史大系第31卷,第317頁。
③ 黑板胜美编:『日本高僧伝要文抄・元亨釈書』,国史大系第31卷,第316頁。
④ 黑板胜美编:『日本高僧伝要文抄・元亨釈書』,国史大系第31卷,第302頁。
⑤ 黑板胜美编:『日本高僧伝要文抄・元亨釈書』,国史大系第31卷,第382頁。

［例8］康治皇帝十一年表文:"僧都觉任寂。"

传文:"小官不书,曷为书? 褒也。曷为褒? 宫修多也。"①

此类共14例。僧正以下僧侣之事,原则上不书于表文。如例8中,觉任为僧都,理应不书,但其多次修宫中讲经会,故书其圆寂于表文以褒之。

（二）用字例

"春秋三传"对某些用词阐发其特殊含义,形成了用字例。《资治表》共阐发约39个用字例,涉及表文共472例(加粗字例为《资治表》新创之用字例,未加粗字例为袭用《春秋》之用字例)。就其词性可分类如下(见表2-5):

表2-5 《资治表》阐发的用字例统计

动词38个,计431例	内容分类	天皇起居	弑(1例)、狩(1例)、如(1例)、次(1例)、**迁幸**(1例)、**幸**(48例)、拜(1例)、**禅**(1例)、**逊位**(1例)
		崩薨卒寂	崩(20例)、**薨**(10例)、卒(1例)、**寂**(55例)、**夭**(1例)
		教内斗争	追(1例)、涉(1例)
		寺像兴废	修(21例)、复(4例)、新(3例)、举(2例)、构(5例)、**庆**(44例)、**成**(2例)
		法会修营	修(15例)、转(32例)
		朝廷封赏	赗(3例)、锡(2例)、赐(73例)、**施**(8例)、**优**(1例)
		僧职授受	定(10例)、**擢**(4例)、**受**(41例)、**转**(1例)、**得**(3例)
		其他	来(9例)、**游**(1例)、**殖**(2例)
虚词1个,41例			及(41例)

《资治表》主要从以下几个方面规定用字例:

其一,根据动作的性质立例。《资治表》多借助同义词对同类事物立例,故而其用字例较为系统。如仅写寺像兴废,就立"成"(寺院落成)、"修"(修复寺院)、"复"(复建废寺)、"构"(新建寺院)、"新"(扩建寺院)、"举"(提升寺格)、"庆"(设法会庆寺院落成)等。这是模仿"春秋三传",如《左传》关

---

① 黑板勝美编:『日本高僧伝要文抄・元亨釈书』,国史大系第31卷,第394页。

于战争行动就阐发"败""战""败绩""克""灭""入""溃""逃""伐""侵"
"袭"等例。

其二,划分等级立例。《资治表》据事件主体的阶级来设定用字例。例
如,对天皇专设用词:"狩""如""迁幸""幸""拜"等;又如,天皇书"崩",皇
子及三公书"薨",三公以下大臣书"卒",高僧书"寂"等。这也是受《春秋》
经传的影响,如《公羊传·隐公三年》:"天子曰崩,诸侯曰薨,大夫曰卒,士曰
不禄。"①

其三,赋予褒贬色彩。《资治表》使用字具备某种价值判断,以寓褒贬之
义。如"擢",见于推古皇帝三十三年表文:"释慧灌擢僧正。"传文释曰:"擢
与为何异? 为,常也。擢,非常也。"②僧侣任僧正书"为",此处书"擢",是因
慧灌以非常之功而升任僧正,故褒之。又如"转",见于高野皇帝二年表文:
"道镜转法皇位。"传文释曰:"曷为书转? 讥。曷为讥? 不定也。曷为不定?
镜之位不定也。"③道镜因蛊惑上皇而得法皇位,不久即失宠被贬,故书"转"
贬之。此外,含褒义的亦有"优",含贬义的有"得""涉""追"等例。"春秋三
传"中亦可见类似用字例,如《春秋·隐公四年》:"卫人立晋。"《公羊传》曰:
"立者何? 立者不宜立也。"④"立"是不应当立,赋予"立"字贬义,以贬斥乱
臣贼子。

(三) 称谓例

"春秋三传"认为,《春秋》对人物与国别的称谓存在特殊含义,故对其阐
发而形成称谓例。《资治表》阐发称谓例共7种,即"道皇""道后""道相"
"姓(氏)""名""官"及"族",涉及表文计67例。

所谓"道皇""道后"和"道相",为《资治表》分别对出家天皇、皇后及藤
原摄关家的称谓,其"义"在褒扬天皇贵族出家崇佛。"姓(氏)""名""官"及
"族"为《资治表》对公卿与僧侣的称谓,而这一称谓的书与不书则体现了
《资治表》对人物的褒贬惩劝。《资治表》中,僧侣之"姓(氏)"被书作"释",
"名"书其法讳,"官"书其僧职,"族"书作"沙门";公卿之"姓(氏)"书其俗

---

① [清]阮元校刻:《十三经注疏》,第2203页。
② 黑板胜美编:『日本高僧伝要文抄·元亨釈书』,国史大系第31卷,第301页。
③ 黑板胜美编:『日本高僧伝要文抄·元亨釈书』,国史大系第31卷,第333页。
④ [清]阮元校刻:《十三经注疏》,第2205页。

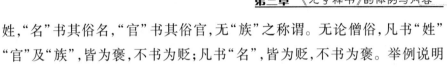

姓,"名"书其俗名,"官"书其俗官,无"族"之称谓。无论僧俗,凡书"姓""官"及"族",皆为褒,不书为贬;凡书"名",皆为贬,不书为褒。举例说明如下:

[例9]长历皇帝二年表文:"释仁海、沙门成典为僧正。"
　　传文:"曷为姓海族典？海攉雨感,故书姓。典丁序选,故族。"①

仁海因祈雨有应而任僧正,故书"姓"之"释",褒之;成典因资历而任僧正,故书"族"之"沙门",褒之。

[例10]仁和皇帝元年表文:"飨遍昭于仁寿殿。"
　　传文:"飨僧正遍昭,贺七十算也。三公皆预席夜谈至晓。不书官,非礼也。"②

朝廷以俗礼为遍昭贺七十寿辰,不合佛礼,故不书"官"之"僧正",贬之。

[例11]敏达皇帝十三年表文:"仆射苏公营殿于石川宅。"
　　传文:"褒马子之克承先子营佛事,故书官不名。"③

苏我马子于石川宅内建佛像兴佛事,故书"官"之"仆射",不书"名"之"马子",以褒之。

[例12]嘉应皇帝十二年表文:"太师清盛烧南寺。"
　　传文:"东大兴福遭延燎而烬。书名去姓,罪之也。"④

---

① 黑板勝美編:『日本高僧伝要文抄・元亨釈書』,国史大系第31卷,第376頁。
② 黑板勝美編:『日本高僧伝要文抄・元亨釈書』,国史大系第31卷,第356頁。
③ 黑板勝美編:『日本高僧伝要文抄・元亨釈書』,国史大系第31卷,第293頁。
④ 黑板勝美編:『日本高僧伝要文抄・元亨釈書』,国史大系第31卷,第398頁。

平清盛火烧东大寺及兴福寺,故书"名"之"清盛",不书"姓"之"平",贬之。

(四)"日月时"例

"春秋三传"着眼于《春秋》记事之"日""月""时"而阐发形成了"日月时"例。《资治表》所阐发"日月时"例,共 8 例。以"月"立例的有 2 例,皆仿《春秋》"闰不书"之例,如推古皇帝十年:"高丽沙门僧隆、云聪来。"传文:"曷为不书月? 闰也。曷为不书闰? 春秋之法也。"①以"时"立例的,见 1 例。以"日"立例,共 5 例。如天武皇帝二年表文无载,传文曰:"此岁慧师、慧轮、智圆皆为僧正。不书,古史失时日也。"②把不书此事于表文之原因归结于"古史"即《日本书纪》未记"时日"。就上述内容,可将《资治表》对"例"的构建方式总结如下:

第一,据主旨立例。《资治表》主旨在于宣扬日本为"皇朝"与"佛乘"相辅相成、融合统一的"大乘佛国"。故其立例主要围绕这两个主题进行。如"书与不书"例共 99 例,关涉"皇朝"与"佛乘"之例分别为 55 例和 44 例。又如,39 个用字例中,为天皇设用字例 10 个,关涉"佛乘"之用字例达 22 个。

第二,据史事立例。即通过查阅史籍文献(如六国史),在探明相关历史事实的基础上,求"同"立"异"。换言之,对于相同或类似的史事,一般不立例;对于异于他事的特殊史事则重点立例。例如,记载朝廷对僧侣之封赏就设不同用字:"赙",指对圆寂高僧赐予财物以示悼念;"优",对功勋卓著的高僧赏赐财物;"施",对僧侣赐予绵帛、稻等物质性奖励;"赐",指赐予僧侣剃度名额、僧职、追谥等名誉性奖赏。

第三,仿《春秋》三传立例。可以说,师炼是从三传对《春秋》经文发凡起例的方式中领悟到《春秋》书法义例的本质。故《资治表》所立诸例多仿自"《春秋》三传"。如例 5 之"凡始者,虽微书",当是受到"凡诸侯有命,告则书,不然则否"③,即所谓《左传》"五十凡例"的影响。又如用字例中,"崩""薨""弑""赐""来"等例都取自三传。但《资治表》对三传"例"的仿用并非

① 黑板胜美编:『日本高僧伝要文抄・元亨釈書』,国史大系第 31 卷,第 297 页。
② 黑板胜美编:『日本高僧伝要文抄・元亨釈書』,国史大系第 31 卷,第 310 页。
③ [清]阮元校刻:《十三经注疏》,第 1737 页。

照搬照抄,往往借三传之"例"阐发新"义"。如用字例"新",舒明皇帝十一年"新百济大寺",传文释曰:"春秋法修旧不书,曷为书? 大之也。故书曰新。"①此例仿自《春秋》庄公二十九年"新延厩",《公羊传》曰:"新延厩者何?修旧也。修旧不书,此何以书? 讥。何讥尔? 凶年不修。"②《公羊传》认为,《春秋》书"新"字在批评鲁庄公不惜民力,凶年依旧修建宫室。而"新"字在《资治表》中则意为扩建寺院,暗含褒义。

三、《资治表》之"义"

通过对《资治表》之"例"的对比与归纳,可将《资治表》之"义"分述如下:

(一)以"佛乘"资治

《资治表》之名取自《资治通鉴》,后者承继了《春秋》开创的"鉴戒""资治"的儒家史学传统。《资治表》是在借鉴吸收这一传统的基础上形成的。但这一借鉴终究是为了弘佛道,明佛法。正如序言"窃见皇朝之德化,且托佛乘之翼佐"所云,撰者师炼将"皇朝"之治世归结于"佛乘"之辅佐。"佛乘"不仅为资治辅政之圭臬,亦是《资治表》褒贬劝惩的最高标准。《资治表》中,无论君臣僧俗,凡崇佛礼佛者必大加褒扬,凡排佛毁佛者则一律贬斥。

[例 13]皇极皇帝元年表文:"修百济大寺。"

传文:"九月,百济之修,舒明十一年神火,至此复营。春秋不书修,今书之者褒也。曷为褒? 即位之初,克复先业,非厚我然乎?"③

皇极天皇即位后就修复百济寺,厚遇我佛门,故褒之。

(二)尊皇

《释书》成书之镰仓时代末期,天皇名义上虽为天下共主,但政权实为镰

---

①　黒板勝美編:『日本高僧伝要文抄・元亨釈書』,国史大系第 31 卷,第 302 页。
②　[清]阮元校刻:《十三经注疏》,第 2241 页。
③　黒板勝美編:『日本高僧伝要文抄・元亨釈書』,国史大系第 31 卷,第 303 页。

仓幕府所掌控。追溯历史,天皇或为佞臣蛊惑,或为权臣胁迫,皇室威信丧失,君臣礼制崩废。诸如此类《资治表》皆有记载:苏我马子暗杀崇峻天皇(崇峻皇帝五年表文)、藤原基经强迫阳成天皇退位(元庆皇帝八年表文)、平清盛挟安德天皇迁都(养和皇帝三年表文)、镰仓幕府攻陷京都流放后鸟羽、土御门及顺德三代天皇(建历皇帝承久三年表文)等。师炼自幼蒙受龟山法皇恩宠,有感于皇权衰颓,故作《资治表》倡导"尊皇"之义。其仿《春秋》褒贬笔法,欲重树天皇权威,恢复以天皇为顶点的政治秩序。为此,《资治表》一方面处处为天皇尊严讳饰保全;另一方面对僭越天皇者,必贬绝笔诛。以下就此"义",举例明之。

1. 尊皇讳耻

[例14]《资治表》废帝七年表文:"天皇狩淡州。"

传文:"九月,道镜赐号大臣禅师。……镜媚上皇。上皇闻帝知仲事,遣兵围中宫院,帝惧退位。降为淡路公配淡州。婉文书狩也。"①

表文仅见"天皇狩淡州"五字。传文说明背景:淳仁天皇退位,实为孝谦上皇受道镜蛊惑以武力迫其为之,后又被流放至淡路国。故"婉文书狩",以讳其耻。

2. 贬恶乱臣

[例15]崇峻皇帝五年表文:"马子弑天皇。"

传文:"向书马子皆姓不名。此何名不姓?弑君也。"②

《资治表》以不名为褒,书名为贬。苏我马子弑杀天皇,故书"名"之"马子"贬之。

(三)劝诫僧侣

佛教自钦明天皇十三年传入日本,至《释书》编纂已逾七百余年。其间,

---

① 黑板胜美编:『日本高僧伝要文抄・元亨釈書』,国史大系第31卷,第332页。
② 黑板胜美编:『日本高僧伝要文抄・元亨釈書』,国史大系第31卷,第332页。

虽高僧大德辈出,但教派斗争、僧人干政及戒律弛废等腐化现象层出不穷。作为佛法的传承者,僧侣之言行举止不仅关系到"佛乘"之兴废,更关涉"皇朝"国家之盛衰。故师炼将褒贬之笔聚焦于僧侣言行,惩恶劝善,希冀僧界戒骄戒躁,以辅"皇朝"之治世。

1. 警劝修行

祈雨有验,既是僧侣修行的直接果证,亦为佛法经世济民的体现。故《资治表》对祈雨等事寓以褒贬,警劝僧侣精进修行。

[例16]天武皇帝五年表文:"夏,旱。"

传文:"夏,旱。诏僧尼法雩。寻常书雩不书旱,曷为书旱? 不书雩,不应也。不书雩而书旱,令君子思焉。"①

祈雨无应,故书"旱"不书"雩",令僧侣反省。

[例17]天武皇帝十二年表文:"诏释道宁法雩。"

传文:"百济道宁法雩得雨。祈而有应,故书姓,尊之也。"②

道宁祈雨有应,故书"姓"之"释",褒之。

2. 砭僧纲之弊

僧纲制度,本为朝廷任命僧官检校僧尼的佛教制度,在选贤任能、整饬戒律等方面具有重要作用。僧纲补任本应经过正式程序,但随着日本佛教的贵族化与世俗化,以非正式程序得任僧官者越来越多,严重危害僧团的净化与修行。鉴于此,《资治表》每书及僧纲之弊,必严加贬斥。

[例18]永延皇帝十六年表文:"寻光得律师。"

传文:"是日沙门寻光为律师。寻常律师不书,曷为书? 毁也。曷为毁? 得觉庆之让也。让何? 朝廷有赏赐僧官,庆启让端。故毁,书。"③

---

① 黒板勝美編:『日本高僧伝要文抄·元亨釈書』,国史大系第 31 卷,第 311 頁。
② 黒板勝美編:『日本高僧伝要文抄·元亨釈書』,国史大系第 31 卷,第 312 頁。
③ 黒板勝美編:『日本高僧伝要文抄·元亨釈書』,国史大系第 31 卷,第 372 頁。

寻光得律师之职实为觉庆私相授予,故贬之。

[例19]宽仁皇帝六年表文:"定朝得法桥上人位。"

传文:"定朝何?佛工也。何不族?工也。工何登纲位?朝造法成寺佛像好。道相大悦擢纲位。"①

佛工定朝因刻像精巧而得法桥上人位,故不书"族"之"沙门",贬之。

3. 勿逆朝廷

平安后期以降,南都北岭之显密寺院,出于门派私利,动辄以武力对抗朝廷。《资治表》针对此弊多加贬斥。

[例20]天仁皇帝六年表文:"追兴福众群。"

传文:"睿山与兴福争,相徒悉寺入都。朝廷讶其多众,遣官使谕归。南众不肯,与官使交锋。不书战,痛也。"②

此例贬斥延历寺与兴福寺为争权夺利而拥僧兵忤逆朝廷之举。

4. 不仕俗官

僧侣当以修行精进为本职,不可耽于私欲而接受朝廷加官封赏,忘记本分。

[例21]皇极皇帝四年表文:"僧旻为博士。"

传文:"以沙门僧旻为才,加大学博士。旻已乖本法,故书,去氏族。梁齐以来加官爵于我者多矣,何责旻之深?梁齐以来诸师不得逃我诛矣。"③

僧旻受大学博士之职,乖于佛法,故不书"氏"和"族",贬之。

---

① 黑板胜美编:『日本高僧伝要文抄·元亨釈書』,国史大系第31卷,第375頁。
② 黑板胜美编:『日本高僧伝要文抄·元亨釈書』,国史大系第31卷,第389頁。
③ 黑板胜美编:『日本高僧伝要文抄·元亨釈書』,国史大系第31卷,第303頁。

春秋学是后世经学家在对《春秋》经文或发凡起例，或属辞比事以阐发经义的过程中，逐渐累积形成的。可将其归纳为"经—传—注—疏"的阐释过程。《资治表》由师炼个人创制，其成立过程可概括为"义—表—传"的顺序。"义"即师炼的政治主张，"表"为《资治表》表文，"传"为《资治表》传文。师炼根据自身之政治主张"义"，在对六国史等史料进行选择和比较的基础上，先编纂表文并于其中设"例"。而后，根据表文之"例"，撰述传文以明其"义"。

四、结语

从日本春秋学接受史的角度而言，《资治表》具有极其特殊的意义。据《日本书纪》所载，日本对春秋学的接受当始于6世纪初继体天皇时代，以百济贡献五经博士为标志①，《春秋》即在"五经"之列。8世纪初，《大宝令》的学令中可见《左传》被列入大学寮规定传授的儒家经典中②。《公羊传》和《穀梁传》的日本受容稍晚于《左传》。学者认为公、穀二传于宝龟年间初传日本，延历三年（784），由遣唐使伊予部家守最初于大学寮讲授③。其后，《春秋》经传的讲授随纪传道贵族文人的代代因袭而渐趋停滞。中世以前，"春秋学"于日本的传播与接受主要表现在纪传道官僚文人在编撰六国史过程中对"春秋三传"解经语的模仿。例如："直广参田中朝臣足麻吕卒。诏赠直广壹。以壬申年功也。"（《续日本纪》文武二年六月丁巳）④↔"公及莒人盟于浮来，以成纪好也"（《左传》隐公八年）⑤，"春寒陨霜，何以书之，记灾也"（《文德实录》齐衡元年三月丁未）⑥↔"秋大水。何以书，记灾也"（《公羊传》桓公元年）⑦。六国史对《左传》的"以……也"、《公羊传》的"何以书，记

① 東野治之：『日本古代の春秋受容』，『文学』，岩波書店，2000年第7号，第3页。

② 沖森卓也：『続日本紀』，新日本古典文学大系第15册，岩波書店，1995年版，第652页。

③ 東野治之：『日本古代の春秋受容』，『文学』，岩波書店，2000年第7号，第6页。

④ 黒板勝美編：『続日本紀』，国史大系第2卷，吉川弘文館，1966年版，第3页。

⑤ [清]阮元校刻：《十三经注疏》，第1733页。

⑥ 黒板勝美編：『日本後紀・続日本後紀・日本文德天皇実録』，国史大系第3卷，吉川弘文館，1966年版，第61页。

⑦ [清]阮元校刻：《十三经注疏》，第2213页。

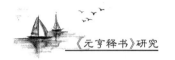

灾也"等的模仿只是对其解经语的简单"套用",并未触及《春秋》惩恶劝善之经学本质。《资治表》可谓超越前人,是在模仿基础上的创新。这不仅表现在体例的模仿,更体现在义例系统的重构。师炼借《春秋》经传的体例及义例系统,结合日本佛教实情,经过模仿变通,将其运用于本国佛教史叙述的同时,寓自国佛门之"微言大义"于其中。这不能称为简单的模仿,而是一种"再创造"。从这个意义而言,《资治表》体现了自传入至中世前期日本春秋学接受的最高水准。

　　总之,《元亨释书·资治表》表文效仿了《春秋》的编年体例,传文沿用了《左传》"追叙法""君子曰"和《公羊传》解经语等叙事体例。《资治表》从佛教的立场出发,通过对贵族、公卿及僧侣的言行善恶施加褒贬,以寄寓"尊皇""资治"等主旨。《资治表》在借鉴吸收"春秋学"的基础上,重建义例系统,倡导基于"大乘佛教"的治世之"道",其本质是借《春秋》经传的体例与义例系统构建佛门之"春秋",表达师炼的政治主张。

第三节　志部的体例与内容

　　关于《释书》志部所收十志,即《学修志》《度受志》《诸宗志》《会仪志》《封职志》《寺像志》《音艺志》《拾异志》《黜争志》和《序说志》,无论对其体例内容、撰述主旨乃至文献来源,一直以来学界的研究都属空白状态。鉴于此,本节从撰述体例和内容主旨等方面就《释书》十志做初步考察。

一、十志的设立

　　《释书》五体中的"志"源自中国史学体例中的书志体。书志体渊源于《礼经》。刘知畿《史通》开篇即云:"夫刑法礼乐,风土山川,求诸文籍,出于三礼。"[①]"书志"体例初步确立于《史记》"八书",完善于《汉书》"十志"。

---

① ［唐］刘知畿撰,［清］浦起龙释:《史通》,第51页。

《史记》首创八书,即:《礼书》《乐书》《律书》《历书》《天官书》《封禅书》《河渠书》和《平准书》。《汉书》合《礼书》《乐书》为《礼乐志》;合《律书》《历书》为《律历志》;改《天官书》为《天文志》;改《封禅书》为《郊祀志》;改《河渠书》为《沟洫志》;改《平准书》为《食货志》;另创《刑法志》《地理志》《艺文志》和《五行志》。承此之后,书志体为后代正史因袭,成为史学著述的重要体例之一。

佛教史籍采用书志体撰述当始于宋代。以南宋僧人宗鉴《释门正统》与志磐《佛祖统纪》为代表的纪传体佛教史籍系统地采用书志体为标志。《释门正统》创设八志,寸序中曰:"志详所行之法,以崇能行之侣。"[①]《佛祖统纪》在此基础上又有创新,改立九志。《山家教典志》与《明文光教志》分别收录天台宗著述目录和台宗僧侣之碑记文书等;《世界名体志》记载佛教世界之地理图谱;《三世出兴志》叙过去、现在、未来三世之演变史;《法门光显志》载佛教礼仪制度;《净土立教志》记净土宗之发展史;《诸宗立教志》载禅、华严、法相等宗派史;《历代会要志》采会要体形式,述佛教兴废之事例;《法运通塞志》以编年体形式记儒佛间斗争融合之历史。

那么,《释书》十志的设立是否受到中国佛教史籍的影响呢?答案是显而易见的。东福寺藏书目录《普门院经论章疏语录儒书等目录》中,可见《释门正统》之藏书著录,这为师炼的阅览提供了可能。《济北集》中更是可见其对《释门正统》与《佛祖统纪》二书的批评:

> 有铠庵吴克己撰《释门正统》。学于太史公也,而崇台教拙取舍。夫欲列万僧专系一宗,宁得为通史乎?其后志磐纂《佛祖统纪》,亦陷铠庵覆辙焉。[②]

师炼明确指出《释门正统》与《佛祖统纪》二书之纪传体例乃仿自《史记》,并批判其囿于台宗,难称通史。尽管师炼强调《释书》体例"专蹈古史"[③],且其撰述中未见对中国佛教史籍模仿之言明,甚至对《释门正统》和

---

① 藏经书院编:《卍续藏经》第 75 册,新文丰出版有限公司,1994 年版,第 713 页。

② 上村观光:『五山文学全集』第 1 卷,第 210 页。

③ 塙保己一编:『続群書類従』第 9 辑下,続群書類従完成会,1957 年版,第 491 页。

《佛祖统纪》多加指斥,但毋庸置疑的是,中国纪传体佛教史籍仿正史设书志体的做法在客观上为师炼提供了借鉴和参考,并影响了《释书》十志的设立与编撰。

二、十志的结构与内容

如果说中国纪传体佛教史籍为《释书》十志的设立提供了借鉴和参考的话,那么,《释书》十志的结构与撰述则是对中国儒佛史籍综合受容的结果。本节从十志的结构与内容的角度考察《释书》十志的形成。就其结构而言,可将《释书》十志分为四类:《学修志》《度受志》《诸宗志》《会仪志》《封职志》与《音艺志》六志为第一类;《黜争志》为第二类;《寺像志》与《拾异志》为第三类;《序说志》为第四类。

1. 学修、度受诸志

学修、度受诸志为第一类,此六志在结构上的共同特征在于其由"释含义—叙沿革—立总论"三部分构成。笔者以《释书·封职志》为例,分别对此三部分进行说明。

所谓"释含义",即阐释该志题名之内涵与渊源,以开篇点题,引领全文。如《封职志》首段云:

> 佛者,富贵之极备矣。华藏世界,其封富矣,果满妙觉,其职贵矣。及应于阎浮尚受刹利之种,当轮王之位,而视若脱跂矣。乞他而食,依人而庇,其旨深矣。夫佛之有为也,为他而非自矣。若其自者,无为也。无为者,实际也。实际无云为也矣。其深旨之者五焉。势位妨外,故避之矣。利禄蠹内,故避之矣。销宿殃,故避之矣。期大果不顾小利,故避之矣。为世福田,故避之矣。斯五者,吾佛贻于吾人也。吾人之于五者也。始四者自也,后一者他也。其自者,避而又避之矣。其他者,避自而受他矣。避自,故刹种轮位皆脱跂也。受他,故食他庇人皆福田也。是所以吾人之有封职也。①

---

① 黑板勝美编:『日本高僧伝要文抄·元亨釈書』,国史大系第 31 卷,第 413 頁。

该文首先以"华藏世界,其封富矣,果满妙觉,其职贵矣"引出该志之主题"封职",进而展开论述。"乞他而食,依人而庇,其旨深矣。夫佛之有为也,为他而非自矣",佛"乞他而食"之作为,乃为度众生之故,非为自身。佛本"无为","其深旨之者"有五:"势位""利禄""宿殃""小利"和"福田"。前四关乎自身是为"自利",后一为世之福田是为"利他"。佛受他人食依庇护者,是令他人受福,不为自贪,故曰"避自""受他"。佛法之本旨为普度众生,经世济民,故不受功名利禄,专为世之福田,此即为"吾人之有封职"之原因。

所谓"叙沿革",是指叙述该制度的产生与发展过程,以明制度之传承沿革,是对制度发展史的叙述与回顾。在《释书》十志中,这一部分明显表现出对佛教制度于"天竺""震旦""本朝"三国间的传播流衍过程的叙述与比较。接下来之文段中,《封职志》简述三国封职制度之发展过程。首先,引佛经之典故:"屏莎之五百车,须达之百亿金",叙述毗婆娑罗王与须达长者对佛祖之供养,而后叙印度西域之僧职:"和上、阿阇梨早见梵网矣。国师、论师、三藏、尊者,共西域之称也。"其次,转述中国:"至震旦益繁衍矣。不唯封给也,加之以职位,可谓渥宠矣。不唯僧官也,重之以俗爵,盖伤于敬矣。而又吾人之不得已也。又夫丧有赙,寂有谥。职以僧正、僧统、僧录。号以国师、大师、禅师"[1],后列举西晋怀帝、东晋孝武帝等中国历朝君王对三宝之封赏以及僧职之设立。最后,"本朝推古三十二年,观勒始为僧正,德积僧都,尔来官位相次而出"[2],叙述日本僧职制度之沿革。

"立总论",指总结全文,依史立论。《释书》之十志则表现在"行劝诫"和"作对比"两个方面。"行劝诫",即仿"春秋笔法",对历史之弊害予以笔诛,警诫后世。《封职志》篇末对宋高宗鬻四字师号以补充军饷之事大加贬斥:"呜呼,乱离之主助一时之国用,我尚恕,诸买之沙门为谁哉? 比丘之浮虚至于斯矣。我按诛奸谀于既死之刀焉。"[3]足见师炼对买卖僧号之僧人是何等痛恨愤怒。"作对比",则表现为与中国历史之对比。《封职志》文曰:

昔汉武帝伐戎狄而国窭,始鬻爵,史毁之。唐肃宗逢羯獠之寇

---

① 黑板胜美编:『日本高僧伝要文抄·元亨釈書』,国史大系第31卷,第413页。
② 黑板胜美编:『日本高僧伝要文抄·元亨釈書』,国史大系第31卷,第414页。
③ 黑板胜美编:『日本高僧伝要文抄·元亨釈書』,国史大系第31卷,第414页。

而贩牒，祖述于汉武矣。宋之卖号出于二主乎？补一时之小厄，贻万代之大疵。惜乎！三帝之短术也。我国家无是等丑，不特土俗之醇淑也，又奉佛者深之使然乎。①

相对于汉武帝之"鬻爵"、唐肃宗之"贩牒"和宋高宗之"卖号"，"我国家无是等丑"，原因在于"土俗之醇淑"与奉佛之深。在简叙印中日三国僧职制度史之后，师炼将结论的重点置于对日本佛法优越的强调上。这一强调于十志乃至《释书》中处处可见，其根源于师炼之民族优越意识。

又如《会仪志》，首先引《易·乾卦》与《史记·货殖列传》语"易曰，亨者嘉之会也。传曰，某所亦某都会也"，解释"会"之含义："会者通聚之谓也。夫物在局必塞，故圣人通之矣。在独必孤，故圣人聚之矣。会之时义大矣哉。"②又释"仪"之渊源曰："又夫物集而无仪则乱焉。故会必严仪矣。"③其次叙会仪制度于三国间之沿革：举西印度释迦牟尼觉王之法会、波斯匿王设斋于宫掖以简述"天竺"之会仪；继而列东汉永平十四年、东晋元帝大兴元年、南朝宋高祖永初元年等历朝宫廷法会，以叙"震旦之会仪"；又记"本朝"会仪之开端。最后将德祐二年南宋为元朝所灭与文永弘安年间元军两度侵日而败北作对比，将原因归结为日本对佛法的"信敬供祀"④。这一民族优越意识于《释书》十志中处处可见，可谓十志撰述的意图之一。

《释书》之学修、度受、诸宗、会仪、封职与音艺六志所见"释含义—叙沿革—立总论"之三段式结构，有明显借鉴《汉书》十志的痕迹。其中，尤与《汉书》礼乐、刑法、食货、郊祀诸志的结构相近。不妨以《汉书·郊祀志》为例做一分析。我们可将《汉书·郊祀志》结构归纳为：

> 释含义——祀者，所以昭孝事祖，通神明也。旁及四夷，莫不修之；下至禽兽，豺獭有祭。是以圣王为之典礼。⑤

① 黑板勝美编：『日本高僧伝要文抄·元亨釈书』，国史大系第 31 卷，第 414 頁。
② 黑板勝美编：『日本高僧伝要文抄·元亨釈书』，国史大系第 31 卷，第 411 頁。
③ 黑板勝美编：『日本高僧伝要文抄·元亨釈书』，国史大系第 31 卷，第 412 頁。
④ 黑板勝美编：『日本高僧伝要文抄·元亨釈书』，国史大系第 31 卷，第 413 頁。
⑤ ［汉］班固撰，［唐］颜师古注：《汉书》，中华书局，2012 年版，第 1085 頁。

叙沿革——及少昊之衰……舜……禹……周公……秦襄公
　　……王莽。①

　　立总论——由是言之,祖宗之制盖有自然之应,顺时宜矣。②

　　《汉书·郊祀志》开篇解释"祀"之含义,继而叙述由少昊③、舜、禹、周公、秦襄公至东汉王莽的祭祀活动和各种祭祀典制,最后做出总论。针对当时朝廷上下沉迷于淫祀迷信的现状,班固于篇末指出祭祀活动乃"祖宗之制",应该"有自然之应,顺时宜"④,并充分肯定谷永对汉成帝之谏言,认为谷永的直谏揭穿了"力士祠官"故意以幻术欺骗皇帝的丑恶本质。

　　又如《汉书·刑法志》结构:

　　释含义——爱待敬而不败,德须威而久立,故制礼以崇敬,作
　　刑以明威也。⑤

　　叙沿革——自黄帝有涿鹿之战以定火灾……颛臾……唐虞之
　　际……夏……殷周……汉兴,高祖……孝惠高
　　后……⑥

　　立总论——必世而未仁,百年而不胜残,诚以礼乐阙而刑不正
　　也。岂宜惟思所以清原正本之论,删定律令二百
　　章,以应大辟。……如此,则刑可畏而禁易避,吏
　　不专杀,法无二门,……顺稽古之制,成时雍
　　之化。⑦

　　《汉书·刑法志》篇首详论"刑制"产生之渊源。然后,详述刑法的产生

---

① ［汉］班固撰,［唐］颜师古注:《汉书》,第1086页。
② ［汉］班固撰,［唐］颜师古注:《汉书》,第1153页。
③ ［汉］班固撰,［唐］颜师古注:《汉书》,第1086页。
④ ［汉］班固撰,［唐］颜师古注:《汉书》,第1153页。
⑤ ［汉］班固撰,［唐］颜师古注:《汉书》,第993页。
⑥ ［汉］班固撰,［唐］颜师古注:《汉书》,第995–1013页。
⑦ ［汉］班固撰,［唐］颜师古注:《汉书》,第1020页。

及其历黄帝、颛顼、"唐虞之际"①、夏、殷、西周、春秋、战国、秦、西汉直至东汉初年的发展沿革，就中尤对西汉刑制记载最为翔实。篇末，班固总结汉代刑制严苛繁重之根源在于"礼乐阙而刑不正"②，改革之道在于"清原正本"，"删定律令"。如此才能实现政通人和、轻徭薄赋的理想社会状态。

《汉书》十志历来被视为精华之作，对于后世书志体史书的发展产生了深远影响③。《释书》十志多模仿《汉书》十志，可见师炼对中国正史史籍的熟稔与选择之独到。

2. 黜争志

第二类的《黜争志》由两部分组成。开篇并无对"黜争"之释义，这不同于其他志。第一部分，引《杂宝藏经》卷六魔王波旬欲扰乱世尊，为地神驱逐之典故，依次简叙印度、中国的"三武一宗"灭法之事后，言明撰述主旨："今欲全缀此方佛迹，且令人知魔孽之所系。劝善惩恶，古史之任也。"④第二部分，采编年形式，记叙天台宗山门延历寺与寺门三井寺之间的矛盾冲突，对历次僧兵斗争火攻皆有记载。笔者认为，这受到了《佛祖统纪·法运通塞志》的影响。《法运通塞志》逐年记载了自周昭王二十六年（前1027）至南宋咸淳元年（1265）的佛儒道三教冲突与融合的历史。《黜争志》模仿此法，历载钦明十三年（552）、敏达十四年（585）、天长十年（833）、天元四年（981）等历次佛教内部宗派斗争，尤以天台、法相二宗及台宗内部慈觉智证两派间的冲突最为详细。《黜争志》长历二年（1039）之后，用互见法"以降见资治表"而结束全篇。按《释书》卷二十五《资治表》长历二年之后内容，《黜争志》省略了其后承历四年（1080）、保安二年（1122）、保延六年（1140）、长宽元年（1163）、建保二年（1214）共五次台宗山门派与寺门派间的武力冲突以及治承四年平氏火烧东大寺和兴福寺的记载。

3. 寺像、拾异二志

首先，看二志之撰述动机。《寺像志》序云"凡寺像之兴废者，国家之盛

---

① ［汉］班固撰，［唐］颜师古注：《汉书》，第1013页。

② ［汉］班固撰，［唐］颜师古注：《汉书》，第1020页。

③ 陈其泰：《对汉书十志的总体考察》，《汉书研究》，中国大百科全书出版社，2009年版，第248页。

④ 黑板胜美编：『日本高僧伝要文抄·元亨釈書』，国史大系第31卷，第444页。

衰也"①,师炼对寺院建立之重视可见一斑。此亦为《释书》设此志之原因所在。另外,其创《拾异志》,专载佛教灵异故事,目的在于弘法传教,"庶几不堕真化"②。从内容而言,《寺像志》和《拾异志》异于上述诸志之处在于:其所述并非佛教制度之沿革发展。从结构而言,二志不同于上述六志以撰文叙述的方式记载相关制度发展史,而是于志中设传,即以收录故事的方式编排志文。这一编排方式与《佛祖统纪·净土立教志》和《诸宗立教志》的编排方式关系密切。《净土立教志》专载净土一宗之发展,于志中立传,下分莲社七祖、莲社十八贤、莲社百二十三人、不入社诸贤、往生高尼、往生杂众、往生公卿、往生士庶等名目,收录往生僧俗达数百人之众;《诸宗立教志》亦分为达摩禅宗、贤首宗教、慈恩宗教、瑜伽密教和南山律宗五项,收录禅律等宗派重要高僧传记共 32 传。《释书》之《寺像志》以建立年代为序,集录寺像建立缘起故事共 30 则;《拾异志》以人物传记的形式收录佛教灵异故事 22 则。比照《释书》二志与《佛祖统纪》上述二志之编排方式,不难发现前者是受到后者影响而成立的。志部所载诸篇的标题与叙事结构皆非僧传体例,故应将其与传部僧传区别看待。就其内容主旨而言,文献多引自《日本灵异记》等佛教故事集和《扶桑略记》所载史事,重在史事的记载与抄录,并非以叙事写人为目的。

4.序说志

《序说志》被置于《释书》之末以总摄全书。从其行文结构可窥见对《史记·太史公自序》模仿的痕迹。《太史公自序》置于《史记》卷尾,概括述作之旨,为全书之总论。参考张大可先生的归纳③,可将《太史公自序》分为以下七个部分:追叙家世,叙太史公祖先历代为"史官"之传统;论《六家要旨》,述司马氏父子对阴阳、儒、墨等六家学说;自述弱冠之年游历南北的经历;受父遗命,承继父命以撰史;记"壶遂问答",以壶遂问,太史公答的形式,阐明《史记》的撰述主旨;发愤著述,自述撰述的内在动机;总述动机,以精练之语概述《史记》各部撰述主旨及五体构成原理,于文末总述撰述动机。

《释书·序说志》可分为两部分,即阐述动机和设立问答。两部分皆可

---

① 黑板勝美编:『日本高僧伝要文抄·元亨釈書』,国史大系第 31 卷,第 418 页。
② 黑板勝美编:『日本高僧伝要文抄·元亨釈書』,国史大系第 31 卷,第 434 页。
③ 张大可:《读〈史记·太史公自序〉》,《天水师专学报》,1985 年第 2 期。

找到其与《太史公自序》的对应关系,即第一部分对应《太史公自序》之第七部分,第二部分对应《太史公自序》之第六部分。第一部分,总述动机。首先,简述《释书》由"传赞论表志"之"五格"构成;介绍五体结构之作用"十传者所以载其人也。十志者所以记其事也。(中略)一表居中焉。所以通串传志也"①;论说"十传""一表""十志"之篇目数字原理"一者十之所归,十者一之所成","是自然之理,而此书之数"②。其次,对十科僧传、《资治表》及十志的撰述主旨做简明扼要的介绍。例如:"维我佛乘,智为先导,劝示悟证,皆智之操;灌真来唱,昭训去学;澄海荣西,相继高蹈;自兹此方,竞向真诰。传智居初焉。"③又如:"治以鉴兴,乱以鉴衰;背触来现,我以镜知。黜争出矣。"④此种提点评说似的表述采用四字短句,颇似《太史公自序》的笔触,如:"唐尧逊位,虞舜不台;厥美帝功,万世载之。作五帝本纪第一。"⑤又如:"末世争利,维彼奔义;让国饿死,天下称之。作伯夷列传第一。"⑥最后,在总述撰述动机的文段中更可见其对《太史公自序》第七部分末尾总论的模仿。不妨将两段列举如下:

凡百三十篇,五十二万六千五百字,为太史公书。序略,以拾遗补。成一家之言,厥协六经异传,整齐百家杂语,藏之名山,副在京师,俟后世圣人君子。⑦

补缀裁辑为三十卷。仅成一家之言。不让三传之文。名曰元亨释书。……韬晦我常,岂冀闲名。只欲明佛祖之法,揭圣贤之迹。令可畏之人知所式之尘也耳。⑧

"成一家之言",绝非两者表述之偶然契合。师炼自拟司马迁撰《史记》

---

① 黒板勝美編:『日本高僧伝要文抄・元亨釈書』,国史大系第31卷,第446頁。
② 黒板勝美編:『日本高僧伝要文抄・元亨釈書』,国史大系第31卷,第446頁。
③ 黒板勝美編:『日本高僧伝要文抄・元亨釈書』,国史大系第31卷,第446頁。
④ 黒板勝美編:『日本高僧伝要文抄・元亨釈書』,国史大系第31卷,第446頁。
⑤ [汉]司马迁撰:《史记》,中华书局,1999年版,第2494页。
⑥ [汉]司马迁撰:《史记》,第2502页。
⑦ [汉]司马迁撰:《史记》,第2507页。
⑧ 黒板勝美編:『日本高僧伝要文抄・元亨釈書』,国史大系第31卷,第447頁。

而编纂《释书》的意图,通过以上比较可见一斑。《释书》对《史记》的模仿不止于《序说志》的撰写,《释书》对纪传体例的设立以及对互见法的运用多是对《史记》的借鉴模仿。

《序说志》第二部分以设问答的方式就《释书》的相关问题进行阐释,这与《太史公自序》第五部分"壶遂问答"的行文结构颇为相似。司马迁借与壶遂问答的形式,阐明《史记》撰述意图。《序说志》第二部分亦设十一问,以设问答的方式围绕《释书》编撰的问题进行说明。就其问答内容可归纳为三个方面:其一,说明《释书》十科与梁唐宋三朝高僧传十科之异同;其二,阐释比对十波罗蜜命名《释书》十科的缘故;其三,述《释书》何以取"释"为名。就前二问,笔者已于本章第一节有所论及,现重点讨论第三问。关于《释书》的命名缘由,师炼于《序说志》中解释:

> 曰:"汉唐者以世以国,故名书而佳矣。今释者,氏族也。世尊取以为名,此书应称《释子》,盖《孟子》《庄子》之谓也。然诸子不史也,此书史也,僭取乎?"曰:"不然。子知世书之有彼而不知吾教之有此也。我大觉世尊,身土不二。……虽有圣凡之异,皆一种也。犹世俗之家有贤不肖之子矣。不可以不肖不系其氏族也。故予名之以《释书》。"①

旁人问道,诸如《汉书》《唐书》等正史之名多取自国号,然《释书》之"释"为释迦牟尼族之氏族名,应效仿《孟子》《庄子》等经典取名为《释子》。师炼认为僧徒皆为释迦牟尼的子孙,虽言圣凡相异,但皆为一种,同为释迦牟尼族,故应取《释书》为名。由师炼取《释书》为名的缘由可见,师炼从撰述之始就未将《释书》局限于"僧传"体例,而是要撰述佛教乃至释氏一族的全史。

三、结语

就《释书》十志的内容主旨,师炼如是说:"其志者,佛法大体,揭僧宝表

① 黑板勝美编:『日本高僧伝要文抄・元亨釈書』,国史大系第31卷,第448頁。

仪,不特本朝,博载竺支。若人读十志,如来一代化仪,三国教法流衍,如指掌焉。"①《释书》十志在横向上从勉学修行、剃度受戒、封赏僧职、法会修营、建寺造像等佛教制度层面概括其内涵与特征,在纵向上对比叙述佛教制度于天竺(印度)、震旦(中国)、本朝(日本)三国之间的沿革流变。《释书》十志全面而系统地叙述了佛教基本制度于印中日三国间传播发展的历史过程,弥补了传部与《资治表》对佛教制度史记载的缺失,可谓"达于通博"。

另一方面,十志的创设是《释书》对中国佛教史籍综合受容的结果,是在对中国史学体例模仿的基础上,勇于探索积极创新的产物。故在日本佛教史学史中,具重要的史学价值。在内容方面,《释书》十志不仅首次从法会制度、僧职制度、度受制度、音艺制度等方面梳理了日本佛教制度的纵向沿革,还首次从教内斗争、诵经持诵、寺像建立等佛教边缘性领域对日本佛教的发展史进行了归纳和总结。这些都对后世研究日本上古及中世佛教制度史提供了重要参考。另外,日本密教史中,对东密与台密之划分也最初见于《释书·诸宗志》中②。在佛教史籍的体例创新方面,《释书》十志综合性地吸收模仿《汉书》《史记》以及《佛祖统纪》等中国儒佛史籍的志体结构,结合日本佛教特征记载日本佛教制度的发展沿革。这一创新是对佛教史籍体例的一大补充,应值得肯定。此外,设《拾异志》专采佛教灵验故事,于《寺像志》载寺像建立缘起,专录灵验故事以达宣法传道之旨,此皆为师炼独具匠心之编排。

第四节 《元亨释书》"赞论"的体例与内容

关于《释书》"赞论"的体例来源与内容主旨,前人尚无研究。有鉴于此,本书就这一问题考察如下。

---

① 上村観光:『五山文学全集』第 1 卷,第 210 頁。

② 三崎良周:『台密と東密—その問題点と研究の状況』,『駒沢大学仏教学部論集』22 号,1991 年。

一、"赞论"体例来源

"赞论"之体,最初于《国语》和《战国策》等先秦典籍中已见雏形。如《国语·晋语一》:"君子曰,善处父子之间矣。"①刘知幾曾总结"赞论"之渊源:"《春秋左氏传》每有发论,假君子以称之。二传云:'公羊子''穀梁子',《史记》云'太史公'。既而班固曰'赞',荀悦曰'论',《东观》曰'序',谢承曰'诠',陈寿曰'评',王隐曰'议',何法盛曰'述',扬雄曰'撰',刘曰'奏',袁宏、裴子野自显姓名,皇甫谧、葛洪列其所号。史官所撰,通称史臣。其名万殊,其义一揆。必取便于时者,则总归赞论焉。"②由此可见,《左传》借君子之言品评史事的"君子曰"开"赞论"体之先河。其后,司马迁《史记》设"太史公曰",班固《汉书》设"赞",荀悦《汉纪》又设"论"。虽名称各异,但皆以借史事寓评论为主旨。"赞论"之体为史家品藻人事、惩恶劝善提供了绝佳载体。至范晔《后汉书》兼设"论""赞",赞论之体臻于完善。《后汉书》之"论"为散文,"赞"为四言韵文。其"论"或就单人而立论,或就类传而作总论。《后汉书》之后,正史中除《元史》之外皆设有"赞论"体(《新唐书》有"赞"无"论"),虽名称稍异,但性质作用一脉相承。

佛教史籍中设置"赞论"之举,实为仿效儒家史书。慧皎《高僧传》在前八科之末分设"论""赞",唯末两科有"论"无"赞"。《高僧传》之"论",概述每科内容主旨;"赞"则概括"论"之内涵。道宣《续高僧传》删"赞"而于十科之后分设"论",并扩展"论"的篇幅,使之意涵丰富。赞宁《宋高僧传》于十科后设"论",分别阐述十科的起源与发展。另外,赞宁在僧传之后设"系曰""通曰"以问答的形式寄寓对史事人物的评论。

师炼受中国佛教史籍的启发与影响,亦于《释书》中创设"赞论"体,以品藻人物、托评史事。《释书》的"赞"与"论"零散地分布于十科僧传与志部中(《音艺志》与《拾异志》各一篇"论")。"赞"共136篇,"论"共10篇。另附有《度总论》与《智通论》两篇论说文。在篇幅方面,长者如《圆尔辨圆传·论》,达3700余字;短者如《庆耀传·赞》,仅29字。如《序说志》所云:"赞,

---

① [战国]左丘明著,[三国吴]韦昭注:《国语》,上海古籍出版社,2015年版,第184页。

② [唐]刘知幾撰,[清]浦起龙释:《史通》,第74页。

二,而或系一焉,或综多焉。论,又二,而通别也。通,托评焉;别,解惑焉。"①
"赞"有两种,或系于一传之后,或因前后传主行履类似,而合数传系一赞。
"论"亦有两种,或就传中史事做评论;或释疑解惑。《释书》赞论言辞精练,
旨意深远。或考证古史,或补充史事,或叙游历所得,或明述作之旨,或褒贬
人物,或纵论史事,或直抒胸臆。内容丰富,观点鲜明,集中体现了师炼对人
物功过的褒贬和对历史兴衰的反思。

二、"赞曰"的内容与特征

就《释书》"赞曰"的内容特征,大体可分为褒贬人物、叙述史料来源和补
叙逸事三类。下文分而述之。

(一)褒贬人物

传道弘法,皆系人为。佛法兴衰皆赖于僧侣之修行与僧团戒律的护持。
故师炼于"赞曰"中尤为重视对僧侣言行予以褒贬劝诫。这种就历史人物之
品性德业寄寓褒贬的做法,其实是源于中国儒家史学的"鉴戒"史观。《释
书》"赞曰"中被用于褒贬人物者,占近乎半数,主要围绕僧侣之"德""行"与
"业"施加褒贬。

1. 德

所谓"德",是指僧侣应秉持之品德操守。佛教自传入日本,至《释书》编
纂已近700年。其间,虽高僧辈出,但僧人犯戒等堕落现象层出不穷。另外,
僧侣之德行操守关系到"佛乘"兴废与"皇朝"盛衰。故师炼于"赞曰"中就
僧侣之品德操守多施褒贬。

(1)褒寡欲清修。《贞庆传·赞》曰:"爵禄者,世事也,吾党蔑视焉。然
赝浮图动绊絷于此矣。今见庆师之愤激也,可谓烈士乎。"②又如《济源传》
《阳生传》和《增贺传》后合赞三人曰:"浮屠何急乎? 清修而已。利源一辟,
靡处不至焉,故吾党贵寡欲矣。……三子者,吾门清介之士也。"③

(2)褒慈悲济世。《恩融传·赞》曰:"吾道者,慈也。凡百施为,无不慈
矣。……今此诸师解倒悬,拯涂炭,亦有自他顺逆。乞学者择焉。"又如《忍

---

① 黑板胜美编:『日本高僧伝要文抄·元亨釈書』,国史大系第31卷,第446页。

② 黑板胜美编:『日本高僧伝要文抄·元亨釈書』,国史大系第31卷,第95页。

③ 黑板胜美编:『日本高僧伝要文抄·元亨釈書』,国史大系第31卷,第161页。

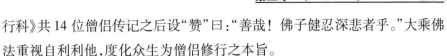

行科》共 14 位僧侣传记之后设"赞"曰:"善哉!佛子健忍深悲者乎。"大乘佛法重视自利利他,度化众生为僧侣修行之本旨。

(3)褒孝养父母。《禅喜传·赞》曰:"吾佛之设教也,戒为地矣。其法本云,孝名为戒。与仲尼之闻于曾参,皆是也。二教圣人未尝不于此焉。……喜公博辩之资惯丁兰氏之木状。岂不坏世相而见实相乎。"又《证如传》与《智泉传》后设"赞"曰:"我并智泉为吾党孝顺之士焉。"师炼将孝养视为佛教伦理的一部分,大力褒扬。

(4)贬贪着色欲。《讲仙传》《安珍传》和《无空传》三传后设"赞"曰:"爱缠之业,亦甚矣哉!仙之养橘犹受蛇质,况货财乎?又况色欲乎?三子尚以经业托梦寐,又况不有此乎?慎之哉!慎之哉!"

2.行

"行",是指僧侣的修行态度与修行方式。

(1)褒勤奋苦修。勤奋苦修是僧侣修行应秉持的基本态度。如《明诠传·赞》曰:"学贵勤励,不在钝利。苟无激志,道不至也。珠公头如熟瓜,心迈坚石,系髻刺股,皆不及矣。是其所以该三藏,粹唯识也。我今合诠,以为后世负笈者之标式矣。"[1]

(2)褒修行专精。神异感通之显应,全赖于僧侣修行之专心与精熟。《行巡传·赞》曰:"感通者,二事耳。持诵之者,或一尊,或一明,专精坚实,能行灵异,皆感也。通者不然,定熟而得,不可率易,坚精而致也。"《千观传·赞》曰:"感应者,须久修而得。"[2]

(3)贬净土专修。对净土宗开祖法然所倡"专修念佛",师炼极不认同,其于《源空传·赞》中贬曰:"然废胜业,斥他宗,虽赝徒之执弊,恐空之训有不尽乎?盖废有二种,自他之异也。自废无咎,他废受殃。……浇季滥叨,不啻专徒。诸家末流,浸浸竞趋。是以我剖二废之别,谂于后学。"[3]净土宗人托言专修易行而废弃显密佛法正统之教,离经叛道,背弃传统,这对于师炼而言是不可接受的。

---

① 黑板胜美编:『日本高僧伝要文抄·元亨釈書』,国史大系第 31 卷,第 49 页。

② 黑板胜美编:『日本高僧伝要文抄·元亨釈書』,国史大系第 31 卷,第 153 页。

③ 黑板胜美编:『日本高僧伝要文抄·元亨釈書』,国史大系第 31 卷,第 92 页。

3. 业

"业",是指历史功业。师炼品藻人物主要着眼人物于历史纵向发展脉络中所处地位与所创功业。《释书》"赞曰"对高僧的褒扬,多提示人物所处时代,标记出人物于佛教发展史中的历史位置与时代背景,以衬托人物的历史地位与功绩。如《行基传·赞》曰:"佛法入日域而二十岁,丰聪皇子在襁褓而赞佛乘,居储贰而宣真谛。其后五十年,基公出焉。"①师炼言佛法传入日本二十年后,圣德太子诞生,其后五十年,行基出世,赞行基为"我道之地"。在勾勒出行基于日本佛教史中所处之历史位置的同时,亦极力褒扬其大兴刹寺、传法弘教的历史功绩。又如《达摩传·赞》曰:"片岗谒太子。……尔后五百七十有七年,建久之间,心宗勃兴。宽元以降,祖风发越。"②达摩渡日五百七十七年后的"建久之间",即建久二年(1191),荣西初传临济宗黄龙派禅法于日本;"宽元以降",则是指宽元四年(1246),兰溪道隆渡日传禅后,日本临济宗开始进入全盛时期。师炼在褒扬"达摩渡日"这一历史功绩的同时,也对日本临济宗发展的历史脉络进行了梳理。师炼于"赞曰"中将人物定位于历史纵向脉络中品评,实际上是对"通史"意识的自觉运用,是以"通史"的历史观念审视人物于历史兴衰中的地位与功业。这其实是受到《史记》"原始察终,见盛观衰"这一"通史"思想的影响。

此外,《释书》"赞曰"亦可见对在佛教诸宗发展的关键时刻或开宗立派,或重振宗门的高僧极力颂扬。如《荣西传·赞》褒荣西为:"后世皆推禅门之大祖。"再如《良源传·赞》中褒良源为天台宗山门派之中兴祖师,其曰:"慈慧雄才崇功,能令家业光大焉,亦得人者多矣。学者之道山家者,以慧为中兴焉。"③又如《高辨传·赞》褒高辨为华严宗中兴之才,其曰:"中世以来,贤首之宗不振矣。辨公以纯诚之质,立钻仰之志。……宜乎! 中兴之才器也。"④

总体而言,《释书》"赞曰"的撰述主旨在通过对僧侣之德、行与业寄寓褒贬,以实现净化僧团、整饬戒律的目的。《释书》"赞曰"对高僧大德的褒赞不

① 黑板胜美编:『日本高僧伝要文抄·元亨釈書』,国史大系第31卷,第206页。
② 黑板胜美编:『日本高僧伝要文抄·元亨釈書』,国史大系第31卷,第27页。
③ 黑板胜美编:『日本高僧伝要文抄·元亨釈書』,国史大系第31卷,第75页。
④ 黑板胜美编:『日本高僧伝要文抄·元亨釈書』,国史大系第31卷,第97页。

吝笔墨,对人物"褒"多而"贬"少。贬斥也只集中于对僧侣德行之"小疵",未有对悖逆朝廷等大逆不道之举做过多贬斥。盖由于,师炼故意于《资治表》中对僧侣大逆不道之举集中加以笔诛,而于"赞曰"中则隐晦其辞,讳其丑行。如就天元五年良源涉嫌火烧千手院一事,《资治表》天禄皇帝十三年传文中笔诛其丑曰:"干疑者,源之罪也",但于《良源传·赞》中为其讳饰保全:"而天元之时,慧为贯首矣,其德威可镇争乱。然漫而不省焉,岂觉法义乎。"

(二)叙述史料来源

师炼亦于《释书》"赞曰"中说明史料来源与搜集过程。如《泰澄传·赞》曰:"予修此书,广索诸记,得澄师之事者多。其间怪诞不寡,有弊朽一轴,题后云:'天德二年,净藏门人神兴受口授作传。'藏公灵应博究,思兴之所闻不妄矣。今之撰纂者,采诸兴传焉。"师炼搜得净藏弟子神兴所撰之"弊朽一轴",故而依其内容撰写了《泰澄传》。此外,《成寻传》和《慈训传》等传的"赞曰"中亦可见对史料搜集过程的描述。

(三)补叙逸事

就这一特征,《史通·论赞》总结道:"别加他语,以补书中,所谓事无重出者也。"[1]即若人物传记中有不适宜写入的逸闻趣事,或为隐寓褒贬,或为叙事完整以完善人物形象,撰史者往往于"赞"中补叙见闻逸事。故《释书》"赞曰"中亦多见补叙逸事之内容。如《圆尔辨圆传·赞》曰:"余昔陪文应上皇,御几上堆巨编。跪而阅之,《宗镜录》全篇也,其终有宽元帝宝墨曰:'朕得尔师之此录,见性已了。'宸奎烂然。时余尚幼,以为慧日之于帝者也,拳拳矣。逮修此书见其侍病之事,益钦睿翰之不谩矣。"通过补叙《宗镜录》一事,既表现出后嵯峨天皇对圆尔辨圆之倚重,对修禅问道之热衷,也反衬出圆尔辨圆对禅宗于皇室贵族间的普及流播所作的历史贡献。此外,《觉钁传》《白云慧晓传》和《胜算传》等传后之"赞曰"中亦多见对传主生前逸事趣闻的补叙。

---

① [唐]刘知畿撰,[清]浦起龙释:《史通》,第75页。

三、"赞论"所见历史观

大凡史书,必有一以贯之的历史观寓于其中,以统摄全书。《释书》亦不例外。师炼的历史观集中体现在《释书》的"赞"与"论"中,主要表现在对佛教盛衰兴替的思考。下文主要从天命史观与感应史观、佛教与皇权关系以及佛教人事三个方面加以考察。

(一)天命史观与感应史观

1. 天命史观

天命史观,是中国传统史家思考历史兴衰的一种历史观,强调"天命"对历史发展起着决定性作用,制约着国家的兴衰治乱和个人的旦夕祸福。史家也多在史书中,以"天数"和"运数"等词语概括这一历史观。如《后汉书》卷十三末"赞"曰:"天数有违,江山难畤。"[1]中国佛教史家也受到这一历史观的影响,多以"数"等词语概括历史发展兴替的原因。如《宋高僧传》记载:"教法兴替,得非数乎?数算已定,晷刻弗移。如其会昌之前,舍利预飞,枣树先瘁。是知,当替数之强,兴数必弱,兴不胜其替矣。大中之兴。替不胜其兴矣。"[2]赞宁认为佛法兴替由"数算",即天命所决定。"会昌灭佛"是由于替数强于兴数,而"大中之兴"则根源于兴数强于替数。《释书》赞论中多处可见师炼以"数""天机"等词表达对日本佛法兴衰原因的思考。《最澄传·赞》中,对旁人所论鉴真已于最澄之前将台宗章疏传入日本之说,师炼曰:"子之论未尽耳矣。夫台教者,荆溪可谓之全备矣。盖然公遭天宝至德之乱世,抱穷愁困厄之着意。覃思宗旨,供翰疏记,而后台学光贲矣。传教应智者之悬谶,受妙乐之备文。是正承禀,而已非习学之群也。是以负笈未期,传水器归。宜乎!为睿峰性具之高祖乎?彼真师者自来,毗尼之大匠未闻台岭之之嗣,况在荆溪纂述之先,岂旁派缺典之善为绍系之谓乎?呜呼!教之授受有数耳矣。"[3]师炼认为,天台宗章疏全由荆溪尊者湛然所作。鉴真渡日时,湛然尚未完成注疏,故将天台三大部传入日本的是最澄,并非鉴真。

---

① [宋]范晔撰:《后汉书》,中华书局,1999 年版,第 362 页。

② [宋]赞宁撰,范祥雍点校:《宋高僧传》,中华书局,1987 年版,第 498 页。

③ 黑板勝美编:『日本高僧伝要文抄·元亨释書』,国史大系第 31 卷,第 36 页。

他认为天台教义章疏的授受是由"天数"所决定,故云:"教之授受有数耳矣。"又如《空海传·赞》中处处强调"天机"对佛法弘传的重要作用,其云:"有非常之志建非常之事,不是强为天机之所使也。才见登坛具戒,则能对佛立誓,是天机之所使与。"①可见,师炼的天命观显然是受到中国佛教史籍的影响。

2. 感应史观

感应史观,是宋道发先生提出的一种佛教史观。感应,是指佛菩萨应众生之请示现灵瑞之相。宋道发先生将佛教感应思想运用于对佛出世以及佛法传播等历史问题的思考与阐释中,其云:"释迦牟尼佛何以由法身之本以垂应身之迹,于何时由本垂迹,所垂之迹是胜应身还是粗应身,说大乘法还是说小乘法,住世多久,何时入涅槃,并非完全取决于本地之佛,而是取决于众生的机缘,众生感佛之机缘成熟,佛则出世,若机缘萎谢,佛则随之入涅槃。"②即是说,佛出世与否、佛法流播弘传与否完全取决于众生感佛之机缘是否成熟。对感应史观的表述,于中国历代佛教史籍中俯拾皆是。僧祐在《出三藏记集》序文中说:"闻法资乎时来,悟道藉于机至。机至然后理感,时来然后化通矣。昔周代觉兴而灵津致隔,汉世像教而妙典方流。法待缘显,信有征矣。"③强调佛教传播兴起全在于"时来""机至"和"缘显"。又如志磐《佛祖统纪》在论述佛法东传中土时说:"佛法东流,盖已肇于穆王之世。造像建寺,悉遵先佛之旧制。信过去佛皆化及此地,及室利房等持经来秦,而始皇谢遣出境。盖时未至,机未熟耳。"④他认为佛法最初传入中国的时期应上溯至周穆王之世,但未有广泛传播的原因在于中土闻法的机缘尚未成熟。师炼明显受中国佛教史籍感应史观的影响,自觉地将这一史观运用于对日本佛教萌生传播的理解中。如《达摩传·赞》曰:"夫斯土佛种萌芽之初,三草犹未概,二木亦蔽荮,岂天香之所堪昌昌乎哉?惟时机之生酸也。"⑤师炼

---

① 黑板勝美编:『日本高僧伝要文抄·元亨释书』,国史大系第31卷,第38頁。

② 宋道发:《佛教史观研究》,宗教文化出版社,2010年版,第132頁。

③ [梁]僧祐著,苏晋仁点校:《出三藏记集》,中华书局,1995年版,第1頁。

④ [宋]志磐著,释道法校注:《佛祖统纪校注》,上海古籍出版社,2012年版,第775頁。

⑤ 黑板勝美编:『日本高僧伝要文抄·元亨释书』,国史大系第31卷,第28頁。

将《达摩传》列为《传智科》之首,并于传中记载达摩于推古二十一年渡日,并同圣德太子相遇于片冈山一事,是为了强调日本禅宗直承于达摩。但为阐明禅宗未因达摩渡日而兴起的原因,师炼从佛教感应史观的角度解释曰:"惟时机之生酸也。"即达摩渡日时,禅宗兴起之"时机"尚不成熟。

(二)佛法与皇权的关系

佛教传入日本之后,经过与神道教等日本民族信仰的冲突与融合,至镰仓末期,已深入地渗透于普通民众的精神信仰之中。欲弘传佛法,皇权的支持密不可分。师炼对此有着清醒的认识。在元亨二年(1322)的《上元亨释书表》中,师炼以"臣僧"自称,将《释书》的撰述视作后醍醐天皇盛世之象征,并将《释书》喻作"至宝"曰:"如是至宝,不敢私蓄。敬上陛下,弗为僭越耳。林下蔬笋,酸馅雕虫,乞降中书,得受官校。若有可采,入大藏行天下。……元亨二年八月十六日,臣僧师炼上表。"①字里行间充满了对天皇的谦恭与崇敬,师炼欲借朝廷流播《释书》以传法弘道的意图可见一斑。师炼对皇权与佛法关系的认识也表现在《释书》的"赞论"中。如《源心传·赞》曰:"吾道之利乎,无所不至矣。或保国祚,或奸国寇。"②又如《见佛传·赞》曰:"吾王顺于佛敕。"③对师炼而言,日本正是佛法与皇权融合统一、相得益彰的大乘佛国。又如《平时赖传·论》中,师炼将日本视作阎浮提至治之域,并强调其原因为:"是区域之灵胜,祖宗之圣武,而亦吾佛乘之资辅也。"④师炼的这一思想,同样也表现在《释书》僧传的内容中。对出身于贵族官僚、乃至皇族公卿的高僧,师炼必特加强调。如平城天皇第三子真如,师炼褒赞其曰:"如公眇视东北,直跨沧波,睥睨支那,横截流沙,其志锋不可触也。"⑤在三条天皇四子性信和白河天皇幼子觉法的传记之后,师炼赞曰:"富贵学道难,金口之吐演也。……独我国也,如寂擅美于先,信法揭德于后。相次间出多矣。其不难者,何哉?呜呼!刹利之种又或有差乎。"对出身皇族的真如、恒寂、性信和觉法四人大加赞赏,以强调"佛乘"与"皇朝"的协调统一。

---

① 黑板勝美編:『日本高僧伝要文抄·元亨釈書』,国史大系第31卷,第22頁。
② 黑板勝美編:『日本高僧伝要文抄·元亨釈書』,国史大系第31卷,第141頁。
③ 黑板勝美編:『日本高僧伝要文抄·元亨釈書』,国史大系第31卷,第148頁。
④ 黑板勝美編:『日本高僧伝要文抄·元亨釈書』,国史大系第31卷,第250頁。
⑤ 黑板勝美編:『日本高僧伝要文抄·元亨釈書』,国史大系第31卷,第234頁。

(三)重视人事

除了从天命观与感应史观、佛教与皇权关系等方面认识思考佛法兴替发展之外,师炼也开始反思佛教弘传的主体——僧侣在佛教兴衰发展中的关键作用。如《最澄传·赞》曰:"人能弘道,非道弘人。苟无其人,道不传乎?"①强调僧人对于佛教盛衰兴替的重要性。再如《荣西传·赞》曰:"仲尼没而千有余载,缝掖之者几许乎? 只周濂溪独擅兴继之美矣。建仁去睿峰者,殆于四百年,其奋激之志发于妙龄也。……初志虽补传教之遗意,后世皆推禅门之大祖。因兹而言,所以过周氏为不鲜矣。"②师炼以周敦颐于儒学传承中所处地位比拟荣西于日本佛教史中所处历史地位,强调荣西对日本佛教的历史贡献。师炼的思考不仅局限于佛教整体发展的宏观层面,在佛教各宗兴衰的问题上,也极为重视各宗僧侣在弘传佛法过程中所起的作用。如《明佑传·赞》云:"律学中微,我求而不得矣,才一二而已。岂其中世少人乎? 惜哉!"③日本律宗自鉴真及其徒如宝、道忠之后一度衰落,师炼认为其关键原因在于"中世少人",即传承律宗之僧侣匮乏,同样强调了"人"的重要性。笔者认为,师炼的这一思想也是受到了中国佛教史籍的影响。如《高僧传》曰:"顾惟道藉人弘,理由教显。而弘道释教,莫尚高僧。故渐染以来,昭明遗法。殊功异行,列代而兴。敦厉后生,理宜综缀。"④弘道传法之任全在高僧,故慧皎缀集高僧之"殊功异行",编撰《高僧传》以"昭明遗法",垂范后世。又如《佛祖统纪》卷十《宝云旁出世家》曰:"道籍人弘,人必依处。此三者不可不毕备也。"⑤

上文从天命观与感应史观、佛教与皇权的关系以及重视人事等角度考察了《释书》"赞论"所蕴含的历史思考。师炼将中国佛教史籍的历史观自觉地运用于自身对日本佛教兴衰发展的思考以及《释书》"赞论"的撰述中。可见,无论是体例创设、编撰思想抑或历史思考,《释书》的撰述都受到了中国佛教史籍的深刻影响。

---

① 黑板勝美编:『日本高僧伝要文抄·元亨釈書』,国史大系第31卷,第36页。
② 黑板勝美编:『日本高僧伝要文抄·元亨釈書』,国史大系第31卷,第46页。
③ 黑板勝美编:『日本高僧伝要文抄·元亨釈書』,国史大系第31卷,第196页。
④ [梁]慧皎撰,汤用彤校注:《高僧传》,中华书局,1992年版,第523页。
⑤ [宋]志磐撰,释道法校注:《佛祖统纪校注》,第272页。

四、结语

"赞论"体例,既为史家充分发表主观思想提供了空间,也是了解史家主观思想与历史认识的重要窗口,是史家著述的重要组成部分。《释书》的"赞论"源于中国儒佛史籍的赞论体例,其所述内容则皆为佛教教内之事,既有承续前人之处,又有发明创新之功。《释书》"赞曰"继承了中国史学的鉴戒传统,劝善惩恶,以教化警诫后世僧侣为撰述宗旨。《释书》"赞论"在褒贬传主、品评史事的同时,也蕴含着师炼对日本佛教兴衰发展的历史思考,是《释书》"传表志赞论"五体结构中不可忽视的一部分。

第五节 "互见法"的运用

"互见法"是《史记》开创的述史方法。这一方法将一人的生平事迹、一事的始末经过分散于纪传体史书的诸种体例之间,彼此互见相补①。最早论及《史记》"互见法"的是北宋苏洵,其云:

> 迁之传廉颇也,议救阏与之失不载焉,见之《赵奢传》;传郦食其也,谋挠楚权之缪不载焉,见之《留侯传》。……夫颇、食其、勃、仲舒,皆功十而过一者也。苟列一以疵十,后之庸人必曰:智如廉颇,辩如郦食其,忠如周勃,贤如董仲舒,而十功不能赎一过,则将苦其难而怠矣。是故本传晦之,而他传发之。则其与善也,不亦隐而章乎?
>
> 迁论苏秦,称其智过人,不使独蒙恶声;论北宫伯子,多其家人长者。……夫秦、伯子、汤、酷吏,皆过十而功一者也。苟举十以废一,后之凶人必曰:苏秦、北宫伯子、张汤、酷吏,虽有善不录矣,吾

---

① 张大可:《史记研究》,商务印书馆,2011 年版,第 289 页。

复何望哉？是窒其自新之路，而坚其肆恶之志也。故于传详之，于论于赞复明之。则其惩恶也，不亦直而宽乎？①

上文所云"本传晦之，而他传发之"即为"互见法"。从撰述者的角度而言，"互见法"表现在其对史料的取舍选择以及于史书内部各体间的安排；从读者的角度而言，则指在篇与篇之间、史书内部各体之间，通过对一人于多篇中的描写或同一事件中不同人物的记述而进行比较对读，从中揣度撰者对资料之编排取舍和对人物形象之褒贬抑扬。

《释书》既是日本第一部综合性佛教史籍，亦为日本纪传体史书之滥觞，其体例源于《史记》所开创的纪传体正史。师炼喜读《史记》，其在参考《史记》体例的同时，不可避免地也受到《史记》"互见法"这一史书撰述体例的影响。《释书》中所见"互见法"之运用，正是《释书》对《史记》开创的纪传体史学体例借鉴与吸收的表现之一。"互见法"有显隐之分。所谓显，是指作者于行文中指明互见于何处，即《史记》中"事见某篇"或"语在某篇"，如《秦始皇本纪》云"其赐死语，具在《李斯传》中"等。所谓隐，则指行文中无撰者指明互见之语，须读者比勘细读以领会其互见之意。这两种方式在《释书》中都有大量运用。如显之互见，卷二《善珠传》"事在资治表"、卷十四《一演传》"事在寺像志"；《音艺志》"语在资治表"②、"忍事已见感进传"③；《资治表》高野皇帝三年条"二月皇书，见泰澄事中"、天长元年"事见空海传中"④、贞观元年"事在行教传中"⑤、贞观八年"曷为褒，事见本传"；《学修志》"详载本传，此不繁焉"。⑥ 这些例子于《释书》中俯拾皆是。《释书》中亦多见隐之互见，将于下文详述之。《释书》叙事之所以详略得当，人物之所以形象鲜明，而又能忠于实录，"互见法"的运用功不可没。下文分别从叙事与写人两个层面进行考察。

---

① ［宋］苏洵著，曾枣庄笺注：《嘉祐集笺注》，上海古籍出版社，1993 年版，第 232 页。

② 黑板勝美编：『日本高僧伝要文抄·元亨釈書』，国史大系第 31 卷，第 432 页。

③ 黑板勝美编：『日本高僧伝要文抄·元亨釈書』，国史大系第 31 卷，第 433 页。

④ 黑板勝美编：『日本高僧伝要文抄·元亨釈書』，国史大系第 31 卷，第 346 页。

⑤ 黑板勝美编：『日本高僧伝要文抄·元亨釈書』，国史大系第 31 卷，第 352 页。

⑥ 黑板勝美编：『日本高僧伝要文抄·元亨釈書』，国史大系第 31 卷，第 404 页。

一、"互见法"之叙事

纪传体史书叙事,因其纪、传、志、表之体例多样,故能容纳丰富的史事内容,但同一事件分述于不同体例之间,同一人物屡出于不同传中,难免支离和重复。司马迁为克服这一缺点,采用"互见法"编排史料,以详此略彼,互文互补。如"诸吕之变",详载于《吕太后本纪》,也散见于《陈丞相世家》等篇。陈平设谋,周勃收拢军权,朱虚侯诛杀诸吕等事在各传中皆一笔代过,但事件的始末被集中详述于《吕后本纪》中。由此可见,在叙事层面,"互见法"的运用使得《史记》对重大复杂历史事件的叙述详略得当而条理分明。

《释书》中亦多见以"互见法"叙事。如"良源涉嫌火烧千手院"一事,此事起因于朝廷对圆珍弟子余庆补任法性寺座主的任命。圆仁弟子因违抗朝廷命令,导致其僧职皆被罢免。圆仁、圆珍两门亦由此事件走向对立不和。时任天台座主的良源偏袒圆仁弟子,故而朝廷怀疑其有火烧千手院杀害余庆等僧众的企图,以至于派遣检非违使平恒昌登睿山调查此事。尽管良源上书澄清嫌疑,但此事反映出佛教内部宗派对立、党同伐异之弊害,必须书于史册以资惩劝。此事牵涉台宗山门寺门两派诸多僧侣,若分而述之必繁杂琐碎,前后屡出。故《释书》在良源、余庆、胜算等人传中对此事或只字未提,或一笔带过,而将其始末因果集中系统地记载于《黜争志》中,令整个事件线索分明,重点突出而首尾完备。又如圣德太子与苏我马子合力诛灭物部守屋一事,此事既是新旧贵族之间的政治斗争,亦关系到初传日本的佛教之存废兴亡。在圣德太子与苏我马子的传中,此事的记载都极为简略。但在《资治表》用明皇帝二年条传文中,物部守屋与苏我马子间爆发矛盾的原因、苏我马子的战前谋划、战争过程、战争结果以及人物语言等内容都记述得极为详细。

师炼运用"互见法"叙事,尤为重视"表"在五体中的特殊作用。其在《释书·序说志》中云:"十传者所以载其人也,十志者所以记其事也。……一表居中焉,所以通串传志也。"[1]"传"用以载人,"志"用以记事,"传""志"之间设"表"是为了发挥结构上连贯整体、内容上互文相补的功能。这一功

---

①　黑板勝美編:『日本高僧伝要文抄·元亨釈書』,国史大系第 31 卷,第 446 頁。

能主要体现在《资治表》与其他四体的互见互补,具体有如下几种情况。

(1)传表互见。《释书》载录善珠之事,共见两处:其一载于《资治表》桓武皇帝十六年条传文,其二载于《慧解科·善珠传》。先述前者。早良太子因藤原种继暗杀事件牵连,被迫求寺出家。诸寺慑于朝廷禁令拒之不纳,唯善珠纳其入寺。后早良太子病逝,其怨灵致安殿亲王染病。善珠持咒劝退太子怨灵而使亲王病愈。后者记叙善珠勤奋修行,钻研经义。《善珠传》之所以仅录后者,是因为后者所载善珠勤奋修行一事与《慧解科》主旨相符;之所以将前者记载于《资治表》中,是因为前者所叙善珠收留太子一事与《资治表》"窃见皇朝之德化,且托佛乘之翼佐"这一撰述主旨相符。

(2)表志互见。《资治表》在废帝二年、光仁皇帝六年和圣武皇帝二十三年分别提及招提寺之建立与律讲初设等事,但招提寺之大殿、佛塔等寺院设施的建设过程以及檀越的名称都被详细记载于《寺像志》中。

(3)表赞互见。《力游科》所载八名三韩渡来僧传记之后的"赞"中,师炼曰"昔者神功圣后,神武震海外。三韩共为远藩"①,强调三韩为日本之"藩国"。作为这一观点的佐证,其于《资治表》钦明皇帝十三年传文中引《日本书纪·神功皇后纪》神功皇后远征三韩之事,详述这一历史典故。

(4)表论互见。《愿杂科·王臣篇》后之"论"中,师炼强调日本国体相对于中国之优越性在于"三种神器"的代代相承。为证明这一观点,其在《资治表》天智皇帝七年条传文中,引《日本书纪·神代卷》相关内容追叙"三种神器"的起源。

将历史人物标记于《资治表》中,定位其于纵向历史中所处时代,而后又以"事在某某传中"等"互见法"于十科僧传中专述其人生履历,使读者于横向的人生轨迹与纵向的历史脉络中多层次地把握这一历史人物的功过是非,这是《释书》"传表互见"之精妙。同样,一座寺院的缘起,一项僧职制度的设立,可在《资治表》中见其时代变迁,可在《寺像志》或《封职志》中见其发展沿革,这又是"表志互见"之巧妙。将"赞""论"中所涉史事之渊源详细追叙于《资治表》中,既便于读者了解相关历史背景,同时也为撰者的撰述动机与历史观念的传达提供客观的历史依据。这也是"传赞互见""传论互见"

---

① 黑板勝美编:『日本高僧伝要文抄·元亨釈書』,国史大系第31卷,第231页。

的主旨所在。由此可见,"互见法"构成了《释书》全书五体结构内在联系的纽带,而《资治表》是这条纽带最为关键的一环。这也说明,师炼编撰《释书》是整体把握史料的基础上,运用"互见法"贯通五体结构的。

二、"互见法"之写人

史传叙事,兼具史学与文学的双重属性。前者要求撰者遵循"实录"原则,如实地记录传主生平,后者要求撰者合理地选取材料,塑造人物的个性特征,并表现撰者的主观思想。《史记》的撰述就巧妙地兼顾了两者。《史记》刻画人物,于其传中叙述主要功绩和正面评价,以突出人物的个性性格,而对于人物的负面评价,则或叙述于他传,或于论赞中予以贬斥。如《史记》对项羽的记载互见于《项羽本纪》和《高祖本纪》等传中。《项羽本纪》主要刻画项羽的英雄形象,但其残暴不仁、嫉贤妒能等缺点则被分述于其他诸篇中。《释书·序说志》云:"欲明佛祖之法,揭圣贤之迹,令可畏之人知所式之尘也。"师炼撰述《释书》,旨在弘扬佛法,揭示先贤之事迹,以为后世僧侣树立垂范之楷模。故《释书》刻画人物的主要方式,可概括为以事显人,即通过叙述事迹来刻画人物形象,彰显人物的历史功绩。试举数例如下:

如智光。本传叙其与礼光共游极乐净土,却将其妒忌行基而堕入地狱受刑之事写入《行基传》中。《智光传》之"赞"中云"智昔落节于行基,今考终始,过而能改者也。善哉,君子之道矣而已",为其讳饰保全。

再如真济。《释书》中,真济之事除载于本传外,亦见于《相应传》与《慧亮传》中。本传书其求法途中漂流南岛以神通力还归本朝;抗旨不受僧职而让与先师等事。《相应传》中,载其耽于色欲而化作天狗恼逼染殿后之事;《慧亮传》中可见其与慧亮斗法败北之记载。真济"惑色"与斗法二事不见本传,而在本传之"赞"中师炼曰"真济惑色而成魅焉。当彼不平亡聊之时,偷眼于靡曼失所守,而有被伺乎",为其辩护保全。

又如良源。本传中,一方面描写良源于承平五年的维摩会与应和三年法华讲会上,滔滔不绝与南都诸僧论战的情景,令其知识渊博、口才便利的学僧形象跃然纸上;另一方面着力记述其重建延历寺狮子楼等殿堂以"中兴"睿山的功绩。全传对良源涉嫌火烧千手院一事只字未提,只在传后之"赞"中寥寥数字评道"然漫而不省焉,岂党法义乎",以讳饰保全。火烧千手院一事被详述于《黜争志》中。在《资治表》安和皇帝十三年条传文中,师炼对良源大加笔诛,直书此事乃"源之罪也"。

又如苏我马子。佛教传入日本之初,苏我马子为崇佛派的代表人物,其面对物部氏等反佛派的强压,坚决主张崇信佛法,对佛教在日本的传播做出了巨大的贡献。故《释书》于其本传中记与圣德太子勠力兴佛之功,于《会仪志》中书其初设大斋会,于《寺像志》中书其建立元兴寺等事。此外,其崇佛事迹亦互见于《愿杂科》之《封国传》《司马达等传》《慧聪传》《慧便传》《善信传》《禅藏传》及《慧善传》等传中。在褒扬苏我马子崇佛功绩的同时,也将其密谋弑杀崇峻天皇一事书于《资治表》崇峻五年条,以贬其恶。

从上述诸例可见,为了塑造性格统一、彪炳后世的人物形象,师炼自觉地运用"互见法",将与十科僧传主旨相符的主要功绩或重大事件写入人物本传,负面事件或历史过失则记于"志"或"表"中。同一人互见于诸篇,于其本传中曲笔回护而讳其丑处,于志中叙事件始末以见其善恶,于表中以《春秋》褒贬笔法贬斥其丑。读者通过比观对读,得以窥见全人。这种做法,既彰显人物之典型形象与历史功绩,又不失历史之真,兼顾了史学真实性与文学典型性的双重要求。

三、中国佛教史籍中的"互见法"

"互见法"的运用亦多见于中国佛教史籍中。如《高僧传·晋鸠摩罗什传》云:"庐山释慧远学贯群经,栋梁遗化,……语见远传。"[1]《续高僧传·道超传》云:"求诸佛菩萨乞加威神,令其慧悟如僧旻也,事在旻传。"[2]《宋高僧传·慧能传》:"弟子神会若颜子之于孔门也,勤勤付嘱,语在会传。"[3]梁唐宋三传中所见"互见",一方面运用次数较少,如《高僧传》全书仅有四处互见;另一方面由于体例所限,仅体现在传与传之间,层次较为单一。中国佛教史籍中对"互见法"运用最多最为复杂的当属《佛祖统纪》,在行文中多以"详见""并见""事见"等提示互见。《佛祖统纪》仿正史体例亦设本纪、世家、列传、表、志五体,其"互见法"表现为多种体例间的互见。如《法门光显志》在

① [梁]慧皎,汤用彤校:《高僧传》,第53页。
② [梁]慧皎等撰:《高僧传合集》,上海古籍出版社,1991年版,第152页。
③ [宋]赞宁撰,范祥雍注:《宋高僧传》,中华书局,1987年版,第47页。

详述盂兰盆供的设立原因及含义之后,设"述曰"介绍其沿革:"如来示奉盆以垂法。所以教人道以报重恩也。自大教东流。古今帝王所以奉盆供者为多矣(事见会要志)。"①志磐以附注的形式提示互见,并于《历代会要志》"君上奉法"项中,依次列举梁武帝、唐太宗、宋太祖三朝帝王诏令举行盂兰盆供的沿革,予以详细说明②。综上所述,"互见法"在中国佛教史籍中的运用多是为了补充史料,令叙事内容翔实。

相较于中国佛教史籍对"互见法"的运用,《释书》利用五种体例所具不同的叙事功能,将同一人的事迹、同一事的始末灵活地编排于五种不同体例之间,既全面地刻画了人物形象,又满足了历史叙述的"史实性"要求,可谓深得《史记》"互见法"的精髓。

四、结语

对《释书》"互见法"的考察,进一步加深了我们对《释书》五体结构功能的认识。"传"之旨在"彰善",以服从于《释书》的撰述主旨,即树立可供后世垂范之高僧楷模。"表"之旨在"惩恶",以示鉴戒。"志"之旨在"叙事本末",即客观完备地记载史事。"赞"之旨在"讳耻",为毁誉参半之人物讳饰保全。"论"之旨在"直抒胸臆",传达撰者的编撰意图与个人主张。"互见法"正是《释书》五体互文互补、联络贯通的纽带,使《释书》熔铸为一部优秀的纪传体佛教史籍。

小　结

《释书》传部的十科体例源于对慧皎《高僧传》开创的十科分类法的继承。传部十科共收录僧俗男女416人,反映了师炼对日本大乘佛法本质的思

---

① ［宋］志磐撰,道法注:《佛祖统纪校注》,第755页。
② ［宋］志磐撰,道法注:《佛祖统纪校注》,第1213–1215页。

考。《释书》表部,即《资治表》借鉴《春秋》经传的叙事体例和义例系统,通过对贵族与僧侣的善恶言行施与褒贬,以寄寓"尊皇""鉴戒"等撰述主旨。《释书》志部体例源于《史记》《汉书》等纪传体正史的书志体。十志综合性地吸收中国儒佛史籍的志体结构,全面地梳理了日本佛教制度的沿革发展。《释书》"赞论"的创设源于对中国儒佛史籍赞论体例的模仿。《释书》"赞论"品藻人物,评论史事,也寄寓了师炼对日本佛教兴衰演变的历史思考。《释书》对"互见法"的运用模仿《史记》。"互见法"的运用,不仅将《释书》"传表志赞论"五体有机地融为一体,还令《释书》叙事写人颇多增色。

《释书》的十传,收录推动佛教历史发展的高僧传记,构成了《释书》的内容主体;一表,叙述佛教历史发展之时代演进,描绘了《释书》的历史脉络;十志,记载佛教制度之发展沿革,勾勒出《释书》之横向轮廓;"赞论",表达师炼的主观评论和历史思考。五体以"互见法"为联系纽带,互联互通,共同将《释书》熔铸为日本第一部纪传体佛教史籍。

第四章

《元亨释书》的编撰与文献来源

　　关于师炼编撰《释书》所据之文献,前人研究不多,仅见秃氏佑祥①、黑川训义②、石川力山和直林不退于各自论文中有所考察。秃氏与黑川的研究确定了《释书》十科僧传对《法华验记》与《扶桑略记》征引的范围并初步探讨了征引方式等问题。直林不退的研究细致具体且论证充分,就《释书》对《延历僧录》与《三国佛法传通缘起》的史料处理态度与利用方式等问题,做了鞭辟入里的分析,下面分别引述其主要观点。直林不退将现存《延历僧录》逸文中所载同《释书》重合的僧传,从内容和行文两个方面细致对比后认为:"师炼意识性的无视《延历僧录》的存在。师炼并非不知道《延历僧录》的存在,也并非没有翻阅过此书,而是在熟知此书的同时,却故意无视其内容与撰者思托。"③石川力山在论文中首先列举了师炼可能参考的 29 位僧侣的别传,然后以《释书》与《三国佛法传通缘起》的征引关系为中心进行考察。就

---

　　① 秃氏祐祥:「『元亨釈書』の素材と『法華驗記』」,『龍谷学報』327 号,1940 年3 月。

　　② 黑川訓義:「『法華驗記』と『元亨釈書』との関係」,『皇学館論叢』12 巻 6 号,1979 年 12 月。黑川訓義:「『元亨釈書』の原史料—特に『扶桑略記』について—」,『神道史研究』26 巻 4 号,1978 年 10 月。

　　③ 直林不退:「『元亨釈書』の先行史書観」,『龍谷史壇』,100 号,1992 年 11 月。原文曰:『延暦僧録』に関しては、虎関は意図的にその存在を全面的に無視せんとした。虎関が『僧録』の全貌を眼にしなかったのではなく、十分にそれを熟知しつつも其の内容及び作者について悉く黙して語らない。

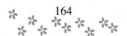

《释书》对《三国佛法传通缘起》史料的处理方法与态度,石川力山将二者重出僧侣的传记内容进行对比之后认为:"《释书》重视天台、真言和法相宗","对南都六宗的情况不甚重视"。① 由于石川的研究只是以传智、慧解和净禅三科为考察对象,直林不退进而将《三国佛法传通缘起》对南都六宗,即三论、法相、华严、具舍、律与成实宗所列传承系谱中的僧侣与《释书》收录的六宗僧侣做对比,就其重出僧传的传文详略以及内容异同等方面进行细致的考证。直林认为:"《释书》完全否定《三国佛法传通缘起》所列华严宗与律宗的传承系谱,另立新说。""《释书》对先行史书并没有采取客观的评价态度。"②大隅和雄在演讲中谈及《释书》的文献来源时说:"《释书》是一部体现'史籍的佛法'意识非常强的作品,完全排除了以假名文字撰写的史料。《释书》毫无疑问参考了《沙石集》。虽然同类的故事在说话集中可以找到且描写更详细,但《释书》并不采用。由于《扶桑略记》和往生传等是以汉文体撰述的文献,所以师炼仔细阅读,大量征引。"③

就师炼对先行文献的搜集、甄选以及处理方式等问题,在对先行研究总结的基础上,笔者进一步将其归纳为以下两点:

(1)无视而另立己说。对《延历僧录》《三国佛法传通缘起》和《日本高僧传要文抄》等先行佛教史籍,在熟知其内容的同时却故意无视。《释书》中尽量不载与上述史籍的重出僧侣,无法回避的情况下则尽量略写或采用不同文献以示区别。

(2)引用却不注出典。《释书》大量征引《扶桑略记》《法华验记》以及平安期往生传等文献,并且在文献的搜集与编撰等方面受到《扶桑略记》的巨

---

① 石川力山:『元亨釈書考(続)』,『駒沢大学大学院仏教学研究会年報』第8号,1974年3月。
② 直林不退:「『元亨釈書』と『三国仏法伝通縁起』」,中西智海先生還暦紀念論文集刊行会編:『親鸞の仏教』,永田文昌堂,1994年。
③ 大隅和雄:『中世社会における価値観と仏教』,『日本仏教綜合研究』第5号,2007年5月。原文曰:『元亨釈書』は、やはり、「書物の仏法」の方の中核にあるという意識が非常に強いものですから、仮名文字で書かれた史料は、全く排除しているのですね。それで、『沙石集』によったことは間違いない、と思われるところが一箇所あるのを、知っていますが、そういうことは説話集を見れば、もっと豊かに書ける、というところでも、全然使っていなくて、『扶桑略記』とか、往生伝は漢文で書かれているものですから、それを丹念に読んで、かなり使っているのです。

大影响,但即使如此,在行文中也只字不提对《扶桑略记》的参考。

关于第一点,直林不退已在其论文中有详细考证,故不做讨论。第二点提及的,《释书》所征引的文献以及对这些文献的搜集、采录与利用方式是本章的考察重点。就此,本章分别在第一节、第二节和第三节中,对《释书》的传部、表部和志部的文献来源与编撰方式进行考察。关于《释书》传部的文献来源,本研究将于本章第一节中,进一步对六国史、《扶桑略记》、别传行状以及《法华验记》等佛教故事集共四类文献分做考察。本章第四节对《释书》的文献搜集方式做概括总结。

第一节　传部的编撰与文献来源

一、传部对六国史史料的征引

(一)问题所在

《释书》传部共记载了 416 位高僧和佛教信者的传记,所立传主既包括南都北岭的高僧大德,又广涉王臣士庶、神仙灵怪,内容可谓包罗万象。相对于《释书》宏大的编成与内容,学界就《释书》编撰文献的研究着实不多①。这些先行研究多集中于《扶桑略记》《法华验记》以及往生传等文献同《释书》的史源学研究,而对具较高史料价值的六国史同《元亨释书》的史料引用关系的研究尚未有见。六国史,是指陆续成书于 8 世纪至 10 世纪初的 6 部日本官修正史:《日本书纪》《续日本书纪》《日本后纪》《续日本后纪》《日本文德天皇实录》和《日本三代实录》。六国史体例模仿中国编年体史书,尤以

---

① 先行研究主要有:黒川訓義:「『元亨釈書』の原史料―特に『扶桑略記』について」,『神道史研究』26 巻 4 号,1978 年 10 月。石塚薫:「『元亨釈書』に関する一考察―平安期往生伝から鎌倉期高僧伝への展開―」,『仏教大学大学院紀要』第 33 号,2005 年3 月。黒川訓義:「『法華験記』と『元亨釈書』との関係」,『皇学館論叢』12 巻 6 号,1979年 12 月。

记载皇帝的世系与即位等内容的"实录"为范本。编撰者由当时最优秀的文人学者和贵族官僚担任,编修场所由政府专门设置,被称为"撰国史所"。史料或采集于图书寮的实录,或采用式部省撰修的功臣名僧传记。因六国史浓厚的官修性质,其历史记载较为客观,且具颇高的史料价值①。随着日本律令制的解体,六国史之后的国史编修一蹶不振,直至江户时代才得以恢复。正因为六国史于日本史学史上的特殊地位,其为后世历代文人广泛重视和利用,《释书》的编撰也自然离不开对六国史史料的参考。"佛法入斯土以来七百余岁,高德名贤,不为不多。而我国俗醇质,虽大才硕笔未暇斯举矣。其间别传小记,相次而出,然无通史矣。故予发愤,禅余旁资经史,窃阅国史,洽掇诸记。日积月累,已有年矣。远自钦明,迄于圣代。补缀裁缉,为三十卷。仅成一家之言,不让三传之文,名曰元亨释书。古传者偏传也,今为全史。故改名焉。"②在《释书·序说志》中,师炼在说明其撰述"通史"志向的同时,也言明其在编撰过程中对"国史"的参考和重视。本节将该书所载僧传对六国史的征引情况分为薨卒传征引和纪年条征引两种类型并分别进行考察,在明确《释书》对六国史史料征引情况的同时,也对《释书》传部对六国史史料的采录方法和编排原则做进一步的探讨。

(二)《释书》僧传对六国史史料的征引

按照《释书》在编撰过程中引用史料的形态不同可将六国史被引用史料分为薨卒传和纪年条两种。薨卒传是指,除《日本书纪》以外的在五国史中记载官僚死亡年代的纪年条之后添加的包括其官阶、姓名、籍贯、履历、功绩、享年以及逸闻趣事等内容的传记。依据官员官阶的高低,或称薨,或称卒。对此,《令义解》卷九《丧葬令》解释曰:"凡百官身亡者、亲王及三位以上称薨。五位以上及皇亲称卒。六位以下达于庶人称死。"③由于当时的佛教被律令制朝廷作为"镇护国家"的工具,位列僧纲的僧官拥有等同于官僚的身份,因而高僧的入寂在六国史中被统称为卒,他们的传记也就被称作卒传。高僧的卒传即为本节的主要考察对象,除此之外,因《释书》的《愿杂

---

① 坂本太郎:『六国史』,吉川弘文館,1989 年版,第 300、14 页。

② 黑板勝美编:『日本高僧伝要文抄・元亨釈書』,国史大系第 31 卷,第 447 页。

③ 黑板勝美编:『律・令義解』,国史大系第 22 卷,吉川弘文館,1965 年版,第 447页。

科·王臣篇》中专设多位天皇和大臣的传记,六国史所载崩传与薨传亦为本节考察对象。

1. 对六国史薨卒传的征引

《释书》对六国史薨卒传的征引可分为整体征引和部分征引两种类型。整体征引是指《释书》将六国史所载薨卒传作为构建整篇传文的唯一史料来源,而不征引他书。下面以《释书·长训传》为例,对《释书》僧传的整体征引进行考察。

《文德实录》斋衡二年九月己巳条:

> 僧正长训大法师卒。长训,俗姓锦氏,近江国滋贺郡人也。师事少僧都玄怜。延历年中,受具足戒。后于大极殿,说最胜王经。应问而答,能发疑荟。稍转,仁寿三年为僧正。卒时,年八十二。长训自少至长,固持毗尼。推己及物,博爱为先。白黑至今,称其慈悲。①

《释书·长训传》:

> 释长训,姓锦氏,近州滋贺郡人。早为玄怜法师之徒。延历中,受具足戒。大极殿最胜经会,慧辩快利。仁寿三年为僧正。斋衡二年九月卒,年八十二。训固持毗尼,世称慈行。②

《释书·长训传》记载了传主长训的姓氏籍贯、修学师承、出家受戒、口才辨利、僧职履历、卒年年寿和品评逸闻。这些内容与《文德实录》斋衡二年九月己巳条卒传对长训的姓氏籍贯、师承、出家受戒和卒年年寿等内容的记载一致。通过仔细对比,亦可见两者在语言表述上的一致。如姓氏"姓锦氏"、僧职"仁寿三年为僧正"和卒年"年八十二"(画横线处)。又如"固持毗尼·固持毗尼""称其慈悲·世称慈行"(画横线处)。故可认为《释书·长

---

① 黑板勝美編:『日本後紀·続日本後紀·日本文徳天皇実録』,国史大系第3卷,吉川弘文館,1966年版,第75页。

② 黑板勝美編:『日本高僧伝要文抄·元亨釈書』,国史大系第31卷,第58页。

训传》是通过整体征引《文德实录》所载长训卒传撰写的。

依《长训传》的比照方法,通过整体征引六国史所载卒传传文而撰成的《释书》僧传另有 21 传。以此种方式撰写的 22 传被收录于《慧解科》《檀兴科》《力游科》和《愿杂科》四科之中,分别为:《慧解科》的《善珠传》《明一传》《善谢传》《胜悟传》《善议传》《安澄传》《常楼传》《常腾传》《道雄传》《守印传》《明福传》《延祥传》《长训传》《实敏传》《真雅传》和《隆海传》;《檀兴科》的《一演传》和《恒寂传》;《力游科》的《行贺传》;《愿杂科·古德篇》的《仁秀传》《寿远传》和《守宠传》。

部分征引是指《释书》作者以八国史所载薨卒传作为史料来源之一,在撰写传文时亦从他书中采集史料。以《护命传》为例,除国史卒传外,护命的传记资料亦见于《拾遗往生传》卷下第 3 则《僧正护命》,将三者原文分列如下:

《续日本后纪》承和元年九月戊午条:

①法师俗姓秦氏,美浓国各务郡人。③年十五,以元兴寺万耀大法师为依止,入吉野山而苦行焉。十七,得度。便就同寺胜虞大僧都,学习法相大乘也。月之上半,入深山,修虚空藏法。下半在本寺。研精宗旨,教授之道,遂得先鸣。弘仁六年,擢任少僧都。⑤七年,转大僧都。僧统之职,非其好尚,上表曰:……,天皇不许,然而屏居古京山田寺。吃饭,口中得佛舍利一粒。④复在普光寺,讲唯识论疏时,于顶上亦得一粒。灵异频彰,使人惊感。⑥天长四年,特任僧正。年八十五,终于元兴寺小塔院。未及气绝,时同寺僧善守欲致问讯。①

《拾遗往生传》卷下第 3 则《僧正护命》:

僧正护命者,美浓国各务郡人也。俗姓秦氏。②生年五岁,入

---

① 黑板胜美编:『日本後紀·続日本後紀·日本文徳天皇実録』,国史大系第 3 卷,第 29 页。

吉野山，筮居多年。为访父母，适出旧里。于山田寺，暂以稽首。食饭，口中得佛舍利。讲论席上亦得佛舍利。如此奇事，不遑胜言。付大僧都胜虞为弟子，学法相宗，住元兴寺。弘仁五年正月廿六日，以智行之名，抽任少僧都。不经几程，转大僧都。同十四年，拔其名利，辞大僧都。天长四年十一月，殊有诏命，更以后任，登于僧正。承和元年九月十四日，春秋八十五。正心念佛，寂而入灭。未及气绝，同寺善守上人来临问讯。⑦于时音乐闻天，熏香满室。云有惨色，水有咽音，呜呼悲哉。①

《释书·护命传》：

①释护命。姓秦氏，美州各务郡人。②五岁，入吉野山，宴坐数年。归省父母，父母留，居郡之山田寺。③十五，依元兴寺万耀。十七，得度。从同寺胜虞学唯识。白月，入山修虚空藏法。黑月，归寺诵习。④尝于普光寺讲唯识论疏，忽顶上得舍利。又吃饭，口中感舍利。⑤弘仁七年，任僧都，上表辞让，上不许，屏居山田寺。⑥天长四年，为僧正。承和元年九月十一日，终元兴寺小塔院，年八十五。时善守法师来问疾，⑦亲逢音乐响天，熏香盈室云。②

为便于对比，将《释书·护命传》分为①～⑦节，并分别概括大意如下：①姓氏籍贯；②五岁入吉野山，后归省父母；③从万耀得度，从胜虞学唯识，修虚空藏法；④讲唯识，得舍利；⑤辞僧都之任，居山田寺；⑥任僧正，灭于元兴寺，善守问疾；⑦往生瑞相。通过仔细比勘，可以发现：①③④⑤⑥各节（画横线处）为《护命传》与《续日本后纪》卒传重出、但未见于《拾遗往生传》卷下第3则的文段；《护命传》的第②和⑦两节（画波浪线处）与《拾遗往生传》相似，但未载于《续日本后纪》卒传。据此可认为，《护命传》大部分内容征引自《续日本后纪》承和元年九月戊午条卒传，部分细节（②和⑦节）抄录

<hr>

① 井上光贞：『往生伝·法華験記』，日本思想大系第7卷，第615页。
② 黑板勝美编：『日本高僧伝要文抄·元亨釈書』，国史大系第31卷，第52页。

于《拾遗往生传》卷下第 3 则《僧正护命》。《释书》以部分征引方式撰写的僧传共 16 传,分别为:《传智科》的《道昭传》和《鉴真传》;《慧解科》的《道慈传》《勤操传》《道昌传》《圆澄传》《护命传》《光定传》《真济传》和《宗睿传》;《明戒科》的《如宝传》;《力游科》的《玄昉传》和《真如传》;《愿杂科·王臣篇》的《贞观皇帝传》《藤原良相传》和《愿杂科·尼女篇》的《皇后光明子传》。

2. 对六国史纪年条的征引

《释书》对六国史史料的采集亦表现于对纪年条的征引。按照对薨卒传征引的分类方式,亦可将对纪年条的征引分为整体征引和部分征引。先看整体征引:

《日本书纪》用明天皇二年(587)四月丙午条:

> 二年夏四月乙巳朔丙午,御新尝于盘余河上。是日,天皇得病,还入于宫,群臣侍焉。天皇诏群臣曰:"朕思欲归三宝,卿等议之。"群臣入朝而议。物部守屋大连,与中臣胜海,违诏议曰:"何背国神,敬他神也? 由来不识,若斯事矣。"苏我马子宿祢大臣曰:"可随诏而奉助,诅生异计。"于是,皇弟皇子引丰国法师,入于内里。①

《释书·丰国传》:

> 释丰国。用明二年四月,上语群臣曰:"朕欲归三宝,卿等议之。"时守屋胜海等皆沮之。苏马子奏曰:"圣敕诅,有异谋乎?"于是乎,皇弟穴穗王子引丰国法师,入内。②

《丰国传》大意为:天皇欲信奉佛法,遭物部守屋等大臣反对。因苏我马子力排众议,天皇之弟穴穗王子得以接迎丰国法师入宫传法。通过对比,可知《日本书纪》用明天皇二年四月丙午条与《丰国传》内容近似。在文句表述

---

① 黑板胜美编:『日本書紀·後篇』,国史大系第 1 卷下,吉川弘文馆,1966 年版,第 122 页。

② 黑板胜美编:『日本高僧伝要文抄·元亨釈書』,国史大系第 31 卷,第 237 页。

上,两者亦颇为近似。如天皇之语:"朕思欲归三宝,卿等议之"和"朕欲归三宝,卿等议之"(画横线处)。又如"于是,皇弟皇子引丰国法师,入于内里"和"于是乎,皇弟穴穗王子引丰国法师,入内"(画横线处)等。可见《丰国传》是在参照《日本书纪》用明天皇二年四月丙午条的基础上撰成的。无论从传文的内容还是体例来看,《丰国传》都称不上真正意义上的僧传,更像是在参照《日本书纪》纪年条内容的基础上,节略改写而成的一则史事。其实,这种传文的撰写方式乃是由《释书》整体的体例编排和撰者师炼的编撰意识决定的。"予读日本纪。钦明之后沙门之见国史者斑斑在焉。又古记遗编每每得之。只其事迹略焉。今掇片事只迹系于此。庶几不陨昔贤之名也。"①为使那些散见于久远历史记载中的先贤大德不被岁月湮没,也为彰显他们的丰功伟绩以激励后世僧侣,作者专设《力游科》与《愿杂科·古德篇》,将这些克服佛教初传、信众稀少等艰难条件,筚路蓝缕为佛法广播日域奠定基础的高僧事迹写入传中。这些传文的史料皆采于《日本书纪》所载纪年条中,或以单条为一传,或集多条于一传,以迹显人,可谓日本僧传之首创。《释书》中属此类征引情况的另有 20 传。以此种方式撰写的 21 传分别为:《力游科》的《昙慧传》《惠便传》《慧慈传》《丰国传》《僧隆传》《慧弥传》《昙微传》《慧济传》《僧杲传》和《慧隐传》;《感进科》的《道藏传》;《愿杂科·古德篇》的《德齐传》《德积传》《慧妙传》《道显传》《道信传》和《法员传》,《愿杂科·王臣篇》的《苏我稻目传》《苏我马子传》和《司马达等传》,《愿杂科·尼女篇》的《善信尼传》。

再看部分征引。对六国史纪年条的部分征引是指将六国史纪年条作为史料来源之一,在撰写传文时亦从他书采集史料。如《净达传》就是在综合《续日本纪》和《扶桑略记》两条纪年条史料的基础上编撰而成的,将相关文献列表对比如下:

《续日本纪》庆云四年(707)五月乙丑条:

乙丑。从五位下美努连净麻吕及学问僧义法、义基、总集、慈

---

① 黑板胜美编:『日本高僧伝要文抄·元亨釈書』,国史大系第 31 卷,第 237 頁。

定、净达等，至自新罗。①

《扶桑略记》和铜二年十月条：

> 十月。右大臣，就植槻之净刹，延净达法师，修维摩会。②

《释书·净达传》③：

> 释净达。入新罗求法。庆云四年五月，来归，和铜二年十月，右仆射不比等，就植槻道场，延达，修维摩会。

如上文所示，《净达传》之"释净达。入新罗求法。庆云四年五月，来归"参照《续日本纪》庆云四年条之"净达等，至自新罗"；"和铜二年十月，右仆射不比等，就植槻道场，延达，修维摩会"则是参照《扶桑略记》和铜二年条之"右大臣，就植槻之净刹，延净达法师，修维摩会"。此类征引一方面多是由于传主所在年代久远以致史料来源极为有限，另一方面仅以六国史纪年条记载又难以完全表现传主的形象事迹，故而撰者在六国史史料之外，又搜集他书史料撰写传文。除此传外，《释书》中属此类征引情况的另有 11 传。以此种方式撰写的 12 传分别为：《传智科》的《慧灌传》；《慧解科》的《义渊传》《道慈传》；《明戒科》的《法进传》《如宝传》；《方应科》的《菩提传》；《力游科》的《慧聪传》《观勒传》《神睿传》《净达传》《智通传》和《玄昉传》。

(三)六国史史料于《释书》十科僧传中的编排

关于《验记》故事在《释书》十科僧传中的编排问题，在参看本书附录二"《元亨释书》文献来源表"的基础上，从数量、选录标准和编排原则三个方面分析如下。

1. 数量分析

(1)总体分析。《释书》征引六国史史料共撰写僧传 71 传。取材于六国

---

① 黑板胜美编：『続日本紀』，国史大系第 2 卷，吉川弘文馆，1966 年版，第 29 页。
② 黑板胜美编：『扶桑略記』，国史大系第 12 卷，吉川弘文馆，1965 年版，第 75 页。
③ 黑板胜美编：『日本高僧伝要文抄·元亨釈書』，国史大系第 31 卷，第 233 页。

史薨卒传的《释书》僧传计 38 传，其中，通过整体征引，即以六国史为唯一文献来源，经过对原文改写而撰成的，共 22 传；部分征引，即以六国史史料为文献来源之一，亦从他书征引文献缀合传文的共有 16 传。采集史料于六国史纪年条的僧传共 33 传，整体征引 21 传，部分征引 12 传。

（2）各科分布。

如表 4-1 所示，引用六国史文献的僧传数量占僧传总数的 17%。但由于六国史成书较早，现存六国史多有散佚①，故《释书》编撰时参考的六国史史料应更丰富，其征引六国史史料所撰僧传应该更多。《释书》十科中，除专载禅宗僧侣的《净禅科》与记叙僧侣舍身供养的《忍行科》之外，其余八科皆对六国史史料有所征引。就各科收录僧传数量而言，《慧解科》收录传数最多，共 27 传，占该科总传数的 32%；其次为《愿杂科》18 传，占该科总数的 17%；《力游科》15 传，占该科总数的 52%；《传智科》5 传，占比为 50%；《明戒科》2 传，占比为 20%；《檀兴科》2 传，占比为 11%；《方应科》1 传，占比为 11%；《感进科》1 传，占比为 1%。

表 4-1　《释书》十科僧传对六国史史料的引用情况②

	传智	慧解	净禅	感进	忍行	明戒	檀兴	方应	力游	愿杂	合计
《日本书纪》	10(1)	85(0)	22(0)	111(1)	14(0)	10(0)	19(0)	9(0)	29(12)	107(11)	416(25)
《续日本纪》	10(3)	85(2)	22(0)	111(0)	14(0)	10(1)	19(0)	9(1)	29(1)	107(1)	416(9)
《日本后纪》	10(1)	85(10)	22(0)	111(0)	14(0)	10(1)	19(0)	9(0)	29(1)	107(1)	416(14)
《续日本后纪》	10(0)	85(3)	22(0)	111(0)	14(0)	10(0)	19(0)	9(0)	29(0)	107(3)	416(6)
《文德实录》	10(0)	85(7)	22(0)	111(0)	14(0)	10(0)	19(0)	9(0)	29(0)	107(0)	416(7)

① 《日本后纪》共 40 卷，现仅存 10 卷。另据坂本太郎著《六国史》第 190 页、第 228 页所考，《续日本后纪》卷七和卷八前后多见在诸写本转抄过程中以"云云"所做的省略，《三代实录》的卷十五、卷十九至卷四十八亦多见以"云々"所做的对长文的省略。

② 表中括号内数字表示该科中引用六国史的僧传的数目。

续表 4-1

	传智	慧解	净禅	感进	忍行	明戒	檀兴	方应	力游	愿杂	合计
《三代实录》	10(0)	85(5)	22(0)	111(0)	14(0)	10(0)	19(2)	9(0)	29(1)	107(2)	416(10)
合计	10(5)	85(27)	22(0)	111(1)	14(0)	10(2)	19(2)	9(1)	29(15)	107(18)	416(71)
占比/%	50	32	0	1	0	20	11	11	52	17	17

2. 僧传选录标准

对于六国史所载僧侣卒传,《释书》并未全部收录,而是有选择性地载录。另外,现存六国史诸本多有散佚,且《日本书纪》未载录僧侣卒传,故为考察《释书》对六国史僧侣卒传的选录标准,笔者在利用以《类聚国史》《日本纪略》《公卿补任》及《扶桑略记》等史料补阙辑佚以确定《日本书纪》以下五国史分别载录僧侣卒传的数量的基础上,分析《释书》选择收录僧侣卒传的标准。

现存《续日本纪》全 40 卷。共收录僧侣卒传 7 传,分别为《道慈卒传》《义渊卒传》《良辨卒传》《鉴真卒传》《道昭卒传》《行基卒传》和《玄昉卒传》。《释书》仅部分性采录《道慈传》《鉴真传》《道昭传》和《玄昉传》。《义渊卒传》和《良辨卒传》仅见卒年记录,未载传记内容,故未录;《行基卒传》内容过于简略,故未录,另据《扶桑略记》采录史料。

现存《日本后纪》已大部散佚,40 卷中仅存 10 卷。现存《日本后纪》共收录僧侣卒传 6 传,分别为《善谢卒传》《胜悟卒传》《善议卒传》《常楼卒传》《如宝卒传》和《常腾卒传》。经由《类聚国史》《日本纪略》等史籍补阙辑佚,可确定《释书》引《日本后纪》僧侣卒传共 12 传,分别为《明一卒传》(佚)、《行贺卒传》(佚)、《善谢卒传》、《仁秀卒传》(佚)、《胜悟卒传》、《善议卒传》《安澄卒传》(佚)、《常楼卒传》、《如宝卒传》、《常腾卒传》、《勤操卒传》(佚)和《善珠卒传》(佚)。此外,据传记内容与结构特征亦可推断《慧解科》的《慈宝传》《慈云传》《品慧传》《奉实传》,《愿杂科·古德篇》的《澄睿传》和《慈恒传》皆可能引自《日本后纪》的散佚卒传。

现存《续日本后纪》卷七、卷八多见写本转抄过程中产生的以"云云"二字所做对正文的省略,如《释书·圆澄传》所引《续日本后纪》天长十年十月

壬寅条《圆澄卒传》中就可见两处"云云"对原文的省略。《释书·圆澄传》较《圆澄卒传》内容翔实完整，可为《续日本后纪》散佚卒传起到辑佚之效。现存《续日本后纪》共录僧侣卒传8传，分别为《圆澄卒传》（部分散佚）《护命卒传》《空海卒传》《慈朝卒传》《寿远卒传》《守宠卒传》《守印卒传》和《明福卒传》。其中，《释书》征引6传，即《圆澄卒传》《护命卒传》《寿远卒传》《守宠卒传》《守印卒传》和《明福卒传》。就未征引《空海卒传》和《慈朝卒传》的原因，笔者认为，《空海卒传》之外，另有内容更为翔实的《弘法大师御传》等别传存在，故未引；《慈朝卒传》传文仅45字，过于简略，或可认为《释书》未引之原因。

现存《文德实录》全十卷。收录僧侣卒传共6传，分别为《道雄卒传》《延祥卒传》《长训卒传》《实敏卒传》《光定卒传》和《素然卒传》。因素然为晚年出家，故《释书》未录，仅录《道雄卒传》《延祥卒传》《长训卒传》《实敏卒传》和《光定卒传》共5传。

现存《三代实录》有部分散佚。共收僧侣卒传11传，分别为《真济卒传》《圆仁卒传》《一演卒传》《道昌卒传》《真雅卒传》《高向公辅卒传①》《真如亲王薨传》《宗睿卒传》《由莲卒传》《隆海卒传》和《安慧卒传》。其中，《释书》收录8传，分别为《真济卒传》《一演卒传》《道昌卒传》《真雅卒传》《真如亲王薨传》《宗睿卒传》《隆海卒传》和《安慧卒传》。因另有更翔实可靠的《慈觉大师传》，故《释书》未录《圆仁卒传》；因高向公辅"私通乳母"被迫"还俗"，故未录《高向公辅卒传》；《由莲卒传》过于简略，故未录。

综上所述，《释书》对国史僧侣卒传的载录存在严格的甄选标准。对于行基、空海和圆仁等高僧，因相较于其个人别传，国史卒传内容过于简略，故未录；对于素然、高向公辅（湛契）等僧，因其破戒之品行低劣，故未录；对于慈朝和由莲，因其卒传过于简略，故未录。

3.编排原则

（1）以内容主旨为十科编排之首要原则。《释书》对僧传的编排以僧传内容与十科主旨是否匹配为原则。如表4-1所示，《释书》征引六国史薨卒

---

① 《三代实录》元庆四年十月十九日己亥条载高向公辅卒传，其还俗前法讳湛契，为圆仁弟子。

传撰写的 38 传中,有 26 传都被编入《释书》的《传智科》和《慧解科》。如《慧解科》主旨曰"述经为论,释论为疏。疏论之训,以教天下"①,该科主要收录佛教传播早期注释经典的解经僧;又如《传智科》以收录日本佛教各宗之开祖。另外,六国史卒传所载僧侣多位列僧纲,或为日本佛教诸宗开祖,或为通经解义的学僧。其功德事迹与《传智科》和《慧解科》主旨相符。

在合缀六国史纪年条史料而撰成的 33 传中,有 24 传被编入《释书》的《力游科》和《愿杂科·古德篇》。这是因为散见于《日本书纪》等国史纪年条的僧侣多为佛法初传日本时期的古朝鲜渡日僧和日本留学僧,由于年代邈远,史料稀缺,为彰显其功德,师炼专设《力游科》与《愿杂科·古德篇》,从《日本书纪》等国史纪年条中搜集事迹为其立传。这也与《力游科》主旨相符,其主旨曰:"跨险蹈远,不挠素履。殊方异域,以邻以里。"②

(2)各科内僧传的编排原则。《释书》与各科内对僧传的编排主要以传主的卒年为序列次先后。如《慧解科》的《善谢传》《慈云传》《胜悟传》《善议传》《安澄传》《光意传》《常楼传》《常腾传》《品慧传》《道证传》和《奉实传》皆征引自国史卒传。此 11 传彼此相邻,其传主卒年分别为"延历二十三年(804)五月""大同二年(807)""弘仁二年(811)六月""弘仁三年(812)""弘仁五年(814)三月""弘仁五年(814)三月""弘仁五年(814)十月""弘仁六年(815)九月""弘仁九年(818)""弘仁七年(816)十一月"和"弘仁十一年(820)",大致是以卒年先后为序排列的。

二、传部对《扶桑略记》的征引

(一)问题所在

《扶桑略记》(下文简称《略记》),共 30 卷,是一部从佛教史的立场上编纂的始于神武天皇终于堀河天皇宽治八年(1094)三月二日的私撰编年体史书,约成书于平安时代末期。撰者为僧人皇圆。现仅存卷二至卷六、卷二十至卷三十共十六卷的本文,和卷一以及卷七至卷十四的抄本③。《略记》现存

---

① 黑板勝美编:『日本高僧伝要文抄·元亨釈書』,国史大系第 31 卷,第 286 页。
② 黑板勝美编:『日本高僧伝要文抄·元亨釈書』,第 286 页。
③ 皆川完一编:『国史大系書目解題』下卷,吉川弘文館,2001 年版,第 335—352 页。

文献被收录于新订增补国史大系的第十二卷《扶桑略记·帝王编年记》中,故本节以国史大系本为参考底本展开研究。《略记》被认为是成书于《元亨释书》之前的首部系统性记载日本佛教史的编年体史书①。《略记》以年代为序,类聚集录六国史等国史类史料、僧侣传记、寺社缘起、灵验记、往生传以及各种杂传。它引用文献共达 104 种,大部分有对典籍出处的标注。由于引用典籍大半今已不存,故而本书颇具文献辑佚价值。就《略记》的先行研究,平田俊春的研究最为翔实。平田在对《略记》所引文献资料进行严密史料考证的基础上,总结出《略记》对史料的引用方法:①《略记》正文皆征引自其他文献,仅以"私云"形式标记撰者的考证评论。②《略记》征引文献以忠实于原文为基本原则,故对现存文献史料的校订辑佚多有裨益。③在引抄篇幅较长的文献时,可见大量节略,导致原文产生歧义和舛误。④征引同部文献时拼接不同年代记录,或将两部文献缀合为同一部文献,其中多产生史实异变②。

此外,平田氏进一步指出《略记》除征引 50 余种现存文献之外,亦对 50 余种散佚文献多有引用③。关于《略记》的史学价值,平田氏总结道:①对引用史料明确标注出处。②为日本通史性的综合史籍。③以末法思想统摄全书的编纂。④以批判的视角处理征引文献。⑤以世界史的眼光编纂史料。④

平田氏对史料的考证科学而严谨,对《略记》研究极具开拓性与前瞻性,其结论至今仍具参考价值。那么,师炼在编撰《释书》期间是否可能征引《略记》文献呢?据平田俊春的研究,后伏见上皇在立光严天皇时曾命臣下撰述《绍运要略》一书,此书所附《立太子月立付春秋》中可见注记曰:"宇多以前,以扶桑记抄之。彼以后,以旧记等注之。"其题记又云:"嘉历元年六月二十七日书写之。皇代记内々申出持明院殿御本毕。执笔诹法超禅师者也。立坊次第。予引勘扶桑记以下旧记抄之。"可知《绍运要略》一书所载宇多天

---

① 国史大辞典编集委员会编:『国史大辞典』第 12 卷,吉川弘文馆,1991 年版,第 254 页。

② 平田俊春:『私撰国史の批判的研究』,国书刊行会,1982 年版,第 232 页。

③ 平田俊春:『私撰国史の批判的研究』,第 268 页。

④ 平田俊春:『私撰国史の批判的研究』,第 365–367 页。

皇以前之史事乃是引抄自《略记》。故而,平田氏依据此书增补修订了《略记》的散佚内容①。据《绍运要略》墨书题记所记,《绍运要略》成书于嘉历元年(1326)六月二十七日,而《释书》撰成于元亨二年(1322),据此可推断:在《释书》的撰述期间,完整的《扶桑略记》已流传于世,这在客观上为师炼参考征引《略记》提供了可能。

关于《释书》与《略记》的关系,黑川训义在其论文中曾做专门考察②。就《释书》与《验记》文献的征引关系,黑川通过考证认为与《验记》存在整体征引关系的《释书》僧传共有12传,分别为《法明尼传》《福亮传》《智藏传》《行善传》《弘曜传》《慧忠传》《明一传》《行贺传》《慈云传》《仁秀传》《禅喜传》和《文豪传》。存在部分征引关系的《释书》僧传共34传。据笔者考察,黑川的结论存在多处错误与不足。首先,黑川结论之外另需补充与《略记》文献存在部分征引关系的两则传记,即《祚莲传》和《慧灌传》。其次,黑川忽视了《释书》志部对《略记》文献征引的考察,尤其是《寺像志》与《拾异志》对《略记》文献的征引情况,故笔者将于本章第三节重点考察这一问题。本文分作三个部分依次讨论如下问题:第一,在黑川研究的基础上,订正其结论之舛误,探明《释书》传部对《略记》文献的征引情况。第二,从整体征引、部分征引和附注利用三个方面,进一步考察《释书》对《略记》文献采集编撰的方法。第三,就《释书》征引《略记》文献的原因,从《略记》文本中所见附注、"私云"以及《略记》的"通史"性质三个角度展开论述。

(二)对黑川训义结论的再探讨

1.《释书》传部所引《略记》文献的再探讨

关于黑川就《释书》传部与《略记》存在部分征引关系的考证研究,笔者认为其结论不够严密,遗漏了两则传记,即《祚莲传》和《慧灌传》。先看《祚莲传》。关于祚莲的文献记载,据新大系本《三宝绘》卷中第11则《药师寺最

---

① 平田俊春:『扶桑略記逸文』,『防衛大学校紀要』人文社会科学編第1号,1956年3月。

② 黑川訓義:「『元亨釈書』の原史料—特に『扶桑略記』について—」,『神道史研究』,第26巻第4号,1978年10月。

胜会》脚注①可知,《扶桑略记》天武天皇九年条与《三宝绘》该条存在征引关系。故将三者对比如下:

《略记》天武天皇九年条:

> 为宪记云,药师寺清御原天皇之师僧祚莲入定,见龙宫样,习作也。已上。②

《三宝绘》卷下第11则药师寺最胜会:

> 薬師寺ハ、浄見原ノ御門ノ、母后ノ御タメニタテマツル所也。ソノツクレルサマ、御門ノ御師ソレガ定ニ入テ、竜宮ノカタヲミテ、スコブルマネビツクレルナリ。③

《释书·祚莲传》:

> 释祚莲。白凤八年十一月,皇后病,敕建药师寺祈冥救,时不知营构之规。莲入定,见龙宫之伽蓝,出定,录奏造式。帝大悦。以故药师寺宏壮丽妙云。④

《祚莲传》的故事梗概为:为治愈皇后疾病,天皇敕建药师寺,但无建寺蓝图。祚莲于禅定之中偷绘龙宫的寺院规制,献天皇,天皇大悦。经过对比可以发现,《略记》天武天皇九年条与《祚莲传》皆可见对祚莲的记载:"祚莲·莲"(画横线处),但《三宝绘》中未见对祚莲的言及,仅见"御师ソレ"(画横线处)。据此,可认为《释书·祚莲传》中祚莲入定一节引自《略记》天

---

① 馬淵和夫校注:『三宝絵·注好選』,新日本古典文学大系第31卷,岩波書店,1997年版,第166頁。原文曰:『扶桑略記』天武天皇九年十一月の条には、「為憲記云」として本条の一部を引く。

② 黒板勝美編:『扶桑略記·帝王編年記』,国史大系第12卷,吉川弘文館,1965年版,第65頁。

③ 馬淵和夫校注:『三宝絵·注好選』,新日本古典文学大系第31卷,第166頁。

④ 黒板勝美編:『日本高僧伝要文抄·元亨釈書』,国史大系第31卷,第135頁。

武天皇白凤九年条。再如《慧灌传》，对比如下：

《日本书纪》推古天皇卅三年正月戊寅条：

> 三十三年春正月壬申朔戊寅，高丽王贡僧慧灌，仍任僧正。①

《略记》推古天皇卅三年乙酉条：

> 卅三年乙酉，天下旱魃。以高丽僧惠灌，令着青衣，讲读三论。甘雨巳降，仍赏任僧正。住元兴寺。流布三论法门。建井上寺。②

《释书·慧灌传》：

> 释慧灌。①高丽国人。推古三十有三年乙酉春正月，本国贡来。敕住元兴寺。②其夏，天下大旱。诏灌祈雨。灌着青衣，讲三论。大雨便下。上大悦擢为僧正。后于内州创井上寺，弘三论宗。③

《慧灌传》的内容大致由两部分构成：①推古三十三年，慧灌由高丽渡日；②是年夏，大旱无雨。慧灌祈雨有应，得任僧正，后创井上寺。将《日本书纪》《略记》和《慧灌传》对比后，可以发现《慧灌传》的第①节与《日本书纪》推古天皇卅三年正月戊寅条的内容一致；第②节与《略记》推古天皇卅三年乙酉条内容一致。将《略记》与《慧灌传》对比后可以发现，两者的语言表述有颇多近似之处。如"天下旱魃·天下大旱""令着青衣·灌着青衣""讲读三论·讲三论""赏任僧正·擢为僧正""住元兴寺·敕住元兴寺""流布三论法门·弘三论宗"和"建井上寺·创井上寺"（画横线处）。仔细对读《慧灌传》和《日本书纪》纪年条可知，《慧灌传》的"春正月，本国贡来"（画波浪线处），明显参照《日本书纪》推古天皇卅三年正月戊寅条之"春正月壬申

---

① 黒板勝美編：『日本書記·後篇』，国史大系第1卷下，第166頁。

② 黒板勝美編：『扶桑略記·帝王編年記』，国史大系第12卷，第46頁。

③ 黒板勝美編：『日本高僧伝要文抄·元亨釈書』，国史大系第31卷，第28頁。

朔戊寅,高丽王贡僧慧灌"(画波浪线处)而撰写。综上所述,可认为《慧灌传》的慧灌祈雨一节引自《扶桑略记》,而"贡僧"这一细节则参照了《日本书纪》推古天皇卅三年正月戊寅条。《慧灌传》是根据《日本书纪》推古天皇卅三年正月戊寅条和《扶桑略记》推古天皇卅三年乙酉条所载史事内容,缀合编辑而成的。据此,将《释书》与《略记》存在部分征引关系的僧传数目确定为 36 传。

(三)《释书》对《略记》文献的征引利用方式

1. 整体征引

所谓整体征引,是指《释书》将《略记》文献作为构建整篇传文的唯一史料来源,不征引他书文献。下文以《法明尼传》为例来考察。据笔者所考,六国史未载法明尼的相关文献。另据新全集本《今昔物语集》第一册卷末所附出典关系表,法明尼的传记资料以《三宝绘》卷下第 28 则《山阶寺维摩会》①为初出,《今昔物语集》卷十二第 3 则《于山阶寺行维摩会语》以前者为出典,其关联文献亦见于《略记》齐明天皇二年同年条和《释书》卷十八《法明尼传》。② 因《今昔物语集》与《三宝绘》在内容与文句表述方面都极为相近,故将《略记》《释书·法明尼传》和《今昔物语集》三种文献对比如下:

《今昔物语集》卷十二第 3 则《于山阶寺行维摩会语》:

……而ル間、百済国ヨリ来レル尼有リ。名ヲバ法明ト云フ。大織冠ノ御許ニ来レリ。大織冠、尼問テ宣ハク、「汝ガ本国ニ此ル病為ル人有キヤ否ヤ」ト。尼答テ云ク、「有キ」ト。大織冠ノ宣ハク、「其レヲバ何ニカ治セシ」ト。尼答テ云ク、「其ノ病、医ノ力モ不及ズ、医師モ不叶ザリキ。只、維摩居士ノ形ヲ顕シテ其ノ御前ニシテ維摩経ヲ読誦セシカバ、即チ愈ニキ」ト。大織冠、此レヲ聞給テ、忽ニ家ノ内ニ堂ヲ起テ、維摩居士ノ像ヲ顕ハシテ、維摩経ヲ令講メ給フ。即チ、其ノ尼ヲ以テ講師トス。初ノ日、先

---

① 馬淵和夫校注:『三宝絵・注好選』,新日本古典文学大系第 31 卷,第 213 页。
② 馬淵和夫校注:『今昔物語集』,新編日本古典文学全集第 35 卷,小学館,1999 年版,第 563 页。

ヅ問疾品ヲ講ズルニ、大織冠ノ御病即チ愈エ給ヒヌ。……①

《略记》齐明天皇二年同年条：

> 同年。内臣中臣镰子连寝疾，天皇忧之。于是百济禅尼法明奏云："维摩诘经，因问疾发教法。试为病者诵之。"天皇大悦。法明始到，诵此经时，偈句未终，中臣之疾应声乃瘥。镰子感伏，更令转读。②

《释书·法明尼传》：

> 法明尼。百济人。齐明二年，内臣镰子连寝病，百方不瘥。明奏曰："维摩诘经，因问疾说大法。试为镰子连读之。"帝诏读之。未终卷，病即愈。王臣大悦。③

首先，就内容而言，《略记》与《法明尼传》较为相近，可将《法明尼》传内容概括为：藤原镰足病笃，法明尼向天皇奏请诵维摩经为其愈疾，天皇许之。法明尼诵经未终，藤原镰足应声而愈，君臣大喜。但《今昔物语集》卷十二第3则以藤原镰足与法明尼的对话构成故事的主要内容，明显异于前两者，其梗概为：百济国法明尼拜见藤原镰足，镰足问百济是否有得其病者，尼答有。镰足又问如何治疗，尼告知应于维摩居士像前读诵维摩经，方可治愈。于是，镰足起堂置像，令法明尼讲读维摩经。尼初讲《问疾品》，镰足立刻病愈。据此，可认为《法明尼传》与《今昔物语集》不存在直接征引关系。其次，从具体文句来看，《略记》与《法明尼传》中法明尼奏请诵经之语（画横线处）极为相似，即"维摩诘经，因问疾发教法，试为病者诵之"和"维摩诘经，因问疾说大法，试为镰子连读之"。整体而言，虽语序有所调整，但可认为《法明尼传》整体征引《略记》齐明天皇二年同年条。比勘上引文段亦可发现，《释书》的

---

① 馬淵和夫校注：『今昔物語集』，新編日本古典文学全集第35卷，第563頁。
② 黒板勝美編：『扶桑略記・帝王編年記』，国史大系第12卷，第56頁。
③ 黒板勝美編：『日本高僧伝要文抄・元亨釈書』，国史大系第31卷，第260頁。

征引往往将纪年条中人物列于传首,在对其姓氏、籍贯等做简要说明之后,将《略记》所载史事概括缩略,使之构成僧传传文的主体。通过整体征引《略记》文献的方式,撰写构建的僧传亦有《福亮传》《智藏传》《行善传》《弘曜传》《慧忠传》《明一传》《行贺传》《慈云传》《仁秀传》《禅喜传》和《文豪传》。

2.部分征引

部分征引是指《释书》以《略记》文献作为文献来源之一,在撰写传文时亦从其他文献采撷史料。以《鉴真传》为例略作如下探讨。

《鉴真传》全传大部分内容抄录自真人元开撰《唐大和上东征传》,但部分细节内容则采自《续日本纪》鉴真卒传与《略记》。如《鉴真传》之"真在唐裁衲袈裟一千。布伽梨二千施五台诸沙门。又写三大藏"和"度人授戒凡四万余人"两节①,采录自《扶桑略记》天平胜宝六年正月丙寅条:"鉴真和尚。大唐开元廿一年。时岁四十六。……供养十方众僧。造佛菩萨像。其数无量。缝衲袈裟千领。布袈裟二千余。供送五台山僧。设无遮大会。开悲田而救济贫病。设敬田而供养三宝。写一切经三部各一万一千卷。前后度人授戒。略计过四万余。"②再以《行基传》③为例。此传大部内容引自《法华验记》上卷第2则《行基菩萨》,但该传之"天平十七年为大僧正,此任始于基""二十一年正月,皇帝受菩萨戒。及皇太后皇后。乃赐号大菩萨"和"二月二日,于菅原寺东南院右胁而寂"三处细节内容分别引自《略记》天平十七年正月己卯日条"以行基菩萨为大僧正,并赐四百人出家僧侣。大僧正职此时始矣"④、天平二十一年正月条"大僧正行基为其戒师。太上天皇受菩萨戒,名胜满。中宫宫子受戒,名德太。皇后光明子受戒,名万福。即日改大僧正,名曰大菩萨"⑤和天平二十一年二月二日条"行基菩萨于菅原寺东南院。右胁而卧"⑥。以此种方式征引《略记》文献的僧传另有《道昭传》《玄昉传》《道慈传》《普照传》《久米仙传》《净藏传》《增命传》和《教圆传》等。

---

① 黑板勝美编:『日本高僧伝要文抄·元亨釈書』,国史大系第31卷,第32页。
② 黑板勝美编:『扶桑略記·帝王編年記』,国史大系第12卷,第100页。
③ 黑板勝美编:『日本高僧伝要文抄·元亨釈書』,国史大系第31卷,第206页。
④ 黑板勝美编:『扶桑略記·帝王編年記』,国史大系第12卷,第94页。
⑤ 黑板勝美编:『扶桑略記·帝王編年記』,国史大系第12卷,第97页。
⑥ 黑板勝美编:『扶桑略記·帝王編年記』,国史大系第12卷,第97页。

3. 对附注的利用

正如先行研究中平田俊春所言,《略记》文献的重要价值在于撰者多在引抄文献之后附注出处。出处的附注,不仅对后世散逸文献的搜集整理具有重要参考价值,亦为撰史者搜集利用文献提供了极大的便利。那么,师炼在撰述过程中是否参考利用了《略记》的附注?又是如何利用《略记》附注呢?下文结合具体事例略作分析。如《弘曜传》所引《略记》宝龟十年条附注为"已上二人德行出延历僧录",《遍昭传》所引《略记》宽平二年庚戌条附注为"已上御记",《日藏传》所引《略记》天庆四年春三月条附注云"道贤上人冥途记"和《千观传》所引《略记》永观二年八月二十七日条附注云"故老传曰"等,这些附注所示文献现已散佚,皆无从查考。故我们以附注所示现存文献为例来考证。

首先,《略记》附注出处对《释书》择取文献的影响表现在对高僧别传的甄选上。比如,《释书》在编撰诸如圣德太子、鉴真、最澄、圆仁和圆珍等高僧的传文过程中,搜寻并征引了大量的僧侣别传。此类高僧的传记文献往往不止一部,如圣德太子,在《释书》撰写时可供师炼选择参考的文献传记就达五种:《上宫圣德法王帝说》《上宫圣德太子传补缺记》《圣德太子传历》《上宫皇太子菩萨传》和《上宫太子拾遗记》;又如最澄,可供师炼参照的传记除仁忠所撰《睿山大师传》之外,还有圆珍所撰《睿山大师略传》和《延历寺元初祖行业记》两种①。《释书》分别参考了《圣德太子传历》和《睿山大师传》为圣德太子和最澄立传,这其实是受到了《略记》附注的影响。关于前者,平田俊春在其论文中将《圣德太子传历》认定为《扶桑略记》的引用文献,认为《略记》推古天皇二十九年条之割注"已上太子薨年二说共出传文"之"传文"是指《圣德太子传历》。平田进一步指出《略记》所载圣德太子史事完全抄录自《传历》,引自《日本书纪》的内容只是作为附录记于《传历》所载内容之后。《略记》对《传历》的大量引用忠实于原文,可将《略记》视为《传历》的古抄本之一,对《传历》的文本校订具有重要的意义和价值②。《释书·圣德

---

① 详见石川力山:「『元亨释书』考(続)—『释书』編纂の素材をめぐって—」,『驹沢大学大学院仏教学研究年报』第 8 号,1974 年 3 月。

② 平田俊春:『扶桑略記の研究』,『立正大学文学部論叢』第 5 号,1956 年 2 月,第16 頁。

太子传》全传皆摘录《圣德太子传历》史料,也是受到了《略记》的影响。关于后者,《略记》养老元年条附注"传教大师传",延历二十三年七月条附注"传教大师传",宝龟九年条和延历二十年条分别附注"已上本传",延历四年条附注"已上传文"。通过考证,这些史事皆引自仁忠撰《睿山大师传》。又如《圆珍传》。《略记》贞观十九年条附注"智证大师传云~已上",宽平二年十二月条附注"传云",仁和四年正月条和宽平三年十月二十八日条分别附注"已上传文",元庆元年十二月二十一日、同七年三月条和同七年五月条分别附注"已上传",考证可以发现上述史事也都摘自三善清行撰《智证大师传》。进一步考察还可以发现,师炼同样是以《略记》的出典附注为线索,进一步搜寻到《慈觉大师传》《智证大师传》《天台南山无动寺建立和尚传》《尊意赠僧正传》以及《慈慧大僧正传》等高僧别传来撰述高僧传记的。

其次,《略记》附注出处对《释书》征引文献的影响也表现在对佛教故事集的征引。如《略记》征引《日本往生极乐记》史料约 11 传,《释书》通过《略记》附注征引的有白雉四年条智光传"已上出庆氏往生记"、天延四年条增佑传"已上出庆氏往生记",延喜十七年条成意传"已上出庆氏记",延历二十三年条善谢传"已上出往生记",康保三年条空也传"已上出往生记",永观二年条千观传"已上出往生记",应和四年条延昌传"已上"等。或许受此影响,师炼又进一步搜寻到《日本往生极乐记》以下的《续本朝往生传》《拾遗往生传》《后拾遗往生传》《三外往生传》和《本朝新修往生传》共 5 部平安期往生传,合计征引 69 则往生传文献。再如镇源撰《法华验记》,《略记》明确注明出处的仅有 3 处,分别为延喜元年八月条阳胜传附注"智源法师撰集法华验记云~已上智源法师记也"、延喜二十三年七月条阳胜传附注"睿山智源法师法华验记传~已上出智原记"和长保五年六月条增贺传附注"智源法师法华验记云~已上"。"智源"即指镇源,当为《略记》撰者误记。《释书》据此寻找到镇源撰《法华验记》,共征引该书 73 则故事。又如《日本灵异记》全书所收 116 则故事中,《略记》大约引抄 19 则。如白雉四年条"具如奈良京药师寺僧景戒灵异记"、推古天皇三十六年条"已上出药师寺景戒灵异记之文"、敏达天皇十四年条"已上出灵异记"、钦明天皇三十二年条"已上灵异记"和皇极天皇四年条"已上灵异记"等。《释书》据此寻到《日本灵异记》共计征引 21 则故事。

再探讨第二个问题,即《释书》是如何利用《略记》附注的。如《释书·

道昭传》对《略记》文献的征引。《略记》白雉四年条中可见道昭入唐之事、道昭遇役小角一事和道昭圆寂瑞相共三段关涉道昭的史事被并列编排,并分别于三段史事之结尾可见附注曰:"已上国史""具如奈良京药师寺景戒异记"和"已上国史"。据笔者考证,两段附注"已上国史"之事引自《续日本纪》文武四年三月己未条道昭卒传①,而附注"具如奈良京药师寺景戒异记"的一节则摘录自《日本灵异记》上卷第22则《勤求学佛教利物临命终时示异表缘》②。《释书》依据附注的提示寻找到《续日本纪》道昭卒传和《日本灵异记》上卷第22则故事,分别于两书中征引"三藏特爱,令住同房,谓曰:'吾昔往西域,……因取钵子,抛入海中。登时船进,还归本朝'"和"临命终时,洗浴易衣。……良久,乃光指西飞行。弟子等莫不惊怪"两段材料,并将两者缀合以建构《道昭传》传文。

通过上文的考察,可总结出以下两点结论:第一,《释书》在采摭文献时,非常重视利用《略记》对出处的附注;第二,以《略记》附注为线索,《释书》同时从两种或数种不同文献中采录同一传主的传记资料并合缀成传。这两点结论也将对《释书》出典文献的研究发挥积极的启示作用。

(四)《释书》重视利用《略记》文献的原因

1. 附注出处

《略记》搜集文献广涉国史、私撰日记、实录、传记和缘起等诸多史料。所引文献大多都附注出典,这为利用者提供了诸多便利。师炼正是利用《略记》对史料出典的附注了解到六国史的僧侣卒传、《法华验记》、《日本往生极乐记》、《日本灵异记》以及高僧别传、寺社缘起等文献的存在并以此为参考搜寻史料。为直观地表现《释书》对《略记》附注的利用情况③,现将两书重出之文献列表如下(表4-2):

---

① 黑板胜美编:『続日本紀』,国史大系第2卷,吉川弘文馆,1966年版,第5页。

② 出雲路修注:『日本霊異記』,新日本古典文学大系第30卷,岩波书店,1996年版,第217页。

③ 关于《扶桑略记》所引出典文献,可参考平田俊春:『私撰国史の批判的研究』,第267–268页。

表4-2　《释书》对《略记》附注的利用情况

文献分类	文献名称
国史实录类	《日本书纪》、《续日本纪》、《日本后纪》、《续日本后纪》、《文德实录》、《三代实录》、《类聚三代格》、《僧纲补任》
僧传类	《圣德太子传历》、《家传》、《唐大和上东征传》、《睿山大师传》、《慈觉大师传》、《智证大师传》、《天台南山无动寺建立和尚传》、《尊意赠僧正传》、《慈慧大僧正传》、《恒贞亲王传》、《真如亲王传》(佚)、《静观僧正传》(佚)、《净藏传》(佚)、《役公传》(佚)、《禅喜传》(佚)、《延历僧录》(佚)
灵验记·往生传类	《日本灵异记》、《三宝绘》、《日本往生极乐记》、《大日本法华验记》、药恒《本朝法华验记》(佚)
寺社缘起	《东大寺大佛记》、《四天王寺御手印缘起》、《大安寺缘起》、《清水寺缘起》、《招提寺建立缘起》、《长谷寺缘起》(佚)、《西大寺缘起》(佚)、《鞍马寺缘起》(佚)
杂记、碑铭等	《参天台五台山记》、《善家秘记》(佚)、《清丸上表》(佚)、《年代历》(佚)、《道贤上人冥途记》(佚)、《西寺验记》(佚)

　　如表4-2所示,《释书》所涉及绝大多数征引文献与《略记》采录文献重合,粗略算来就有40余种。可以说,《略记》的附注对《释书》搜集和处理文献起到了重要的指示和参考作用。《略记》所引国史卒传为《释书》进一步搜寻到六国史引用其他僧侣卒传提供了参考;《类聚三代格》中所收朝廷敕令文书、表奏等成为《释书·资治表》征引朝廷公文表启的文献来源;《僧纲补任》构成《释书》僧传中传主僧职履历记录的史料来源;《日本灵异记》《法华验记》及往生传构成了《释书》之《感进科》与《愿杂科》所收僧传的文献来源;《唐大和上东征传》《睿山大师传》《慈觉大师传》等僧侣别传构成了《释书》之《鉴真传》《最澄传》和《圆仁传》等高僧传记的文献来源;《东大寺大佛记》等寺社缘起成为《释书·寺像志》中寺院建立故事的主要内容;《善家秘记》和《道贤上人冥记》等杂记构成了《释书·拾异志》以及十科僧传中灵异情节的重要来源。总之,《略记》的附注对《释书》甄选取舍文献具有极强的指示与影响,极大地便利了《释书》对史料文献的搜集查找。这构成了《释书》对其重视利用的首要原因。

2. 史料批判

《略记》对史料的征引以忠实于原文为原则,但在史料年代记录相左或诸书间记载相乖时,多在文末缀以"私云"的形式进行细致的史料批判,以多闻阙疑,疑以传疑。如《略记》养老元年同年条载善无畏渡来之事:"或记云,大唐善无畏三藏,养老元年入朝。"其后割注中见撰者皇圆对此事的评论:

> 私云,无畏三藏来本朝事,不见处处之文。因兹,世人多不知也。但勘下文,延历廿四年八月廿七日内侍宣称,昔天竺上人,自虽降临,不勤访受,徒迁溪舟。遂令真言妙法绝而无传……①

再引《释书·善无畏传》传文如下:

> 只延历二十四年内侍宣曰,昔天竺上人,虽垂降临,不勤请受,徒迁溪舟,遂令真言秘法绝而无传云云。②

《略记》"私云"对善无畏渡来史事的考察评论也被师炼作为可靠的史料写入传中。可见,《释书》的传文不仅重视对《略记》正文的征引,对"私云"的内容也极为信任并加以利用。上文所引"私云"中对善无畏渡来的记载也是《释书》为善无畏立传的主要原因。或许正是由于师炼在拣择史料中阅读到此段记载,才促使其产生为善无畏立传的动机。

《略记》"私云"中对诸种史料的列举与对比亦为师炼从纷纭众多的史料中选择取舍提供了极为重要的提示与参考。如《略记》大宝元年辛丑正月同月条,分别引《三宝绘》及《役公传》所载役小角之事。在正文之后"私云"中,皇圆指出两书所载役小角渡唐一事的年代记载相乖,其后云:

> 又役行者遇道昭和尚交谈云,此文恐是讹也。道昭入灭之后,役君入唐,母子同涉,何云跲跰送年乎? 但小角相值道公之文,书

---

① 黑板勝美編:『扶桑略記・帝王編年記』,国史大系第12卷,第82页。
② 黑板勝美編:『日本高僧伝要文抄・元亨釈書』,国史大系第31卷,第30页。

景戒记并《类聚国史》……①

皇圆在"私云"中提示役小角与道昭相遇之事载录于景戒的《日本灵异记》与《类聚国史》。考《释书·役小角传》,可以发现《役小角传》除箕面寺建立一节外,大部分传文引自《日本灵异记》上卷第 28 则《修持孔雀王咒法得异验力以现作仙飞天缘》,且《役小角传》后"赞"中也可见役小角与道昭相遇之事,材料同样出自《日本灵异记》上卷第 28 则故事②。可见,师炼不仅重视利用《略记》的史料文献,对皇圆于"私云"中所做史料的批判与考证也极为重视信任。《略记》"私云"的多闻阙疑、客观中立的评论立场以及对诸种史料的广引博征是《略记》史料参考价值之所在,亦为《释书》大量征引此书的原因之一。

3. 编年体通史

《略记》具有不同于其他文献的两大特征。其一,《略记》以编年体例编撰,依年代先后类聚编排史事。其二,《略记》以 30 卷的篇幅,记录了从神武天皇至堀河天皇宽治八年(1094)的、以佛教相关内容为中心的历史,可谓最初记载日本佛教史的通史性史籍。这两大特征亦对《释书》参考利用《略记》产生了重大影响。

关于前者,即《略记》的编年体例。如《略记》白雉四年条,连续抄录道昭和尚入唐之事、道昭于新罗遇役小角一事和道昭圆寂瑞相共三段关涉道昭的史事,并分别于三段史事之结尾附注出处:"已上国史""具如奈良京药师寺景戒异记"和"已上国史"。将关涉同一人物而出处不同的史料类聚一处,并在必要时以"私云"的形式做出初步的史料考证,《略记》的这种编撰方式无疑为后世的修史者提供了极大的方便。修史者可以根据附注及"私云"的提示迅速搜寻史料,亦可以就来源不同的文献做比勘对读。更重要的是,每则史事都附有年代记录,便于引抄史料的同时附记年代,这对于极重视"实录"与"史实性"的师炼而言,是颇为便利的。比如《性空传》,此传以《法华验记》中卷第 45 则故事为主体,糅合编辑《略记》永延二年同年条和宽弘四年三月十三日条史事而撰成。通过比勘可以发现,《法华验记》中卷第 45 则

① 黑板勝美编:『扶桑略記·帝王編年記』,国史大系第 12 卷,第 72 頁。

② 出雲路修注:『日本靈異記』,新日本古典文学大系第 30 卷,第 220 頁。

中无一处年代记载,《释书·性空传》中多处年代记录皆补录自《略记》纪年条。如性空的卒年"宽弘四年三月十三日诵法华而寂"采自《略记》宽弘四年三月十三日条:"宽弘四年丁未二月廿五日壬午。……三月十三日,书写山圣空上人入灭。"①再如性空创建圆教寺的年代记载"初永延二年,化人来告曰,播州有山曰书写。……渐创精蓝,号圆教寺",采自《略记》永延二年同年条:"同年。性空圣人于书写山建堂,号圆教寺。"②

关于后者,《略记》对佛教史事的通史性记载,为《释书·资治表》大量征引《略记》文献提供了便利。《资治表》仿《春秋》编年体例,记载了自钦明天皇元年(539)至顺德天皇承久三年(1221)共682年的日本佛教史事。《略记》则起自神武天皇,迄于堀河天皇宽治八年(1094)三月二日。两书所载历史记录重合于从钦明天皇元年至堀河天皇宽治八年(1094)三月二日这一时间段,共计556年。师炼在整理这段史料时,并未另起炉灶,而是自《略记》直接征引大量史料。堀河天皇宽治八年(1094)之后的史事,则以《百炼抄》为蓝本,综合《僧纲补任》《释书·荣西传》等文献缀集编纂而成。《资治表》与《略记》同为编年体例,且皆以载录佛史为内容主旨,两者类似的编撰特征为《释书》征引《略记》提供了极大的便利。就《释书·资治表》对《略记》史料的征引范围与征引方式将于第二节详论,此处从略。

三、传部对别传、行状及语录类文献的征引

(一) 问题所在

《释书》僧传的编撰也大量参考了僧侣的别传、行状及语录类文献。在考察这一问题之前,有必要廓清相关概念。所谓"别传",是相对于正史列传而言的。程千帆说:"别传者,盖本对史传而言,及后史无传而仅有私撰之传者,亦称别传,则别传又进为单行传记之称矣。"③可见,别传最初专指正史以外的传记,后被用于指称个人的单行传记。僧侣之别传指以某位高僧为对象,专载其籍贯、生平、事迹和卒年等内容的个人传记,多为高僧逝后其亲侍

---

① 黑板勝美编:『扶桑略記·帝王編年記』,国史大系第12卷,第267页。
② 黑板勝美编:『扶桑略記·帝王編年記』,国史大系第12卷,第258页。
③ 程千帆:《闲堂文薮》,齐鲁书社,1984年版,第162页。

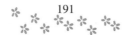

弟子或私交文人撰写。"行状",亦谓引述、行略,原是记载逝者生平履历的文字。作行状的目的,在于将逝者的概况提供给礼官议定谥号或供史官立传采撷,或为撰写墓志提供参考。与传相类,通常出自门生故吏之手①。"语录",多为禅宗僧侣圆寂后,其嗣法弟子对其上堂法语、机缘语句和偈颂等的整理和记录。在禅宗传播的早期,为避免疏漏老师的教诲,也便于日后温习,禅宗僧侣在闲暇之时,多通过回忆总结参禅问道场景,将师徒教学互动中具启发意义的对话以文字形式记录下来。这正是禅宗语录形成的原因。语录既是一种将禅师的讲道片段场景化保存的"教材",也是记录禅宗祖师性格特质与人格风范的"史料"。

关于《元亨释书》所征引的别传、行状及语录类文献,石川力山曾做过考察。他在论文中简单地列举出《释书》编纂期间已经成立、可能被师炼参考的僧侣别传、碑铭及行状,共关涉鉴真、最澄、空海、荣西、勤操、光定、圆仁、圆珍、圣宝、良源、皇庆、源空、高辨和义空等 29 位僧侣②。现将其所列文献转引如下:

鉴真:《鉴真过海大师东征传》③一卷(真人元开撰)

《鉴真和上三异事》一卷(丰安撰)

最澄:《睿山大师传》一卷(任重撰)

《睿山大师略传》一卷(圆珍撰)

《延历寺元初祖行业记》一卷(圆珍撰抄)

空海:《空海僧都传》一卷(真济撰)

《赠大僧正空海和上传记》一卷(贞观寺座主撰)

《弘法大师行状集记》一卷(经范辑录)

《弘法大师御传》二卷(兼意撰)

《弘法大师行化记》一卷(藤原敦光撰)

《高野大师御广传》二卷(圣贤撰)

---

① 熊明:《汉魏六朝杂传研究》,中华书局,2014 年版,第 38 页。

② 石川力山:「『元亨釈書』考(続)—『釈書』編纂の素材をめぐって—」,『駒沢大学大学院仏教学研究年報』第 8 号,1974 年 3 月。

③ 又名《唐大和上东征传》。

《弘传略颂抄》一卷(道范撰)

荣西:《日本国千光法师祠堂记》一卷(虞樗撰)

勤操:《故赠僧正勤操大德影赞》一首(空海撰)

光定:《延历寺故内供奉和上行状》一卷(圆丰撰)

圆仁:《慈觉大师传》一卷(宽平入道亲王·源英明撰)

圆珍:《智证大师传》一卷(三善清行撰)

圣宝:《圣宝僧正传》一卷(纪淑人撰)

良源:《慈慧大僧正传》一卷(蓝坡景撰)

皇庆:《谷阿阇梨传》一卷(大江匡房撰)

源空:《黑谷源空上人传》一卷(圣觉撰)

高辨:《栂尾明慧上人传》二卷(喜海撰)

《高山寺明慧上人行状》二卷(喜海撰)

义空:《日本国首传禅宗记》(契元撰)

道元:《元祖孤云彻通三大尊行状记》①(门人集记)

圆尔辨圆:《圣一国师年谱》一卷(铁牛圆心撰)

无学祖元:《无学禅师行状》一卷(用潜觉明撰)

一山一宁:《一山国师妙慈弘济大师行记》一卷(虎关师炼撰)

相应:《天台南山无动寺建立和尚传》一卷(撰者不明)

尊意:《尊意赠僧正传》一卷(撰者不明)

净藏:《大法师净藏传》一卷(撰者不明)

庆圆:《三轮上人行状》一卷(塔义撰)

性空:《性空上人传》一卷(花山法皇撰)

胜道:《沙门胜道历山水莹玄珠碑并序》(空海撰)

俊芿:《泉涌寺不可弃法师传》一卷(信瑞撰)

光胜:《空也耒》一卷(源为宪撰)

圣德太子:《上宫圣德法王帝说》一卷(撰者不明)

《上宫圣德太子传补缺记》一卷(撰者不明)

《圣德太子传历》二卷(藤原兼辅撰)

---

① 『曹洞宗全書・史伝部上』,曹洞宗全書刊行会,1929 年版。

　　《上宫皇太子菩萨传》一卷(思托撰)

　　《上宫太子拾遗记》七卷(法空撰)

菩提:《南天竺婆罗门僧正碑》(修荣撰)

藤原镰足:《家传镰足传》一卷(藤原仲麻吕撰)

　　石川未对上述文献做进一步的比勘对读,亦未在众多文献中确认《释书》传记的出典。如就空海的别传,其举《空海僧都传》《赠大僧正空海和尚传记》《弘法大师行状集记》《弘法大师御传》《弘法大师行化记》《高野大师御广传》和《弘传略颂抄》7 种传记;又如其列举出《上宫圣德法王帝说》《上宫圣德太子传补缺记》《圣德太子传历》《上宫皇太子菩萨传》和《上宫太子拾遗记》共 5 种圣德太子的别传。但《释书》之《空海传》和《圣德太子传》的依据文献出自何处,石川并未考察。此外,其亦忽视了对《释书·净禅科》所收禅僧传记文献来源的考察。缘此,本节将在先行研究的基础上,通过文本比勘明确《释书》与别传、行状及语录类文献的关系,并就《释书》僧传对别传行状类文献的征引方法与编排特征做进一步考察。

(二)《释书》传部对别传、行状及语录类文献的征引

1. 整体征引

　　下文以《释书·皇庆传》对《谷阿阇梨传》的征引为例考察《释书》对此类文献的整体征引情况。《谷阿阇梨传》,为平安后期贵族文人大江匡房晚年受皇庆弟子之请为皇庆撰写的个人别传。据其跋尾可知,此传撰成于天仁二年(1109)四月,距皇庆入灭已逾四十年。作为皇庆最早的传记,颇具史料价值。由于《谷阿阇梨传》与《释书·皇庆传》篇幅较长,故将两者传文节略后,引用对比如下(表4-3):

表4-3 《谷阿阇梨传》与《释书·皇庆传》的对比情况(节略)

《谷阿阇梨传》①	《释书·皇庆传》②
①延历寺阿阇梨传灯大法师皇庆。俗姓橘氏,赠中纳言广相孙也。怀孕之间,母恶荤腥呕吐。产而神异,幼能言。七岁,初登睿山。到不实柿树下,……曰:"何小竹生也?"其岐嶷如此。依止法兴院十禅师静真,住于东塔阿弥陀坊。自少年学秘密教,两界三部。别尊秘法,护摩灌顶,梵字悉昙,莫不穷源讨源。……	①释皇庆。姓橘氏,黄门侍郎广相之曾孙。性空法师之侄也。母孕时恶荤腥。或食之应时呕。甫七岁,登睿山。近山下有柿树。……儿曰:"何有小竹乎?"其幼敏机辩类此。从东塔院静真学秘密宗,至护摩灌顶、梵字悉昙,莫不研究。
②性好斗薮,经游诸国。……	⑤游镇西。有景云阿阇梨,东寺密传之魁也。就探焉。云器之悉付秘奥,并授弘法大师宝瓶以为传契之信也。庆有入宋之志,共沙门寂照上舶。时鸠数千羽集于樯。……人多曰:"八幡大神留庆也。"
③先是,阇梨依病闷绝,帝释天命曰:"汝病尤重,虽违禁戒,每日可服桑落一杯。"便示其器,大可半舛。	⑥庆夏于背振山。有延殷者,显密之英也。事庆为师,庆与殷修法。……顾诫殷曰:"慎勿语人。"
④觉运赠僧正者,静真弟子也。……	③庆病,频那夜迦天现形,手捧杯而曰:"师疾笃,非酒难治。每朝愿受一盏,不可局禁也。吾为护神,不暂离。天帝令我献杯耳。"其器大可半升。
⑤到镇西,就东寺明师景云阿阇梨受彼宗灌顶大道,弘法大师将来之法,悉以传授。又授以大师之宝瓶,……与寂照上人共上旅舶。有数千鸠,集于船上。……实知,八幡大菩萨之惜吾朝人师国宝也。	⑩一日,于池上庵礼舍利,舍利放光盈室。诣四天王寺,礼舍利,本是三粒分为八粒。

---

① 塙保己一编:『続群書類従』第8輯下,群書類従完成会,1958年版,第751页。
② 黑板勝美编:『日本高僧伝要文抄・元亨釈書』,国史大系第31卷,第197页。

续表 4-3

《谷阿阇梨传》	《释书·皇庆传》
⑥于肥后国背振山,一夏修练。延殷法桥者,……谓延殷曰:"至于成佛,慎勿语人。"	⑧薄暮,童子来,身体伟壮。……
⑦到丹波国。万寿年中,章任朝臣奉为公家,令修十臂毗沙门法。……	⑦万寿中,在波州。刺史章任祝朝,令修十臂毗沙门法。……
⑧薄暮,有一童子来曰:"将为牛马走。"阇梨见之,身体肥壮,其首如髡。……	④为法兴院十禅师,同业觉运
⑨长历年中,有慈觉智证两门之论。……	⑨长历中,有两门之诤。……
⑩昔诣天王寺,礼佛舍利。本是三粒也。祈之,分为八粒。……	⑪永承四年七月二十六日灭。寿七十三。
⑪永承四年七月二十六日,于东塔井房,溘然迁化,春秋七十三。……	②庆性好斗薮,奥域灵区莫不历涉。
⑫昔久住丹州,梦山王来告曰:"何不归山?"仍割其背,出血三所。是分真言血脉为三流也。少僧都长宴、阿阇梨院尊、安庆,皆是孔门之游夏也。……	⑫顷在波州。梦山王明神曰:"何不归本山?"便割其背,出血三所。因兹返睿山而寂。其三血者,表三派密传也。果门人长宴、院尊、安庆,各立门户云。

《皇庆传》的大意为:皇庆的姓氏履历,幼时逸事;得景云传密法,八幡大神显异;皇庆授延殷密法,显神通;皇庆染病,频那夜迦天现形,治愈其病;礼拜舍利显灵验;壮硕童子投奔皇庆,因误杀他人被驱逐;修毗沙门法显灵,得受僧官;任法兴院十禅师,同院觉运从皇庆习密法;山门寺门相争,皇庆调解;皇庆的卒年年寿;好游历名山灵区;弟子各立门户。首先,与《谷阿阇梨传》相比,虽然《皇庆传》的语序有大幅调整,但各节内容与前者完全一致。其次,仔细对比《谷阿阇梨传》与《皇庆传》各节的文句表述,亦可见两者颇为相近。如第①节的"何小竹生也·何有小竹乎"和"莫不穷源讨源·莫不研究"(画横线处,下同);第②节的"性好斗薮";第③节的"帝释天·频那夜迦天";第⑤节的"悉以传授·悉付秘奥"和"有数千鸠·鸠数千羽";第⑧节的"薄暮,有一童子来"和"薄暮,童子来";第⑩节的"诣天王寺,礼佛舍利"和"诣四天王寺,礼舍利";等等。据此可以认为,《皇庆传》是对《谷阿阇梨传》节略基础上的整体

征引。《谷阿阇梨传》按照时间顺序次第记载传主行事,但《皇庆传》则打乱原文语序,以内容为据类聚编排。《皇庆传》的语序可概括为:①⑤⑥③⑩⑧⑦④⑨⑪②⑫。如第①节记载传主姓氏籍贯等;第⑤节和第⑥节分别记叙传主得景云授密法、授延殷密法;第③⑩⑧⑦节为传主显神通感异;第④节和第⑨节则记载传主的僧职履历和人事交游;第⑪节记载卒年年寿;第②节和第⑫节记叙传主的品性与法系门业。可见,《释书》为区别于出典,根据内容的关联度将传主行事重新排列组合,编撰传文。整体比较来看,虽然两传内容梗概一致,但通过语序调整后的《皇庆传》内容更为集中,原本繁杂的行文也显得整齐简洁。此外,《释书》通过整体征引此类文献而撰写的僧传还有《最澄传》《圆仁传》和《圆珍传》等。由于篇幅较长,兹不赘述。

2. 部分征引

关于此类文献的部分征引,以《释书·无学祖元传》为例做如下考察。据江静所考,《释书·无学祖元传》参考无象静照《佛光禅师行状》撰写①。据此,笔者将两者比较后发现,《无学祖元传》中对祖元生平履历的记叙大部分是以《佛光禅师行状》为依据撰写的。略引一节对比如下(表4-4):

表4-4 《佛光禅师行状》与《释书·无学祖元传》其中一节的对比

《佛光禅师行状》②	《释书·无学祖元传》③
师讳祖元,字子元,号无学也。生于大宋宝庆丙戌年也。世家庆元附鄞之翔凤里东湖。姓许氏,父伯济高曾皆衣冠。母陈氏。初梦一僧抱一婴儿授了,乃孕。及坐蓐,母以累重欲不育。其午夜忽见一白衣女人登床,乃曰:"此佳男子不可弃。"叮咛者甚切,左右亦闻之。未几而诞,白光照室,莫不惊讶。迨乎试周之日,于儒释文籍百玩之中,师惟笑取释书而已。……	释祖元。宋国庆元府人。姓许氏,高曾皆衣冠。母陈氏梦一沙门抱婴儿与之,乃娠。母思烦苛欲坏胎。一夕,又梦白衣妇人告曰:"汝所孕者佳丈夫也,好自保育。"其词恳至,母虽梦中而左右侍女又闻此言。宝庆二年三月十八日生。时白光照室。至于试周之日,父列儒释坟籍及百玩好作具,见儿自为。儿微笑而取佛书。……

① 江静:《赴日宋僧无学祖元研究》,商务印书馆,2011年版,第404页。
② 高楠顺次郎:『大正新修大藏経』第80卷,一切经刊行会,1924年版,第240-241页。
③ 黑板胜美编:『日本高僧伝要文抄·元亨釈書』,国史大系第31卷,第121-123页。

上引文段记叙了祖元的姓氏出自、诞生瑞相等内容。仔细比较上引文段可知,《释书·无学祖元传》对《佛光禅师行状》的征引以节略细节、保留主干为主要方式。但师炼所撰《无学祖元传》并未仅限于对祖元生平履历的介绍,除对《佛光禅师形状》征引之外,又以占全传一半以上的篇幅从《佛光国师语录》中征引祖元的诗偈、上堂法语和机缘语句。略举一节如下(表4-5):

表4-5 《佛光国师语录》与《释书·无学祖元传》其中一节的对比

《佛光国师语录》	《释书·无学祖元传》①
"奉劝兄弟,若已得子柄欛入手者,于祖师公案言教中透教净洁。主宾回互处,先用后照处,权实相持处,敲唱俱行处,须是玲珑八面始得。……"②	又曰:"奉劝兄弟,若已得些子柄欛入手者,于祖师公案言教中透教净洁。主宾回互处,先用后照处,权实相待处,敲唱俱行处,须是玲珑八面始得。……"
师又曰:"吾在大宋时,得一梦。梦在先师无准和尚座下听法,忽然座前西北隅,蜡烛火爆在拜席东南隅,欻敛然光焰照于四维。……"③	又曰:"吾又梦先师说法径山法堂上,我俱众预听。忽座前西北隅,蜡烛爆火落拜席东南角,其光甚炽,照耀四方。……"

此外,"参禅须是打并胸中"一节引自《佛光国师语录》卷五;"正旦上堂曰"一节引自《佛光国师语录》卷一;《礼应庵塔偈》《冷泉听猿》《题虎图》和《与老母守岁》等偈引自《佛光国师语录》卷二;等等。师炼之所以大量征引禅僧语录与偈颂,实际上是受到《景德传灯录》等灯录体佛教史籍撰述风格的影响。"灯录"是一种禅宗僧侣创立的、区别于语录与僧传的佛教史籍。相较于语录,"灯录"在采撷禅僧语录所载上堂法语及偈颂的同时,亦兼记传主的师承、年寿、谥号及僧腊等行实;相较于僧传,"灯录"记载僧侣行状较为简略,而记叙僧侣言论较为详细,可谓记言为主,言事兼备。对《景德传灯录》《五灯会元》等禅宗史籍的广泛涉猎,令师炼认识到《高僧传》等偏重于记录僧侣行事的撰述方式难以反映禅宗修行特征。因此,师炼于《释书·净

---

① 黑板胜美编:『日本高僧伝要文抄·元亨释书』,国史大系第31卷,第122页。
② 高楠顺次郎:『大正新修大藏経』卷80,第183页。
③ 高楠顺次郎:『大正新修大藏経』卷80,第235页。

禅科》禅僧传记中选录传主代表性的说法语句,既载其言,又录行事,令该科
禅僧传记呈现出明显区别于其他九科僧传的叙事特征。另一方面,禅僧的
语录在对师徒接引场景还原与再现的同时,也极为生动地反映出祖师的修
行风范与人格品性。大量征引语录对于弘扬祖师的禅风与人格,勉励后学
发扬宗风,都有极为积极的促进作用。综合上文所考,可以认为《释书·无
学祖元传》是在糅合缀集《佛光禅师行状》和《佛光国师语录》的基础上撰成
的。此外,以类似方式编撰的还有《圆尔辨圆传》《一山一宁传》和《兰溪道
隆传》等。如《圆尔辨圆传》综合性地糅合缀集《圣一国师年谱》和《圣一国
师语录》撰写而成;《一山一宁传》分别征引《一山国师行状》与《一山国师妙
慈弘济大师语录》,并将二者融为一体;《兰溪道隆传》中亦可见对《大觉禅师
语录》的大量征引。

综合先行研究与上述考察,可以得出以下结论:《释书·荣西传》为荣西
现存最早之传记,并未参照《日本国千光法师祠堂记》[①];《光定传》大部引自
《文德实录》天安二年(858)八月戊戌条卒传,未参照《延历寺故内供奉和上
行状》;《源空传》未参考《黑谷源空上人传》,当引自他书;《道元传》篇幅短
小,并未引用《元祖孤云彻通三大尊行状记》;《胜道传》未参照《沙门胜道历
山水萤玄珠碑并序》,当源于他书;《光胜传》大部引自《日本往生极乐记》第
17则《沙门空也》,未参照《空也末》;《菩提传》由《扶桑略记》天平十八年七
月条、天平八年七月八日条和天平胜宝元年十二月丁亥廿七日条等史料缀
集而成,未参照《南天竺婆罗门僧正碑》;《高辨传》未参考《栂尾明慧上人
传》二卷,而是喜海于建长二年(1250)所撰《高山寺明慧上人行状》[②]。另
外,《鉴真传》大部分参照了真人元开于宝龟十年(779)所撰《唐大和上东征
传》[③];《最澄传》整体征引仁忠撰于弘仁十四年(823)的《睿山大师传》[④];
《空海传》是综合缀集兼意撰于仁平二年(1152)的《弘法大师御传》[⑤]和圣贤

① 柳田圣山:『临济の家风』,筑摩书房,1967年版,第27页。
② 筑岛裕:『高山寺资料丛书』第1辑,东京大学出版会,1971年版,第83页。
③ 塙保己一编:『群书类従』第5辑,群书类従完成会,1958年版,第527页。
④ 塙保己一编:『続群书类従』第8辑下,第457页。
⑤ 塙保己一编:『続群书类従』第8辑下,第526页。

撰于元永元年(1118)的《高野大师御广传》①;《圆仁传》参考源英明撰于天庆年间(938—947)的《慈觉大师传》②;《圆珍传》整体征引三善清行于延喜二年(902)所撰《智证大师传》③;《圣宝传》部分参考了纪淑人于承平七年(937)所撰的《圣宝僧正传》④;《良源传》整体征引藤原齐信撰于长元四年(1031)的《慈慧大僧正传》⑤;《皇庆传》整体征引大江匡房撰于天仁二年(1109)的《谷阿阇梨传》⑥;《兰溪道隆传》部分参照直翁智侃于弘长元(1261)年所撰《大觉禅师语录》⑦;《圆尔辨圆传》糅合缀集铁牛圆心于弘安四年(1281)撰的《圣一国师年谱》⑧和虎关师炼于元德三年(1331)撰的《圣一国师语录》⑨;《无学祖元传》缀合无象静照于弘安九年(1286)至嘉元四年(1306)间撰述的《佛光禅师行状》⑩和《佛光国师语录》⑪;《一山一宁传》综合缀集虎关师炼撰于元亨元年(1321)的《一山国师行状》⑫和了真撰于元应二年(1320)的《一山国师妙慈弘济大师语录》⑬;《相应传》整体征引成书于延喜十八年(918)至延长元年(923)间的《天台南山无动寺建立和尚传》⑭(撰者不明);《尊意传》部分参照成书于10世纪中期的《尊意赠僧正传》⑮;《庆圆传》整体征引塔义撰于建长七年(1255)的《三轮上人行状》⑯;《普照传》部分抄录于真人元开于宝龟十年(779)所撰《唐大和上东征传》⑰;《俊芿

①　塙保己一编:『続群書類従』第8辑下,第607页。
②　塙保己一编:『続群書類従』第8辑下,第683页。
③　塙保己一编:『続群書類従』第8辑下,第700页。
④　塙保己一编:『続群書類従』第8辑下,第718页。
⑤　塙保己一编:『続群書類従』第8辑下,第553页。
⑥　塙保己一编:『続群書類従』第8辑下,第607页。
⑦　南條文雄:『大日本仏教全書』第95册,仏書刊行会,1921年版,第9页。
⑧　南條文雄:『大日本仏教全書』第95册,第51页。
⑨　南條文雄:『大日本仏教全書』第95册,第79页。
⑩　高楠顺次郎:『大正新修大蔵経』第80卷,第240-241页。
⑪　高楠顺次郎:『大正新修大蔵経』第80卷,第129页。
⑫　上村観光:『五山文学全集』第1卷,第218页。
⑬　南條文雄:『大日本仏教全書』第95册,第221页。
⑭　塙保己一编:『群書類従』第5辑,第544页。
⑮　塙保己一编:『続群書類従』第8辑下,第722页
⑯　塙保己一编:『続群書類従』第9辑上,第59页。
⑰　塙保己一编:『群書類従』第5辑,第527页。

传》整体征引信瑞撰于宽元二年(1244)的《泉涌寺不可弃法师传》[①];《圣德太子传》整体征引藤原兼辅于延喜十七年(917)所撰《圣德太子传历》[②];另据平泉澄所考,《释书·泰澄传》大部分引自成立于正中二年(1325)的《泰澄和尚传记》[③];《新罗明神传》部分参考了三善清行于延喜二年(902)所撰的《智证大师传》[④]。

(三)别传、行状及语录类文献于《释书》十科僧传中的编排

1.总体分析

《释书》传部征引别传、行状及语录类共计21传。其中,部分征引为11传,整体征引为10传。

2.各科分布

如表4-6所示,各科中,除《忍行科》《檀兴科》和《力游科》之外,《释书》其他七科均对别传、行状及语录类文献有所征引。就各科收录数量而言,《慧解科》所录最多,达6传,于该科僧传中占比为7%;其次为《净禅科》4传,占比为18%;《感进科》3传,占比为4%;《传智科》3传,占比为30%;《方应科》2传,《明戒科》2传,《愿杂科》1传。

表4-6 《释书》传部对别传、行状及语录类文献的征引情况[⑤]

	传智	慧解	净禅	感进	忍行	明戒	檀兴	方应	力游	愿杂	合计
别传行状	10 (3)	85 (6)	22 (4)	111 (3)	14 (0)	10 (2)	19 (0)	9 (2)	29 (0)	107 (1)	416 (21)
占比/%	30	7	18	4	0	20	0	22	0	1	5

---

① 塙保己一编:『続群書類従』第9辑上,第45页。

② 塙保己一编:『続群書類従』第9辑上,第3页。

③ 据平泉澄《泰澄和尚传记》解说所考,平泉澄认为其于金泽文库发现的《泰澄和尚传记》正中二年写本,正是《释书·泰澄传》之"赞"中所云天德二年成立的泰澄古传之写本。平泉氏推测《释书·泰澄传》主要内容本于金泽文库本《泰澄和尚传记》。考证详见于田中卓:「書評·平泉澄博士編著『泰澄和尚伝記』」,『古典籍と史料』,国书刊行会,1993年版,第442页。

④ 塙保己一编:『続群書類従』第8辑下,第700页。

⑤ 括号外数字表示该科僧传的总数,括号内数字表示该科中征引此类文献的僧传数目。

四、传部对佛教故事集的征引

除国史卒传、《扶桑略记》以及别传行状等文献之外,《元亨释书》亦从《法华验记》、往生传、《沙石集》及《日本灵异记》等佛教故事集中征引了大量佛教故事,现就《释书》对上述四类文献的征引逐一考察如下:

(一)《释书》传部对《法华验记》的征引

1. 问题所在

《法华验记》①为比睿山首楞严院僧人镇源于平安中期所撰写的佛教故事集。本书序文云"长久之年季秋之月记",故可推测其成书于长久年间(1040—1044)。另外,卷中第87则故事"阿阇梨信誓"中可见"长久四年,年七十,犹在世也",或可认为此书下卷完成于长久四年左右②。全书分上卷(40则)、中卷(40则)和下卷(49则),共收录129则佛教灵验故事。依传本不同,书名亦被称为《法华验记》《日本法花验记》《大日本法华经验记》。全书以年代为序,以僧、尼、男、女和异类之别,收集大量的法华经灵验故事及持经者传记。

本章引言中已有所论及,就《释书》对《验记》的征引关系,仅见秃氏祐详③与黑川训义④的研究。秃氏在其论文中指出《验记》共有65则故事与《释书》存在征引关系。据笔者所考,其所列文献对照表中多数僧传出典关系准确无误,但《释书》之《圆仁传》《相应传》和《道荣传》出典于《法华验记》的结论存在明显舛误,有待商榷。黑川在继承秃氏研究的基础上,进一步将《释书》与《验记》存在文献征引关系的故事数目确定为73则:《释书》传部征引71则;志部,即《寺像志》与《拾异志》各征引1则。《释书》征引《验记》

---

① 平安时代另有药恒、庆滋保胤、智源三人所撰《法华验记》的存在。据笔者考察,上述三作中《释书》亦经由《扶桑略记》征引药恒撰《法华验记》3则故事,分别为《拾异志》所收《飞鸟贞成》《粟田录事》及《愿杂科》所收《司马达等传》(引继体天皇十六年司马达等传佛之说)。本节的研究以镇源的《法华验记》为研究对象。以下称此书为《验记》。

② 井上光贞:『往生伝・法華験記』,日本思想大系第7卷,岩波书店,1974年版,第719页。

③ 秃氏祐祥:「『元亨釈書』の素材と『法華験記』」,『龍谷学報』327号,1940年3月。

④ 黑川訓義:「『法華験記』と『元亨釈書』との関係」,『皇学館論叢』12卷6号,1979年12月。

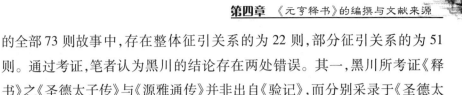

的全部 73 则故事中,存在整体征引关系的为 22 则,部分征引关系的为 51 则。通过考证,笔者认为黑川的结论存在两处错误。其一,黑川所考证《释书》之《圣德太子传》与《源雅通传》并非出自《验记》,而分别采录于《圣德太子传历》和《拾遗往生传》。其二,黑川的考证遗漏了《法莲传》与《圆善传》,两传皆源于《验记》文献。本节将在黑川结论的基础上,就《释书》传部对《验记》故事的征引数量重新考察,在确定征引数量的基础上,就《释书》传部征引《验记》文献的采录方法和编排原则做进一步探讨。

2. 对《验记》故事的征引

(1)对秃氏祐详结论的再探讨。上义已有论及,秃氏认为《验记》共有 65 则故事与《释书》存在征引关系,其中《释书》之《圆仁传》《相应传》和《道荣传》皆出典于《验记》。笔者认为这一结论存在舛误,需要重新考察。首先,《圆仁传》全传共 2900 余字,《验记》上卷第 4 则《睿山慈觉大师》全篇仅 734 字,仅据《验记》文献不可能构建《圆仁传》全传。据笔者考证,圆仁相关的传记见于源英明撰《慈觉大师传》、《日本往生极乐记》第 3 则《慈觉大师》和《扶桑略记》大同二年条等,比较诸种文献可认为《释书·圆仁传》出典于《慈觉大师传》。又如《相应传》,全传 1500 余字,但《验记》上卷第 5 则《睿山无动寺相应和尚》全篇仅 560 字,不可能仅据《验记》文献构建传文。相应的传记资料亦见于《天台南山无动寺建立和尚传》、《扶桑略记》延喜十八年十二月二日条和《拾遗往生传》下卷第 1 则《相应和尚》。比较上述诸种文献,可以认为《相应传》出典于《天台南山无动寺建立和尚传》。《道荣传》全传仅 8 字:"释道荣。唐人,尤善梵呗。"且传主道荣与《验记》上卷第 23 则《睿山宝幢院道荣》所录道荣并非同一人物。秃氏对《道荣传》出典的判断明显有误。下文以《圆仁传》为例,分别引《验记》上卷第 4 则《睿山慈觉大师》与《圆仁传》中圆仁诞生瑞相一节具体对比如下:

《验记》上卷第 4 则《睿山慈觉大师》:

慈觉大师。俗姓壬生氏,下野国都贺郡人。出母胎时,紫云覆舍,瑞鸟聚啭。广智菩萨遥见瑞相,寻家来至,教父母言:"于所生

子,加敬守养。是非凡夫,瑞相如是。"①

《释书·圆仁传》:

　　释圆仁。姓壬生氏,野之下州都贺郡人也。<u>昔崇神天皇第一皇子丰城入彦,节察东壤,其次子留为乡人,仁其胤也。</u>延历十三年生焉。是日紫云覆产屋,同郡大慈寺僧广智德行兼优,俗号广智菩萨者也。适见祥云出寻起所,乃檀越壬氏之宅也。<u>智问:"舍里有何事?"主人答曰:"家妇产儿。"智中心怪喜而不言其瑞,盖恐父母拘儿于尘中也。</u>②

　　对比后可以发现,《圆仁传》较《验记》内容更为翔实,且《圆仁传》中对圆仁的出身"昔崇神天皇第一皇子……仁其胤也"、广智与主人的对话以及广智的心理描写"中心怪喜而不言其瑞"(画横线处)等内容,《验记》皆未载录。故应当纠正秃氏所论《圆仁传》出典于《验记》的结论。

　　(2)对黑川训义结论的再探讨。黑川训义认为《释书》与《验记》存在文献征引关系的故事数目共73则,其中《释书》传部征引71则;志部,即《寺像志》与《拾异志》各征引1则。笔者认为其结论存在两处错误。其一,黑川考证认为《释书》之《圣德太子传》与《源雅通传》出典于《验记》,而据笔者考证上述两传分别出典于《圣德太子传历》和《拾遗往生传》。其二,黑川的考证遗漏了《法莲传》与《圆善传》。分别考察如下:

　　1)黑川所论《释书》之《圣德太子传》与《源雅通传》抄录自《验记》文献的结论不够准确。先看《源雅通传》。此传内容主要由三个情节构成:传主读诵法华经得往生;某僧于梦中见源雅通往生瑞相;藤原道雅不信雅通往生之事,于法华讲会中闻三老尼谈论雅通往生,顿解疑云,益加崇信。除《验记》下卷第102则之外,此传的关联文献亦见于《拾遗往生传》中卷第15则《中将雅通》。通过细致对读,三者内容极为相似,都完整地包含了上述三个

----

① 井上光贞:『往生伝·法華験記』,日本思想大系第7卷,第515页。
② 黒板勝美編:『日本高僧伝要文抄·元亨釈書』,国史大系第31卷,第60页。

情节,但在第一个情节,即传主读诵法华经得往生的文本表述中有明显差异。现将此节文本对比如下:

《验记》下卷第102则《左近中将源雅通》:

> 而自少日持法华经。其中提婆品不生疑惑者,不堕地狱。饿鬼畜生乃至莲华化生之文,为韧暮口实,乃至最后病患之时,尝诵提婆品。入灭之遗言,唱净心信敬之文。从是以外,更无余言入灭矣。①

《拾遗往生传》卷中第15则《中将雅通》:

> 然而自少年受持妙法花经,其中抽诵提婆品,每日十二遍。以品中净心信敬不生疑惑者,不堕地狱。饿鬼畜生生十方佛前,所生之处常闻此经,若生人天中受胜妙乐若在佛前莲花化生之句为口实。乃至命终之时,唱净心信敬之文卒矣。②

《释书·源雅通传》:

> 诵法华提婆品,日十二遍。常以净心信敬,不生疑惑者,不堕地狱,饿鬼畜生乃至在于佛前莲华化生之句为口实。临终时,乃诵提婆品,至此句而卒。③

如画横线处所示,三者对传主诵经次数的记载有明显区别:《源雅通传》载"日十二遍";《拾遗往生传》中卷第15则可见"每日十二遍";《验记》下卷第102则无记载。据此,笔者认为《源雅通传》并未征引《验记》下卷第102则,而是在参照抄录《拾遗往生传》中卷第15则《中将雅通》的基础上撰成的。

---

① 井上光贞:『往生伝·法華験記』,日本思想大系第7卷,第557页。
② 井上光贞:『往生伝·法華験記』,日本思想大系第7卷,第606页。
③ 黑板胜美编:『日本高僧伝要文抄·元亨釈書』,国史大系第31卷,第249页。

　　再看《圣德太子传》。该传的传首，尤其是传主诞生瑞相等内容与《验记》上卷第 1 则《传灯佛法圣德太子》①部分性相似，但通过整传内容的对比可发现传文大部内容并非出典于《验记》上卷第 1 则。如"十七年秋九月，隋使来曰：'去秋，皇太子驾青龙车取南岳旧坊经凌虚而去。'二十一年冬十二月，游片岗逢菩提达磨"，又如"太子有骊马，甲州所献，常驾此马。科长庙葬日，骊自负鞍从车。殡已，向庙大嘶，高跃而毙。过七七，一鸟飞来，集坟上。乌鸢有来，此鸟拒去。时人号：守墓鸟。三年后，不见"，再如"太子造九伽蓝：四天王寺、法隆寺、元兴寺、中宫寺、橘寺、蜂岗寺、池后寺、葛城寺和日向寺"等内容②，《验记》上卷第 1 则皆未载录。据笔者所考，这些内容皆出自藤原兼辅撰《圣德太子传历》③。综合整篇传文，可认为《释书·圣德太子传》整体征引于《圣德太子传历》，黑川的结论有误。

　　2）黑川结论遗漏了《法莲传》与《圆善传》亦征引《验记》故事这一事实。此处以《圆善传》为例来考察。据思想大系本《往生传·法华验记》上卷第13 则《纪伊国完背山诵法华经死骸》的标题头注可知，记载圆善的相关文献亦见于《古今著闻集》卷十五第 484 则『僧広清並びに圆久圆善歿後に法華経読誦の事』④。将三者对比如下：

　　《验记》上卷第 13 则《纪伊国完背山诵法华经死骸》：

　　　　沙门壹睿。受持法华经，年序尚久矣。参诣熊野，宿完背山。临中夜，有诵法华经声。其声极贵闻，铭骨髓。思念：若复有人宿欤?诵一卷竟，礼拜三宝。忏悔众罪，尽诵一部，既至天晓。明朝，见有死骸骨，身体全连，更不分散，青苔缠身，径多年月，见髑髅，其口中有舌，赤鲜不损。壹睿见之，起居礼拜，不堪感悦。其日止住，临夜如前诵法华。夜明之克，壹睿近寄。问死骸云："既诵一乘，岂无心神，愿闻本缘。"灵即答云："我天台山东塔住僧也，名曰圆善。修行之间，至此死去。而生前中，有六万部法华转读之愿。昔存生时，

①　井上光貞：『往生伝・法華験記』，日本思想大系第 7 巻，第 512 頁。
②　黒板勝美編：『日本高僧伝要文抄・元亨釈書』，国史大系第 31 巻，第 215 頁。
③　塙保己一編：『続群書類従』第 8 輯上，第 3 頁。
④　井上光貞：『往生伝・法華験記』，日本思想大系第 7 巻，第 69 頁。

半分诵毕。为读其残，犹住此边。愿既当满，其残经不几，只今计
可住此处。其后，可生都率内院，值遇慈尊，可蒙引摄。"壹睿闻已，
礼拜骸魂而诣熊野。乃至，后寻见骸骨，不知所去矣。①

《释书·圆善传》：

　　释圆善。居睿山东塔院。诵法华。适游熊野完背山卒。其后
有沙门壹睿，行宿山中。中夜闻诵法华，其声微妙。睿以为先亦有
人宿。一卷已，礼拜忏悔。又读一卷，每卷如是。天明无人，傍有骸
骨，支体全连。青苔遍锁，似衣服。想久经岁月。髑髅口中有舌，如
红莲。睿见之感怪，欲视所由，次日不去，入夜诵经如昨。至晓，睿
起拜曰："既诵经，必有心语。愿听本事，以传灵感。"骨人答曰："我
是台岭东塔院某也。至此而死。生平起坚誓：诵法华六万部。存日
才半数而天。顾力不拔，住此尚诵经耳。今已殆终，居此不久。去
此，当生兜率内院。"睿闻了，礼骨人而去。翌年又来，不见苔骨。②

《古今著闻集》卷十五第484则『僧広清並びに圓久圓善歿後に法華経
読誦の事』：

　　壹睿といふ僧ありけり。これも多年法花経に帰して、修行
しけるあひだ、紀伊国完背山にいたりて宿したりける夜、その人
は見えずして、法華経をよむこゑきこえけり。一部よみをはり
て、経の声やみぬ。あやしくおもひて、朝に其程を見るに、年序
へたる白骨あり。更に分散せずして、正体みなつづきたり。そ
の髑髏の中に赤き舌あり。壹睿髑髏に向て、其因縁をとひけれ
ば、舌答云、「我は叡山の僧、名をば圓善といひき。修行のあひ
だ、此山に至りて夭亡す。前生に法華経六万部をよみたてまつ

---

①　井上光貞：『往生伝·法華驗記』，日本思想大系第 7 卷，第 519 頁。
②　黒板勝美編：『日本高僧伝要文抄·元亨釈書』，国史大系第 31 卷，第 283 頁。

らんと願をおこして、生分はすでにをはりにたり。はからざる
に生をへだつといへども、其願を誦満せむがために、猶誦する
也。今年すでによみをはりて、まさに兜卒内院に生ずべし」とい
ひけり。壹睿此事を聞て、礼拝をなしてさりにけり。①

　《圆善传》的大意为：圆善卒于熊野完背山。其后，沙门壹睿夜宿山中，
闻听法华诵经声。翌日天晓，寻得一具白骨，唯舌不腐。是日夜，白骨告知
壹睿其本为僧人，名圆善，生前誓愿读六万部法华经，但仅读一半而命尽，故
于山中诵经不断。壹睿翌年复来山中寻访，不见白骨踪迹。首先，通过比勘
《验记》上卷第 13 则与《圆善传》，可以发现两者的内容梗概完全一致。在文
句表述方面，两者亦可见颇多相似之处，如"诵一卷竟·一卷已""身体全
连·支体全连""青苔缠身·青苔遍锁""愿闻本缘·愿听本事""至此死
去·至此而死"和"可生都率内院·当生兜率内院"（画横线处，下同）等。
又如"壹睿见之……不堪感悦·睿见之感怪""其日止住·次日不去"和"临
夜如前诵法华·入夜诵经如昨"等。其次，将《圆善传》和《古今著闻集》卷
十五第 484 则对比后，发现两处明显的区别。第一处，《圆善传》载壹睿寻得
白骨是在翌日清晨，即"天明无人，傍有骸骨"（画波浪线处，下同），而《古今
著闻集》中，壹睿寻得白骨是在其露宿完背山的当日夜。第二处，《圆善传》
中有圆善翌年复来寻访，不见白骨的记载，即"翌年又来，不见苔骨"，但《古
今著闻集》未载对应内容。综上所述，可认为《圆善传》整体征引自《验记》
上卷第 13 则《纪伊国完背山诵法华经死骸》。

　在上文考证的基础上，可得出以下结论：《释书》与《验记》存在文献征引
关系的故事共 73 则，其中《释书》传部征引 71 则；志部，即《寺像志》与《拾异
志》各征引 1 则。

　3.《验记》故事于《释书》十科僧传中的编排

　关于《验记》故事在《释书》十科僧传中的编排问题，从数量和编排原则
两个方面分析如下。

———————————

　①　永積安明校注：『古今著聞集』，日本古典文学大系第 84 卷，岩波书店，1969 年
版，第 386 頁。

（1）数量分析。

1）总体分析。《释书》传部征引《验记》的灵验故事共计71则。其中，部分征引，即将《验记》作为文献来源之一，亦从他书中征引文献缀合传文的共有10传；整体征引，即以《验记》作为唯一文献来源，征引撰写的僧传共有61传。

2）各科分布。如表4-7所示，各科中，除专录禅宗僧侣的《净禅科》、律宗僧侣的《明戒科》和记载中日韩三国间游学传法僧侣的《力游科》之外，《释书》其他7科均对《验记》故事有所征引。就各科收录数量而言，《感进科》所录最多，达32传，于该科僧传中占比为29%；其次为《愿杂科》31传（灵怪篇15传），占比为29%；《忍行科》3传，占比为29%；《慧解科》2传，《传智科》《檀兴科》和《方应科》各1传。

表4-7 《释书》传部对《法华验证》的征引情况①

	传智	慧解	净禅	感进	忍行	明戒	檀兴	方应	力游	愿杂	合计
《法华验记》	10（1）	85（2）	22（0）	111（32）	14（3）	10（0）	19（1）	9（1）	29（0）	107（31）	416（71）
占比/%	10	2	0	29	21	0	5	11	0	29	17

3）于《验记》中所占比重。《释书》传部从《验记》共征引73则故事。对《验记》上、中、下三卷征引故事数量基本一致，分别为25则、22则和26则。《释书》征引的故事于《验记》上、中、下三卷中所占比例分别为62%、55%和53%，于《验记》所收129则故事中占比为57%。可见《释书》对《验记》文献的重视。

（2）编排原则。

1）以内容主旨为十科编排之首要原则。通常，先行文献对后出文献的影响不仅仅只表现在内容的继承上，在全书结构以及内容编排等方面也往

---

① 括号外数字表示该科僧传的总数，括号内数字表示该科中征引《法华验记》的僧传数目。

往往为后出文献所借鉴。《释书》对征引《验记》故事在十科层面上的编排是否也受到了《验记》编排方式的影响呢？为此，有必要先考察《验记》故事的编排方式。据井上光贞所考，《验记》是在参考《日本往生极乐记》的编排方式的基础上以七部众之别对 129 则故事排序的。即：（一）菩萨（1—2）、（二）比丘（3—93）、（三）在家沙弥（94—97）、（四）比丘尼（98—100）、（五）优婆塞（101—116）、（六）优婆夷（117—124）、（七）异类（125—129）①。据此内容与《释书》各传传主身份对比后，可以发现：《愿杂科·王臣篇》中，除《纪躬高传》之外的三传皆出自"（五）优婆塞"部；士庶篇除采自"（二）比丘"部的《感世传》和《寻寂传》二传之外，其余四传出自"（三）在家沙弥"部和"（五）优婆塞"部；尼女篇四传皆出自"（四）比丘尼"部和"（六）优婆夷"部。虽然上述《愿杂科》诸篇表现出与《验记》故事人物较强的身份对应度，但《慧解科》《传智科》《感进科》《忍行科》《方应科》以及《愿杂科》之《神仙篇》和《灵怪篇》诸篇的绝大多数僧传皆采自《验记》"（二）比丘"部。可见，传主身份并非《释书》所引《验记》故事编排的首要标准。其实，《释书》是以故事内容与各科主旨相符为编排的首要标准的。如《忍行科》所采三则《验记》故事的内容以烧身忍辱为主要特征，与该科舍身供佛之旨相符；《檀兴科·行基传》强调其"建精舍""营刹寺"，合于"檀施兴福"之旨。又如，《感进科》与《愿杂科·灵怪篇》所采《验记》故事大部同出自"（二）比丘"部，但两科所载僧传内容则有明显区别，主要表现在：《感进科》编录因读诵法华经而得感通之事，以合该科"精进感应"之旨。如该科的《云净传》《春朝传》《春命传》《圆久传》《平愿传》《珍莲传》《真远传》和《光空传》等传；《愿杂科·灵怪篇》所收僧传或反映佛教轮回转生、因果报应之教义，或为含"入冥"情节的灵异故事，旨在以灵验故事宣扬佛理以教化民众，如该科的《无空传》《道乘传》《赖真传》《春命传》《源尊传》《慧增传》《讲仙传》《莲尊传》《海莲传》和《纪躬高传》等。

2）各科内僧传的编排原则。

①以卒年先后排序。有卒年记载的《验记》灵验故事共计 14 则，皆为《释书》收录，并以卒年为序排列先后。由于以此 14 则故事为出典的僧传被

---

① 　井上光贞：『往生伝·法華験記』，日本思想大系第 7 卷，第 720 页。

分散编排于十科之中,对这一原则体现较为明显的如《愿杂科·王臣篇》的《藤原义孝传》和《高阶良臣传》以传主卒年"天延二年(974)秋"和"天元三年(980)七月五日"为序排列先后;又如《愿杂科·士庶篇》的《药延传》《感世传》和《寻寂传》分别以传主卒年"承平年中(931—937)""应和二年(962)"和"康保年中(964—967)"列次先后。

②以主旨为类编排。对于无年代记录的《验记》故事,《释书》往往打破《验记》中的排序,以故事的内容主旨为别重新编排。如《释书》卷十九中彼此相邻的《转乘传》《海莲传》《慧增传》《赖真传》《春命传》《莲尊传》和《明莲传》,分别采自《验记》下卷第93则《金峰山转乘法师》、下卷第89则《越中国海莲法师》、上卷第31则《醍醐慧增法师》、上卷第24则《赖真法师》、上卷第25则《睿山西塔春命法师》、中卷第58则《廿七品持经者莲尊法师》和中卷第80则《七卷持经者明莲法师》。考察其内容可以发现:七传皆为含有"入冥"情节的转生故事。可见《释书》是以七传相似的内容主旨为依据采录编排的。七传之后的"赞"中,师炼就七传传主转生入冥之情节总结道:"是我佛教报理之常也。"可见,师炼以内容主旨为据类聚僧传的。又如《感进科》紧邻排列的《平愿传》《真远传》《光空传》《妙尊传》《珍莲传》《云净传》和《信誓传》七传,分别采自《验记》上卷第40则、中卷第71则《西塔宝幢院真远法师》、中卷第72则《光空法师》、中卷第61则《好尊法师》、中卷第54则《珍莲法师》、上卷第14则《宿志摩国岩窟云净法师》和下卷第87则《信誓阿阇梨》。《释书》亦是以七传皆含佛教慈悲济世之旨聚列一处。

(二)《释书》传部对平安期往生传的征引

1.问题所在

平安摄关期至镰仓中期,为日本净土教兴起和繁荣的时代。在此期间,陆续出现了多部以记载僧俗往生事迹为主要内容的往生传(见表4-8)。

表4-8 平安摄关期至镰仓中期往生传情况统计

书名	撰者	成立年代	卷数	传数
《日本往生极乐记》	庆滋保胤	永观元年(983)至宽和元年(985)	一卷	45传
《续本朝往生传》	大江匡房	康和四年(1102)	一卷	42传

续表 4-8

书名	撰者	成立年代	卷数	传数
《拾遗往生传》	三善为康	康和四年（1102）至天永二年（1111）	三卷	94 传
《后拾遗往生传》	三善为康	长承三年（1134）至保延五年（1139）	三卷	74 传
《三外往生记》	莲禅	保延五年（1139）以后	一卷	53 传
《本朝新修往生传》	藤原宗友	仁平元年（1151）	一卷	41 传
《高野山往生传》	如寂	元历元年（1184）至文治三年（1187）	一卷	
《三井往生传》	升莲	建保五年（1217）	两卷	仅存上卷，下卷佚
《念佛往生传》	行仙	不明	不明	仅存残本

表 4-8 所示九部往生传中的前六部，即《日本往生极乐记》《续本朝往生传》《拾遗往生传》《后拾遗往生传》《三外往生记》和《本朝新修往生传》成书于平安中后期，为《释书》广泛征引①。关于《释书》对平安期往生传征引的研究，仅见石冢薰的论考②。石冢的论文将《法华验记》列为往生传类作品，就《释书·愿杂科》之《王臣篇》《士庶篇》与《尼女篇》对《法华验记》及平安期往生传所征引故事的改写进行了考察，并认为《释书》的改写主要体现三个特征：事迹特化倾向、佛教理想化倾向和时代适应化倾向。石冢的考察范围限于《愿杂科》的《王臣篇》《士庶篇》和《尼女篇》，未涉及其他诸科，故而本书就《释书》与往生传的征引关系这一问题，将考察范围扩展至《释书》传部十科展开研究。

---

① 下文依次简称为《极乐记》《续本朝》《拾遗》《后拾遗》《三外》和《新修》。又《本朝神仙传》同为《续本朝往生传》撰者大江匡房所作，本节亦将其与上述六部往生传一并列入考察对象。文献征引情况参考附录二。

② 石塚薰：「『元亨釈書』に関する一考察—平安期往生伝から鎌倉期高僧伝への展開—」，『仏教大学大学院紀要』第 33 号，2005 年 3 月。

2.对平安期往生传的征引

首先,以《以圆传》为例,考察《释书》对平安期往生传的整体征引情况。关于以圆的传记资料,思想大系本《往生传·法华验记》所录《拾遗往生传》卷上第 14 则《阿阇梨以圆》的头注曰:"见于《元亨释书》卷十一,或依据本书。"①据此可知,以圆的传记资料以《拾遗往生传》卷上第 14 则为初出。现将《拾遗往生传》卷上第 14 则和《释书》卷十一《以圆传》文本对比如下:

《拾遗往生传》卷上第 14 则《阿阇梨以圆》:

①阿阇梨以圆者,文章博士大江以言之子,首楞严院之住僧也。学涉显密,行期往生。②先年病中,一七日间,谙得法华经一部。自尔以降,每夜诵一部,已及于多年。而间,③天喜年中,数月病苦。兴福寺别当圆缘僧都,虽为他宗之人,互称才美,本自友善矣。此时,僧都住法城寺僧房。夜梦,以圆阿阇梨布衣之上着袈裟,负经袋而来。僧都梦中问曰:"日来病疴之闻,何为其来哉?"阇梨答云,只今往生极乐,旧意难忘,故苦来告也云々。言讫,西飞而去。其明朝,僧都以使寻问之,去夜晓已以入灭云々。见闻之人,莫不哀泣。②

《释书·以圆传》:

①释以圆。博士江以言之子也。居楞严院,学显密,得敏悟之誉。少壮之年有小病,②病中,一七日,暗记法华。③天喜中,数月卧病。兴福寺圆缘与圆厚。时缘在法成寺,梦圆被袈裟来前。缘问:"比来沉疴已愈乎?"圆曰:"今往赡养,旧好不忘,来辞耳。"语已,西飞去。翌早,缘遣使慰问,门人曰:"此晓已寂。"缘不任悲感。③

---

① 井上光贞编:『往生伝·法華験記』,日本思想大系第 7 卷,第 301 页。原文曰:『元亨釈書』卷十一に见える。本书によるか。

② 井上光贞编:『往生伝·法華験記』,日本思想大系第 7 卷,第 594 页。

③ 黑板胜美编:『日本高僧伝要文抄·元亨釈書』,国史大系第 31 卷,第 173 页。

首先,《拾遗往生传》卷上第 14 则和《以圆传》的内容和语序都极为相近,其内容主要由三部分构成:①介绍以圆的出身籍贯;②病中,以圆于十七日间记诵法华经;③以圆寂后,于圆缘梦中告其自己已得往生。其次,通过仔细对读,亦可发现两者文句的颇多相近之处(画横线处)。如人名"圆缘"和地名"兴福寺""法成寺"的重出,又如"学涉显密·学显密""谙得法华·暗记法华""天喜年中·天喜中""数月病苦·数月卧病""着袈裟·被袈裟""旧意难忘·旧好不忘"和"以使寻问·遣使慰问"等文辞表述的相似。综合上文所考,可以认为《释书·以圆传》整体征引《拾遗往生传》卷上第 14 则《阿阇梨以圆》。

以《睿实传》为例考察《释书》对平安期往生传的部分征引情况。关于睿实的文献资料,思想大系本《往生传·法华验记》所录《法华验记》卷中第66 则《神明寺睿实法师》的题名头注有详细说明:"睿实为圆融天皇加持一节(A)见于《续本朝往生传》第 14 则故事,《法华验记》未载;睿实加持藤原公季一节(B)见于《宇治拾遗物语》卷十二,《法华验记》与《拾遗往生传》皆未载录;《今昔物语集》卷十二第 35 则将《法华验记》所载睿实故事、A 节和B 节皆收录文中。"①由此可知,睿实的传记资料见于《释书》《拾遗往生传》《今昔物语集》和《法华验记》中。将《法华验记》卷中第 66 则与《释书·睿实传》对比如下:

《法华验记》卷中第 66 则《神明寺睿实法师》:

①睿实君,法华持经者,非下贱人,诚是王孙也。年少幼稚,离二亲家,永入佛道。天性有慈悲,怜悯受苦辈。住爱太子山,练诵法华经。⑥极寒之时,脱所著衣,施裸形人。我无所著服,大桶入木叶,住其内制寒。②诵法华经,或时大雪,数日不食,取灶土食,其味甚甘。③继命诵经,修诸苦行。诵一部,白象现来,圣人前立,从

---

① 井上光贞编:『往生伝·法華験記』,日本思想大系第 7 卷,第 133 頁。原文:「睿实の説話は『続本朝高僧伝』卷十四にもあるが(A)、円融天皇加持の途上の慈悲のある話で本書とは別系統。『宇治拾遺物語』卷十二も、右のいずれとも異なって(B)藤原公孝を加持する話。『今昔物語集』卷十二ノ三五は本書の第一段·第三段及びA·Bと同内容の話からなる」。

口出光,照曜草庵。如是异事,甚以巨多。音声微妙,闻者流泪。况复验力揭焉。降伏怨家,除愈病恼。国王大臣,贵仰闻经。远近亲疏,无不随喜。⑦路头病人,尿尸涂漫,臭秽不净,见人塞鼻,闭目走过。圣人亲近住傍,诵法华经,以衣覆上,抱病人卧。依经威力圣人气分,病恼除愈,其数转多。如是慈悲,看病拔苦,更非凡夫所作。④乃至下镇西,经营世路,耕作田畠,酒米丰稔,宛如富人。或食鱼鸟,或具弓箭,其交杂中,有难思事。向烧煮鱼,诵法华经,鱼则苏鳂,放水逆去。或持弓负胡簶往,傍人见之,来莲华负背。惊怪更见,是非莲花,犹胡簶而已。⑤肥后守某,诽谤此圣人,夺取其财物,是破戒无惭法师,不可亲近。乃至守妻沉重病,万死一生。佛神祈祷,医方疗治,更无其验。守怀叹,起居忧悲,目代申云:"请睿实君,试当读法花经。"守大嗔曰:"其无惭破戒在家僧,更不可召。"目代叮咛劝申,守度々被劝云:"我不知,左右在汝意。"目代请睿实君,君云:"弟子无惭,不知佛法,宛如恶俗,更不信用。"依切々请,圣人到守馆,诵法华经,未及一品。护法付北方,投越屏风,于睿实君前,数百反打逼。病恼除愈,受用饮食,起居轻利。本心现前,长官合掌,顶礼圣人,愧羞先所作。以所夺取物,皆悉返送。圣人不请纳。乃至临终,兼知死期。净处结庵,笃居诵法华经。数日断食,经声遥闻远境。闻者皆发道心,皆言:"是睿实圣最后入灭诵法华声。"安禅合掌入灭矣。①

《释书·睿实传》:

①释睿实。专持法华,尝居爱太子山。②大雪不霁,数日无餐,取灶土食之,其味甘美。③一夕诵经,白象来现,口吐光,照草庵。④晚往镇西,营世务,蚕桑耕获,人不测之。或啜酒肉,或摆弓矢。一朝,向烧鱼诵经,鱼则苏息。赴水放之,游泳而去。又负弓矢而出,傍人见之,莲花数茎。怪近熟看,弓矢也。⑤肥州刺史,谤实掠

---

① 井上光贞编:『往生伝·法華驗記』,日本思想大系第7卷,第540页。

家财,实不拒。后日,妻有病而狂,医巫不效。家人曰:"实师诵经必有感应,愿屈之。"守嗔曰:"彼比丘破戒在家,岂得感验乎?"左右荐乞,守曰:"汝等自呼,我不敢也。"家人来请,实曰:"我不知佛法,何延我邪?"家人志坚,实不得已而来。病妇隔屏而卧,实诵法华,未终一轴,神人投妇于屏外实前,鞭挞数十,见者寒心。神人隐去。妇起坐,身心轻安。刺史顶礼悔谢,返所夺财,实不受。⑥实有慈行,寒冬脱衣与冻者。自无服,乃启大箱,充木叶,蹲其中,持诵如常。⑦或途中有沉痾者,屎尿涂漫,臭秽难近,行人闭目,掩鼻而过。实看养而诵经,病人多愈焉。⑧天禄帝有狂病,敕实持念。与宫使同车,入宫。路傍有痼疾之人,闷绝宛转。实下车看候,宫使责曰:"已奉诏旨,何滞此乎?"实曰:"我尊卑平等,随缘救济。又万乘之主有恙,何山何寺名师硕德不应诏邪?无告病人,非我难看,不忍过也。"遂止其所,不赴宫。①

《睿实传》各节大意为:①介绍传主法讳、住山;②大雪封山,以灶土充饥;③诵法华经而现白象;④晚年经营田产,令死鱼苏生;⑤肥后国守诽谤睿实,国守之妻染病,睿实治愈其病,国守懊悔惭愧,崇敬有加;⑥严冬之日,脱衣与贫者御寒;⑦见路旁病人,诵经看养,治愈其疾;⑧圆融天皇染病,敕令睿实加持。睿实于赴宫途中见路旁有病人,便下车救治,拒不赴宫。由于《宇治拾遗物语》卷十二第5则《持经者睿实效验事》②全文以睿实加持藤原公季为主要内容,且《睿实传》未载加持藤原公季的内容,故《睿实传》与《宇治拾遗物语》卷十二第5则不存在征引关系。下文重点考察《法华验记》卷中第66则、《续本朝往生传》第14则和《睿实传》的文献征引关系。

首先,将《法华验记》卷中第66则和《睿实传》对比后可以发现,除第⑧节外,《法华验记》与《睿实传》的第①~⑦节内容一致。从具体文句来看,可见多处近似文句(画横线处),如第①节的"住爱太子山·尝居爱太子山";第②节的"数日不食,取灶土食,其味甚甘"和"数日无餐,取灶土食之,其味甘

---

① 黑板勝美编:『日本高僧伝要文抄·元亨釈书』,国史大系第31卷,第168页。
② 渡辺綱也校注:『宇治拾遺物語』,日本古典文学大系第27卷,岩波书店,1969年版,第335页。

美";第③节的"白象现来·白象来现""照曜草庵·光照草庵";第④节的"向烧煮鱼,诵法华经,鱼则苏鳃"和"向烧鱼诵经,鱼则苏息";第⑤节的"诵法华经,未及一品"和"诵法华,未终一轴";第⑥节的"入木叶·充木叶";第⑦节的"见人塞鼻,闭目走过"和"行人闭目,掩鼻而过";等等。其次,将《今昔物语集》卷十二第 35 则《神名睿实持经者语》与《睿实传》进行对比后,可发现一处细节与《睿实传》不符。对于《睿实传》第⑧节中睿实赴皇宫途中所见污秽病人,《今昔物语集》将其描写为"妇女"的形象:「見レバ、女也」①,但《睿实传》仅记作"有痼疾之人"(画波浪线处),并无对病人的具体描写,据此可判断《睿实传》并末参照《今昔物语集》。可以认为,《睿实传》第①~⑦节征引自《法华验记》卷中第 66 则《神明寺睿实法师》。最后,探讨《续本朝往生传》第 14 则与《睿实传》的征引关系。将《续本朝往生传》第 14 则《阿阇梨睿实》全引如下:

> 阿阇梨睿实者,延历寺缁徒也。不啻学法门,兼通俗典。一生诵法华,唯求后世,大有效验。六十四圆融天皇,依御邪气,殊有敕唤。青鸟同车,忽参仙宫。途中有被出之病者,辛苦叫唤。睿实下车看病,敕使谴责。睿实曰:"菩提之外无所求,依不思今生之事,上无天子,下无方伯。又万乘之主,玉体不予,何山有验之人不参入乎? 出无缘病者,尤所难忍也。"遂留其所,敢不参内。其天性如此。多年熏修之力,即净罪障。现身若有证入,临终之克,读经不懈。往生之相揭焉。②

通过比勘,可见《睿实传》第⑧节与《续本朝往生传》第 14 则的内容与文句有颇多相似之处,如:"下车看候,宫使责·下车看病,敕使谴责""又万乘之主·又万乘之主""何山何寺名师硕德不应诏邪·何山有验之人不参入乎"和"遂止其所,不赴宫·遂留其所,敢不参内"(画横线处),等等。可以认为,《睿实传》第⑧节征引自《续本朝往生传》第 14 则《阿阇梨睿实》。综

---

① 馬淵和夫編:『今昔物語集』,新編日本古典文学全集第 35 卷,小学馆,1999 年版,第 265 页。原文曰:見レバ、女也。髮ハ乱レテ、異体ノ物ヲ腰二引キ懸ケテ有リ。
② 井上光貞編:『往生伝·法華験記』,日本思想大系第 7 卷,第 575 页。

合以上考察,可认为《睿实传》的第①~⑦节采录自《法华验记》卷中第 66 则《神明寺睿实法师》,第⑧节征引自《续本朝往生传》第 14 则《阿阇梨睿实》。

在先行研究的基础上,笔者扩大考察范围,进一步将《释书》传部与平安期往生传的存在征引关系的僧传确定为 69 传。

3. 平安期往生传于《释书》中的编排

关于平安期往生传在《释书》十科僧传中的编排问题,从数量、采录方法和编排原则三个方面分析如下。

(1)数量分析。

1)整体分析。《释书》传部从往生传作品中共征引 69 传,于传部共 416 传中占比约为 16%。其中部分征引,即将往生传类作品作为文献来源之一,亦从他书中征引文献缀合传文的共有 18 传;整体征引,即以往生传类作品作为唯一文献来源,经过对原文的缩略改写而成的僧传共有 51 传。

2)各科分布。如表 4-9 所示,各科中,除收录日本佛教诸宗传法开祖之《传智科》与专录禅宗僧侣的《净禅科》之外,《释书》其他八科均对往生传有所征引。就各科收录数量而言,《愿杂科》所录最多,达 30 传(《王臣篇》14 传、《士庶篇》7 传、《尼女篇》5 传、《神仙篇》2 传、《灵怪篇》1 传),于该科 107 传中占比约为 27%;其次为《感进科》19 传,占比约为 17%;《慧解科》7 传,占比约为 8%;《忍行科》5 传,占比约为 36%;《檀兴科》4 传,占比约为 21%;《方应科》与《力游科》各 2 传,占比分别约为 22% 和 7%;《明戒科》1 传,占比约为 10%。另外,七部往生传中,《释书》征引数量由多至少依次为:《拾遗》(22 传)、《后拾遗》(10 传)、《新修》(10 传)、《三外》(9 传)、《续本朝》(8 传)、《极乐记》(7 传)和《神仙传》(3 传)。

表 4-9　《释书》传部对平安期往生传的征引情况①

	传智	慧解	净禅	感进	忍行	明戒	檀兴	方应	力游	愿杂	合计
《极乐记》	10(0)	85(2)	22(0)	111(3)	14(0)	10(1)	19(1)	9(0)	29(0)	107(0)	416(7)
《续本朝》	10(0)	85(4)	22(0)	111(1)	14(0)	10(0)	19(0)	9(0)	29(2)	107(1)	416(8)

---

① 括号外数字表示该部传记的总数,括号内数字表示该部中征引《法华验记》的传记数目。

续表 4-9

	传智	慧解	净禅	感进	忍行	明戒	檀兴	方应	力游	愿杂	合计
《拾遗》	10(0)	85(1)	22(0)	111(3)	14(3)	10(0)	19(1)	9(2)	29(0)	107(12)	416(22)
《后拾遗》	10(0)	85(0)	22(0)	111(3)	14(0)	10(0)	19(1)	9(0)	29(0)	107(6)	416(10)
《三外》	10(0)	85(0)	22(0)	111(4)	14(2)	10(0)	19(0)	9(0)	29(0)	107(3)	416(9)
《新修》	10(0)	85(0)	22(0)	111(3)	14(0)	10(0)	19(1)	9(0)	29(0)	107(6)	416(10)
《神仙传》	10(0)	85(0)	22(0)	111(1)	14(0)	10(0)	19(0)	9(0)	29(0)	107(2)	416(3)
总计	10(0)	85(7)	22(0)	111(18)	14(5)	10(1)	19(4)	9(4)	29(2)	107(30)	416(69)
占比/%	0	8	0	17	36	10	21	22	7	27	16

3）于各书中征引传数。《释书》从往生传类作品所征引 69 传中，以对三善为康的《拾遗》与《后拾遗》征引传数最多，分别为 22 传和 10 传。其次为《新修》的 10 传、《三外》的 9 传、《续本朝》的 8 传、《极乐记》的 7 传和《神仙传》的 3 传。可见，《释书》尤为重视对三善为康撰《拾遗》与《后拾遗》的征引。究其缘由，可归纳为以下数端。首先，在七部往生传中，《拾遗》与《后拾遗》各为三卷，这异于仅由一卷构成的其他诸传。《拾遗》与《后拾遗》收录传数最多，共达 168 传，于所有六部往生传所收 346 传中占将近一半的数量；其次，《拾遗》与《后拾遗》两书体例严整，编排有序，特别是相对于他书"序文"记载之简略，《拾遗》上、中、下三卷皆有"序"，撰者三善为康于"序"中不仅交代了作品的撰述过程、史料来源及采集方法，更是以大量篇幅记载自己于梦中亲见弥陀和参天王寺时遇舍利灵验的亲身经历，叙述自身对极乐净土之坚诚信仰。这令师炼对《拾遗》与《后拾遗》的编撰成书及撰述者的了解更为深入，构成了师炼重视采录两书且为撰者三善为康立传的另一原因。

（2）编排原则。

1）以内容主旨为十科编排之首要原则。对于往生传类作品，《释书》仍是以僧传内容与十科主旨相符与否为首要编排原则。如《极乐记》所载42 传中，除《圣德太子》（1）与《行基》（2）之外，后 40 传以七部众为序，即比丘部 25 人（3～27），沙弥部 2 人（28 和 29），比丘尼部 3 人（30～32），优婆塞部 4 人（33～36），优婆夷部 6 人（37～42）。在七部众中，比丘部以僧阶高低为序,优婆塞部以官阶尊卑为序①。《释书》所引《极乐记》之《东大寺戒坛和尚律师明佑》《延历寺座主僧正增命》《僧都济源》《延历寺定心院十禅师成意》《沙门空也》《元兴寺智光赖光两僧》和《延历寺阿阇梨传灯大法师位千观》皆被收录于《极乐记》比丘部。仔细比较可以发现,七传中传主僧阶最高的《增命传》被编入《感进科》,传主僧阶最低的《千观传》反倒被收入《慧解科》,可见《释书》并非以传主僧阶的高低为序,而是以往生传内容与十科主旨相符与否为排列依据。又如《明佑传》,传主虽位列僧纲,但仍以其律僧身份被收入专录律宗僧侣的《明戒科》;又如《千观传》,虽仅为阿阇梨,以其"多抄台宗奥旨"并创"三井竖义"之规范,故列入专录义解僧的《慧解科》中。又如《续本朝往生传》所收《僧正遍照》《慈忍僧正》《权少僧都觉运》《权少僧都源信》《权少僧都觉超》和《权大僧都桓舜》之传主皆为位列僧纲的官僧,但《释书》抄录改写成《遍昭传》《觉运传》《觉超传》和《桓舜传》,并将其收入《慧解科》,而《慈忍传》却被编入《感进科》。细读各传内容可以发现,《遍昭传》所载"讲灵闻朝野"、《觉运传》所载"诸宗章疏多所暗诵"、《觉超传》所载"勤撰述"与《桓舜传》所载"睿山四杰"合于《慧解科》收录高僧之标准;《慈忍传》(寻禅)所载为天皇加持愈疾之情节则符合《感进科》专载僧侣神通感异之内容主旨。

通过上述考察可以发现,《释书》的《慧解科》《感进科》《忍行科》《明戒科》《檀兴科》《方应科》和《力游科》主要以内容主旨为首要编排原则。但《愿杂科》诸篇在以内容主旨为首要编排原则的前提下,表现出与往生传传主较强的身份对应度。如《新修》之第39则《沙门圆能》虽为沙门,以其内容含"入冥"情节而被列入《灵怪篇》。又如《王臣篇》和《尼女篇》分别取材于各部往生传之优婆塞部和优婆夷部;《神仙篇》则取材于《本朝神仙传》。

2)各科内僧传的编排原则。

①以卒年先后排序。各科以传主卒年先后为序,未沿袭往生传以官阶尊卑为序的排列方法。如《愿杂科·王臣篇》依次收录的《橘守辅传》《源亲元传》《平时范传》《源俊房传》《三善为康传》《藤原敦光传》和《平实亲传》。此七传于往生传中依官阶尊卑次序先后,但《释书》则以传主卒年先后编排。此七传传主卒年依次为"永长元年(1096)六月二十四日""长治二年(1105)

---

① 井上光贞编:『往生伝·法華験記』,日本思想大系第7卷,第715頁。

十一月七日""天仁二年（1109）二月五日""保安三年（1122）十一月""保延五年（1139）八月四日""天养元年（1144）十月二十八日"和"久安二年（1146）二月"。

②以主旨为类编排。类似于对《法华验记》相关故事的处理，对于无年代记录的往生传传记，《释书》亦打破其于原作品中的排序，以故事的内容主旨为类重新编排。如《释书》卷十一的《以圆传》《教真传》《经源传》和《觉胜传》，分别引自《拾异》卷上第 14 则、《三外》第 19 则、《三外》第 14 则和《三外》第 17 则。考察其内容可以发现，此四传在内容主旨上具有类似特征，即传主皆因临终念佛而显瑞相。师炼于四传之后的"赞"中，评论道："死不容伪矣，我法切于此也。然宕密偏念之者曰：'入三摩耶而已，负愿力而已，虽狂叫颠死而无害矣。'是怠慢戒缓之言也，岂吾佛之教哉？今此十数师无慢缓之弊而不容伪者，其已昭著矣。"师炼批判修行者忽视平实修行，临终前为得往生瑞相，借助于密教加持或念佛愿力的不当作法，指斥其为"怠慢戒缓之言"，悖于戒律。为树立正确的修行规范，其将《以圆传》《教真传》《经源传》和《觉胜传》等以平生专念修行而得临终瑞相的高僧范例类聚一处，大加褒扬。

（三）《元亨释书》传部对《沙石集》的征引

《沙石集》是一部以通俗故事宣传佛教教理、具有启蒙性质的佛教故事集。共 10 卷，由僧人无住道晓撰述。弘安二年（1279）起笔，弘安六年（1283）完成。《沙石集》的书名取自其序文：「彼金ヲ求ル者ハ、沙ヲ集テ是レヲ取リ、玉ヲ翫ブ類ハ、石ヲヒロイテ是レヲ磨ク、仍沙石集卜名ク。」（求金者，当集沙以取，玩玉类，应拾石而磨。）作品主旨亦正如序文所云，以"沙石"般寻常浅易之事昭示"金玉"般永恒深刻之人生哲理。因无住在完稿前后曾经辍笔和数次修改，故而本书之后世传本复杂，内容多异①。关于《沙石集》传本的分类，渡边纲也以收录故事数量多少为准，将其整理划分为广本、略本两大系统和广本、略本及刊本三大类②。但其后随着新的《沙石集》写本

---

①　北京日本学研究中心文学研究室编：《日本古典文学大辞典》，人民文学出版社，2005 年版，第 456 页。

②　渡边纲也：『沙石集』解说，日本古典文学大系第 85 卷，岩波书店，1966 年版，第 20–38 页。

的发现,渡边的分法需要重新探讨。小岛孝之综合《沙石集》新传本的发现情况,以渡边的分类为参考,将《沙石集》传本依成立年代分为古本系与流布本系两大类①。在诸传本中,因米泽本属收录话数较多的广本系,且为成立较早的古本系十二帖本中的唯一完本,故新编日本古典文学全集《沙石集》以米泽本为底本。本书选取新全集本《沙石集》为参考底本展开研究。

关于《释书》对《沙石集》故事的征引这一问题,至今尚未见相关研究。下文以《荣朝传》为例,就这一问题略作考察。将《沙石集》与《荣朝传》文本对比如下:

《沙石集》卷第十末ノ十三「臨終目出キ人々ノ事・八栄朝の入滅」:

> 上野国世良田の長楽寺の長老、釈圓房律師栄朝は、かの建仁寺の僧正の御弟子なり。慈悲深く徳たけて、智行ならびなき上人と聞こえき。宝治元年九月廿六日入滅。かの寺の門徒の僧の語りしは、戌の時の終わりに、臨終、其の時、寺の中に光明あり。灯火もなき寮の中、明かなりければ、僧兵、「後の物語にも」とて、力の光にて、日記なんどしけり。寺の近辺の在家人は「寺焼亡のあるにや」とて、走り集まれり。端坐して印結び、北方に向ひて、安然として終わり給へり。葬の時の作法、坐儀平生の如くして、有り難く目出かりけり。②

《释书·荣朝传》:

> 释荣朝。粹密学,从建仁西公禀宗门要旨。居上野之长乐禅苑,盛扬真化。东方道俗,趋化如归。宝治元年,九月二十六日戌时灭。于时,寺内甚明,徒众相语曰:"昏夜之明,岂有是等之焕赫乎?"采笔记事,过于炬烛。寺傍民家望寺,以为失火。急奔入寺,

---

① 小岛孝之:『沙石集』解説,新编日本古典文学全集第 52 卷,小学館,2001 年版,第 631 頁。

② 小岛孝之:『沙石集』,新编日本古典文学全集第 52 卷,第 605 頁。

见朝之坐丈室而化。寿福朗誉、东福圆尔,皆朝之徒也。①

《荣朝传》的梗概为:荣朝为荣西弟子,于上野长乐寺传禅弘法,道俗崇信。宝治元年九月二十六日戌时,寺内光耀异常。寺众惊叹异光瑞相,记录此事。寺旁民众以为失火,奔入寺中,见荣朝端坐结印,溘然入灭。通过对比可以发现,《沙石集》与《荣朝传》的内容有两处不同。其一,《荣朝传》将"僧兵"换作"徒众",并将僧兵之语改写为寺众对异光瑞相的感叹:"昏夜之明,岂有是等之焕赫乎。"(画波浪线处)其二,《荣朝传》传末添写荣朝的传承法系:"寿福朗誉、东福圆尔,皆朝之徒也。"(画波浪线处)第一处改写,意在借寺众的惊叹之语,衬托渲染荣朝临终瑞相的灵验和修行果证的真实。第二处改写,则是由于撰者师炼重视记录传主的法系师承。从整体来看,《荣朝传》的大部分内容来源于《沙石集》。《荣朝传》是在参照《沙石集》故事的基础上,翻译撰写而成的。

联系相关历史背景可知,撰者无住与东福寺圣一派关系极为密切,生前被圆尔辨圆认定为其门下十九位重要弟子之一②。另据旧大系本《沙石集》解题所附《略年谱》,无住于弘安四年(1281)56岁时,被后宇多天皇敕命为东福寺住持,朝廷前后三度促其赴任,皆被无住拒绝;从永仁元年(1293)至乾元二年(1303)间,无住弟子道慧于京都西山之大原野陆续抄写了《沙石集》卷一、卷二、卷三、卷四、卷七和卷八,并将写本交于道证③。可见在《释书》撰述期间(1305—1322),《沙石集》古写本已经流传于京都东福寺圣一派及其周边的僧侣之间,师炼是有可能搜集并直接参考的。

通过文本比勘,可确定《释书》与《沙石集》佛教故事存在征引关系的僧传共10传,分别为《慧解科》的《桓舜传》《觉超传》《大圆传》和《明遍传》;《净禅科》的《荣朝传》《性才法心传》和《兰溪道隆传》;《感进科》的《行仙传》《常观传》和《性莲传》。详细可参考本书附录二"《元亨释书》文献来源表"。

---

① 黑板胜美编:『日本高僧伝要文抄・元亨释书』,国史大系第31卷,第101页。
② 南條文雄:『大日本仏教全書』第95册,仏书刊行会,1921年版,第59页。
③ 渡辺綱也:『沙石集』解说,日本古典文学大系第85卷,第46页。

(四)《元亨释书》传部对《日本灵异记》的征引

《日本灵异记》①，为成书于平安初期的、日本最初的佛教故事集。编纂者为奈良药师寺僧景戒，由上、中、下三卷构成。以新日本古典文学大系本为准，3卷共收116则故事，分别为：上卷35则，中卷42则，下卷39则。全书以宣扬现世因果报应和宣传佛、法、僧三宝灵验为编撰主旨，故事编排以时代先后为序②。关于《释书》对《灵异记》的征引这一问题，尚未有学者研究，下文对此略作考察。

师炼虽未明言对《灵异记》的征引，但在《拾异志·序》云："予修佛史，博视古记，其关涉之灼灼者，皆缀于十传焉。其余断事缺迹之系吾者，又甚异矣，我不忍舍诸，庶几不堕真化也。作拾异志。"③师炼设《拾异志》的目的在于收录"古记"所载"甚异"的事迹，以弘法传教。通过文本比勘，笔者确定《释书》共征引20则《灵异记》故事，其中仅《拾异志》就征引10则，而《寺像志》和《释书》传部僧传分别征引4则和6则《灵异记》佛教故事。由此或可认为师炼所云"古记"包括《灵异记》在内，《拾异志》题名中的"异"字就源于《灵异记》题名的启发。就《释书》志部对《灵异记》的征引，笔者将于本章第三节探讨，此处仅论《释书》传部对《灵异记》的征引问题。征引《灵异记》文献撰写的6篇僧传中，存在整体征引关系的为《感进科》的《义觉传》《慧胜传》和《力游科》的《行善传》；存在部分征引关系的是《传智科》的《道昭传》《檀兴科》的《行基传》和《方应科》的《役小角传》④。以《义觉传》为例做如下考察。据新全集本《今昔物语集》第一册卷末所附出典关系表可知，义觉的传记资料以《日本灵异记》上卷第14则《僧忆持心经得现报示奇事缘》为初出，《今昔物语集》卷十四第32则《百济僧义觉诵心经施灵验语》以前者为出典⑤。现将《灵异记》《释书》和《今昔物语集》三者对比如下：

《灵异记》上卷第14则《僧忆持心经得现报示奇事缘》：

---

① 下文简称《灵异记》。本书所引《灵异记》原文以新大系本为底本，句读为笔者参酌新大系本标注的基础上据文意添加。

② 北京日本学研究中心文学研究室编：《日本古典文学大辞典》，人民文学出版社，2005年版，第722页。

③ 黑板胜美编：『日本高僧伝要文抄·元亨釈書』，国史大系第31卷，第434页。

④ 可详参本书附录二"《元亨释书》文献来源表"。

⑤ 馬淵和夫校注：『今昔物語集』，新编日本古典文学全集第35卷，第570页。

释义觉者,本百济人也。其国破时,当后冈本宫御宇天皇之代。入我圣朝,住难破百济寺矣。法师身长七尺,广学佛教,念诵心般经。时有同寺僧慧义,独以夜半出行,因见室中,光明照耀。僧乃怪之,窃穿牖纸,窥看法师,端坐诵经,光从口出。僧以惊悚,明日悔过,周告大众。时觉法师,语弟子言:"一夕,诵心经,一百遍许,然后开目,观其室里,四壁穿通,庭中显见。吾于是生希有之想。从室而出,回瞻院内,还来见室,壁户皆闭。即外复诵心经,开通如前。即是心波若经不思议也。"①

《释书·义觉传》:

　　释义觉。百济国人也。本朝征彼国时伴军士来。身长七尺,博究佛乘。居难波百济寺。一夕,诵摩诃般若心经。同寺慧义,夜半,见觉室光曜赫如。义怪,自窗隙窥之,觉诵经,光从口出。明朝义告众,众大惊叹。觉语徒曰:"我闭目诵经百许遍,开目视室,四壁空洞,庭外皆见。起而触之,室户尽关。归座诵经,通洞如先。是般若不思议之力也。"此事齐明帝之时也。②

《今昔物语集》卷十四第32则《百济僧义觉诵心经施灵验语》:

　　今昔。百济国ヨリ渡レル僧有ケリ。名ヲバ義覚ト云フ。彼ノ国ノ破ケル時、此ノ朝二渡テ難波ノ百済寺二住ス。此ノ人長高クシテ七尺也。広ク佛教ヲ学シテ悟リ有ケリ。専二般若心経ヲ読誦シテ日夜二不忘ズ。其ノ時二、同寺二一人ノ僧有テ、夜半二房ヲ出デテ行ケニ、彼ノ義覚ガ所ヲ見レバ、光リ有リ。僧此レヲ恠ムデ窃二寄テ室ノ内ヲ伺ヒ見ルニ、義覚端坐シテ経ヲ読誦ス。口ヨリ光ヲ出ス。僧、此レヲ見テ、驚キ恠ムデ返ヌ。明ル

---

①　出雲路修校注:『日本霊異記』,新日本古典文学大系第30卷,第28頁。
②　黒板勝美編:『日本高僧伝要文抄·元亨釈書』,国史大系第31卷,第134頁。

日、寺ノ僧共二普ク此ノ事ヲ語ル。寺ノ僧共、此ヲ聞テ、貴ビ合
ヘル事無限シ。而ルニ、義覚、弟子二語テ云ク、「我レ、一夜二心
経ヲ誦スル事、<u>一万返</u>也。其レニ、夜前、心経ヲ誦セル間、目ヲ開
テ見ルニ、室ノ内ノ四方光リ曜ク。我レ『奇異也』ト思テ、室ヨリ
出デ、廻テ見ルニ、内二光リ無シ。返テ室ヲ見レバ、戸、皆、閉タ
リ。此希有ノ事也」ト。①

　　《释书·义觉传》大意为：百济僧义觉，渡日后居于百济寺。一夜，因读诵
般若心经而口中放光，被同寺僧慧义发现。翌日，慧义将此事周告诸僧。于
是，义觉向诸僧诉说其诵经显异的经过，众僧嗟叹。通过对比可知，《灵异记》
上卷第 14 则、《今昔物语集》卷十四第 32 则和《义觉传》三者的内容与语序并
无明显差异，但两处细节差异不容忽视。其一，《灵异记》与《义觉传》中分别见
"同寺僧慧义"和"同寺慧义"（画波浪线处），但《今昔物语集》无对"慧义"的记
载，仅见「同寺ニ一人ノ僧有テ」（画波浪线处）；其二，《灵异记》与《义觉传》中
义觉的诵经次数分别为"一百遍许"和"百许遍"（画波浪线处），但《今昔物语
集》记作"一万返"（画波浪线处）。此两处区别说明：相较于《今昔物语集》卷
十四第 32 则，《义觉传》更有可能参照《灵异记》上卷第 14 则。进一步比勘《灵
异记》故事与《义觉传》的语言表述，可发现两者颇多相似之处。如"住难波百
济寺·居难波百济寺""身长七尺，广学佛教·身长七尺，博究佛乘""光明照
耀·光曜赫如""开通如前·通洞如先""即是心波若经不思议也·是般若不思
议之力也"等（画横线处）。又如义觉之语："诵心经一百遍许，然后开目，观其
室里，四壁穿通，庭中显见"与"诵经百许遍，开目视室，四壁空洞，庭外皆见"
（画横线处）亦极为相似。综合上文可以认为，《义觉传》是对《灵异记》上卷第
14 则《僧忆持心经得现报示奇事缘》的内容在节略基础上的整体征引。
　　总体而言，《释书》传部共 153 传从《法华验记》、往生传、《沙石集》和《日
本灵异记》等佛教故事集中征引了佛教故事。在《释书》传部已确定文献来源
的 266 传中占比超过半数，在《释书》传部共 416 传中占比逾三分之一。可见，
数量繁多的佛教故事集构成了《释书》传部文献来源的主流。

---

① 　馬淵和夫校注：『今昔物語集』，新编日本古典文学全集第 35 卷，第 484 頁。

五、传部的编撰与不足

(一)传部十科的编排与设立

综合以上各节所考,并结合本书附录二"《元亨释书》文献来源表",可确定《释书》传部判明全部文献来源的僧传共计 233 传;判明部分文献来源的僧传共 33 传,合计 266 传,于全部 416 传中占比约为 64%。现就《释书》传部所征引文献于传部十科的编排,列表如下(表 4-10):

表 4 10 《释书》传部所征引文献的编排情况①

	传智	慧解	净禅	感进	忍行	明戒	檀兴	方应	力游	愿杂	合计
六国史史料	10(5)	85(27)	22(0)	111(1)	14(0)	10(2)	19(2)	9(1)	29(15)	107(18)	416(71)
《扶桑略记》	10(5)	85(8)	22(0)	111(21)	14(1)	10(2)	19(3)	9(3)	29(6)	107(8)	416(57)
别传行状	10(3)	85(6)	22(4)	111(3)	14(0)	10(2)	19(0)	9(2)	29(0)	107(1)	416(21)
《法华验记》	10(1)	85(2)	22(0)	111(32)	14(3)	10(2)	19(1)	9(1)	29(0)	107(31)	416(71)
往生传类	10(0)	85(7)	22(0)	111(19)	14(5)	10(1)	19(4)	9(2)	29(2)	107(29)	416(69)
《日本灵异记》	10(1)	85(0)	22(0)	111(2)	14(0)	10(0)	19(1)	9(1)	29(1)	107(0)	416(6)
《沙石集》	10(0)	85(4)	22(3)	111(3)	14(0)	10(0)	19(0)	9(0)	29(0)	107(0)	416(10)

由表 4-10 大致可归纳出上述诸种文献于《释书》传部十科的编排原则。首先从数量上来分析。《释书》传部征引最多的文献为六国史史料和《法华验记》,二者同为 71 传,其后依次为:往生传文献(69 传)、《扶桑略记》(57 传)、别传行状(21 传)、《沙石集》(10 传)和《日本灵异记》(6 传)。《法华验记》文献多被编排于《感进科》(32 传)和《愿杂科》(31 传);往生传类文献多被编排入《愿杂科》(29 传)和《感进科》(19 传);国史卒传主要被征引于《慧解科》(27 传),六国史纪年条主要被征引于《力游科》(15 传)和《愿杂科·古德篇》(18 传);《扶桑略记》史料于《释书》传部十科分布最广,以《感进科》收录数量最多,为 21 传;别传行状类文献多分布于《传智科》(3 传)、《净禅科》(4 传)和《慧解科》(6 传)中;《沙石集》故事主要被编排于《慧解科》(4 传)、《净禅科》(3 传)和《感进科》(3 传);《日本灵异记》故事多被征

---

① 括号内数字表示该科征引此种文献的传记数目,括号外数字表示该科的传记总数。

引于《感进科》(2 传)。

通过上文定量分析,可以发现十科主旨与采录文献内容表现出明显的对应性。比如《愿杂科》,该科《古德篇》专收采录六国史纪年条史料而撰写的早期日本僧侣传记,而《王臣篇》《尼女篇》《士庶篇》《神仙篇》和《灵怪篇》则多收往生传和《法华验记》所载关涉僧、俗、男、女及异类的佛教灵验故事。又如《力游科》,收录采自《日本书纪》纪年条而撰写的日本佛教早期传法僧的传记。再如《慧解科》,多录采撷自国史卒传与高僧别传文献而撰写的位居僧纲、才辨纵横的解经僧传记。《感进科》主要收录采自《法华验记》《往生传》《沙石集》和《日本灵异记》等佛教灵验故事而撰写的僧传。《忍行科》则主要收录采自《法华验记》和往生传文献而撰写的舍身弘法的僧侣的传记。笔者认为,这一对应性表明《释书》十科的设置,一方面是模仿梁唐宋三朝高僧传的撰述体例,另一方面是为了满足将各类文献材料吸收统摄于《释书》的需要。据此可进一步认为,师炼在撰述《释书》之前,曾大量收集相关传记文献,经过其对所收集文献的阅读与思考,归纳总结内容相似之处。师炼在模仿《高僧传》《续高僧传》及《宋高僧传》的十门分类体例的基础上,结合日本僧侣传记文献的内容特征,对中国高僧传的十科体例做出调整,设立能够反映日本僧侣传记文献内容特征的十科体例,即传智、慧解、净禅、感进、忍行、明戒、檀兴、方应、力游和愿杂(古德、王臣、士庶、尼女、神仙、灵怪)十科。可以说,《释书》传部十科的设立,是师炼对包括上述诸种文献的日本僧侣传记文献阅读与思考的产物,反映了师炼对日本佛教史和日本佛教特质的理解与定位。《释书》中多处可见师炼对日本佛教特质的定位:"此方纯淑大乘之域"(《愿杂科·神仙篇》)、"况此方大乘醇化之域"(《皇太神宫·论》)、"吾国东方醇淑大乘之疆乎"(《序说志》),等等。"大乘之疆"正是师炼对中世的日本及日本佛教本质的定位。师炼所谓"大乘之疆",不止于上至天皇、下至贱民,涵盖僧俗男女的人间社会,更是容摄人、神、明、冥的,以大乘佛教世界观构建的佛教世界。师炼对日本"大乘之疆"的认识与定位正是《释书》传部十科设立的根本原因。

(二)《元亨释书》传部的文献处理方式与史料采录倾向

1. 文献处理方式

前文诸节中,笔者将《释书》对文献的征引分为整体征引与部分征引两大类进行了考察,此种分类稍显粗糙,不能细致反映《释书》对文献征引的具体特征,故本节就《释书》对文献的整体征引与部分征引中表现出的共通性处理方式进一步归纳如下:

(1)缩略删节与调整语序。在可供参考的传主文献较少或仅存一种的情况下,《释书》主要通过对原文缩略删节或调整语序以征引文献,构建传文。此种方式主要表现在整体征引的过程中。

1)缩略删节。缩略删节,主要指对原文内容的节略引抄,是《释书》僧传对文献处理的主要方式。经过对原文的缩略删节,《释书》僧传较原文行文运笔更为简练,保留了原文的主干内容和主要情节,而原文的细节性内容多被删节。此种方式的运用普遍地存在于《释书》对各种文献整体征引的过程中。具体实例可参看本节第四小节所举征引自《法华验记》的《圆善传》《海莲传》以及本节第一小节所举采录自六国史史料的《长训传》《丰国传》等。另外,采自往生传的《成意传》和《济源传》,采自《日本灵异记》的《行善传》皆属此类。

2)调整语序。调整语序,是指《释书》以一种文献为蓝本,依据一定的书写模式,调整前后语序,重构传文。此种方式亦较为普遍,多见于《释书》对别传行状类文献、《法华验记》、往生传以及《日本灵异记》所收佛教故事的整体征引中。本节第三小节所举采录自别传类文献的《皇庆传》就属此类。另外,采自往生传的《良源传》《证如传》《性信传》《亭子亲王传》《清和天皇传》及《三善为康传》,采自《法华验记》的《睿实传》和《阳胜传》,采自《日本灵异记》的《义觉传》和《慧胜传》皆属此类。

(2)糅合连缀。《释书》传部对文献的部分征引,是指围绕同一传主从两种或两种以上的文献中采录相关材料,通过对材料的有机编排构建传文。在这个过程中,《释书》主要以对多种材料的糅合连缀以构造传文。下文以《释书·道昭传》为例说明之。

E(释道昭。世姓船氏,内州丹北郡人也。居元兴寺,有戒行誉。)A(白雉四年癸丑五月,奉敕从遣唐使小山长丹泛海。缁侣同志者,道严等一十有三人。到长安,谒三藏玄奘),即高宗永徽四岁也。藏谓诸徒曰:"此子多度人矣,汝等莫以外域轻之,加意诱诲。"

B(又告曰:"我往西天,食绝路又无人家,殆入死地。偶一沙门以梨子与我。我啖之,气力复生,渐达竺土。其沙门者,汝前身也。故吾怜汝耳。"一日,藏语曰:"经论文博,劳多功少。我有禅宗,其旨微妙。汝承此法,可传东徼。"昭欣惬,修习早得悟解。)又指见相州隆化寺慧满禅师。满委曲开示,谓曰:"先师僧那日:'昔达磨以楞伽经付二祖曰:吾观震旦所有经,唯此四卷可以印心。'"B(业成辞藏,藏以佛舍利经论及相宗章疏付之,亦与一铛子曰:"我自天竺持来,煮物治疾必有神效,故我赠汝。"昭捧承而出。登州众人多病。昭试以铛烹粥或煎水,与之。病者无不愈。解缆发舶,风波俄恶,船不进留,滞七日夜。一舡皆曰:"海神之所为也。"卜曰:"海神要物。"船人谋曰:"恐铛子也。"昭曰:"三藏灵器,远从佛国,不可失也。"诸人白曰:"宁一铛子博众命乎?"昭不得已,以铛入海,应时风止波恬,归帆如飞,还本邦。)又止元兴寺切谕导,此土始闻八五三二之旨。B(又游诸州事行化,国人崇之。后于元兴寺东南隅别营禅苑,从昭学禅者多矣。昭禅坐之间,或三日一起,或七日一飧,或暮夜两牙放光读经。)文武四年三月,C(澡浴净衣,跌坐绳床。光明盈室,语门人曰:"汝等见光耶?"诸徒曰:"见。"昭曰:"莫妄言!莫妄言!"后夜光透壁照庭松,良久其光指西而去,昭乃逝。)年七十二。D(门弟子思其两牙放光,欲收之,而先为鬼神取去。荼毗后欲取其骨,暴风忽来,骨灰共失。)本朝火葬始于昭。E(昭唱导外勤利济。路傍穿井,诸渡储船。山州宇治之大桥,昭之创造也。昭传来经籍若干,藏禅院。元明帝移都平城,昭之徒奏于新京建禅院,所谓平城右京禅院也,经书又藏于此。)①

上文为日本法相宗开祖道昭的传记。笔者分别以 A、B、C、D、E 标记五种文献,并以括号区别五种文献。《道昭传》共采录五种文献,是在对五种文献剪裁编辑基础上糅合而成的。此五种文献分别为:

---

① 黑板胜美编:『日本高僧伝要文抄·元亨釈書』,国史大系第31卷,第29頁。

A 采录自《日本书纪》白雉四年五月壬戌条。①

B 共三节内容,采自《扶桑略记》白雉四年件年条。②

C 引自《日本灵异记》上卷第 22 话《勤求学佛教利物临命终时示异表缘》。③

D 引自《扶桑略记》文武四年三月己未条。④

E 姓氏、籍贯、年寿、卒年和传末逸事征引自《续日本纪》文武四年三月己未条卒传。⑤

《道昭传》是通过对上述五种文献精心的采择与编排而撰成的。传文的 C 部与 D 部,即分别引自《日本灵异记》和《扶桑略记》的道昭入灭时的神异情节,是为了强调道昭作为高僧的"证明"。毕竟,临终显异是对高僧毕生修行道果的最后检证。另外,传中所见三处波浪线所示文段皆出处不明。第一处记载道昭将《楞伽经》传入日本,意在强调日本佛教早期有道昭传禅之事;第二处是指道昭将玄奘所撰《成唯识论》初传日本,意在褒扬其对法相宗、唯识宗发展所做历史贡献;第三处说明道昭开日本人火葬之先河,意在记录这一佛教史事。在《释书》对文献的部分征引中,此种糅合熔铸诸种文献构建传文的处理方式运用最为普遍。如《行基传》文献分别引自《法华验记》卷上第 2 则《行基菩萨》和《扶桑略记》天平十七年正月乙卯条;《尊意传》分别引自《尊意赠僧正传》《北野天神缘起》和《僧纲补任》;《鉴真传》分别引自《唐大和上东征传》、《续日本纪》天平宝字二年八月朔日条、《扶桑略记》天平胜宝六年正月丙寅条和《扶桑略记》天平宝字七年五月六日条;《成寻传》参照《续本朝往生传》第 33 则《同定基》和《参天台五台山记》第 5 卷、第 7 卷;《觉超传》分别参照《续本朝往生传》第 10 则《权少僧都觉超》和《沙石集》卷十本(八)「証月房遁世の事」;《桓舜传》分别参照《续本朝往生传》第 11 则《权大僧都桓舜》和《沙石集》卷一(七)「神明は道心を貴び給ふ事」。此种编撰方式亦多见于征引六国史与《扶桑略记》纪年条撰写的僧传

① 黒板勝美编:『日本書記・後篇』,国史大系第 1 卷下,第 253 页。

② 黒板勝美编:『扶桑略記・帝王編年記』,国史大系第 12 卷,第 54 页。

③ 出雲路修校注:『日本霊異記』,新日本古典文学大系第 30 卷,第 217 页。

④ 黒板勝美编:『扶桑略記・帝王編年記』,国史大系第 12 卷,第 70 页。

⑤ 黒板勝美编:『続日本紀』,国史大系第 2 卷,第 5 页。

中。如《净达传》,分别由《扶桑略记》与《续日本纪》中各引一条纪年条缀合而成。

2. 史料采录倾向

儒家史学撰述强调"实录",即重视采撷史料的"史实性"。若从"史实性"的角度而言,国史卒传和别传行状最为可靠,应优先征引,而《法华验记》及《日本灵异记》等佛教故事应当尽量少用。但通过上文所考,我们可以发现师炼所采录的文献大部分源于《法华验记》、往生传等"释氏辅教之书",史实性匮乏。师炼处理文献的方式也表现为随意地剪裁,自由地组合编排,以熔铸缀合为新的僧传。所以,师炼对于国史卒传、《法华验记》乃至《日本灵异记》等文献,并未以"史实性"的标准刻意地甄选并区分其优劣主次,而是都将其视为"信史"并根据撰述的需要选择征引。另一方面,师炼更倾向于采录佛教灵验故事,且对佛教故事的征引数量最多。究其原因,笔者认为主要有两点:首先,对于以佛法弘扬者自居的师炼而言,佛教灵验故事都是真实不虚的"历史事实",是曾经发生过的历史事件。这些佛教故事集中采录了大量的佛教故事。故事的主要人物或为俗众男女,或为游历于民间布教、半僧半俗的自度僧,或为驱使鬼神的山林修行僧。发生在他们周围的佛教灵验故事,大多流传于民间,带有浓郁的民俗色彩,在客观上反映了日本各个时期的民俗信仰和庶民佛教的传播实态①。其次,佛教灵验故事的内容以反映因果报应、轮回转生等佛教基本教义为主旨,尤其强调恶者恶报与现报,最能警诫世人,对于传播佛教义理有最直接的感染力和教化作用,是传道弘法最好的材料、确信无疑的"史料"。

(三)《释书》传部编撰的局限与不足

《释书》传部编撰的局限与不足主要表现在两个方面:

其一,僧传篇幅长短不一,参差不齐。《释书》传部共收 416 传,但传与传的篇幅差距悬殊。如全书篇幅最长的《净禅科·圆尔辨圆传》独占卷七整卷的篇幅,共约 4478 字,而篇幅最短的《力游科·道荣传》全传仅 9 字:"释

---

① 详细参考佐々木孝正:「『日本霊異記』にあわられた聖と勧進」,『仏教民俗史の研究』,名著出版,1987 年版,第 55–68 页;佐々木孝正:「『本朝法華験記』に見る持経者について」,『仏教民俗史の研究』,名著出版,1987 年版,第 4–19 页;佐々木孝正:『往生伝にあらわれた聖について』,『仏教民俗史の研究』,名著出版,1987 年版,第 39–42 页。

道荣,唐人,尤善梵呗。"①《释书》僧传参差不齐的篇幅使得十科僧传显得杂乱无章、不够整齐。笔者认为,主要是两方面原因造成的。首先,传记的长短不均源于师炼对文献的主观取舍与编排,这一取舍编排或出于其宗派之见,或出于对先行佛教史籍的故意无视与摒弃。关于师炼的宗派意识,一方面师炼不拘于宗派与寺院,广泛收集资料,表现出欲撰述"全史""通史"的志向;另一方面又处处可见其对自身所属宗派的回护和偏重。如同属禅宗,曹洞宗开祖《道元传》全文仅 105 字,而临济宗开祖《荣西传》就达 4750 余字。同属临济宗,师炼所属圣一派开祖《圆尔辨圆传》独占第七卷整卷的篇幅,在第七卷卷末又设"论曰",以多达 3700 余字反复论证圆尔辨圆带回日本的《佛法大明录》并非无准师范所授,未免烦琐冗杂。而佛光派派祖《无学祖元传》也有 2800 余字,大觉派派祖《兰溪道隆传》也有 1300 余字。可见,僧传篇幅的长短反映出师炼偏重自门派的宗派意识。关于师炼对先行佛教史籍的无视,主要是指师炼对中国僧人思托撰《延历僧录》和东大寺凝然撰《三国佛法传通缘起》等日本先行佛教史籍的故意无视和弃而不用。比如日本法相宗第三祖智凤,上述两部佛教史籍都极为重视智凤传记的编撰,但《释书·智凤传》全传却仅以 17 字概述,这实为对先行日本佛教史籍的故意无视②。对先行史料的弃而不用缩小了材料来源范围,令史料考证缺乏客观全面,也造成传文的"史实性"缺乏。其次,诸如《道荣传》等收录于《力游科》与《愿杂科·古德篇》的僧传,其篇幅短小的原因也在于史料的缺乏。师炼多次在《释书》的"赞曰"中感叹僧传文献的匮乏:"大率延历前诸师,时远而迹没,才留感应而见蠹简残编也。惜乎! 止于此焉。"③"予求训祥事而不得,虽搜索之不至。惜乎! 古记之残缺也。"④可见,《道荣传》的残缺不全并非师炼有意为之,盖是由于撰述当时就难以觅得相关文献,师炼不忍埋没其名故不得已仅留数字于史册之中。

其二,"史实性"不足。《释书》僧传缺乏史实性和史料价值,这一观点为学界广泛认同。战前的历史学者白石芳留就从文献比勘的角度,通过严密

---

①　黑板胜美编:『日本高僧伝要文抄·元亨釈书』,国史大系第 31 卷,第 232 页。

②　直林不退:「『元亨釈书』の先行史书観」,『龍谷史壇』100 号,1992 年 11 月。

③　黑板胜美编:『日本高僧伝要文抄·元亨釈书』,国史大系第 31 卷,第 134 页。

④　黑板胜美编:『日本高僧伝要文抄·元亨釈书』,国史大系第 31 卷,第 30 页。

的史料考证指出《释书》僧传中的多处撰述错误。白石在《续禅宗编年史》一书中列举出《释书》传部所收《达摩传》《道昭传》和《荣西传》等共计86传中所载年代与史事的舛误①。大隅和雄先生也认为："除去与《释书》同时代的僧传，《释书》所引原始性史料极少，史料价值很低。"②笔者认为，上述观点产生的原因主要有三：第一，《释书》采录并吸收了大量的佛教故事，且书中随处可见出于宣佛目的而对佛教神异情节的描写渲染。第二，师炼不以史实性为文献的甄选标准，对别传、国史以及佛教故事等毫无区别地剪裁征引，相当多的僧传由采自两种以上文献的材料杂糅改写而成。这势必破坏《释书》僧传史料的参考价值。第三，《释书》所载某些佛教史事过于荒诞，实属臆造杜撰。比如《达摩传》所载达摩与圣德太子片冈山相遇之事；《善无畏传》所载善无畏传密法于日本；《圣德太子传》所载"圣德太子南岳慧思后身说"；等等。

就"史实性"与传记本身所具教化作用，师炼无疑更重视后者。师炼所关注的并非"史实"本身，而是"史实"所呈现的意义，以及这种意义所承载的价值判断与教化功能。我们不能以纯粹史学的观点苛求《释书》传记的史实性。儒家史书尚且处处渗透着撰史者的政治教化与价值评判，更何况具宗教背景的禅僧师炼。毕竟，"史实"永远是相对的。

第二节　表部的编撰与文献来源

关于《资治表》的体例与内容，笔者已于第三章第二节详细考察过。《资治表》是在吸收借鉴《春秋》经传体例与经学内涵的基础上撰成的。本节将从结构编排和文献来源对《资治表》的编撰做进一步的研究。

---

① 白石芳留：『統禅宗編年史』，酒井本店，1943年，581–585頁。
② 大隅和雄：「『元亨釈書』の仏法観」，『金沢文庫研究』，第271号，1983年9月。原文曰：「著者の同時代の僧伝を除けば一次的な史料は極めて少なく、史料的価値が低いことは否めない。」

一、《资治表》的结构编排

正如《资治表》序文所言"窃见皇朝之德化,且托佛乘之翼佐","皇朝"与"佛乘"构成了《资治表》撰述主旨:既宣扬"皇朝",日本皇室之权威与国体的独立,又强调"佛乘"即大乘佛法于治国安邦、辅佐朝政的至高地位,两者相辅相成。这一主旨决定了《资治表》是一部政治意味很强的编年体史作,也直接影响了《资治表》结构的形成,表现在《资治表》的年代起始和时代划分两个方面。

(一) 年代起始

《资治表》共 7 卷,所载史事始于钦明天皇元年(539),终于顺德天皇承久三年(1221)七月辛卯,前后共历 682 年,载 51 代天皇史事。《资治表》的起始年代设置反映了其编撰主旨。以钦明天皇元年为历史叙述之起点,是由于佛教最初于钦明天皇十三年传入日本。又由于《资治表》之主旨在于揭示佛法与王法共生共荣、相得益彰这一内在历史规律,故以佛法传入时在位天皇之即位元年为历史叙述的起点。至于《资治表》为何终于承久三年,则要联系相关历史背景加以分析。顺德天皇承久三年,围绕天皇皇位继承问题,后鸟羽天皇与镰仓幕府发生军事斗争,这场斗争以后鸟羽天皇为代表的公家势力的失败而告终,史称"承久之乱"。其后,镰仓幕府不仅废除怀成亲王之皇位,更是将后鸟羽天皇、土御门天皇、顺德天皇及其多位皇子流放边土,完全把持了天皇皇位的继承权。武家政权以下犯上的野蛮行径与《资治表》的"尊皇"主旨背道而驰,师炼对此愤懑不平故终笔于此。师炼此举是对孔子因"西狩获麟"而断笔《春秋》的刻意模仿。孔子因瑞兽麒麟被俗众猎获而感伤"王道"之不存,故而绝笔《春秋》于哀公十四年;师炼则愤懑于幕府击败朝廷令天皇威信尽失而终笔《资治表》于承久三年。

(二) 时代划分

《资治表》被以 7 卷的篇幅,分别编排于《释书》之卷二十至卷二十六,且各卷篇幅详略各异。这种结构安排亦为师炼撰述主旨所要求。现将《资治表》各卷的时代划分、篇幅详略表示如下(表4-11)。

表 4-11 《资治表》各卷的排列情况

	时代划分	在位天皇	天皇代数	年数	字数
《资治表》一 (《释书》卷二十)	钦明元年至皇极四年(大化元年)(539—645)	钦明天皇至皇极天皇	七代	107 年	8724 字
《资治表》二 (《释书》卷二十一)	大化二年至和铜七年(646—714)	孝德天皇至元明天皇	七代	69 年	8640 字
《资治表》三 (《释书》卷二十二)	灵龟元年至天平宝字八年(715—764)	元正天皇至淳仁天皇	四代	50 年	9022 字
《资治表》四 (《释书》卷二十三)	神护元年至嘉祥三年(765—850)	孝谦天皇至仁明天皇	七代	86 年	10 070 字
《资治表》五 (《释书》卷二十四)	仁寿元年至天庆九年(851—946)	文德天皇至朱雀天皇	七代	96 年	7476 字
《资治表》六 (《释书》卷二十五)	天历元年至应德三年(947—1086)	村上天皇至白河天皇	十一代	140 年	9422 字
《资治表》七 (《释书》卷二十六)	宽治元年至承久三年(1087—1221)	堀河天皇至顺德天皇	十二代	135 年	8010 字

　　通过对比可知,在七卷《资治表》中,《资治表》二、《资治表》三和《资治表》四的记叙相较于其他四卷更为详细。其中,尤以《资治表》三,即灵龟元年至天平宝字八年这段时期的历史叙述最为详细,虽仅有50年的跨度,却以9022字的篇幅记述。《资治表》二、《资治表》三和《资治表》四所载历史时期分别涵盖了"大化革新"后半个世纪、奈良前中期和平安初期三个时期。以"大化革新"为标志,以圣德太子为代表的日本皇室推进改革,从文化、政治和宗教等方面全方位吸收隋唐文明,试图建立中央集权式的律令制国家。奈良至平安初期正是日本大量派遣遣唐使,通过吸收大陆的佛教文化与政治思想,建立以天皇为顶点的律令制国家的时期。在这三个时期的大部分时段里,天皇掌握着朝廷实权,其权威得到维护;国家佛教深受皇权的庇护并日益蓬勃发展,佛教各项制度得以确立并完善。与此相对应的是,记载时期大致相当于摄关期和院政期的《资治表》六和《资治表》七,于各部中记载最为简略。究其缘由,一方面是这一时期多数时间皇权旁落,或为藤原外戚掌控,或为武家幕府把持;另一方面与以南都北岭为代表的显密佛教的贵族

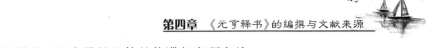

化与世俗化所带来的国家佛教整体的停滞与衰颓有关。

《资治表》对各个时期用笔着墨的详略之差,即对奈良初期至平安初期共 136 年史事的详述(《资治表》三、四)与对摄关期至镰仓初期约 275 年历史的略写(《资治表》六、七),正是《资治表》"窃见皇朝之德化,且托佛乘之翼佐"这一撰述主旨的反映。师炼幼时蒙受龟山法皇的恩宠,受龟山法皇"倒幕"思想的影响,实现"王道复古",恢复以天皇为顶点的政治秩序是师炼理想中的政治形态。

二、《资治表》的主旨与文献来源

主旨与选材是一部作品成立的两个基本要素。主旨是指撰述者的撰述意图,是作品的灵魂,通过作品的选材与内容表现出来;选材则是指撰述者根据撰述主旨从众多文献材料中筛选取舍最符合主旨的史料。主旨立意的深远与否关系到撰述质量的高低,而选材的恰当与否则直接影响到作品撰述主旨能否准确表达。"皇朝"与"佛乘"构成了《资治表》撰述的主旨:既宣扬"皇朝"即日本皇室之权威与国体的独立,又强调"佛乘"即大乘佛法于治国安邦、襄辅朝政的至高地位。这一主旨既影响了《资治表》的结构划分,也直接影响了其对撰述文献的选取倾向。《资治表》的撰述不是随意地对六国史等史料逐条摘抄与堆砌,而是在统一的撰述主旨下,有针对性地筛选史料,模仿《春秋》经传体例编纂而成。《资治表》自始至终都渗透着师炼的撰述主体性和选择性,那么,他又是如何选择史料编撰文献的呢?

(一)对六国史的征引

六国史为成书于日本奈良时代至平安时代前期的六部官修正史,分别为《日本书纪》《续日本纪》《日本后纪》《续日本后纪》《文德实录》和《三代实录》。由于史料来源可靠,故其具颇高的权威性与史料利用价值。《资治表》的撰述就大量征引了六国史史料。《资治表》从开篇之钦明天皇元年(539)至光孝天皇仁和三年(887)(《三代实录》最后一年),都是以六国史为主要参考文献编撰的。《资治表》对六国史的征引内容以佛教史事为主,包括天皇行幸寺院、举办法会、建寺造塔和颁布敕令文书等。如《资治表》天武天皇六年条就记载天皇行幸飞鸟寺一事。这一史事引自《日本书纪》天武天皇六年八月十五日条史料。分别摘录如下:

《日本书纪》天武天皇六年八月十五日条：

> 八月辛卯朔乙巳。大设斋于飞鸟寺，以读一切经。便天皇御寺南门而礼三宝。是时，诏亲王、诸王及群卿。每人赐出家一人。其出家者不问男女长幼，皆随愿度之。因以会于大斋。①

《资治表》天武天皇六年条：

> （表文）六年。春。夏。秋八月转大藏于飞鸟寺。天皇幸之。大度人。冬。
>
> （传文）六年。八月，设斋会于飞鸟寺，读大藏。帝幸南门礼佛，诏诸王公卿，各赐度者一人。因此，贵族之中剃发之者多矣。②

可见，《资治表》是在模仿《左传》以事解经的方法于表文中先录史事，再于传文中征引更多的细节内容详细铺陈。《资治表》也大量征引六国史中关于天皇颁布的关涉佛教制度的诏令文书。试举一例如下：

《续日本纪》神龟二年九月壬寅条：

> 九月壬寅，诏曰："朕闻，古先哲王，君临寰宇。顺两仪以亭毒，叶四序而齐成。阴阳和而风雨节，灾害除以休征臻。……战战兢兢，夕惕若厉。惧一物之失所，眷怀生之便安。教命不明，至诚无感。……始今月廿三日一七日转经。凭此冥福，冀除灾异焉。"③

《资治表》圣武天皇元年条：

> （表文）元年，九月度人转经。
>
> （传文）神龟元年，九月壬寅，诏曰："朕闻，古先哲王，君临寰

---

① 黒板勝美编：『日本書紀』，国史大系第 1 卷下，第 345 页。
② 黒板勝美编：『扶桑略記・帝王編年記』，国史大系第 12 卷，第 311 页。
③ 黒板勝美编：『続日本紀』，国史大系第 1 卷下，第 104 页。

宇。顺两仪以亭毒,叶四序而齐成。阴阳和而风雨节,灾害除而休祥臻。……战战兢兢,夕惕若厉。惧一物之失所,眷怀生之便安。教命不明,诚信无感。……始今月二十三一七日之间转经修励。凭兹胜利,冀攘灾异。"①

天皇敕命转经消灾,令转经法会成为国家性的赈灾仪式。弘扬佛教已成为消除灾异、治国安民的国家政策,将天皇之崇佛诏令编入《资治表》正是为强调日本为"皇朝"与"佛乘"融合统一的"大乘佛国"。

(二)对私撰国史的征引

六国史的最后一部,即《三代实录》于延喜元年(901)八月被呈递朝廷之后,伴随着律令制解体,官修国史的编撰日趋式微并走向终结。其后的平安末期至镰仓前期,《日本纪略》《扶桑略记》《本朝世纪》和《百炼抄》等私撰汉文体史籍相继成立。因这些史籍皆成书于私人之手,多以补续六国史为撰述宗旨,且仿六国史编年体例以汉文体撰述,故被称为"私撰国史"。将四部私撰国史之撰者、成书年代等情况列表说明如下(表4-12):

表4-12 四部私撰国史的详细情况

书名	撰者	撰述年代	卷数存佚	记载时代范围
《日本纪略》	不明	不明	共34卷	神代至后一条天皇长元九年(1036)
《扶桑略记》	皇圆	平安时代末期	共30卷(存16卷)	神武天皇至堀河天皇宽治八年(1094)
《本朝世纪》	藤原通宪	久安六年(1150)以后	共47卷	朱雀天皇承平五年(935)至近卫天皇仁平三年(1153)
《百炼抄》	不明	正元元年(1259)至文永十一年(1274)	共17卷(存14卷)	冷泉天皇安和元年(968)至龟山天皇正元元年(1259)

如表4-12所示,四部私撰国史承接六国史,将史事记载的范围扩展至

---

① 黑板胜美编:『日本高僧伝要文抄・元亨釈書』,国史大系第31卷,第29页。

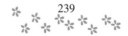

镰仓前期。这无疑为《资治表》编撰六国史以后的史事提供了可参考的史料来源。如上文所考,《资治表》从开篇之钦明天皇元年(539)至光孝天皇仁和三年(887)(《三代实录》最后一年),是大量征引六国史史料撰写的。那么,《资治表》仁和三年之后的史事是否取材于私撰国史呢？就此问题,不妨先引仁和三年(《三代实录》最后一年)至后一条天皇长元九年(1036)(《日本纪略》最后一年)之间的《资治表》史事,将其与《日本纪略》和《扶桑略记》的同年史事对比如下(表4-13):

表4-13 《资治表》与《日本纪略》和《扶桑略记》同年史事对比

《日本纪略·后篇》延喜十年条①	《扶桑略记》延喜十年、十五年条②	《资治表》昌泰皇帝十三年至十八年条③
延喜十年九月日,法皇登天台山。于座主增命房,受灌顶。其次,回心之御受戒,々坛现紫金之光。天子闻之,遣使授增命法眼和尚位	延喜十年……九月廿五日。太上法皇,春秋四十四。幸睿山房。座主法桥上人增命为师,习练护摩之法。兼受五瓶灌顶秘法。……天皇传闻,法皇之随座主和尚受职灌顶,奉敕使右近卫少将藤原俊荫,授以法眼和尚位。法皇手自捧其位记,敬授座主和尚,副献菩提子珠数、鍮石、香炉、唐衲袈裟	(表文)十有三年。春,夏四月,灌佛于宫中。秋九月,道皇灌顶于睿山(传文)延喜十年。九月,上皇禀灌顶于座主增命。帝闻之,授命以法眼和尚位。上皇手捧诏与命,及袈裟、数珠、香炉等
延喜十一年	延喜十一年	十有四年。延喜十一年
延喜十二年	延喜十二年	十有五年。延喜十二年
延喜十三年	延喜十三年	十有六年。延喜十三年
延喜十四年	延喜十四年	十有七年。延喜十四年

---

① 黑板胜美编:『日本紀略後篇·百錬抄』,国史大系第11卷,第15页。
② 黑板胜美编:『扶桑略記·帝王編年記』,国史大系第12卷,第179-182页。
③ 黑板胜美编:『日本高僧伝要文抄·元亨釈書』,国史大系第31卷,第360页。

续表 4-13

《日本纪略·后篇》延喜十年条	《扶桑略记》延喜十年、十五年条	《资治表》昌泰皇帝十三年至十八年条
无同年条	延喜十五年……同年秋月，天下疱疮。……主上圣体不豫，请座主法眼和尚位增命，令护玉宸。敕曰："头痛身热，不可堪忍。"和尚合眼祈祷，香炉续烟，念诵连声，热恼忽散，圣体安慰	（表文）十有八年。春。夏，释增命愈天皇疾。秋。冬（传文）延喜十五年。天下弃疮，帝患之。召命法师加之，乃愈

表 4-13 说明了在延喜十年（910）至延喜十五年（915）间，《日本纪略》《扶桑略记》和《资治表》的史事载录情况。除延喜十年条三者共载同一史事之外，其余各年中只有《扶桑略记》与《资治表》表现出了载录史事的一致性。仔细比较内容行文可以发现，《资治表》延喜十年至十五年间的史事皆是对《扶桑略记》史料节略基础上的抄录，并未参考《日本纪略》。故本书将考察范围集中于《扶桑略记》《本朝世纪》和《百炼抄》并做如下考证：

1.《扶桑略记》

《扶桑略记》为一部载录自神武天皇至堀河天皇宽治八年（1094）三月二日史事的私撰编年体史书，约成书于平安时代末期。撰者为僧人皇圆。全书共三十卷，现仅存卷二至卷六、卷二十至卷三十共十六卷，另亦存有卷一以及卷七至卷十四的抄本，皆收录于新订增补国史大系第十二卷。

由于今本《扶桑略记》仅存十六卷，桓武天皇元年至淳和天皇十年、仁明天皇元年至同嘉祥三年、文德天皇元年至同天安二年和清和天皇元年至光孝天皇仁和三年四个时期，《扶桑略记》史料全部散佚，故无法考证《资治表》对《扶桑略记》全书的征引情况。前文已有所论及，在《释书》的编撰期间，《扶桑略记》的完本已存世①。故联系到《释书》传部对《扶桑略记》的征引情况，可推测《资治表》对《扶桑略记》的史料征引贯穿于《扶桑略记》全书，即

---

① 平田俊春：『扶桑略記逸文』，『防衛大学校紀要』人文社会科学編第 1 号，1956年 3 月。

始于开篇之钦明天皇元年(539),终于堀河天皇宽治八年(《扶桑略记》最后一年)。就此问题,可从以下三个方面进行考证:

(1)《资治表》光孝天皇仁和三年至堀河天皇宽治八年间史事对《略记》的抄录。

首先,引光孝天皇仁和三年(887)(《三代实录》最后一年)至堀河天皇宽治八年(1094)(《扶桑略记》最后一年)之间的《资治表》史事,并与《扶桑略记》同年史料对比如下(表4-14):

表4-14 《资治表》与《扶桑略记》同年史事对比

《扶桑略记》宽仁三年至万寿三年条①	《资治表》宽仁皇帝三年至十年条②
宽仁三年己未三月朔,日蚀。廿一日,太政大臣道长依病出家。……九月廿九日,入道大相国于东大寺受戒	(表文)三年。春三月,太相国藤道长剃发。夏。秋九月,受戒于东大寺。大僧正庆圆寂。冬十月,僧正济信加大 (传文)宽仁三年。九月,藤相国出家受戒
宽仁四年……十月日,大相国于天台山延历寺,回心受戒	(表文)四年。春三月,大僧正济信听牛车。夏。秋七月,僧正明救寂。冬十月,道相受戒十于睿山 (传文)宽仁四年。三月,济信许牛车。沙门牛车自信始
治安元年	(表文)五年。二月丁未改元治安。夏。秋。冬 (传文)治安元年。二月初二改
治安二年……七月十四日,入道大相国道长供养法成寺金堂。……是日,天皇行幸,春宫三后同以行启	(表文)六年。春。夏。秋七月,道相庆法成寺。天皇幸之。定朝得法桥上人位。冬 (传文)治安二年。七月十四,道相落庆法成寺。帝率后妃太子百僚幸寺
治安三年……十月……同十七日丁丑。入道前大相国诣纪伊国金刚峰寺,则是弘法大师庙堂也。路次拜见七大寺并所々名寺	(表文)七年春。夏。秋。冬十月,道相上高野山。十有二月,僧正深觉加大 (传文)治安三年。十月,道相诣金刚峰寺,取路南京礼谒七大寺

① 黑板胜美编:『扶桑略記·帝王編年記』,国史大系第12卷,第272–280页。
② 黑板胜美编:『日本高僧伝要文抄·元亨釈書』,国史大系第31卷,第374页。

续表4-14

《扶桑略记》宽仁三年至万寿三年条	《资治表》宽仁皇帝三年至十年条
万寿元年	（表文）八年春。夏。秋七月庚戌改元万寿。冬（传文）万寿元年七月二十改
万寿二年	九年。万寿二年
万寿三年。丙寅正月十九日。太皇大后落华簪为尼……五月廿九日。大僧都心誉给封七十户。圣主御药之间，依加持验，抽赏其功	（表文）十年。春正月，太皇太后落髲。夏五月，释心誉赐封户。秋。冬（传文）万寿三年。正月，太后上东门院出家。五月，心誉封七十户也。

　　通过上文对比，可认为《资治表》宽仁皇帝三年至十年条是在参考《扶桑略记》宽仁三年至万寿三年条史料的基础上，补充僧侣封赏与僧职任命等史事（画波浪线处）撰写而成的。通过进一步考证，可确定对僧侣的朝廷封赏、僧职任命等的补写内容抄录自《僧纲补任》。如《资治表》宽仁皇帝三年条之"冬十月，僧正济信加大"、宽仁皇帝四年条之"春三月，大僧正济信听牛车"和"冬十有二月，大僧正济信、深觉、赐封户"抄录自《僧纲补任》[1]。以此种方法逐年比勘，可以发现光孝天皇仁和三年（887）（《三代实录》最后一年）至堀河天皇宽治八年（1094）（《扶桑略记》最后一年）之间的《资治表》史事是以《扶桑略记》史料为主要文献来源，综合辑录《僧纲补任》等文献撰写而成的。

　　（2）《资治表》钦明天皇元年至光孝天皇仁和三年间史事对《略记》的引抄。如上文所考，《资治表》开篇之钦明天皇元年（539）至光孝天皇仁和三年（887）（《三代实录》最后一年）间的史事，是以六国史为主要参考文献编撰的。《资治表》在主要参考六国史史料的同时是否也抄录《扶桑略记》的文献呢？试举一例说明如下（表4-15）：

---

① 平林盛德编：『僧暦総覧』，笠間書院，1976年版，第201頁。

表 4-15 《资治表》与《续日本记》和《扶桑略记》同年史事对比

《续日本纪》和铜三年至和铜六年条①	《扶桑略记》和铜三年至和铜六年条②	《资治表》元明皇帝三年至六年条③
和铜三年。三月辛酉,始迁都于平城	和铜三年庚戌三月辛酉日,始迁都于平城。从难波宫,移御奈良京。定左右京条坊。同月,右大臣藤原朝臣不比等,于大和国平城京始建兴福寺金堂。先是,大织冠内大臣,由苏我入鹿诛害事,发愿奉造金色释迦丈六像一躯,挟侍菩萨二体。其后,天智天皇八年己巳冬十月,大织冠枕席不安之比,忽构伽蓝,安置件像。内大臣薨之后,所移起也。同年,移立大官大寺于平城京	(表文)三年。春三月辛酉,迁都于和州平城。右仆射藤公建兴福寺。夏。秋。冬,移大官大寺于平城 (传文)和铜三年。三月,从难波迁都奈良。藤公不比等营兴福寺大殿,礼也。其像者,大织冠诛苏入鹿时所誓刻之丈六释迦及二菩萨像也
和铜四年	和铜四年	四年。和铜四年
同年条未载	同年条未载	(表文)五年春。夏。秋。冬十月,修维摩会于兴福寺 (传文)和铜五年。十月,于兴福寺修维摩会。先或陶原殖槻数所,及兴福之建移焉
和铜六年。四月己酉。因诸寺田记错误。更为改正。一通,藏所司。一通,颁诸国	同年条未载	(表文)六年。春。夏四月,作《诸寺田记》。秋。冬 (传文)和铜六年。四月,敕作《诸寺田记》二通。一藏有司,一颁诸寺

---

① 黑板勝美编:『続日本纪』,国史大系第 2 卷,第 38-55 页。
② 黑板勝美编:『扶桑略記・帝王編年記』,国史大系第 12 卷,第 77-80 页。
③ 黑板勝美编:『日本高僧伝要文抄・元亨釈書』,国史大系第 31 卷,第 317 页。

通过对比可以发现，《资治表》元明皇帝三年至六年条的编撰主要是在参考《续日本纪》和铜三年至和铜六年史料的同时，缀辑补录《续日本纪》未载、而《扶桑略记》载录的佛教史事（画横线处）而完成的。值得注意的是，《资治表》元明皇帝五年的史事皆未载于《续日本纪》和《扶桑略记》同年条中，而是源于他书。通过逐年比勘，可以确定《资治表》钦明天皇元年（539）至光孝天皇仁和三年（887）（《三代实录》最后一年）间史事的编撰，是在主要参考六国史史料的同时，综合采录《扶桑略记》等史料糅合编辑而成。

（3）《资治表》中诏敕表奏等文书对《扶桑略记》的征引。《资治表》中载录了多篇由天皇朝廷颁布的关涉佛教制度的诏敕公文和僧侣上奏的表奏文书。其中，以"诏曰""敕曰""宣示天下曰"等形式抄录天皇朝廷颁布的诏书和敕令约 53 篇；以"上表曰""奏曰"等形式征引僧侣之表奏文书约 10 篇。这些诏敕、表奏等公式文书皆采录于六国史和《扶桑略记》，其中相当一部分文书并不载于六国史中，而是直接抄录自《扶桑略记》。如《资治表》元正皇帝五年条传文所载诏令，《续日本纪》未载，但《扶桑略记》有收录，可认为是《资治表》对《扶桑略记》的直接征引。

《扶桑略记》养老四年十二月廿五日条：

> 十二月廿五日癸卯，敕曰："释典之道，教在甚深。转经唱礼，先传恒规。理事遵承，不须辄改。比者或僧尼自出方法，妄作别音。遂使后生之徒积习成。不肯变正，恐污法门，从是始乎。宜依汉沙门道荣学问僧胜晓等转经唱礼余音并停之。"①

《资治表》元正皇帝五年条传文：

> 十二月，诏曰："真诠佛乘，化在音闻。唱礼转经，元有规矩。比来僧尼，或出私曲妄作别调。后生之辈，惯习成俗。若不变正，恐坏声教。"②

---

① 黑板胜美编：『扶桑略記・帝王編年記』，国史大系第 12 卷，第 83 页。
② 黑板胜美编：『日本高僧伝要文抄・元亨釈書』，国史大系第 31 卷，第 320 页。

对比后可以发现,《资治表》对《扶桑略记》所载诏令表奏等文书的征引方式并非对原文逐字逐句照抄,而是节略基础上的抄录。在征引过程中,《资治表》对原文多施润笔修饰,在保留文意的同时改易文辞,如"比者或僧尼"改为"比来僧尼"等(画波浪线处)。此外,《资治表》圣武皇帝十一年条"诏曰"、同十四年条"是岁诏曰"、孝谦皇帝七年条"庚寅诏曰"、桓武皇帝延历二年条"十一月敕曰"和桓武皇帝七年条"礼部诏曰"等诏文亦不见于《续日本纪》,通过考证可确认其抄录自《扶桑略记》。

综合以上考察,可以认为《资治表》对《扶桑略记》史料的征引利用贯穿于《略记》全书。《资治表》如此重视对《扶桑略记》的征引,是与《扶桑略记》类聚集录佛教史事的内容特征与编年体例密不可分的。

2.《百炼抄》

《百炼抄》为私撰编年体史籍,撰者不明。卷一至卷三散佚,现存仅卷四至卷十七共十四卷,成书时间大致为龟山天皇在位期间的正元元年(1259)至文永十一年(1274)。现存史事的记载始于冷泉天皇安和元年(968)十月,终于龟山天皇即位的正元元年(1259)十二月。记载的内容以京都的天皇、贵族和公卿的活动为中心。编撰文献大量采自公家贵族日记。现存诸本的祖本为嘉元二年(1304)二月二十六日至五月十五日期间,金泽贞显将吉田定房与万里小路宣房持有的写本校订整合而成的金泽文库本(现已不存)。金泽贞显为创设金泽文库的金泽实时之孙,吉田定房与万里小路宣房同属劝修寺流藤原氏一族①。

在讨论《资治表》对《百炼抄》征引这一问题之前,有必要考证清楚《资治表》与《本朝世纪》是否存在征引关系。由于《本朝世纪》记载了朱雀天皇承平五年(935)至近卫天皇仁平三年(1153)间的史事,故而通过将《扶桑略记》最后一年之堀河天皇宽治八年(1094)至《本朝世纪》最后一年之近卫天皇仁平三年(1153)间,共同载录于《资治表》《百炼抄》和《本朝世纪》的史事比照对读,就可以判断《资治表》对后两者的征引关系。在堀河天皇宽治八年至近卫天皇仁平三年期间,虽共历堀河、鸟羽、崇德和近卫四代天皇,但《本朝世纪》仅载录堀河天皇康和二年条和康和五年条共2年史事,以及近

---

① 皆川完一编:『国史大系书目解题』下卷,第305—325页。

卫天皇康治元年至同仁平三年共 12 年史事。可见《本朝世纪》的记载并不连贯,这不免会影响《资治表》对《本朝世纪》史料的征引。就此,引堀河天皇康和四年至长治元年条史事,将三者对比如下(表4-16):

表4-16 《资治表》与《本朝世纪》和《百炼抄》堀河天皇康和四年至长治元年史事对比

《本朝世纪》堀河天皇康和四年至长治元年条①	《百炼抄》堀河天皇康和四年至长治元年条②	《资治表》宽治皇帝十六年至十八年条③
无同年条	(康和)四年……七月……廿一日,尊胜寺供养。八月十八日,皇太后欢子崩小野山庄	(表文)十有六年。春。夏。秋七月,庆尊胜寺,天皇幸之。沙门觉行为特进。八月戊子,道后欢子崩。冬 (传文)康和四年。七月二十一,尊胜寺成。帝幸庆。觉行之特进开眼,尊师赏也
(康和五年)七月……十三日庚寅,晴。太上皇于法胜寺金堂,被奉供养金泥一切经	(康和)五年……七月十三日,太上天皇于法胜寺,供养金泥一切经	(表文)十有七年。春。夏。秋。七月,庆赞大藏经于法胜寺。冬 (传文)康和五年。七月十三,庆大藏经,金书也
无同年条	(长治)元年三月廿四日,行幸尊胜寺。始行灌顶。……八月一日,奉为母后,于弘徽殿,被行宸笔法华八讲	(表文)十有八年。春二月甲寅改元长治。三月,尊胜寺灌顶院成。天皇幸之。夏四月,大僧正隆命,听牛车。秋八月,讲宸书法华于宫中。九月,大僧正隆命寂 (传文)长治元年。二月改元初十也。三月二十四,构灌顶院于尊胜寺,修结缘灌顶。仁右之觉行为大阿阇梨。四月,隆命牛车,依加上皇疾也。八月,宸书妙经,启八讲席

---

① 黑板勝美編:『本朝世紀』,国史大系第9卷,第335页。
② 黑板勝美編:『日本紀略後篇·百錬抄』,国史大系第11卷,第45页。
③ 黑板勝美編:『日本高僧伝要文抄·元亨釈書』,国史大系第31卷,第387页。

通过比勘可以发现，《本朝世纪》与《资治表》史料仅康和五年重合，《本朝世纪》未载录康和四年和长治元年史事。另外，《百炼抄》与《资治表》的记载内容在康和四年至长治元年期间皆有重合。除波浪线处所见僧职任命与封赏等抄录于《僧纲补任》之外，《资治表》所载其余史事皆抄录于《百炼抄》。为令考证更翔实完备，再引近卫天皇久安四年至仁平三年间史事，对比三者如下（表4-17）：

表4-17　《资治表》与《本朝世纪》和《百炼抄》近卫天皇久安四年至仁平三年间史事对比

《本朝世纪》近卫天皇久安四年至仁平三年条	《百炼抄》近卫天皇久安四年至仁平三年条①	《资治表》康治皇帝七年至同十二年条②
同年条无载	（久安）四年……七月十七日，摄政室供养法性寺内新堂	（表文）七年。春。夏四月，大僧正定海寂。六月，讲宸书法华经于鸟羽宫。秋七月，道皇幸法性寺。冬 （传文）久安四年。六月十六，延名德于鸟羽讲上皇亲书经王。七月十七，上皇幸法性寺
（久安五年）三月……廿日壬寅。天晴，今日有御愿延胜寺供养事③	（久安）五年三月廿日，延胜寺供养，行幸	（表文）八年。春三月，庆延胜寺，天皇幸之。夏。秋。冬 （传文）久安五年。三月二十，延胜寺成。皇帝上皇从百僚幸，庆导师行庆
久安六年	久安六年	九年。久安六年
仁平元年 正月廿六日改久安七年为仁平元年④	仁平元年久安七正廿六改元	（表文）十年。春正月戊戌改元仁平。夏。秋。冬 （传文）仁平元年正月二十六改
同年条无载	同年条无载	（表文）十有一年。春三月，僧都觉任寂。夏。秋。冬 （传文）仁平二年。三月初一觉任逝

---

① 黑板胜美编：『日本纪略後篇・百錬抄』，国史大系第11卷，第65-69页。
② 黑板胜美编：『日本高僧伝要文抄・元亨释书』，国史大系第31卷，第393页。
③ 黑板胜美编：『本朝世纪』，国史大系第9卷，第637页。
④ 黑板胜美编：『本朝世纪』，国史大系第9卷，第749页。

续表 4-17

《本朝世纪》近卫天皇久安四年至同仁平三年条	《百炼抄》近卫天皇久安四年至同仁平三年条	《资治表》康治皇帝七年至同十二年条
同年条无载	(仁平)三年……二月十四日,法皇于熊野山供养金泥一切经	(表文)十有二年。春二月,庆赞大藏经于熊野山。夏。秋。冬 (传文)仁平三年。二月,金书大藏庆者,十四也。

通过对比可得出两点结论:其一,《本朝世纪》与《百炼抄》重合部分内容较为一致。其二,《本朝世纪》久安四年条、仁平二年条和仁平三年条皆未载录《资治表》同年条史事,而《百炼抄》久安四年条与仁平三年条内容与《资治表》同年条史事存在重合关系,显然《百炼抄》与《资治表》的内容相似度更高。通过上述两例的考察,可以认为相对于《本朝世纪》,《百炼抄》与《资治表》的内容重合度更高,《资治表》与《本朝世纪》不存在文献征引关系。下文以《资治表》嘉应皇帝二年至八年条史事为例,就《资治表》对《百炼抄》文献的引抄情况逐年对比如下(表4-18):

表4-18 《资治表》与《百炼抄》的史事对比

《百炼抄》嘉应二年至安元二年条①	《资治表》嘉应皇帝二年至八年条②
(嘉应)二年……四月廿日,太上法皇于东大寺受戒	(表文)二年。春。夏四月,太上皇受戒于东大寺。秋。冬 (传文)嘉应二年。四月,上皇受戒,二十一也。
(承安)元年……九月廿一日,兴福寺众徒可参洛之由有其闻,仍长者遣家司兼光制止之。是前下野守信远知行坂田庄之间,害白人。神人诉申此事也	(表文)三年。春。夏四月,乙丑改元承安。秋。九月,停七大寺让受。冬 (传文)承安元年。四月二十一改九月,止七大寺师资让受。依兴福寺众请也

---

① 黑板勝美编:『日本紀略後篇・百錬抄』,国史大系第11卷,第84—95页。
② 黑板勝美编:『日本高僧伝要文抄・元亨釈書』,国史大系第31卷,第396页。

续表 4-18

《百炼抄》嘉应二年至安元二年条	《资治表》嘉应皇帝二年至八年条
(承安)二年……十月……十五日，入道太政大臣于播州轮田滨，修千坛阿弥陀供。上皇去十三日临幸，令修法花法给	(表文)四年。春三月，沙门公显为僧正。夏。秋。冬十月，平太师清盛营法华道场 (传文)承安二年。十月十五，平太师营道场于福原，修法华法，道皇为大阿阇梨
(承安)三年……十月……廿一日。建春门院。御愿最胜光院供养，有行幸	(表文)五年。春。夏。秋。冬十月，庆最胜光院，天皇幸之 (传文)承安三年。十月二十一，皇母建春门院庆最胜光院，帝预会
承安四年	六年。承安四年
安元元年。(承安五七廿八改元)	(表文)七年。春。夏。秋七月，丁未改元安元。冬 (传文)安元元年。七月二十八改
(安元)二年……四月……廿七日，上皇为御受戒，有登山御幸	(表文)八年。春。夏四月，道皇受戒于睿山。秋。冬 (传文)安元二年。七月二十七，上皇受戒延历寺

除波浪线所示睿山台众抢夺明云回山一节引自他书，其余内容皆抄录自《百炼抄》。其中，"沙门公显为僧正"添写自《僧纲补任》；"停七大寺让受"则出典不明。《资治表》对《百炼抄》的征引缺乏连贯性，多处史事记载来源不明，并非逐年抄录，而且所征引史事较为简短。《资治表》是以《百炼抄》所载史事为主，综合性地从他书选取材料糅合缀集而成的。平田俊春认为《百炼抄》所载仁平三年(1153)之前的史事皆抄录自《本朝世纪》，仁平三年(1153)以后的史事采录于劝修寺流日记。平田进一步指出仁安元年(1166)至正治元年(1199)的记录源自吉田经房的《吉记》，正治二年(1200)至仁治三年(1242)的记载源自吉田经房之孙吉田资经的《自历记》①。联系到师炼与东福寺的开山檀越藤原氏九条家的亲密关系，师炼是极有可能通过同属藤原北家的劝修寺流藤原氏，获得流传于公家贵族间的日记文书的。

---

① 平田俊春：『私撰国史の批判的研究』，第 916-1070 頁。

或许师炼也是通过这一途径搜集到《百炼抄》，抄录其中的公家日记撰述《资治表》的。

(四)《圣德太子传历》

《圣德太子传历》由上、下两卷构成，为藤原兼辅于延喜十七年(917)撰成。该书以《日本书纪》记事为基础，综合网罗诸说。书中可见对《四天王寺缘起》《大唐国传戒师僧名记传》《七代记》《历录》及《略录》等古书逸传的摘抄辑录。《资治表》钦明天皇元年至推古天皇三十年的记载中，年代记录等主要史事参照《日本书纪》。但其在敏达天皇七年、八年、十二年，用明天皇二年，崇峻天皇五年，推古天皇元年、三年、四年、五年、十三年、十四年、十五年、十六年、十七年、二十一年、二十三年、二十四年、二十五年和二十九年，连续从《圣德太子传历》抄录《日本书纪》未载的、关涉圣德太子的史事撰写表文和传文。可见，《释书》对圣德太子于日本佛教史中地位与作用的重视。

(五)《释书》僧传

《资治表》的编撰也参考利用了《释书》僧传的传文。如《资治表》天武皇帝四年表文"春三月，沙门智通为僧正"①，《日本书纪》不载此节，但《释书·智通传》见此内容，当为抄录自《释书·智通传》传文："白凤元年三月，为僧正。"②再如《资治表》贞观皇帝六年传文之"此岁，真雅赐辇车"，《三代实录》是年条无载，但重出内容见于《释书·真雅传》传文："贞观六年为僧正，听辇车。"③再如《资治表》孝谦皇帝五年条传文之"胜宝五年正月，鉴真法师从遣唐使伴胡来。真善律学。四月，敕于东大寺建戒坛。上皇登坛受菩萨戒。灵福等旧僧八十人重受"④，抄自《扶桑略记》天平胜宝六年四月条："四月，东大寺建戒坛。天皇登坛受菩萨戒。乃至证修等四百余人，灵福等旧僧八十人，皆重受戒。"⑤同年条传文后半节之"沙门佛哲解音，今兹诏乐部学林邑舞。所谓菩萨舞，拔头舞也"⑥，则与《释书·佛哲传》之"本朝乐部中

---

① 黑板勝美編：『日本高僧伝要文抄·元亨釈書』，国史大系第 31 卷，第 310 頁。

② 黑板勝美編：『日本高僧伝要文抄·元亨釈書』，国史大系第 31 卷，第 230 頁。

③ 黑板勝美編：『日本高僧伝要文抄·元亨釈書』，国史大系第 31 卷，第 65 頁。

④ 黑板勝美編：『日本高僧伝要文抄·元亨釈書』，国史大系第 31 卷，第 329 頁。

⑤ 黑板勝美編：『扶桑略記·帝王編年記』，国史大系第 12 卷，第 102 頁。

⑥ 黑板勝美編：『日本高僧伝要文抄·元亨釈書』，国史大系第 31 卷，第 329 頁。

有菩萨拔头等舞及林邑乐者,哲之所传也"①互文,当源自同一文献。

此外,《荣西传》与《资治表》建历皇帝五年传文、《宽朝传》与《资治表》天禄皇帝十四年传文、《圆珍传》与《资治表》贞观皇帝六年传文等存在互文重出。

三、结语

上文通过对现存文献与《资治表》内容的逐一比勘,笔者将《资治表》所参照史料文献以年代为序制成"《资治表》文献来源"(表 4-19)。

从征引数量与范围而言,《资治表》对六国史史料的征引最为广泛,其次为《扶桑略记》,再次为《百炼抄》、《圣德太子传历》、《僧纲补任》、《释书》僧传和《东大寺要录》。从文献的采录原则与征引方式而言,《资治表》的征引也表现出明显的选择性。首先,重视对六国史史料的征引。《资治表》以六国史所载史事为基础,综合补充《扶桑略记》、《圣德太子传历》、《僧纲补任》和《东大寺要录》等文献。其次,超出六国史载录范围的史事则以私撰国史《扶桑略记》为主要参考,综合补充《僧纲补任》、《释书》僧传等材料撰入表中。最后,超出《扶桑略记》记载范围的史事主要参照公家日记《百炼抄》,并增补《僧纲补任》等材料撰写。《资治表》采录史料内容集中表现在"皇朝"与"佛乘"两个方面:一方面为天皇朝廷颁布诏书敕令、天皇贵族对僧侣的僧职封赏、天皇临幸寺院法会、天皇贵族出家受戒以及建寺造像等;另一方面为僧侣为朝廷祈雨禳灾、为天皇贵族加持愈疾、僧侣就佛教制度设立的表奏文书等。可见,《资治表》对文献的采录征引是在"窃见皇朝之德化,且托佛乘之翼佐"这一撰述主旨的指导下进行的,表现出明确的选择性。

---

① 黒板勝美编:『日本高僧伝要文抄・元亨釈書』,国史大系第 31 卷,第 224 頁。

表 4-19 《资治表》文献来源

钦明天皇元年（539）至推古天皇三十年（622）	主要参照《日本书纪》。传文中对史事细节的详细铺陈，特别是对圣德太子的生平行事的大量记载主要抄录自《圣德太子传历》
推古天皇三十一年（623）至持统天皇十一年（696）	主要参照《日本书纪》。《日本书纪》未载的、关涉佛教寺像及法会等制度建立的史事则抄录《扶桑略记》纪年条补充于传文之中
文武天皇元年（697）至桓武天皇延历十年（791）	主要参照《续日本纪》。《续日本纪》未载的、关涉佛教寺像及法会等制度建立的史事则抄录《扶桑略记》《东大寺要录》《藤原家传》《僧纲补任》和《睿山大师传》等补充于传文之中
桓武天皇延历十一年（792）至淳和天皇天长十年（833）	主要参照《日本后纪》。《日本后纪》未载的、关涉佛教寺像及法会等制度建立的史事则抄录自《东大寺要录》和《僧纲补任》补充于传文之中。《扶桑略记》相关史事散佚
仁明天皇元年（833）至同嘉祥三年（850）	主要参照《续日本后纪》。《续日本后纪》未载的、关涉佛教寺像及法会等制度建立的史事则抄录《僧纲补任》等书补写于传文中。《扶桑略记》相关史事散佚
文德天皇元年（850）至同天安二年（858）	主要参照《文德实录》。《文德实录》未载的、关涉佛教寺像及法会等制度建立的史事则抄录《僧纲补任》等书补写于传文中。《扶桑略记》相关史事散佚
清和天皇元年（858）至光孝天皇仁和三年（887）	主要参照《三代实录》。《三代实录》未载的、关涉佛教寺像及法会等制度建立的史事则抄录《东大寺要录》和《僧纲补任》等书补充于传文之中。《扶桑略记》相关史事散佚
宇多天皇元年（887）至堀河天皇宽治七年（1093）	主要参照《扶桑略记》。《扶桑略记》未载的、关涉佛教寺像及法会等制度建立的史事则抄录《僧纲补任》等补充传文
堀河天皇嘉保元年（1094）至顺德天皇承久三年（1221）	主要参照《百炼抄》。《百炼抄》未载的、关涉佛教寺像及法会等制度建立的史事则抄录《僧纲补任》、《释书》之《荣西传》《俊芿传》等补充于传文之中；也可见出典不明的几处记载

第三节　志部的编撰与文献来源

关于《释书》志部所收十志，即《学修志》《度受志》《诸宗志》《会仪志》《封职志》《寺像志》《音艺志》《拾异志》《黜争志》和《序说志》，笔者已于第三章第三节，从撰述体例和内容主旨等方面做了初步研究。本节将在廓清《释书》十志文献来源的基础上，从文献征引方式及撰述主旨等方面进一步深化研究。因《序说志》内容主要为师炼对《释书》撰述主旨的说明，故本节将研究范围集中于其他九志。《学修志》《度受志》《诸宗志》《会仪志》《封职志》《黜争志》和《音艺志》在内容结构方面明显区别于《寺像志》和《拾异志》，故将上述九志分作两类进行考察。

一、《学修志》等七志对中国佛教史籍的征引

（一）征引范围

如前文所论，《释书》的《学修志》《度受志》《诸宗志》《会仪志》《封职志》《黜争志》《音艺志》的撰述受《汉书》之《礼乐志》《刑法志》《郊祀志》等志的影响，亦采用"释含义—叙沿革—立总论"的三段式结构。其中，"叙沿革"的部分专述制度的设立、传承及演变过程，具体在《释书》十志中，则表现为记叙佛教制度于印度、中国和日本三国间的传播流衍。师炼为记叙印度和中国佛教制度的传承历史，往往从中国佛教史籍中汇编纂辑大量文献史料，以撰述志文。《学修志》《度受志》《诸宗志》《会仪志》和《封职志》等志中关涉印度和中国佛教的史事多征引《大唐西域记》《高僧传》《续高僧传》《宋高僧传》《佛祖统纪》《景德传灯录》和《五灯会元》等；关涉日本之佛教史事则抄录六国史、《类聚三代格》和《扶桑略记》等文献，可谓广征博引。兹将上述七志所引文献列表如下（表4-20）：

表4-20 《学修志》等七志中关涉中国、印度、日本之佛教史事征引情况

文献分类	文献名称
佛教史籍	《大唐西域记》《高僧传》《续高僧传》《宋高僧传》《佛祖统纪》
禅宗灯录体史籍·语录	《景德传灯录》《五灯会元》《碧岩集》
日本史籍	《日本书纪》《续日本纪》《日本后纪》《续日本后纪》《文德实录》《三代实录》《类聚三代格》《僧纲补任》《扶桑略记》

在表4-20所列文献中,征引最为广泛的是《佛祖统纪》,尤以对其《法运通塞志》和《历代会要志》的征引最为频繁。这或是两者撰述体例便于读者搜检史事的缘故。如《法运通塞志》采编年体例,记载了历代佛教史事及佛与儒道两家的冲突与融合。《历代会要志》采用会要体体例,以类聚事,分门别类地记录佛教制度。此外,《释书·诸宗志》在概述中国天台宗、华严宗、密宗和律宗等宗派的法系传承情况时参考征引《佛祖统纪·诸宗立教志》,论述净土宗时引《佛祖统纪·净土立教志》,记载禅宗法嗣沿革时参照了《景德传灯录》与《五灯会元》。《音艺志》的撰写多参考《高僧传·唱导科》和《续高僧传·杂科声德篇》等内容。《寺像志》对中国寺像建立过程的概述主要参考《佛祖统纪·历代会要志》的《设像置经》篇。关涉日本历史的记载中,则或以互见法"见于资治表"等指示相关史事载于《资治表》,或征引《扶桑略记》和六国史等史料以铺陈史事。

(二)征引方式

1. 原文抄录

《会仪志》记述中国法会制度沿革一节中,可见对《佛祖统纪》所载史料的大量引用。可将二者对比如下:

《佛祖统纪·法运通塞志》:

(汉明帝永平)十四年正月十一日,五岳八山道士褚善信六百九十人上表,请与西域佛道角试优劣。敕尚书令宋庠,以十五日大集白马寺。帝设行殿于寺,南门立三坛:道士于东坛置经子符箓;摩腾于道西置坛,安经像舍利;中坛奉馔食,莫祀百神。道士绕坛

泣曰："主上信邪,玄风失绪。敢延经义于坛,以火取验。"即纵火焚经,悉成灰烬,道士相顾愧赧,所试咒术,入火、履水皆不得行。及焚佛经,光明五色上彻天表。烈火既息,经像俨然。摩腾踊身飞空,现诸神变;法兰出大梵音,宣明佛法。天雨宝华,大众欣说。①

(汉元帝)太兴元年,诏沙门竺潜,入内殿讲经。以方外重德,令著屐登殿。②

(宋高祖)永初元年,帝设斋内殿。令沙门道照陈词,至百年迅速苦乐俄顷之句。帝善之,别赐嚫金三万。③

(宋文帝元嘉七年)师(求那跋陀罗)在祇洹讲华严十地品,帝率公卿日集座下,法门称荣。④

(宋孝武帝)大明六年四月八日,帝于内殿灌佛斋僧。⑤

(梁武帝)中大通元年,京城大疫。帝于重云殿为百姓设救苦斋。复幸同泰寺,设四部无遮会。⑥

(陈武帝)永定三年,敕大内设仁王大斋。⑦

(陈文帝)天嘉四年,帝于大极殿设无碍大会。⑧

(陈后主)至德二年,召虎丘智聚法师赴大极殿讲金光明经。⑨

(唐懿宗)十二年,上于禁中设万僧斋。自升座为赞呗。有长眉梵僧来应供,受嚫毕,凌空而去。⑩

(宋神宗)元丰三年正月,敕大内设千僧斋。施袈裟、金刚经,为慈圣太后追福。⑪

---

① [宋]志磐撰,释道法校注:《佛祖统纪校注》,第 800 页。
② [宋]志磐撰,释道法校注:《佛祖统纪校注》,第 820 页。
③ [宋]志磐撰,释道法校注:《佛祖统纪校注》,第 837 页。
④ [宋]志磐撰,释道法校注:《佛祖统纪校注》,第 840 页。
⑤ [宋]志磐撰,释道法校注:《佛祖统纪校注》,第 844 页。
⑥ [宋]志磐撰,释道法校注:《佛祖统纪校注》,第 859 页。
⑦ [宋]志磐撰,释道法校注:《佛祖统纪校注》,第 867 页。
⑧ [宋]志磐撰,释道法校注:《佛祖统纪校注》,第 867 页。
⑨ [宋]志磐撰,释道法校注:《佛祖统纪校注》,第 870 页。
⑩ [宋]志磐撰,释道法校注:《佛祖统纪校注》,第 998 页。
⑪ [宋]志磐撰,释道法校注:《佛祖统纪校注》,第 1090 页。

《释书·会仪志》：

东汉永平十四年正月,南岳道士褚善信率五岳八山道士六百
九十人上表,与我角试。十五日,明帝幸白马寺。百官咸会,焉设
三坛。东坛,道士置经子符箓。西坛,摩腾安像经舍利。中坛,奉
馔食奠祀。道士绕坛泣曰:"主上信邪,玄风失绪。敢置经录于坛
以火取验。"即纵火,悉成烬。道士相顾愧赧。及焚佛经,五色光彻
天表。薪尽,像经俨然。摩腾踊身空中,现诸神变。竺法兰,出和
雅音,敷宣佛法。天雨宝华,人众欣说。上元烧灯起于此焉。东晋
元帝大兴元年,召沙门竺潜入内殿讲经。以德重令着展登殿。刘
宋高祖永初元年,设斋内殿,令沙门道照说法,嚫金三万。求那跋
摩居祇洹寺讲华严经。文帝日率公卿,集座下倾闻。孝武帝大明
六年四月八,内殿灌佛斋。萧梁武帝中大通元年,京城大疫。帝于
重云殿为百姓设救苦斋。复幸同泰寺,设四部无遮会。陈武帝永
定三年,大内设仁王大斋。文帝天嘉四年,于大极殿设无碍大会。
后主至德二年,召智聚法师,于大极殿讲金光明经。李唐懿宗,禁
中设万僧斋,帝升座赞呗,长眉沙门来应供凌空而去。赵宋神宗元
丰三年正月,设千僧斋于大内,施千袈裟,千金刚般若。荐慈圣大
后福。震旦之会仪甚多,不暇备举。①

对比后可以发现,《会仪志》中的这段记载是对《佛祖统纪·法运通塞
志》史料的逐条抄录。这种对原文逐条抄录的方法亦见于《黜争志》。《黜争
志》对中国"三武一宗"灭法事件的记载抄录自《佛祖统纪·法运通塞志》。

2.化用文辞,寓史于论

在有些情况下,《释书》十志对文献的采集并非对史料的简单罗列摘抄,
而是寓史于论,在撰述行文中编入史料。通过将史事典故化用于骈文对句
中,以援引中国佛教史籍于行文之中,既赋文句以粲然文采,又收铺陈史事
完善叙事之效。如《释书·诸宗志》概述中国净土宗发展历程,其曰:

---

① 黑板勝美編:『日本高僧伝要文抄·元亨釈書』,国史大系第31卷,第412页。

　　东晋慧远结莲社于庐阜，支那乐邦之址也。逮李唐善导盛行
之广被缁素，又诸宗硕德参而修之。所谓智者向西而称赞，杜顺历
郡而劝谕。圆照密修，雷峰游目净殿，慈觉劝会，普贤入名胜场。
虽勤崇奉，皆旁资之。是附庸之谓也。①

　　起首二句概述东晋慧远于庐山创白莲社以开净土宗之滥觞，继而述唐
代善导竭力弘扬念佛法门之事。其后之文句改用赋体骈文，将智顗、杜顺、圆
照和慈觉四师之事巧妙地撰入文中，寓史于论。此二句骈文所述史事皆征
引自《佛祖统纪·净土立教志》，如"智者向西而称赞"征引自《佛祖统纪·
隋天台智顗禅师传》"智顗……令唱无量寿佛及观经首题合掌赞曰"②；"杜顺
历郡而劝谕"则源于《佛祖统纪·唐终南法顺法师传》"法顺。杜氏，每游历
郡国劝念阿弥陀佛"③；"圆照密修，雷峰游目净殿"征引自《佛祖统纪·宋净慈
宗本禅师传》"宗本……密修净土之业……雷峰才法师，神游净土"④；"慈觉劝
会，普贤入名胜场"征引自《佛祖统纪·宋长芦宗赜禅师传》"宗赜。……劝人
预名念佛。忽梦白衣士，……问何名，曰普贤"⑤。段末师炼总论净土修行仅
为"旁资"之法，为天台宗、禅宗之"附庸"而已。整段文辞骈散结合，对仗工
整，且寓史事与叙述之中，足见师炼文笔流畅，长于化用典故。

　　再如《寺像志》，概述中国寺像建立曰："摩腾入汉，刘帝创白马。僧会来
吴，孙王营建初。汉桓铸黄金，梁武聘赤檀。仲晖纩像每夜行道，平等石躯
终日俯首。支那之寺像不可胜记也。"⑥此段前二句之典故分别出自《高僧
传》之《摄摩腾传》与《康僧会传》；后四句分别引自《佛祖统纪·历代会要
志》之《设像置经》篇。如"汉桓铸黄金"引自"汉桓帝铸黄金浮图老子像"⑦；

①　黑板胜美编：『日本高僧伝要文抄·元亨釈书』，国史大系第31卷，第410页。
②　[宋]志磐撰，释道法校注：《佛祖统纪校注》，第584页。
③　[宋]志磐撰，释道法校注：《佛祖统纪校注》，第593页。
④　[宋]志磐撰，释道法校注：《佛祖统纪校注》，第599页。
⑤　[宋]志磐撰，释道法校注：《佛祖统纪校注》，第600页。
⑥　黑板胜美编：『日本高僧伝要文抄·元亨釈书』，国史大系第31卷，第418页。
⑦　[宋]志磐撰，释道法校注：《佛祖统纪校注》，第1260页。

"梁武聘赤檀"引自"梁武帝幸同泰寺铸十方佛金铜像"①;"仲晖纻像每夜行道"抄录自"孟仲晖造夹纻佛,每夜绕座行道"②;"平等石躯终日俯首"摘引自"平等寺建浮图设万僧斋,石佛俯首终日"③。

又如《学修志》,叙述中国僧众学修之事:"罗什入关三千负笈,慧远在庐十八结社。又夫释氏之为学修者,禅门尤为朴略焉。岂直指单传之法格乎?然古之人尚曰学坐禅,学坐佛。又曰修证非无,染污不得,是学修而醇质者也。又讲有义龙律虎,禅有折床枯木。皆优称也。"首句"罗什入关三千负笈,慧远在庐十八结社"出典于《高僧传·鸠摩罗什传》"三千徒众皆从什受法"④和《佛祖统纪·慧远传》"结社念佛,世号十八贤"⑤。"然古之人尚曰学坐禅学坐佛。又曰修证非无,染污不得"出典于《景德传灯录·南岳怀让禅师传》:"曰修证即不无。污染即不得……师又曰,汝学坐禅,为学坐佛。"⑥"讲有义龙律虎"分别出自《续高僧传·慧荣传》"不号义龙誓无返迹"⑦和《宋高僧传·澄楚传》"时号律虎焉"⑧。"禅有折床枯木"分别引自《五灯会元·东寺如会禅师传》之"僧堂床榻为之陷折,时称折床会也"⑨和《五灯会元·石霜庆诸禅师传》之"身与空不空相应,则内同枯木,外现威仪"⑩。

二、《寺像志》《拾异志》对佛教故事集与《扶桑略记》的征引

《寺像志》与《拾异志》,仿《佛祖统纪》之《净土立教志》和《诸宗立教志》之体例,于志中立传,以收录故事的方式编排志文。无论是内容体例,还是文献来源和撰述主旨,《寺像志》与《拾异志》所收故事的研究一直为学界所忽视。有鉴于此,笔者将《寺像志》与《拾异志》中所收故事的文献来源纳入

① [宋]志磐撰,释道法校注:《佛祖统纪校注》,第 1261 页。

② [宋]志磐撰,释道法校注:《佛祖统纪校注》,第 1261 页。

③ [宋]志磐撰,释道法校注:《佛祖统纪校注》,第 1261 页。

④ [梁]慧皎撰,汤用彤校注:《高僧传》,中华书局,1992 年版,第 45 页。

⑤ [宋]志磐撰,释道法校注:《佛祖统纪校注》,第 537 页。

⑥ [宋]道元撰,顾弘义译注:《景德传灯录译注》,上海书店出版社,2010 年版,第 330 页。

⑦ [唐]道宣撰,郭韶林点校:《续高僧传》,中华书局,2014 年版,第 272 页。

⑧ [宋]赞宁撰,范祥雍校注:《宋高僧传》,中华书局,1987 年版,第 403 页。

⑨ [宋]普济撰,朱俊红点校:《五灯会元》,海南出版社,2011 年版,第 194 页。

⑩ [宋]普济撰,朱俊红点校:《五灯会元》,第 381 页。

研究范围,以从整体上把握《释书》的文献来源。通过考证可以确定,《拾异志》中共有 16 则故事采自《日本灵异记》《扶桑略记》等书,于该志所有 22 则故事中占比约为 72%。其中,采自《扶桑略记》的为 5 则,采自《日本灵异记》的为 10 则,另有 1 则采自《法华验记》,皆为整体征引。《寺像志》并非依据《诸寺缘起集》等镰仓前期成立的寺社缘起,而主要依据《扶桑略记》的纪年条及《日本灵异记》的佛教故事编纂。《寺像志》中可确定文献来源的寺像建立故事共 15 则,于该志所有 30 则故事中占比约为 50%。其中,据《扶桑略记》征引的为 10 则,采自《日本灵异记》的为 4 则,另有 1 则采自《法华验记》。采自《扶桑略记》的 2 则故事为部分征引,其余为整体征引。

(一)对佛教故事集的征引

《释书》之《寺像志》《拾异志》中共有 15 则故事源于佛教故事集,引《日本灵异记》14 则,引《法华验记》1 则。在讨论这一问题之前,有必要纠正学界的一些错误观点。关于《释书·拾异志》所收诸篇,因各篇故事皆以人名为标题,故学者往往将其视作僧传计入《释书》僧传总数之中。笔者认为这种观点应当纠正,理由有二:首先,就叙事结构而言,《拾异志》所收诸篇明显区别于十科僧传。僧传开篇皆以"释××,×××"的形式交代人物的姓氏、籍贯和驻锡寺院等情况,并以记叙传主生平履历为主要内容。但《拾异志》与《寺像志》诸篇并不以此种体例结构组织材料,且故事中的人物多为俗众,身份并非僧侣。其次,从内容层面而言,《释书》僧传具备完整的叙事情节、戏剧性的场面描写及对人物语言、动作等细节的增饰。而《释书·拾异志》诸篇叙事极为简略,故事仅留梗概,更无文学润色。以《拾异志·蓼原村盲女》为例,将其与《灵异记》下卷第 11 则《二目盲女人归敬药师佛木像以现得明眼》对比如下:

《日本灵异记》下卷第 11 则《二目盲女人归敬药师佛木像以现得明眼》:

> 诺乐京越田池南蓼原里中,蓼原堂在药师如来木像。当帝姬阿倍天皇之代。其村有二目盲女,此生一女子,年七岁也。寡而无夫,极穷无比。不得索食,将饥而死。自谓:"宿业所招,非唯现报。徒空饥死,不如行善。"使子控手,迨于其堂,向药师佛像,愿眼而曰:"非惜我命,惜我子命。一是二人之命也。愿我赐眼,檀越见

敨。"开户入里,向像之面,以令称礼。径之二日,副子见之,从其像臆,如桃脂物,忽然出垂。子告知母,々闻欲食,故告子曰:"搏含吾口。"然食之,甚甜。便亦目开。定知,至心发愿,々者无不得之也。是奇异之事矣。①

《拾异志·蓼原村盲女》:

　　诺乐京蓼原村有盲女,生一女子,家甚贫。里中有药师佛像。母子二人向像敬拜祈开日。一时,像臆如桃脂者忽然涌出。女子怪告母。母曰:"取来。"子取与母。母食之甚甜,傅两眼即开。②

　　通过对比可以发现,《释书》对原文做了大幅节略,原文对盲女贫穷状态的描述、贫女发愿之语以及话末论评(画波浪线处)皆被删节,仅保留故事梗概。原文 240 余字的篇幅被节略压缩仅余 84 字。从文学角度而言,原故事的情节性与故事性大打折扣,压缩后的文段干燥无味,流于对事件的简单记叙。改写后的故事更接近于历史记录,师炼似乎并非为撰写佛教故事,而更像是出于将其作为"史料"以"实录"的形式记载保存而有意为之。其实,师炼对《拾异志》与《寺像志》摒弃"文笔",而专取"史笔",是对史书撰述主动适应的结果。刘知畿曾言:"夫国史之美者,以叙事为工,而叙事之工者,以简要为主。"③修史者,运笔行文当以简省文笔为旨。师炼显然是受到刘知畿这一史学思想的影响,对《拾异志》和《寺像志》所引佛教灵验故事,皆删裁枝叶,保留主干,可谓惜墨如金。

(二)对《扶桑略记》的征引

　　通过比勘,《释书》之《寺像志》和《拾异志》与《扶桑略记》存在征引关系的故事分别为 10 则和 5 则。除《寺像志》的《兴福寺》《东大寺》2 则为部分征引外,其余 13 则皆为整体征引。如《寺像志·西大寺》,为《释书》对《扶桑

---

① 出雲路修校注:『日本霊異記』,新日本古典文学大系第 30 卷,第 270 页。
② 黒板勝美編:『日本高僧伝要文抄·元亨釈書』,国史大系第 31 卷,第 439 页。
③ [唐]刘知畿撰,[清]浦起龙注:《史通》,第 153 页。

略记》天平神护元年同年条的整体征引,将二者对比如下:

《扶桑略记》天平神护元年同年条:

> 同年。天皇造西大寺,安置供养七尺金铜四天王像。件天等像三体,奉铸,如意成毕。今一体,至于七度铸,损未熟。天皇誓曰:"朕若依此功德,永异女身,可成佛道。铜沸入手,今度铸成。若愿不可阶者,朕手烧损,以之为验矣。"爰御手无疵,天像成了。见者听者,称叹罔极。①

《寺像志·西大寺》:

> 西大寺者。天平神护元年称德帝建。铸四天王铜像,长七尺。三像已成,只增长天王一像不成。改铸六度,遂不就。至第七度,帝亲幸冶处,誓言:"朕若因是功勋,来世转女身,成佛道。手搅熟铜,无伤损而像成矣。若不然,手烂,像不成。"便以玉手搅洋铜,御手无伤,像便成。见闻无不嗟叹。②

通过对比可以发现,《略记》天平神护元年同年条和《西大寺》内容完全一致,且可见多处相近的语言表述。如"朕若依此功德,永异女身,可成佛道"和"朕若因是功勋,来世转女身,成佛道";又如"御手无疵,天像成了。见者听者,称叹罔极"和"御手无伤,像便成。见闻无不嗟叹"(画横线处);等等。《寺像志》专载与寺像建立相关的灵验故事,其所采文献近半不载于国史,而多出自寺社缘起故事,可见师炼之主旨在于宣扬佛教寺像之灵验,以传教弘法,网罗信众。

三、结语

正如师炼所言"若人读十志,如来一代化仪,三国教法流衍,如指掌

---

① 黑板胜美编:『扶桑略記·帝王編年記』,国史大系第 12 卷,第 105 页。
② 黑板胜美编:『日本高僧伝要文抄·元亨釈書』,国史大系第 31 卷,第 424 页。

焉"①,《释书》十志的撰述主旨有二:其一,记叙"三国教法流衍",即印中日三国佛教制度沿革;其二,弘扬"如来一代化仪",即宣扬佛教教理。前者体现在《学修志》《度受志》《诸宗志》《会仪志》《封职志》《黜争志》和《音艺志》的撰述;后者则表现在《寺像志》与《拾异志》中。为叙述印中(中国为主)的佛教制度史,以衬托日本佛教的优越,《学修志》《度受志》《诸宗志》《会仪志》《封职志》《黜争志》和《音艺志》对《佛祖统纪》《高僧传》以及禅宗语录《景德传灯录》等中国佛教史籍大量征引。众多史籍中,尤以对《佛祖统纪》的引用最为频繁,甚至达到信手拈来、随意化用的程度,足见其对以《佛祖统纪》为代表的中国佛教史籍的熟稔。这也从侧面反映出《佛祖统纪》等中国佛教史籍对师炼撰述《释书》产生的巨大影响。另外,《寺像志》从《扶桑略记》及《日本灵异记》等佛教故事集中采录反映寺像感应灵验的缘起故事和佛教故事,以宣扬寺像感应之灵验;《拾异志》从《日本灵异记》和《扶桑略记》中选择大量反映因果应报等佛教教理的民间佛教灵验故事以宣传教义,教化人心。师炼将采自《扶桑略记》《日本灵异记》和《法华验记》的佛教灵验故事视为真实不虚的"历史事实",通过对"历史"的剪裁和叙述,以宣道弘法。这种史学意识的自觉运用体现在文本的层面,就表现在《寺像志》和《拾异志》所载诸传在叙事用字上的简省。

同样,从史学的角度来思考《释书》于《学修志》《度受志》等七志之外,另设《寺像志》与《拾异志》的原因,亦可体会到师炼的独具匠心。刘知畿总结"志"体之功用曰:"纪传之外,有所不尽,只字片文,于斯备录。语其通博,信作者之渊海也。"②"志"体的功用在于补纪传之缺,将传中不可尽叙之事于"志"中补录。其撰述目的在于广泛地载录史料,令《释书》具百科全书的性质。基于此种原因,师炼将难以记入僧传的、关涉寺像的佛教灵验故事与反映佛教因果报应之理的佛教故事编入《寺像志》与《拾异志》中。

---

① 　上村観光編:『五山文学全集』第 1 卷,第 210 页。
② 　[唐]刘知畿撰,[清]浦起龙注:《史通》,第 51 页。

第四节　文献的搜集方式

　　通过以上诸节的考察,可以发现《释书》全书的编撰是在师炼广泛搜集各类文献史料的基础上完成的,其所涉文献种类繁多,涵盖别传碑铭、灵验记、往生传、六国史及私撰国史等诸多文献。为便于参看,笔者将《释书》征引参考文献制成附表"《元亨释书》征引文献一览"附于本章文末。相较于所采卷帙浩繁的史料文献,除在《释书·序说志》中仅见数语提及"窃阅国史,洽掇诸记"之外,《释书》全书再无对文献来源的记载。故而,对《释书》文献搜集方式的考察尤显必要。据笔者所考,《释书》文献来源丰富,且搜集方式多样。概而言之,有以下五种:一为"窃阅国史",二为"洽掇诸记",三为征稽别传碑铭,四为稽考传主著述,五为寻访问询。

一、"窃阅国史"

　　师炼所谓"国史",是指陆续成书于8世纪至10世纪初的六部日本官修正史,即《日本书纪》《续日本书纪》《日本后纪》《续日本后纪》《日本文德天皇实录》和《日本三代实录》。《释书》对六国史史料的采用,首先表现在《释书》传部对六国史薨卒传和纪年条的征引。《释书》传部与六国史史料存在文献征引关系的共计71传,占僧传总和的17%。其中38传征引六国史薨卒传,33传引自六国史纪年条。其次,《释书·资治表》征引了大量六国史史料。《资治表》从开篇之钦明天皇元年(539)至光孝天皇仁和三年(887),都是以六国史为主要参考文献编撰的。《资治表》对六国史的征引内容主要包括天皇行幸寺院、举办法会、建寺造塔和颁布敕令文书等。《释书》大量征引六国史史料体现了对六国史"史实性"的重视,其于六国史中寻觅发掘出大量埋没于久远历史中的僧侣事迹,也体现了其严谨求实的史料选取态度。

二、"洽掇诸记"

　　"洽掇诸记"是指师炼在编撰《释书》过程中,参考了《日本灵异记》《法华验记》《日本往生极乐记》等七部往生传①以及《沙石集》《三宝绘》等多部佛教故事集。将《释书》对此类文献的征引情况表示如下(表4-21):

表4-21 《释书》在编撰过程中对往生传及佛教故事集的征引情况

《释书》	《法华验记》	《日本灵异记》	《沙石集》	往生传类	分类合计
传部	71 则	6 则	11 则	69 则	157 则
寺像志	1 则	4 则	0	0	5 则
拾异志	1 则	10 则	0	0	11 则
总计	73 则	20 则	11 则	69 则	173 则

具体而言,《释书》分别从《法华验记》《日本灵异记》《沙石集》以及往生传中征引73则、20则、11则佛教故事以及69则往生传记。其中,十科僧传中源于此类文献的僧传共计153传,于《释书》传部416传中占比约为37%。可见,此类文献构成了《释书》僧传的重要文献来源,其所录大量佛教灵验故事成为《释书》僧传中神异感通情节的主要内容,大大增强了《释书》僧传的文学性与故事性。另外,《寺像志》引用《法华验记》1则、《日本灵异记》4则故事,于该志30则故事中占比约17%;《拾异志》引用《法华验记》1则、《日本灵异记》10则故事,于该志22则故事中占比为50%。足见《释书》对此类文献的重视。

三、征稽别传碑铭

1. 别传行状

《释书》征引多部高僧别传,这些史料成为其撰述的重要资料。例如《传智科·鉴真传》,可与真人元开撰《唐大和上东征传》相互参证。《传智科·最澄传》主要依据仁忠撰《睿山大师传》。《慧解科·圆仁传》征引自源英明撰《慈觉大师传》。《慧解科·圆珍传》以三善清行撰《智证大师传》为史料依据。《慧解科·良源传》与《慧解科·皇庆传》分别参照藤原齐信撰《慈慧

---

① 即《日本往生极乐记》《续本朝往生传》《拾遗往生传》《后拾遗往生传》《三外往生传》和《本朝新修往生传》六部往生传以及《本朝神仙传》。

大僧正传》与大江匡房撰《谷阿阇梨传》。《感进科·相应传》出典于《天台南山无动寺建立和尚传》。《感进科·尊意传》依据《尊意赠僧正传》。《感进科·性空传》部分参照花山上人撰《性空上人传》。《明戒科·俊芿传》全文依据信瑞撰《泉涌寺不可弃法师传》。《方应科·圣德太子传》主要以藤原兼辅撰《圣德太子传历》为出典。《愿杂科·藤原镰足传》可与藤原仲麻吕撰《家传镰足传》相互参照。《释书》亦多引行状和禅僧语录,如《感进科·庆圆传》引自塔义撰《三轮上人行状》。《净禅科·无学祖元传》大部引自《佛光禅师行状》。

2. 碑铭像赞

从文献来源角度而言,由于高僧卒后之塔铭或碑文多由门人弟子撰写,且在长期留存中不易磨损,亦不易被后人任意篡改,故碑刻史料亦多被作为第一手的可靠资料为撰史者利用。《释书》非常重视此类史料的搜集利用。如在《义空传》中就指出该传取材于名为《日本国首传禅宗记》的碑文:"尊(慧萼)再入支那,乞苏州开元寺沙门契元勒事刻琬琰,题曰:'日本国首传禅宗记。'附舶寄来。故老传曰:碑峙于罗城门侧,门楹之倒也,碑又碎。见今在东寺讲堂东南之隅。"①该传后之"赞曰"中,师炼记述了为撰此传前往东寺拓印碑文一事。

> 予求碑刻而无矣,乃如东寺亲摸印之。其碑破而存者四片。大者径二尺余,小者或不盈尺。额之左右,蟠龙伟如也。虽头角不完,鳞甲灿然也。其文残缺,句读不成。而其字画之存者,亦甚鲜明。虽非妙笔,颇为楷正。予便印四片者而归。上之,下之,左之,右之,百计剟阅,少可明也。②

师炼亲赴东寺拓印碑文足见其采集史料之审慎与严谨。此条记述被认为是日本最初之拓本记录,亦开创了日本人拓印碑文采集史料之先河③。

---

① 黒板勝美編:『日本高僧伝要文抄·元亨釈書』,国史大系第31卷,第99頁。
② 黒板勝美編:『日本高僧伝要文抄·元亨釈書』,国史大系第31卷,第99頁。
③ 丸山二郎:「『元亨釈書』についての考察」,『日本の古典籍と古代史』,吉川弘文館,1984年版,第80頁。

像赞是指缀于逝者遗像之后的赞辞。撰写者多为当代或后世之文人学者,往往为修史者重视利用。《释书》亦将像赞作为参考资料为传主立传。如《成寻传·赞》云:

> 予游大云寺问寻事,主事出像示之。容质浑厚,实有德之仪也。上有赞曰:"禀粹日天,为释之贤。分灯智者,接踵翕然。观国之光,蒙帝之泽。……"署曰:"译经证义文慧大师智普述。熙宁六年癸丑孟夏初五日记。"亦有十八罗汉及僧伽像。其画妙细,良绝笔也。主事曰:"宋后嚫寻,寻共肖像寄来。"予见像赞及名画等,信寻之立宋地之不妄矣。①

师炼为考证传主于宋地经历,亲赴传主生前驻锡之大云寺问询,通过引述传主的像赞以客观地印证传主的游宋经历。

四、稽考传主著述

受《景德传灯录》等中国禅宗灯录体史籍"记言"传统的影响,《净禅科》诸传中可见大量禅僧接引对答与机缘语句的记载,该科所录传记中多引禅僧之上堂法语与机锋接引之句,可被认为《净禅科》诸传异于其他诸科僧传之处。《释书·荣西传》为现存荣西最早之传记,传中所见荣西之公案法语引自荣西所撰《兴禅护国论》之第五《宗派血脉门》、第六《典据增进门》和第七《大纲劝进门》,略引如下(表4-22):

对比史料可知,《释书·荣西传》中荣西之上堂法语是对《兴禅护国论》相关文段的节略引抄。《释书》文本较原文简明易懂,逻辑通顺,文采亦增色不少。

---

① 黑板胜美编:『日本高僧伝要文抄·元亨釈書』,国史大系第31卷,第236页。

表4-22　《释书·荣西传》与《兴禅护国论》的文献对比

《兴禅护国论》	《释书·荣西传》①
第五《宗派血脉门》② 书曰："日本国千光院大法师西,宿有灵骨,顿舍世间深重恩爱,从佛剃发,著僧伽梨,洪持此法。不远万里,航海而入我炎宋……已而至石桥,拈香煎茶,敬礼住世五百大阿罗汉。"	书曰："日本国千光院大法师,宿有灵骨,洪持此法。不远万里入我炎宋……至石桥,焚香煎茶,礼住世五百大罗汉。"
第六《典据增进门》③ 谓此禅宗,不立文字,教外别传也。不滞教文,只传心印。离文字亡言语。直指心源以成佛。其证据散在诸经论中,且出少分以成一宗之证。……净名经云,心净佛土净。大般若经云	我此禅宗,单传心印,不立文字。教外别传。直指人心,见性成佛。其证散在诸经论中,今且出一二以谕汝等。……净名曰,心净佛土净。大般若曰
第七《大纲劝参门》④ 便恁么会去,更不费些儿气力。才作奇特玄妙商量,已无交涉。所以动则起生死之本,静则醉昏沈之乡。动静双忘,颟顸佛性。总不恁么,毕竟如何	便恁么会去,更不费些儿气力。才作奇特玄妙商量,已无交涉。所以动则生死之本,静则昏沈之乡。动静双忘,颟顸佛性。总不恁么,毕竟如何

又如《成寻传》,该传大部参考成寻撰《参天台五台山记》。《参天台五台山记》记录了成寻延久四年(1072)三月十五日至延久五年(1073)六月十二日于中国游学的见闻。内容以记载成寻巡礼瞻览天台山及五台山等佛教圣地为中心,对北宋神宗朝的政治、经济、社会等情况亦有广泛涉及。现将记叙成寻巡礼五台山一段列举如下:

《参天台五台山记》:

遥拜西台,……于途中见西堂顶现五色云。……于东台见文

①　黑板勝美编:『日本高僧伝要文抄・元亨釈书』,国史大系第31卷,第43頁。
②　高楠順次郎:『大正新修大蔵経』第80卷,第10頁。
③　高楠順次郎:『大正新修大蔵経』第80卷,第10頁。
④　高楠順次郎:『大正新修大蔵経』第80卷,第11頁。

殊圆光、头光、摄身光，并见一万菩萨，于南台上见金色世界。①

太保又问云："如阇梨得感应人，日本几人乎？"答："胜自成寻人数十人，等辈人数十人，至于成寻者，日本国无智无行哑半僧也。……"太保又问云："……大卿西天日称三藏也，五十二日雨下。中天惠远、惠寂，去年新来二人也。去年祈雨，至第七日雨下，未曾闻三日感大雨。"②

《释书·成寻传》：

西台见五色云。东台见圆光，光照寻身，光中现群菩萨，其数一万许。南台见金色世界。

张太保问曰："日本国又有灵如阇梨者乎？"对曰："我国密乘甚盛，感应如响。我之俦岂得齿乎？"太保叹曰："西天日照三藏祈雨五日而得，中天慧远、慧寂七日而应，未有如阇梨三日之速矣。"③

据《国史大辞典》解题，《参天台五台山记》原本今已不存，该书最古之写本现存于东福寺。其墨书题记记载该写本成书于承久二年（1220），以承安元年（1171）与成寻原撰本参校后之写本为底本。写本末尾有"普门院"之藏书印，可推测为圆尔辨圆的藏书④。师炼为撰写成寻传记，很有可能于东福寺普门院藏书中寻得此书并参考。

五、寻访问询

1. 寻访遗迹

历史著述是一种艰苦的脑力劳动，不仅需要丰富的史料，还需要丰富的阅历，以及对所要叙述的人物经历和风俗地理都要有准确的把握。《释书》的成书与师炼自身的勤奋苦读分不开，也与他不辞艰辛实地考察，发掘口碑

① 南條文雄：『大日本仏教全書』第115册，仏书刊行会，1921年版，第91页。
② 南條文雄：『大日本仏教全書』第115册，仏书刊行会，1921年版，第134页。
③ 黑板勝美编：『日本高僧伝要文抄·元亨釈書』，国史大系第31卷，第236页。
④ 国史大辞典编集员会编：『国史大辞典』第6卷，吉川弘文館，1991年版，第585页。

资料,辨析历史脉络,亲身感悟历史的个人经历有很大关系。"初予覃总角而离家,逾志学而游方,周旋相阳福鹿之门,辛勤而归"①,师炼7岁出家,16岁提策而东,寄锡于镰仓圆觉寺桃溪德悟之法席。其后,多次往返于京都与镰仓,40余岁开创伊势神赞寺。师炼的游历开阔了视野,也令其获得大量故纸堆中无处可觅的材料。这体现在十科僧传中多次出现的对其个人亲身寻访的描写。如《皇太神宫传》之"论曰"中就记述了师炼本人亲赴伊势神宫寻访而获得名为《神宫杂事》一书的经过:"予诣势州神祠,高山环峙,清河绕流,杉林森矗。大数十围,高百余尺,一鸟不鸣,幽邃阒尔。殿制朴古,盖茅茨无雕刻。行人屏息,蹑足入中。心已肃如也。……归后博寻神事,适得一书名《神宫杂事》,见圣武帝创东大寺事。"②此外,师炼亦亲身寻访高僧遗迹,通过对高僧身后之世评与逸事之考察,全面客观地了解传主的历史功绩,以求所作传记信而有据。

2. 问询史料

在《兰溪道隆传·赞》中,就可见师炼亲自向约翁德俭询问道隆《行状》存否的记载。

> 俭约翁应诏于龙山,予旧好往来无间。一日问曰:"大觉之行有状乎?"翁曰:"吾师之道遍天下。人人之口,处处之碑,奚用区区之状乎?"予曰:"不然。物之磨物也,无若岁月。金石之坚,久或消泐。翁之所谓口碑者,犹其几而已。绵时邈岁,口碑亦磨。……"翁曰:"子之好古也,尚有之矣,况他人乎? 余之前言过也。"他日志岁时,令侍僧送付予之编修焉。③

约翁德俭听从师炼劝说,将兰溪道隆的行状送予师炼。从这段对话中亦可推知,当时丛林翘楚之约翁德俭尚且如此轻视禅僧行状的撰述,更遑论其他禅僧。可见当时五山丛林对僧传行状的撰述是何等轻视。

在本人忙于编修无暇亲访之时,师炼亦遣徒前往寻访。如《良真传·

---

① 黑板胜美编:『日本高僧伝要文抄·元亨釈書』,国史大系第31卷,第447页。
② 黑板胜美编:『日本高僧伝要文抄·元亨釈書』,国史大系第31卷,第268页。
③ 黑板胜美编:『日本高僧伝要文抄·元亨釈書』,国史大系第31卷,第104页。

赞》载曰:"所谓云山叟、圆镜堂、悟桃溪、明南浦、慧痴兀、日高峰之俦,吾欲尽采收。或使人寻觅,或就其徒乞求,三四回七八到而皆不得焉。"①师炼多次遣徒寻访山叟慧云、镜堂觉圆等人的行状资料,皆无果而终。又如,在江户中期成立的记录高野山真言宗宗史的《高野春秋编年辑录》卷十元亨二年八月条中可见师炼遣徒赴高野山索求史料的记载:"虎关之徒来,问询我山先哲四达僧之名实。满寺学侣不肯之,而归焉。"其割注云:"案:今月十六日,师炼上表释书之用意。但此节山徒傲慢,故如此。惜哉!炼亦不究察。或以琳贤书琳贺,又以长和五年持经上人登山,记此时定后八十余年。八十余年者,山中人法全盛之时也。考长和五者,及定后百八十二年矣,所以不知极上人登山之时代也。此事详于长和五年传,故不委记之。"②高野山诸僧得知禅宗师炼欲令《释书》入藏的意图后,故意"不肯"而拒绝师炼弟子索要"名实"的请求。这条记载表明:师炼为将《释书》撰成融摄日本佛教诸宗的"全史",直至上表之前数日都还在尽力搜集诸宗僧侣史料。或本人亲赴,或遣徒寻访以期获得相关文献,但由于他宗僧侣执着于宗派之见往往被拒。这一方面反映出当时诸宗对立、相互抵牾的佛教内部实情,另一方面亦可想见《释书》编撰过程中史料搜集之艰难。另外,割注也指出《释书》对高野山僧人记载有两处纰漏:其一,卷十一《琳贺传》将"琳贤"误记为"琳贺";其二,卷十四《祈亲传》中"已而至高野,此山弘法定后距今八十余年"之记载存误。按:持经上人祈亲登高野山之长和五年(1016)与空海入定之承和二年(835)实际相隔一百八十二年。两处错误确与师炼的编撰疏漏有关,但正如前文所述,当时佛教内部各派对立等客观因素也是导致《释书》中多见年代记载纰漏的重要原因。

3. 亲见亲闻

《释书》僧传中亦可见颇多史料来源于师炼之亲见亲闻,这一特征于《净禅科》中表现得尤为明显。《净禅科》所录 22 位禅僧,近半与师炼有过密切交往,如圣一派下东山湛照,师炼为其法嗣;又如圣一派下白云慧晓、无为昭元和藏山顺空,皆为师炼同门师叔;亦如南禅寺规庵祖圆,师炼蒙其法乳多

---

① 黑板勝美编:『日本高僧伝要文抄・元亨釈書』,国史大系第 31 卷,第 239 页。
② 南條文雄:『大日本仏教全書』第 131 册,第 199 页。

年。师炼往往将与这些禅僧交往中的逸事见闻写入传中。《藏山顺空传·赞》中可见如下记载：

> 曩予侍圆鉴于慧日，从容问曰："师游宋地，谒诸名宿，不知其中谁为最乎?"对曰："偃溪西岩，我只仰望而已，未遑知高低。荆叟退耕，就而日浅。唯石林老友，于凌霄主于思溪，其禅海波澜，吾虽不得而尽，偏洲滂渚，傥打浮泳。我昔辞林，林告曰：'小参虽家训，又自有家法。子归故里，敲唱宗乘，妙叶之一路，不可乱做也。'即与二篇，今犹不失。"……予诵二篇者久，钦法格之峻整，今书于此为学者之标准。又见偈及小参，知林之期鉴之不泛泛也矣。①

据《海藏和尚纪年录》所载，师炼于27岁（嘉元二年秋）时，侍藏山顺空于东福寺。上文所言当为此时之事。师炼曾询问顺空留学南宋时的所见所闻，顺空告知其参学宋僧石林行巩门下的经历并将石林所赠诗偈、语录托付师炼。据此可知，《藏山顺空传》中"林送偈曰"一节所引偈文当为师炼所亲见。另外，从有些传文亦可推知师炼将其耳闻逸事写入传中。如《无为昭元传》记载昭元圆寂后的舍利灵验："鹿峰门侧有老姬，就元徒得一粒。刳莲实盛之，听分增之事，思念：'我舍利亦益乎?'便开，见莲壳坼裂为数十粒。相阳管内传为奇事。"②"相阳管内传为奇事"表明，此件逸事源自当时镰仓民间的口述传闻。

六、结语

综上所述，《释书》文献来源广泛，搜集方式多样。笔者认为《释书》对文献的搜集方式是受到《高僧传》《续高僧传》和《宋高僧传》等中国佛教史籍的影响。梁唐宋三朝高僧传不但在十科分类体例上传承因袭，对文献的搜集方式也极为类似。慧皎《高僧传·序》云："辄搜捡杂录数十余家，及晋、宋、齐、梁春秋书史，秦、赵、燕、凉荒朝伪历，地理杂篇，孤文片记，并博谘古

---

① 黑板勝美編：『日本高僧伝要文抄·元亨釈書』，国史大系第31卷，第129頁。
② 黑板勝美編：『日本高僧伝要文抄·元亨釈書』，国史大系第31卷，第128頁。

老,广访先达。"①道宣《续高僧传·序》云:"或博咨先达,或取讯行人,或即目舒之,或讨仇集传。南北国史,附见徽音,郊郭碑碣,旌其懿德,皆撮其志行,举其器略。"②赞宁《宋高僧传·序》曰:"或案谍铭,或征志记,或问輶轩之使者,或询耆旧之先民。"③总结三朝高僧传之序文所述,可将文献搜集方式大致概括为:搜检史籍、征稽志记、案求碑铭和问询先达。可见,《释书》对文献史料的搜集方式多仿效梁唐宋三朝高僧传为代表的中国佛教史籍。

小　结

本章在史料考证与文献比勘的基础上,考察《释书》传部、表部和志部的编撰与文献来源。第一节,通过考证史料文献,可确定《释书》传部所征引文献包括六国史僧侣卒传和纪年条史料、《扶桑略记》、僧侣别传以及《法华验记》、平安期往生传、《沙石集》和《日本灵异记》等佛教故事集。在《释书》传部416传中,可判定全部文献来源的僧传共233传,可判明部分文献来源的僧传共计33传,两者合计266传。《释书》传部对文献的处理方式可大致归纳为两种:在可供参考的传主文献较少或仅存一种的情况下,《释书》传部主要通过对原文缩略删节或调整语序以征引文献,构建传文;围绕同一传主从两种或两种以上的文献中采录相关材料时,《释书》传部主要通过对材料的有机编排构建传文。《释书》传部采录文献不以"史实性"的标准刻意地甄选并区分其优劣主次,而是将采录文献视为"信史"并根据撰述的需要选择征引。另外,《释书》传部亦倾向于对神异情节的征引,以渲染高僧之神通法力。《释书》僧传编撰的不足主要有两点:①篇幅长短不一;②"史实性"不足。对于前者,其原因一方面是虎关师炼偏重自门派的宗派意识,对自派僧侣传记大书特书;另一方面是师炼对诸如《延历僧录》等先行佛教史籍的故

---

① ［梁］慧皎撰,汤用彤校注:《高僧传》,第524页。
② ［唐］道宣撰,郭韶林点校:《续高僧传》,第2页。
③ ［宋］赞宁撰,范祥雍校注:《宋高僧传》,第2页。

意无视和弃而不用,以致缩小了史料来源。对于后者,其原因在于《释书》大量收录佛教灵验故事,且部分僧传内容过于荒诞。相较于"史实",师炼更重视"史实"所承载的价值判断和教化功能,不能以纯粹史学的观点苛求《释书》传记得"史实性"。第二节,通过史料比勘,确定《资治表》的文献来源极为广泛。《资治表》最为重视对六国史史料的征引,并综合补充《扶桑略记》《圣德太子传历》等文献。超出六国史载录范围的史事则主要参考《扶桑略记》,超出《扶桑略记》记载范围的史事则主要参考公家日记《百炼抄》。第三节,通过考察,可以确定《释书》十志中的《学修志》《度受志》《诸宗志》《会仪志》《封职志》《黜争志》和《音艺志》大量征引了《佛祖统纪》《高僧传》以及《景德传灯录》等中国佛教史籍以记叙中国佛教制度沿革发展。尤其对《佛祖统纪》的征引最为频繁,从侧面反映了《佛祖统纪》对《释书》撰述影响之深入。出于弘法传教的目的,《寺像志》与《拾异志》也分别从《扶桑略记》和《日本灵异记》等文献采录寺像灵验故事和反映因果报应等教理的民间佛教故事。本章第四节,将《释书》的文献搜集方式归纳为五种:"窃阅国史"、"治掇诸记"、征稽别传碑铭、稽考传主著述和寻访问询。《释书》的文献搜集方式是对梁唐宋三朝高僧传文献搜集方式的模仿和因袭。

附表 《元亨释书》征引文献一览

文献分类	文献名称
国史实录类	《日本书纪》、《续日本纪》、《日本后纪》、《续日本后纪》、《文德实录》、《三代实录》、《类聚三代格》、《僧纲补任》、《扶桑略记》、《百炼抄》
僧传类	《圣德太子传历》、《家传》、《唐大和上东征传》、《睿山大师传》、《弘法大师御传》、《高野大师御广传》、《慈觉大师传》、《智证大师传》、《天台南山无动寺建立和尚传》、《圣宝僧正传》、《尊意赠僧正传》、《慈慧大僧正传》、《谷阿阇梨传》、《高山寺明慧上人行状》、《三轮上人行状》、《性空上人传》、《泉涌寺不可弃法师传》、《圣一国师年谱》、《佛光禅师行状》、《一山国师行状》、《恒贞亲王传》、《真如亲王传》(佚)、《静观僧正传》(佚)、《净藏传》(佚)、《役公传》(佚)、《禅喜传》(佚)、《延历僧录》(佚)

续附表

文献分类	文献名称
说话集、灵验记和往生传类	《沙石集》、《日本灵异记》、《大日本法华验记》、《日本往生极乐记》、《续本朝往生传》、《拾遗往生传》、《后拾遗往生传》、《三外往生记》、《本朝新修往生传》、《本朝神仙传》、《三宝绘》、《多武峰略记》、药恒《本朝法华验记》(佚)
寺社缘起	《东大寺大佛记》、《四天王寺御手印缘起》、《大安寺缘起》、《清水寺缘起》、《招提寺建立缘起》、《北野天神缘起》、《长谷寺缘起》(佚)、《西大寺缘起》(佚)、《鞍马寺缘起》(佚)
杂记、碑铭等	《参天台五台山记》、《善家秘记》(佚)、《清丸上表》(佚)、《年代历》(佚)、《道贤上人冥途记》(佚)、《西寺验记》(佚)
著述、语录类	《兴禅护国论》、《圣一国师语录》、《佛光国师语录》、《一山国师妙慈弘济大师语录》
中国佛教史籍	《高僧传》、《续高僧传》、《宋高僧传》、《佛祖统纪》、《景德传灯录》、《五灯会元》

结　论

　　本书对《元亨释书》进行了多角度的研究。首先,考察了虎关师炼的生平著述与撰述动机,对其儒学造诣进行了深入研究。其次,厘清了《元亨释书》的历代刊刻情况和版本源流,对《元亨释书》注释书的内容和版本进行了表述。再次,从体例渊源与内容特征等方面对《元亨释书》"传表志赞论"五体构成的纪传体例,进行了详细的考察。最后,从文献来源与史料征引的角度,对《元亨释书》的传部、表部与志部分别进行了考察,并对《元亨释书》的文献搜集方式做了概括性总结。概括而言,本书将《元亨释书》视为独立的文本,从文献学、史学以及史源学等角度对其进行了综合考察,揭示出前人没有发现,或发现但尚未深入研究的诸多问题。可归纳为如下三点:

一、编撰体例和文献来源

　　就此问题,本书分别从传部、表部和志部总结如下:

　　第一,传部的编撰体例和文献来源。《元亨释书》传部的十科僧传是在沿袭中国梁唐宋三朝高僧传十科分类体例的基础上,为反映日本"大乘佛国"的佛教本质而设立的。十科僧传共录僧俗416人,所征引文献包括六国史僧侣卒传和纪年条史料、《扶桑略记》、僧侣别传以及《法华验记》、平安期往生传、《沙石集》和《日本灵异记》等佛教故事集。416传中,可判明全部文献来源的僧传共233传,可判明部分文献来源的僧传共计33传,两者合计266传。十科僧传对文献的处理方式可大致归纳为两种:在可供参考的传主文献较少或仅存一种的情况下,主要通过对原文缩略删节或调整语序以征引文献,构建传文;围绕同一传主从两种或两种以上的文献中采录相关文献时,主要通过对文献的有机编排构建传文。十科僧传采录文献不以"史实性"的标准刻意地甄选并区分其优劣主次,而是将采录文献统一视作"信史"并根据撰述需要选择征引。十科僧传倾向于对神异情节的征引,以渲染高僧之神通法力。

第二,表部的编撰体例和文献来源。《元亨释书》表部,即《资治表》的编撰体例与内容主旨一直为学界所忽视。通过本书研究,可以认为:《资治表》借鉴模仿了《春秋》经传的叙事体例,即表文模仿《春秋》的编年体例;传文模仿《左传》"追叙法""君子曰"和《公羊传》解经语等叙事体例。《资治表》的编撰,旨在通过吸收《春秋》的经学本质,借《春秋》经传的体例与义例系统来表达虎关师炼的政治主张,即重建"皇朝"与"佛乘"相辅相成、融合统一的理想政治秩序。《资治表》政治意味浓厚,其内容结构以及文献采录都是在上述撰述主旨的指导下展开的。《资治表》重视采录六国史史料;超出六国史载录范围的史事则主要参考《扶桑略记》;超出《扶桑略记》记载范围的史事主要参照公家日记《百炼抄》。根据撰述需要亦增补《圣德太子传历》《僧纲补任》《释书》僧传和《东大寺要录》等文献。采录史料的内容集中表现在"皇朝"与"佛乘"两个方面。既有天皇贵族对僧侣的僧职封赏、天皇临幸寺院法会、天皇贵族出家受戒以及建寺造像等史事,又多见僧侣为朝廷祈雨禳灾、为天皇贵族加持愈疾等内容。可见《资治表》对文献的采录是在统一主旨的指导下展开的,表现出明确的选择性。

第三,志部的编撰体例和文献来源。《元亨释书》志部综合性地吸收模仿《汉书》《史记》以及《佛祖统纪》等中国儒佛史籍的志体结构,结合师炼对日本佛教特质的理解而创立。在横向上,十志从勉学修行、剃度受戒、封赏僧职、法会修营、建寺造像等佛教制度层面概括其内涵与特征的同时,也从教内斗争、诵经持诵、寺像建立等佛教边缘性领域对日本佛教的发展史进行了归纳和总结;在纵向上,十志通过对比叙述佛教制度于天竺(印度)、震旦(中国)、本朝(日本)三国之间的沿革发展,凸显日本佛教制度的特殊与优越。十志全面而系统地叙述了佛教制度于印中日三国间传播发展的历史过程,弥补了传部与《资治表》对佛教制度史记载的缺失,可谓"达于通博"。

《学修志》《度受志》《诸宗志》《会仪志》《封职志》《黜争志》和《音艺志》的撰述主旨在于记叙印中日三国间佛教制度传播流衍,故上述七志对《佛祖统纪》《高僧传》以及《景德传灯录》等中国佛教史籍大量征引,尤以对《佛祖统纪》的引用最为频繁。《元亨释书》亦设《拾异志》,从《日本灵异记》和《扶桑略记》中选录大量反映因果报应等佛教教理的民间佛教灵验故事以宣传教义,教化人心;设《寺像志》,从《扶桑略记》以及《日本灵异记》等佛教故事集中采录反映寺像感应灵验的缘起故事和佛教故事,以宣扬寺像感应之灵验。

二、"赞论"体例和史观

中国史家向以经世致用、鉴戒资治为撰史宗旨,人物传记之后所设"赞论"为史家直抒胸臆、品藻人事提供了空间。《元亨释书》的"赞论"源于中国儒佛史籍的"赞论"体例,其所述内容皆为佛教教内之事,既有承续前人之处,又有发明创新之功。《元亨释书》的"赞曰"继承了中国史学的鉴戒传统,以教化警诫后世僧侣为撰述宗旨。"赞曰"主要围绕僧侣的"德""行"与"业"而展开。"德",指僧侣应秉持之道德操守,如寡欲清修、孝养父母等;"行",指僧侣的修行态度与修行方式,如修行专精、勤奋苦修等;"业",指人物于历史发展中的历史地位与历史功业,如荣西被赞为"禅门之大祖",高辨被赞为华严宗"中兴之才器"等。《元亨释书》"赞论"也蕴含着师炼对日本佛教兴衰发展的历史思考,主要表现在三个方面:其一,从天命史观的角度,阐释"数""天机"与佛教兴衰的关系;从感应史观的角度,考察"时""机"与佛教弘传流播的关系。其二,从世俗王权与佛教的关系思考佛教的盛衰变化。其三,重视并反思僧侣在佛教兴替发展中的作用。"赞论"中所表达的感应史观、对佛教与王权关系以及佛教人事的历史思考都不同程度地受到了中国佛教史籍的影响。

限于时间和篇幅,笔者暂且搁置了以下几方面的问题,将其作为今后的研究课题继续研究。第一,《资治表》传文对《左传》叙事方式的模仿。如《资治表》传文往往将出典文献的叙事文改写为人物对话,实际上是对《左传》利用人物语言展开叙事等方式的模仿,应进一步深入研究其具体特征。第二,《度总论》全篇皆为对《周易·系辞传》文句的模仿和改写。其模仿的动机与意图何在,应进一步研究。第三,《元亨释书》"赞曰"共 136 篇。行文骈散结合,且多用"哉""乎"等语气助词,蕴含强烈的感情色彩,其文势多仿《史记》"太史公曰"。"赞曰"多引《诗经》《论语》《尚书》《春秋》和《孟子》等儒家经典,善于化用儒家经典文句,不留痕迹地融入自己的论述中,颇有文采。这需要从文学角度深入考察。第四,《元亨释书》所载 10 篇"论曰"中所表现出的民族主义思想及其渊源。"论曰"中随处可见师炼意识性地同中国历史的对比,这一对比所反映出的"对中华意识"亦值得进一步深入探讨。

《元亨释书》是一个非常有价值的研究课题,无论是从佛教史籍的角度,还是从僧传文学的角度都可开辟拓展为一部专著。笔者以浅薄之学识和拙劣之文笔涉猎这一领域,所得结论也仅及皮毛,更待来日的深入研究。本书在写作的过程中对前人的研究多有参考,除在文中注释外,在此再次致以感谢。文辞粗拙、文意谬误之处比比皆是,敬请各位老师批评指正,不胜感激!

参考文献

一、古籍、文本、资料类

（一）日文文献

[1]黒板勝美.日本高僧伝要文抄・元亨釈書[M].国史大系第31卷.東京：吉川弘文館,1941.

[2]山本禅登訳.国訳一切経：和漢撰述部 史伝部19［M］.東京：大東出版社,1963.

[3]山本禅登訳.国訳一切経：和漢撰述部 史伝部20［M］.東京：大東出版社,1966.

[4]恵空.元亨釈書和解：第1卷—第3卷[M].曽根正人,校注.東京：神道大系編纂会,2202-2005.

[5]藤田琢司.訓読元亨釈書[M].東京：禅文化研究所,2011.

[6]築島裕.高山寺資料叢書：第1輯［M］.東京：東京大学出版会,1971.

[7]東京大学史料編纂所.東福寺文書之一[M].『大日本古文書』家わけ：第20卷.東京：東京大学出版会,1956.

[8]塙保己一.続群書類従：第8輯上［M］.東京：続群書類従完成会,1958.

[9]塙保己一.続群書類従：第8輯下［M］.東京：続群書類従完成会,1958.

[10]塙保己一.続群書類従：第9輯上［M］.東京：続群書類従完成会,1958.

［11］塙保己一.続群書類従:第9輯下［M］.東京:続群書類従完成会,1958.

［12］塙保己一.群書類従:第5輯［M］.続群書類従完成会,校.東京:続群書類従完成会,1958.

［13］出雲路.日本靈異记［M］.新日本古典文学大系第30卷.東京:岩波書店,1996.

［14］井上光贞.往生傳·法華驗记［M］.日本思想大系第7卷.東京:岩波書店,1974.

［15］市川白弦.中世禅家の思想［M］.日本思想大系第16卷.東京:岩波書店,1972.

［16］小島孝之.沙石集［M］.新編日本古典文学全集第52卷.東京:小学館,2001.

［17］黑板勝美.日本書紀·後篇［M］.国史大系第1卷下.東京:吉川弘文館,1967.

［18］黑板勝美.続日本紀［M］.国史大系第2卷.東京:吉川弘文館,1966.

［19］黑板勝美.日本後紀·続日本後紀·日本文德天皇実録［M］.国史大系第3卷.東京:吉川弘文館,1966.

［20］黑板勝美.日本三代実録［M］.国史大系第4卷.東京:吉川弘文館,1966.

［21］黑板勝美.本朝世紀［M］.国史大系第9卷.東京:吉川弘文館,1964.

［22］黑板勝美.日本紀略後篇·百錬抄［M］.国史大系第11卷,東京:吉川弘文館.1965.

［23］黑板勝美.扶桑略記,帝王編年記［M］.国史大系第12卷,東京:吉川弘文館.1965.

［24］黑板勝美.律·令義解［M］.国史大系第22卷.東京:吉川弘文館,1965.

［25］仏書刊行会.大日本仏教全書:第101册［M］.東京:仏書刊行会,1917.

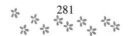

［26］仏書刊行会. 大日本仏教全書：第 102 冊［M］. 東京：仏書刊行会,1917.

［27］仏書刊行会. 大日本仏教全書：第 103 冊［M］. 東京：仏書刊行会,1917.

［28］仏書刊行会. 大日本仏教全書：第 104 冊［M］. 東京：仏書刊行会,1917.

［29］仏書刊行会. 大日本仏教全書：第 105 冊［M］. 東京：仏書刊行会,1917.

［30］仏書刊行会. 大日本仏教全書：第 106 冊［M］. 東京：仏書刊行会,1917.

［31］仏書刊行会. 大日本仏教全書：第 108 冊［M］. 東京：仏書刊行会,1917.

［32］仏書刊行会. 大日本仏教全書：第 109 冊［M］. 東京：仏書刊行会,1917.

［33］仏書刊行会. 大日本仏教全書：第 131 冊［M］. 東京：仏書刊行会,1922.

［34］上村觀光. 五山文学全集：第 1 卷［M］. 東京：思文閣,1973.

［35］上村觀光. 五山文学全集：第 2 卷［M］. 東京：思文閣,1973.

［36］近藤瓶城. 改定史籍集覧［M］. 東京：臨川書店,1990.

［37］日本大藏経編纂会. 日本大藏経：第 10 卷［M］. 東京：鈴木学術財団,1973.

［38］高楠順次郎. 大正新脩大藏経：第 9 卷［M］. 東京：大正一切経刊行会,1935.

［39］高楠順次郎. 大正新脩大藏経：第 80 卷［M］. 東京：大正一切経刊行会,1924.

（二）中文文献

［1］慧皎. 高僧传［M］. 北京：中华书局,1992.

［2］道宣. 续高僧传［M］. 北京：中华书局,2014.

［3］赞宁. 宋高僧传［M］. 北京：中华书局,1987.

［4］志磐. 佛祖统纪校注［M］. 释道法,校注. 上海：上海古籍出版

社,2012.

[5]僧祐.出三藏记集[M].苏晋仁,点校.北京:中华书局,1995.

[6]道元.景德传灯录译注[M].顾弘义,译注.上海:上海书店出版社,2010.

[7]普济.五灯会元[M].朱俊红,点校.海口:海南出版社,2011.

[8]慧洪.禅林僧宝传[M].吕有祥,点校.郑州:中州古籍出版社,2014.

[9]郭象.庄子注疏[M].成玄英,疏.北京:中华书局,2011.

[10]朱熹.四书章句集注:上册[M].上海:上海古籍出版社,2006.

[11]朱熹.朱子四书语类[M].上海:上海古籍出版社,1992.

[12]杨伯峻.孟子译注[M].北京:中华书局,2012.

[13]左丘明.国语:第7卷[M].韦昭,注.上海:上海古籍出版社,2015.

[14]刘知畿.史通[M].浦起龙,注.上海:上海古籍出版社,2012.

[15]杨伯峻.春秋左传注[M].北京:中华书局,1981.

[16]十三经注疏[M].阮元,校刻.北京.中华书局,1980.

[17]司马迁.史记[M].司马贞,索隐.北京:中华书局,2003.

[18]班固.汉书[M].北京:中华书局,2000.

[19]范晔.后汉书[M].北京:中华书局,1999.

[20]沈约.宋书[M].李贤,注.北京:中华书局,1999.

[21]刘昫,等.旧唐书[M].北京:中华书局,2000.

[22]刘勰.文心雕龙注[M].范文澜,注.北京:中华书局,1958.

[23]苏洵.嘉祐集笺注[M].曾枣庄,笺注.上海:上海古籍出版社,1993.

[24]韩愈.韩昌黎集[M].北京:商务印书馆,1958.

[25]韩愈.韩昌黎文集注释[M].阎琦,校注.西安:三秦出版社,2004.

[26]黄庭坚.山谷诗集注[M].黄宝华,点校.上海:上海古籍出版社,2003.

二、论文、专著类

(一)日文论文(以刊行年代为序)

[1]久保天随.『元亨释书』の著者学僧师錬[J].国文学,1903(50):

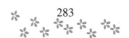

11-17.

[2]三哲生.『元亨釈書』の作者につい[J].六条学報,1912(128):2-8.

[3]白石芳留.『元亨釈書』の疑点[J].佛書研究,1917(31):9-21.

[4]大屋徳城.『元亨釈書』の非難について[M]//大屋徳城.日本佛教史の研究:第三巻.京都:東方文献刊行会,1928.

[5]築土鈴寛.佛教文学研究:特に法儀の文学についてー[J].岩波講座文学,1931(9):51-62.

[6]宗像義臣.『元亨釈書』の国体観[J].国学,1937(6):21-27.

[7]沖野舜二.『元亨釈書』の国体観[J].古典研究,1937(7):7-13.

[8]長沼賢海.『元亨釈書』続考[J].史淵,1938(19):31-36.

[9]長沼賢海.『元亨釈書』について[C]//本邦史学氏論叢.東京:富山房,1939.

[10]福嶋俊翁.虎関師錬の『元亨释书』と日本精神[J].禪學研究,1939(1):23-31.

[11]藤本了泰.僧传の編纂と其の形態[C]//本邦史学氏論叢.東京:富山房,1939.

[12]禿氏祐祥.『元亨釈書』の素材と『法華验记』[J].龍谷学報,1940(327):

[13]西内雅.『元亨釈書』に現れた中国思想[M]//先哲に受けて.東京:大宮山書店,1941.

[14]野村八良.『元亨釈書』の諸本[M]//杉木立.東京:葵梧堂,1942.

[15]太田常藏.元亨釈書にみえる波斯国について[J].藝林,1961,12(1):35-41.

[16]今枝愛真.普門院藏書目录と『元亨釈書』最古の写本[C]//田山方南先生華甲記念論文集.東京:田山方南先生華甲記念会,1963.

[17]葉貫磨哉.「元亨釈書」禅僧伝記選別の基準[J].日本歷史,1970(263):36-47.

[18]安藤智信.宋高僧伝と著者賛寧の立場[J].印度學佛教學研究,1971,19(2):325-359.

[19]田中敬信.梁高僧伝における神異について[J].印度學佛教學研

究,1971,20(1):291-293.

[20]中世古祥道.元亨釈書上の道元禅師伝について[J].宗学研究,1973(15):74-79.

[21]石山力山.『元亨釈書』と虎関師錬[J].印度學佛教學研究,1973(42):30-37.

[22]石川力山.『元亨釈書』考[J].駒沢大学大学院仏教学研究会年報,1973(7):21-29.

[23]石川力山.『元亨釈書』考(続)[J].駒沢大学大学院仏教学研究会年報,1974(8):13-22.

[24]石川力山.中世五山禅林の学芸について—『元亨釈書微考』の引用典籍をめぐって[J].駒沢大学佛教学部論集,1976(10):12-18.

[25]田中久夫.観音信仰と播磨の法道仙人:「元亨釈書」記載の法道伝説の成立事情について[J].日本歴史,1977(346):40-59.

[26]黒川訓義.「元亨釈書」の原史料:特に「扶桑略記」について[J].神道史研究,1978,26(4):259-290.

[27]今浜通隆.『元亨釈書』とその評価[J].並木の里,1979(17):13-19.

[28]久須本文雄.虎関師錬の儒道観[J].禅文化研究所紀要,1979(11):45-93.

[29]久須本文雄.虎関師錬の中国文学観[J].禅文化研究所紀要,1979(12):21-28.

[30]黒川訓義.法華験記と元亨釈書との関係[J].皇学館論叢,1979,12(6):22-53.

[31]大内文雄.歴代三宝紀と続高僧伝:訳経者の伝記について[J].印度學佛教學研究,1980,28(2):789-793.

[32]大隅和雄.仏教と女性:「元亨釈書」の尼女伝について[J].歴史評論,1983(395):2-11.

[33]大隅和雄.「元亨釈書」の仏法観[J].金沢文庫研究,1983(217):1-13.

[34]清水宥聖.「観音利益集」小考:「元亨釈書」「長谷寺験記」をとお

して[J]. 国文学踏査,1984(13):39-47.

　[35]佐々木智子.「元亨釈書」達磨伝について[J]. 日本文学,1984,33(12):11-27.

　[36]今浜通隆.『元亨釈書』にみる芸能[J]. 国文学:解釈と鑑賞,1985,50(6):122-127.

　[37]佐藤静子.『元亨釈書』と『今昔物語集』:釈書巻第十九の僧伝を中心として[J]. 日本文学,1985(64):31-39.

　[38]佐藤静子.「元亨釈書」撰者に関する異説の解釈:「碧山日録」の記事をめぐって[J]. 国文学論考,1986(22):71-77.

　[39]石川力山.『元亨釈書』[J]. 国文学:解釈と鑑賞,1986,51(9):50-57.

　[40]大隅和雄.『元亨釈書』と神祇[J]. 東京女子大学附属比較文化研究所紀要,1987(48):23-33.

　[41]名畑崇.『元亨釈書』神祇観序説[J]. 大谷大学研究年報,1987(40):39-95.

　[42]名畑崇. 王権と仏教:「元亨釈書」の内容と構成[J]. 仏教史学研究,1989,32(2):1-23.

　[43]川口高風. 諦忍律師の史伝観をめぐって:「本朝高僧伝」と「元亨釈書」に対し[J]. 愛知学院大学教養部紀要:愛知学院大学論叢,1990,37(3):236-254.

　[44]大隅和雄.『元亨釈書』の僧伝について[J]. 大谷大学史学論究,1991(5):33-45.

　[45]安部肇一. 宋高僧伝に著れた新羅僧伝について[C]//台湾の宗教と中国文化. 東京:風響社,1992.

　[46]直林不退.『元亨釈書』の先行史書観[J]. 竜谷史壇,1992(99-100):345-360.

　[47]直林不退. 中世仏教史籍の検討[J]. 印度學佛教學研究,1992,41(1):300-304.

　[48]名畑崇. 延朗上人のこと:『太平記』と『元亨釈書』[J]. 文芸論叢,1993(41):21-30.

［49］小山田和夫.『元亨釈書』の編纂材料と『扶桑略記』について［C］//日本古代史叢考：高嶋正人先生古稀祝賀論文集.東京：雄山閣出版,1994.

［50］安良岡康作.虎関師錬・中岩圓月［C］//『法语・詩偈』佛教文学講座：第3卷.東京：勉誠出版,1994.

［51］山口興順.虎関師錬の天台宗観：日本禅宗伝来史上への位置付けを中心として［J］.天台学報,1995(37):67-73.

［52］千葉正.虎関師錬における密教理解［J］.宗学研究,1996(38):240-245.

［53］松本真輔.『元亨釈書』本朝仏法起源譚の位相：達磨と太子の邂逅をめぐって［J］.中世文学,1998(43):90-98.

［54］平尾真智子.鎌倉時代末期の佛教史書『元亨釈書』と「看护」［J］.日本医史学雑誌,1998(44):35-41.

［55］鈴木国弘.中世「国郡制」再論：『元亨釈書』『本朝高僧伝』の分析から［J］.日本歴史,1999(611):17-34.

［56］安良岡康作.虎関師錬：東福寺学問の伝統を創る一［J］.国文学解釈と鑑賞,1999(10):33-45.

［57］松本真輔.研究余録『元亨釈書』の三韓関連記事の検討［J］.日本歴史,2000(631):88-97.

［58］佐藤愛弓.中世の高僧伝(僧伝から高僧伝へ)：『真言伝』と『元亨釈书』［J］.佛教文学,2001(3):17-29.

［59］下間一頼.『元亨釈書』の明恵伝［J］.仏教史研究,2001(38):31-45.

［60］野尻かおる.『元亨釈書』と葉貫先生の思い出：虎関師錬が採った拓本［J］.駒沢史学,2002(58):123-130.

［61］祁暁明.日本詩話における陶淵明論について：虎関師錬の陶淵明批判［J］.大阪大学言語文化学,2003(12):193-206.

［62］直井誠.虎関師錬の中国書法受容とその展開：『済北集』所見の書法観［J］.中京国文学,2004(23):58-63.

［63］市川浩史.虎関師錬の夢［C］//石毛忠.伝統と革新・日本思想史

の探究.東京:ぺりかん社,2004.

[64]大隅和雄.『元亨釈書』と佛教[M]//中世佛教の思想と社会,東京:名著刊行会,2005.

[65]海老澤早苗.『元亨釈書』に描かれた女性と佛教[C]//駒沢大学佛教学部論集.東京:駒沢大学仏教学部研究室,2005(36):213-225.

[66]野村卓美.『元亨釈書』と『高山寺明恵上人行状』:『元亨釈書』が省略した記事を中心に[J].日本文学,2006,55(2):29-41.

[67]市川浩史.「円爾弁円」像の形成:円爾弁円と虎関師錬をめぐって[J].日本思想史,2006(68):98-111.

[68]長谷川端.虎関師錬と高師直・河津氏明[J].中京大学文学部紀要,2006(41):43-48.

[69]千葉正.虎関師錬の密教観再考:『仏語心論』を中心として[J].宗学研究,2008,50(4):135-140.

[70]菊地大樹.虎関師錬の歴史的位置[J].仏教史学研究,2009,51(2):21-46.

[71]和田有希子.禅僧と「怪異」:虎関師錬と『元亨釈書』の成立[J].禪學研究,2009,87(3):73-94.

[72]直林不退.『元亨釈書』僧传の編集基準[J].佛教史研究,2010(46):131-144.

[73]直林不退.『元亨釈書』と『三国佛法传通缘起』[C]//根本誠二.奈良・南都佛教の传統と革新.東京:勉誠出版,2010.

(二)日文著述(以著者姓氏或机构名称的五十音为序)

[1]荒木良仙.仏教制度の研究[M]//仏教制度叢書:序卷.東京:東洋書院,1977.

[2]荒木良仙.僧綱の研究[M]//仏教制度叢書:第2卷.東京:東洋書院,1977.

[3]今浜通隆訳.元亨釈書[M].東京:教育社新書,1980.

[4]伊吹敦.禅の歴史[M].東京:法藏館,2001.

[5]大村桂巌.元亨釈書[M].東京:教育研究会,1930.

[6]大隅和雄.中世佛教の思想と社会[M].東京:名著刊行会,2005.

[7]織田得能.織田仏教大辞典[M].東京:大藏出版,1974.

[8]大屋徳城.日本佛教史の研究[M].京都:東方文献刊行会,1929.

[9]川瀬一馬.古活字版之研究:上巻[M].増補版.東京:安田文庫,1967.

[10]川瀬一馬.五山版の研究』上巻[M].東京:日本古書籍商協会,1970.

[11]北村沢吉.五山文学史稿[M].東京:冨山房,1941.

[12]菊地良一.中世説話の研究[M].東京:桜楓社,1972.

[13]黒田俊雄.権門体制論[M]//黒田俊雄著作集:第1巻.東京:法藏館,1994.

[14]黒田俊雄.顕密体制論[M]//黒田俊雄著作集:第2巻.東京:法藏館,1994.

[15]黒田俊雄.顕密佛教と寺社勢力[M]//黒田俊雄著作集:第3巻.東京:法藏館,1995.

[16]黒田俊雄.王法と佛法　中世史の構図[M].東京:法藏館,1983.

[17]宮内庁書陵部.図書寮典籍解題:歴史篇[M].東京:養徳社,1950.

[18]藏中進.唐大和上東征伝の研究[M].東京:桜楓社,1976.

[19]藏中しのぶ.延歴僧録注釈[M].東京:大東文化大学東洋研究所,2008.

[20]小峰和明.今昔物語集の形成と構造[M].東京:笠間書院,1985.

[21]駒沢大学図書館.新纂禅籍目録[M].東京:日本仏書刊行会,1962.

[22]古典遺産の会.往生伝の研究[M].東京:新读書社,968.

[23]国史大辞典編集委員会.国史大辞典:第12巻[M].東京:吉川弘文館,1991.

[24]佐久間竜.日本古代僧伝の研究[M].東京:吉川弘文館,1983.

[25]佐藤広夫.神・佛・王権の中世[M].東京:法藏館,1998.

[26]阪本太郎.六国史[M].東京:吉川弘文館,1989.

[27]佐々木孝正.佛教民俗史の研究[M].東京:名著出版,1987.

[28]白石芳留.東福寺志[M].京都:東福寺,1930.

[29] 白石芳留. 統禅宗編年史 [M]. 東京:酒井本店, 1943.

[30] 政経学会. 精神文化淵叢 [M]. 東京:明善社, 1937.

[31] 精神文化学会. 精神文化論集 [M]. 東京:明善社, 1939.

[32] 田制佐重. 日本精神思想概説 [M]. 東京:文教書院, 1933.

[33] 玉村竹二. 五山禅林宋派図 [M]. 東京:文閣出版, 1985.

[34] 玉村竹二. 臨済宗史 [M]. 東京:春秋社, 1991.

[35] 玉村竹二. 日本禅宗史論集:上 [M]. 東京:思文閣出版, 1988.

[36] 高木豊. 鎌倉佛教史研究 [M]. 東京:岩波書店, 1982.

[37] 千坂嵯峰. 五山文学の世界:虎関師錬と中厳圓月を中心に [M]. 東京:白帝社, 2002.

[38] 辻善之助. 禅と五山文学 [M]. 東京:雄山閣, 1941.

[39] 辻善之助. 日本仏教史:第 2 巻 [M]. 東京:岩波書店, 1947.

[40] 辻善之助. 日本仏教史:第 3 巻 [M]. 東京:岩波書店, 1949.

[41] 辻善之助. 日本仏教史:第 4 巻 [M]. 東京:岩波書店, 1949.

[42] 辻善之助. 日本仏教史:第 5 巻 [M]. 東京:岩波書店, 1950.

[43] 辻善之助. 日本仏教史:第 6 巻 [M]. 東京:岩波書店, 1949.

[44] 辻善之助. 国書総目録 [M]. 東京:岩波書店, 1975.

[45] 長沼賢海. 元亨釈書の精神 [M]. 東京:文部省教学局, 1940.

[46] 永井義憲. 日本佛教文学研究 [M]. 東京:古典文庫, 1957.

[47] 永井義憲. 日本佛教文学 [M]. 東京:墟書房, 1963.

[48] 日本精神文化研究会. 日本思想の精髄 [M]. 東京:目黒書店, 1934.

[49] 根本誠二. 奈良・南都仏教の伝統と革新 [M]. 東京:勉誠出版, 2010.

[50] 林羅山. 本朝通鑒 [M]. 東京:国書刊行会, 1919.

[51] 芳賀幸四郎. 中世禅林の学問及び文学に関する研究 [M]. 東京:思文閣, 1981.

[52] 芳賀幸四郎. 東山文化の研究 [M]. 東京:河出書房, 1945.

[53] 平岡定海. 東大寺宗性上人之研究並史料』下 [M]. 東京:臨川書店, 1960.

[54]平田俊春.私撰国史の批判的研究[M].東京:国書刊行会,1982.

[55]平田俊春.南朝史論考[M].東京:錦正社,1994.

[56]平林盛得編.僧歷綜覧[M].東京:笠間書院,1976.

[57]福嶋俊翁.虎関[M].東京:雄山閣,1944.

[58]福嶋俊翁.福嶋俊翁著作集:第2巻[M].東京:木耳社.1974.

[59]藤田德太郎.鎌倉時代概観:資料集成[M].東京:金星堂,1936.

[60]文部省教学局.教学叢書:第8輯[M].東京:文部省教学局,1940.

[61]堀川貴司.五山文学研究:資料と論考[M].東京:笠間書院,2011.

[62]前田雅之.今昔物語集の世界構造[M].東京:笠間書院.1999.

[63]三木紀人,山田昭全.大乗仏典:中国・日本篇:第25巻[M].東京:中央公論社,1989.

[64]皆川完一,山本信吉.国史大系書目解題:下巻[M].東京:吉川弘文館,2001.

[65]宮井義雄.建武中興と国民精神[M].東京:教育科学社,1942.

[66]望月信亨.望月佛教大辞典:第1巻[M].京都:世界聖典刊行協会,1954.

[67]柳田聖山.臨済の家風[M].東京:筑摩書房,1967.

[68]柳田聖山.禅学典籍叢刊[M].東京:臨川書店,2000.

[69]俞慰慈.五山文学の研究[M].東京:汲古書院,.2004.

[70]和田維四郎.『訪書余録』本文篇.東京:臨川書店,1918.

[71]亘理章三郎,大杉謹一共.日本精神史纂要[M].東京:中文館書店,1935.

(三)中文著述

[1]白寿彝.中国史学史[M].北京:北京师范大学出版社,2004.

[2]曹刚华.宋代佛教史籍研究[M].上海:华东师范大学出版社,2006.

[3]陈垣.中国佛教史籍概论[M].上海:上海书店出版社,2005.

[4]陈士强.佛典精解[M].上海:上海古籍出版社,1992.

[5]程千帆.闲堂文薮[M].济南:齐鲁书社,1984.

[6]杜瑞平.清凉传研究[M].太原:三晋出版社,2013.

[7]冯国栋.《景德传灯录》研究[M].北京:中华书局,2014.

[8]顾荩臣.经史子集概要[M].上海:华东师范大学出版社,2008.

[9]郭锡良.古代汉语[M].北京:商务印书馆,2005.

[10]黄永年.古籍版本学[M].南京:江苏教育出版社,2005.

[11]黄永年.古籍整理概论[M].西安:陕西人民出版社,1985.

[12]黄永年.史部要籍概述[M].南京:江苏教育出版社,2008.

[13]纪赟.慧皎《高僧传》研究[M].上海:海古籍出版社,2009.

[14]江静.赴日宋僧无学祖元研究[M].北京:商务印书馆,2011.

[15]江泓.真妄之间:作为史传家的禅师慧洪研究[M].北京:宗教文化出版社,2013.

[16]金建锋.弘道与垂范:释赞宁《宋高僧传》研究[M].北京:中国社会科学出版社,2014.

[17]可永雪.史记文学成就论衡[M].北京:中央民族大学出版社,2012.

[18]刘飏.魏晋南北朝释家传记研究:释宝唱与《比丘尼传》[M].长沙:岳麓书社,2009.

[19]李熙.僧史与圣传:《禅林僧宝传》的历史书写[M].北京:中国社会科学出版社,2014.

[20]木宫泰彦.日中文化交流史[M].胡锡年,译.北京:商务印书馆,1980.

[21]钱锺书.管锥编:第1册[M].北京:中华书局,1979.

[22]宋道发.佛教史观研究[M].北京:宗教文化出版社,2009.

[23]孙昌武.柳宗元评传[M].南京:南京大学出版社,2002.

[24]孙昌武.佛教与中国文学[M].上海:上海人民出版社,2007.

[25]汤用彤.隋唐佛教史稿[M].北京:北京大学出版社,2010.

[26]汤用彤.汉魏两晋南北朝佛教史[M].北京:中华书局,2016.

[27]王钟陵.中国中古诗歌史[M].北京:人民出版社,2005.

[28]徐燕玲.慧皎《高僧传》及其分科之研究[M].台北:花木兰文化出版社,2006.

[29]熊明.汉魏六朝杂传研究[M].北京:中华书局,2014.

[30]杨志飞.赞宁《宋高僧传》研究[M].成都:巴蜀书社,2016.

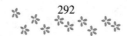

[31]杨曾文.日本佛教史[M].杭州:浙江人民出版社,1996.

[32]杨曾文.佛教与中国历史文化[M].北京:金城出版社,2013.

[33]赵翼.廿二史札记[M].北京:商务印书馆,1937.

[34]赵伯雄.春秋学史[M].济南:山东教育出版社,2004.

[35]张大可.史记研究[M].北京:商务印书馆,2011.

虎关师炼年谱^①

弘安元年(1278 年),一岁

· 4 月 16 日,申时诞生。

弘安二年(1279 年),二岁

弘安三年(1280 年),三岁

弘安四年(1281 年),四岁

弘安五年(1282 年),五岁

· 师炼五岁,从父授书。三圣寺东山湛照弟子珍藏主曾往来于其家,见其与众不同,告知其父,令其出尘。

弘安六年(1283 年),六岁

弘安七年(1284 年),七岁

· 师炼七岁,师从于当时精通外学的沙门本证禅僧,本证大为称赞,并告之父母,称其可以为尘外摩尼,而不可以为掌中之珠。

弘安八年(1285 年),八岁

---

① 　主要参照《海藏和尚纪年录》(塙保己一,『続群书類従』伝部第 9 辑下,续群书類従完成会,1958 年版,第 458–495 页)。

·师炼八岁,家遭火灾。珍藏主引荐师炼给东山湛照,东山湛照觉其眉宇间不同寻常,授其佛柄。

弘安九年(1286 年),九岁

弘安十年(1287 年),十岁

·师炼十岁,春祝发。

·4 月 8 日,受戒比睿山。

·是年,每日读《论语》二首,随读随诵,旬日而举。

正应元年(1288 年),十一岁

·师炼为年迈老母大写《法华经·普门品》,一字不错,母喜惬盈怀。

正应二年(1289 年),十二岁

·是年,腹疾大作,久卧塌席,药石无效,诸医束手。师炼梦入安乐寺得神药,后果然治愈,东山湛照甚感欣慰,抚其头曰:"我法犹存耳。"

正应三年(1290 年),十三岁

·东山湛照有疾。

正应四年(1291 年),十四岁

·是年,师炼与东山湛照问答,丛林广为相传,以为口实。

·8 月 8 日,东山湛照圆寂,师炼索居。

正应五年(1292 年),十五岁

·投奔南禅寺规庵祖圆,受到规庵厚待。当时,龟山上皇在下宫,因师炼才气出常人,常召入宫,出入无间。

永仁元年(1293 年),十六岁

·以相阳(镰仓)为禅窟,提策而东,托跻圆觉寺,悟桃溪德悟之法席。

永仁二年(1294 年),十七岁

·还自相阳(镰仓),归京都,听太子宾客菅原在辅讲解《文选》,学习公家之古注。

永仁三年(1295 年),十八岁

·再参南禅寺规庵祖圆,拜为汤药侍者。

永仁四年(1296 年),十九岁

·4 月 4 日,在圆觉寺举办北条时宗的第十三个忌日,住持桃溪德悟,任师炼为请客侍者。师炼起誓为四卷《楞伽经》作注,并建楞伽寺,以报

 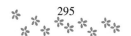

祖恩。

永仁五年(1297年),二十岁

· 4月,因仰慕驻锡于寿福寺的道源老者,师炼偕双峰宗源赴寿福寺。

· 7月,回京都,拜建仁寺无隐圆范门下。

· 是年,与六条有房为只许之游。六条有房将《周易》之学传授师炼。

· 冬,于仁和寺,禀广泽之密旨。

永仁六年(1298年),二十一岁

正安元年(1299年),二十二岁

· 2月,又归规庵门下。并任书状侍者。

· 是年,一山一宁赴日。师炼立志入元,由于母亲哀诉,师炼感而止。

正安二年(1300年),二十三岁

正安三年(1301年),二十四岁

· 在规庵门下担任请客侍者。

乾元元年(1302年),二十五岁

嘉元元年(1303年),二十六岁

· 在规庵门下担任烧香侍者。

嘉元二年(1304年),二十七岁

· 秋,仰慕藏山顺空之宗风,移籍东福寺。

· 冬,游醍醐寺,从实贤受密法。

嘉元三年(1305年),二十八岁

· 1月16日,在藏山门下担任烧香侍者。

· 秋,龟山上皇病于龟山宫。师炼与规庵馆于寿量院。

· 9月,上皇崩,师炼陪四日。

· 11月,藏山顺空离任东福寺。

· 12月,无为昭元接任,师炼继留。学其法疏问疾。

德治元年(1306年),二十九岁

· 1月16日,无为昭元转师炼为藏主一职。

· 2月,撰《聚分韵略》。

德治二年(1307年),三十岁

· 春,行相州,从一山一宁于巨幅寺。

·4月24日,一山因病退居于常乐庵,无为昭元应圆觉之命,屈师炼为侍者,从至鹿阜。

·6月5日,献书一山。并询问程杨之易说。其间,师炼向一山请教外学。师炼对中国的人文轶事甚是了解,可当被问及日本国内高僧之事时,无从以对。一山批评曰:"公之辨博涉外之方事,皆章章可悦,而至于本邦,颇似涩于应对,何哉?"师炼惭愧不已,立志作《元亨释书》。

延庆元年(1308年),三十一岁

·夏,作《檀林茶汤颂序》并四偈。

·8月,作《大风雨》一首。

延庆二年(1309年),三十二岁

延庆三年(1310年),三十三岁

·1月16日,在无为门下担任掌记一职。

应长元年(1311年),三十四岁

·4月,骏河有澄春者,善悉昙,师炼往问焉。

·6月15日,登富士山。作《登富士山》唐律二首。

正和元年(1312年),三十五岁

·回镰仓,投建长寺约翁德俭门下,受到优待。

·7月8日夜,苦残暑,梦一高僧,传法印。

·12月,作《祭梁侍者文》。

正和二年(1313年),三十六岁

·春,自建长寺还。作《磋峨三境》,隐寓京都城西之磋峨。

·8月,为柞禅人跋颂轴。

·12月,后伏见天皇诏师炼入住河东的欢喜光寺。

正和三年(1314年),三十七岁

·5月3日,中庭忽生荷三茎,作《陆荷记》,又作偈五首。

·12月,信州人圆西律师请师炼撰《善光寺飞柱记》。

·是年,梅坡道人素满在洛北白川建一庵,延师炼居之,师炼因其处白川之北涯,故名济北庵,一山书扁以赠。

正和四年(1315年),三十八岁

·是年,作《和汉编年干支合图》。

正和五年(1316年),三十九岁

·3月,作《煎茶轴序》。

·8月,修轮供。

·10月9日,伊势一信士师亨创本觉寺,请师炼开山,始拒,后为境内山水所动,许之。

·是年,作《源翁轴序》。

保元元年(1317年),四十岁

·3月,谒皇太神宫。

·7月8日,赞观音像。

·10月,还自本觉寺,归欢喜光寺。25日,一山一宁顺世,作挽章二首。

保元二年(1318年),四十一岁

·7月,至伊势本觉寺。

元应元年(1319年),四十二岁

·1月,梅花开,作一绝。

·3月,还自本觉寺。

·秋,如东寺,自拓印碑文,是为《日本国首传禅宗记》。

·10月,作《花轴序》。

元应二年(1320年),四十三岁

·1月,作《毒海号序》并送行轴跋。

·2月,至本觉寺。西墙作《婴泉》,又古调一篇。

·5月,有《端午轴序》。

·是年,撰《病仪论》,又有与智首座法语。

元亨元年(1321年),四十四岁

·2月,修密法于椎山古寺。

·是月,还济北庵。

·3月,南禅寺见山崇喜欲延师炼为南禅寺住持,师炼辞拒。

·7月14日,作《长春花轴序》,又有《假山轴序》

·11月,撰《一山国师行记》。

·是年,创佛殿于欢喜光院。

 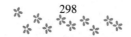

元亨二年(1322年),四十五岁

· 春,至本觉寺。

· 5月5日夜,师炼梦与一尊宿论相宗。

· 7月,还自本觉寺,归济北庵。

· 8月,《元亨释书》三十卷三草既成。上呈天皇入大藏,未果。

元亨三年(1323年),四十六岁

· 春,至本觉寺。

· 7月,作《池莲》一偈。

· 12月,京都之圆通寺邀师炼为住持,师炼辞拒。

正中元年(1324年),四十七岁

· 春,还自本觉寺,归济北庵。并谢欢喜光院事。

· 4月,三圣诸老来集,重挽师炼还圆通寺,亦辞。后南山士云远寄一偈以勉,师炼义不可辞,于11日入寺。

· 是年,受一条内经之请,为山叟慧云撰行状,名为《佛智禅师行状》。

正中二年(1325年),四十八岁

· 夏,作《南明山钟铭》。

· 8月,撰《禅戒轨十门》。

· 11月,撰《佛语心论》十八卷。

嘉历元年(1326年),四十九岁

· 春,应众请讲《佛语心论》。

· 7月,智首座为师炼写照,师炼因之作《自赞》。

· 9月9日,智首座又绘《楞伽腾会图》乞赞。

· 10月1日,作《佛语心论后序》。11日,三圣寺僧义松圆寂,师炼作祭文。师炼中选,住持三圣寺。19日,师炼开堂,香供宝觉禅师,不忘其本。

嘉历二年(1327年),五十岁

· 5月11日,跋山谷真迹。

· 9月,三圣寺门柱与廊柱积岁月倾危,师炼振兴之。

· 11月,作《菩提苗记》

嘉历三年(1328年),五十一岁

· 12月,有《题南院国师塔所》一偈。

元德元年(1329 年)，五十二岁

·8 月,整理三圣寺殿藏的大藏经。

元德二年(1330 年),五十三岁

·9 月,作《百蕊菊赋》。

·12 月 1 日,师炼修达摩祭。此后,每值腊朔必修此忌。故有《腊朔达摩忌轴序》。

元弘元年(1331 年),五十四岁

·1 月,编《圣一国师语录》。

·4 月 3 日,作《圆通钟铭》。

·8 月 8 日,宝觉禅师忌日,师炼拈香供养。

·9 月,翻修盖层塔。

正庆元年(1332 年),五十五岁

·3 月,赴伊势,改西明寺为神赞寺,并举行开堂仪式。此寺后被封为官寺,被指定为安国寺。

·5 月,师炼再抱《元亨释书》,表上新天子,建言入大藏经,班行天下。因政局动荡,未果。

·8 月,为素满道人秉炬。

·9 月,东福寺天柱宗昊圆寂,因九条道相的第二次邀请,于 20 日入寺。

元弘三年(1333 年),五十六岁

·6 月,作《无价轩记》。

·8 月,师炼觐见后醍醐天皇。

·11 月,裁书二篇,一与南禅明极和尚,一与建仁清拙和尚,以劝修腊朔达摩祭。

建武元年(1334 年),五十七岁

·1 月 4 日,东福寺大殿火,师炼逃归济北庵。一条经通遣使慰谕催归,师炼不应。山中诸老再三恳请,师炼始归。

·5 月 16 日,作《后无价轩记》。

·12 月,辞任东福寺住持,归济北。

建武二年(1335 年),五十八岁

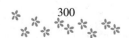

· 2 月,三圣寺住持西浦师云病重,因其泣诉,于 17 日再入三圣寺。

· 4 月,弟子大中成洛刊刻《十禅支录》。

· 同月,师炼撰《屈眴辨》以谏止后醍醐天皇欲改天下僧服为黄色之举。

· 5 月,师炼与东福寺住持双峰入奏,就东福寺排位谏言,得赐东福寺第二之明诏。

· 同月,作《二乐亭记》。

· 7 月,杨明藤丞相从师炼受衣。

· 10 月 7 日,南山士云寂,有祭文。

· 11 月 22 日,东福双峰宗源逝。其徒拜师炼秉炬,又有祭文。

· 是岁,移法堂阁,安文殊像一尊入殿。

建武三年(1336 年),五十九岁

· 近卫基嗣被天皇夺官位,求救于师炼,师炼预言必复位,果如是。

建武四年(1337 年),六十岁

· 3 月,东福缺员。一条经通命师炼再董东福,师炼牢辞。

· 4 月 8 日,因足利直义捐因帽古海庄,师炼辞三圣之席,重往东福。

历应元年(1338 年),六十一岁

· 1 月,作《宗门十胜论》。

· 3 月,退东福寺,寄居三圣寺如意庵。

· 10 月 11 日,为松岑和尚庆五部大乘经,升座。

历应二年(1339 年),六十二岁

· 1 月 17 日,清拙正澄圆寂于南禅寺。

· 3 月,光严上皇下诏令师炼入住南禅寺。19 日,谒见光严上皇。上皇亲问师炼教外之旨。

· 5 月 3 日,又谒见光严上皇。上皇命师炼讲《宗门十胜论》。22 日,足利尊氏集二十沙门于府内,拜师炼升座。

· 6 月,足利尊氏又延师炼入府署,供养。

· 7 月 19 日,近卫基嗣割信州之大田,摄州之弘井二庄,施与海藏院。

· 8 月,师入宫,奏请为南禅寺开山无关普门建天授庵。

· 9 月,作《文应皇弟外记》。

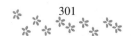

·11 月 26 日,足利尊氏伏值大行元应皇帝十旬之忌,延请师炼升座。

历应三年(1340 年),六十三岁

·1 月,师炼因中风而左手不便。

·6 月 25 日,上皇特赐恩诏,除备中州三成乡之官租。同月,有《答欢喜老书》。

·9 月,近卫基嗣入山,师炼上堂升座。

历应四年(1341 年),六十四岁

·1 月,南禅寺内起纷争。18 日,师炼退归海藏院,自称"风月主人"。

·4 月 5 日,师炼应九条道教之请,授其法衣。

·12 月,近卫经忠从南朝归顺,同近卫基嗣争家族正朔。基嗣向师炼询问对策,师炼建议建新的密法修法之所。

康永元年(1342 年),六十五岁

·1 月,为近卫基嗣修护摩法。

·4 月,一条经通邀师炼乞受衣,师炼以公曾从先慧日受衣,衣岂有重受而辞。

·9 月,撰《禅仪外文集》。

·10 月,作《梅菊同缺》一首。

·是年,南主后村上天皇遥攀德风,授师炼国师号。

康永二年(1343 年),六十六岁

·1 月 16 日,同大阳义冲、雪村友梅一起赴府,足利直义请师炼讲《弥勒下生经》,师炼开卷讲明,辞吐华畅,足利直义钦服。

·6 月,著《正修论》凡十章。

·7 月,河津平氏明遣使元国募画工,令其图师炼肖像。

康永三年(1344 年),六十七岁

·2 月,上皇以城北之地赐师炼。26 日,师炼开基址,创楞伽寺。

·4 月 16 日至 23 日,为亡母讲法华经。

·6 月 2 日,为钝翁了愚,辍财营斋,终迎牌位以入大慈庵之祖堂。

·9 月,足利将军新造玉屏,求师炼题之。

·10 月 18 日,乾峰士云、师炼等为东福寺可庵圆慧所作和歌和韵,并分别附序、跋,称为《灵椿颂轴》。

贞和元年(1345 年),六十八岁

· 2 月 26 日,足利直义因建长寺住持空缺,聘师炼入住,师炼因病辞之。

· 3 月,师炼右臂疼痛日益严重,盘食无味,饵药又不御,近卫基嗣差官医二人为其诊治。

· 8 月 12 日,赴摄津有马温泉汤治。值中秋,作《中秋温泉山见月》一绝,《温泉四韵》一首,绝句一章。

· 9 月 8 日,还自汤泉。作《淀河舟中四韵》。

· 12 月 6 日,建仁寺雪村问安而至。帅炼赋八向偈谢之,雪村及梅次韵。南禅寺竺仙梵仙问之,用元韵而相寄,师炼亦答之。

贞和二年(1346 年),六十九岁

· 1 月 8 日,中岩圆月阅《元亨释书》后,以书信献师炼,师炼答复。

17 日,病重弥留。

22 日,门人竹翁师泊将去年雪村友梅及竺仙梵仙等人问疾时所作诗文编成诗轴,并求雪村作序。雪村书而投赠。竹翁师泊棒此卷乞师炼赐跋文。

25 日,足利直义遣医诊疾。

27 日,近卫基嗣偕医来诊疾。

· 3 月 3 日,作《上巳无桃萼》一绝。

7 日,有半身像赞。

· 4 月 15 日,赋《结夏病中四韵》。

· 6 月 1 日,有《与礼上人》一颂。

18 日,又为礼上人作《谢木枕》一章。

22 日,作《六月瓶红叶》一首。

· 7 月 15 日,师炼疾笃。

17 日,为滨上人作真赞。

24 日,净发洗浴。留下遗偈,酉时寂。

《元亨释书》文献来源表①

传记名称	文献来源
《传智科·达摩传》	《景德传灯录》卷三;《日本书纪》推古天皇二十一年十二月庚午朔条;《日本书纪》推古天皇二十一年十二月辛未条
《传智科·慧灌传》	《日本书纪》推古天皇三十三年正月戊寅条;《扶桑略记》推古天皇三十三年乙酉条
《传智科·智藏传》	《扶桑略记》天武天皇二年三月条
《传智科·道昭传》	《日本书纪》白雉四年五月壬戌条;《扶桑略记》白雉四年件年条;《日本灵异记》卷上第 22 则《勤求学佛教利物临命终时示异表缘》;《扶桑略记》文武四年三月己未条;《续日本纪》文武四年三月己未条卒传
《传智科·善无畏传》	《宋高僧传》卷二《唐洛京圣善寺善无畏传》;《扶桑略记》养老元年条

---

① 下划线楷体字所示者,为可确考部分文献来源的传记,其中,传部僧传共 33 传,志部故事共 2 则;其余为可确考全部文献来源的传记,其中,传部僧传共 233 传,志部故事共 29 则。

续表

传记名称	文献来源
《传智科·鉴真传》	《唐大和上东征传》;《扶桑略记》天平胜宝六年正月丙寅条;《续日本纪》天平宝字二年八月朔日条;《扶桑略记》天平宝字七年五月六日条
《传智科·最澄传》	《睿山大师传》
《传智科·空海传》	《弘法大师御传》;《高野大师御广传》
《传智科·荣西传》	《兴禅护国论》
《慧解科·义渊传》	《续日本纪》神龟五年十月壬午条;《扶桑略记》大宝三年三月乙酉条
《慧解科·道慈传》	《扶桑略记》养老元年同年条;《续日本纪》养老二年十一月乙卯条;《续日本纪》天平八年二月丁巳条;《续日本纪》天平九年八月丁卯条
《慧解科·智光传》	《日本往生极乐记》第 11 则《元兴寺智光赖光两僧》
《慧解科·善珠传》	《日本后纪》延历十六年四月丙子条卒传(佚,据《扶桑略记》补)
《慧解科·明一传》	《日本后纪》延历十七年三月丁未条卒传(佚,据《扶桑略记》补)
《慧解科·善谢传》	《日本后纪》延历廿三年五月辛卯条卒传
《慧解科·慈云传》	《日本后纪》大同元年八月甲辰日条卒传(佚,据《扶桑略记》补)
《慧解科·胜悟传》	《日本后纪》弘仁二年六月戊辰条卒传(佚,据《扶桑略记》补)
《慧解科·善议传》	《日本后纪》弘仁三年八月戊申条卒传
《慧解科·安澄传》	《日本后纪》弘仁五年三月戊申条卒传
《慧解科·常楼传》	《日本后纪》弘仁五年十月乙丑条卒传
《慧解科·常腾传》	《日本后纪》弘仁六年九月辛未条卒传
《慧解科·勤操传》	《日本后纪》天长四年五月戊辰条卒传;《三宝绘》卷中第 18 则《大安寺荣好》
《慧解科·护命传》	《续日本后纪》承和元年九月戊午条卒传;《拾遗往生传》卷下第 3 则《僧正护命》
《慧解科·道雄传》	《文德实录》仁寿元年六月乙酉条卒传
《慧解科·安慧传》	《拾遗往生传》卷上第 4 则《内供奉安慧》
《慧解科·圆澄传》	《续日本后纪》天长十年十月二十日壬寅条卒传
《慧解科·守印传》	《续日本后纪》承和十年十二月二十九日癸未条卒传

续表

传记名称	文献来源
《慧解科·明福传》	《续日本后纪》嘉祥元年八月庚戌二十四日条卒传
《慧解科·延祥传》	《文德实录》仁寿三年九月丙申九日条卒传
《慧解科·长训传》	《文德实录》斋衡二年九月己巳二十三日条卒传
《慧解科·实敏传》	《文德实录》斋衡三年九月癸卯条卒传
《慧解科·光定传》	《文德实录》天安二年八月戊戌十条卒传
《慧解科·真济传》	《三代实录》贞观二年二月丙午廿五条卒传
《慧解科·圆仁传》	《慈觉大师传》
《慧解科·宗睿传》	《三代实录》元庆八年三月丁亥廿六日条卒传
《慧解科·道昌传》	《三代实录》贞观十七年二月癸亥九日条卒传
《慧解科·真雅传》	《三代实录》元庆三年正月癸巳三日条卒传
《慧解科·隆海传》	《三代实录》仁和二年七月己亥廿二日条卒传
《慧解科·遍昭传》	《续本朝往生传》第6则《僧正遍昭》;《扶桑略记》元庆三年十月二十三日己卯条;《扶桑略记》宽平二年庚戌条(已上御记)
《慧解科·圆珍传》	《智证大师传》
《慧解科·益信传》	《扶桑略记》昌泰二年十一月二十四日条;《扶桑略记》昌泰二年十一月条
《慧解科·圣宝传》	《圣宝僧正》
《慧解科·仁海传》	《扶桑略记》长久四年五月八日条
《慧解科·禅喜传》	《扶桑略记》天历九年六月九日条(已上传文)
《慧解科·良源传》	《慈慧大僧正传》
《慧解科·千观传》	《日本往生极乐记》第18则《延历寺阿阇梨传灯大法师位千观》;《扶桑略记》永观二年八月二十七日条(故老传曰)
《慧解科·源信传》	《法华验记》卷下第83则《楞严院源信僧都》;《佛祖统纪》卷八《四明法智尊者大法师传》
《慧解科·觉运传》	《续本朝往生传》第8则《权少僧都觉运》;《扶桑略记》宽弘四年十月卅日条。
《慧解科·觉超传》	《续本朝往生传》第10则《权少僧都觉超》;《沙石集》卷十本(八)「证月房遁世の事·八兜率僧都觉超」
《慧解科·实因传》	《法华验记》卷中第43则《睿山西塔具足坊实因大僧都》

续表

传记名称	文献来源
《慧解科·明尊传》	《扶桑略记》天喜五年三月十四日条;《扶桑略记》康平三年十一月二十六日条
《慧解科·桓舜传》	《续本朝往生传》卷上第 11 则《权大僧都桓舜》;《沙石集》卷一(七)「神明は道心を貴び給ふ事・七桓舜僧都利益を召し返される」
《慧解科·永观传》	《拾遗往生传》卷下第 26 则《前权律师永观》
《慧解科·宽印传》	《续本朝往生传》第 15 则《沙门宽印》
《慧解科·皇庆传》	《谷阿阇梨传》
《慧解科·大圆传》	《沙石集》卷十本(五)「観勝寺上人の事・一観勝寺の大圓房」
《慧解科·明遍传》	《沙石集》卷十本(四)「俗士、遁世したりし事・六少納言入道信西の十三年忌」
《慧解科·高辩传》	《高山寺明慧上人行状》
《净禅科·荣朝传》	《沙石集》卷十末(十三)「臨終目出き人々の事・八栄朝の入滅」
《净禅科·法心传》	《沙石集》卷十末(十三)「臨終目出き人々の事・十法心房入滅」
《净禅科·兰溪道隆传》	《大觉禅师语录》;《沙石集》卷十末(十三)「臨終目出き人々の事・十三蘭渓道隆の入滅」
《净禅科·圆尔辨圆传》	《圣一国师年谱》《圣一国师语录》
《净禅科·无学祖元传》	《佛光禅师行状》《佛光国师语录》
《净禅科·一山一宁传》	《一山国师行状》《一山国师妙慈弘济大师语录》
《感进科·义觉传》	《日本灵异记》卷上第 14 则《僧忆持心经得现报示奇事缘》
《感进科·道藏传》	《日本书纪》持统二年七月丙子条;《日本书纪》养老五年六月戊戌条
《感进科·定慧传》	《多武峰略记》
《感进科·祚莲传》	《扶桑略记》天武天皇白凤九年(为宪记云~已上)

续表

传记名称	文献来源
《感进科·实忠传》	《东大寺要录》七所收《东大寺权别当实忠二十九个条》
《感进科·慧胜传》	《日本灵异记》卷下第 24 则《依妨修行人得猴身缘》
《感进科·道公传》	《法华验记》卷下第 128 则《纪伊国美奈倍道祖神》
《感进科·证如传》	《后拾遗往生传》卷上第 17 则《摄津国胜尾寺证如》
《感进科·延镇传》	《扶桑略记》延历十七年七月二日条
《感进科·日藏传》	《扶桑略记》天庆四年春三月条（道贤上人冥途记云～已上）；《本朝神仙传》第 29 则《沙门日藏》
《感进科·峰延传》	《扶桑略记》延历十五年条（已上出其缘起）；《拾遗往生传》卷下第 2 则《峰延内供》
《感进科·成意传》	《日本往生极乐记》第 10 则《延历寺定心院十禅师成意》
《感进科·长圆传》	《法华验记》卷下第 92 则《长圆法师》
《感进科·平愿传》	《法华验记》卷上第 40 则《播州平愿持经者》
《感进科·真远传》	《法华验记》卷中第 71 则《西塔宝幢院真远法师》
《感进科·光空传》	《法华验记》卷中第 72 则《光空法师》
《感进科·妙尊传》	《法华验记》卷中第 61 则《好尊法师》
《感进科·珍莲传》	《法华验记》卷中第 54 则《珍莲法师》
《感进科·云净传》	《法华验记》卷上第 14 则《志摩国岩洞宿云净法师》
《感进科·信誓传》	《法华验记》卷下第 87 则《信誓阿阇梨》
《感进科·延昌传》	《法华验记》卷上第 6 则《睿山西塔平等坊延昌僧正》；《扶桑略记》天德三年己未四月廿九日条；《僧纲补任》
《感进科·寻禅传》	《续本朝往生传》第 7 则《慈忍僧正》
《感进科·相应传》	《天台南山无动寺建立和尚传》
《感进科·教圆传》	《扶桑略记》永承二年六月十日条
《感进科·增命传》	《扶桑略记》宽平三年夏月条（古老传曰）；《扶桑略记》延喜五年四月十四日条（已上传）；《扶桑略记》延喜十三年三月十二日条（已上传文）；《扶桑略记》延喜十五年同年秋月条（已上本传）；《扶桑略记》延喜二十二年七月条；《扶桑略记》延喜二十三年三月六日条；《扶桑略记》延长五年十一月十一日条（已上传）；《日本往生极乐记》第 6 则《延历寺座主僧正增命》

续表

传记名称	文献来源
《感进科·尊意传》	《尊意赠僧正传》;《北野天神缘起》
《感进科·明达传》	《扶桑略记》天庆三年正月二十四日条;《扶桑略记》天庆三年十一月二十一日条
《感进科·净藏传》	《扶桑略记》宽平九年丁巳春条(已上本传文);《扶桑略记》延喜九年四月四日条(已上传);《扶桑略记》延喜二十年十二月二十八日条(已上传);《扶桑略记》天庆三年正月二十二日条(已上传);《扶桑略记》天历八年十二月五日条(已上传);《拾遗往生传》卷中第 1 则《大法师净藏》
《感进科·济源传》	《日本往生极乐记》第 9 则《僧都济源》
《感进科·阳生传》	《法华验记》卷中第 42 则《阳生僧都》;《僧纲补任》
《感进科·增贺传》	《扶桑略记》长保五年六月条(智源法师法华验记云～已上);《多武峰略记》
《感进科·信觉传》	《扶桑略记》永保二年七月十六日乙未条;《僧纲补任》
《感进科·胜觉传》	《三外往生记》第 29 则《权僧正胜觉》
《感进科·理满传》	《法华验记》卷上第 35 则《法华持经者理满法师》
《感进科·睿桓传》	《法华验记》卷中第 46 则《比睿山安乐院睿桓上人》
《感进科·睿实传》	《法华验记》卷中第 66 则《神明寺睿实法师》;《续本朝往生传》第 14 则《阿阇梨睿实》
《感进科·定照传》	《法华验记》卷中第 41 则《嵯峨定照僧都》
《感进科·性空传》	《扶桑略记》永延二年同年条;《扶桑略记》宽弘四年三月十三日条;《法华验记》卷中第 45 则《播州书写山性空上人》
《感进科·平忍传》	《扶桑略记》天庆元年五月二十三日条(年代历云～已上)
《感进科·莲防传》	《法华验记》卷上第 20 则《睿山西塔莲坊阿阇梨》
《感进科·寂禅传》	《后拾遗往生传》卷下第 19 则《沙门寂禅》
《感进科·行空传》	《法华验记》卷中第 68 则《一宿沙门行空》
《感进科·莲长传》	《法华验记》卷中第 60 则《莲长法师》
《感进科·以圆传》	《拾遗往生传》卷上第 14 则《阿阇梨以圆》
《感进科·教真传》	《三外往生记》第 19 则《阿阇梨教真》
《感进科·经源传》	《三外往生记》第 24 则《兴福寺经源》

续表

传记名称	文献来源
《感进科·庆日传》	《法华验记》卷中第65则《摄州菟原庆日圣人》
《感进科·觉胜传》	《三外往生记》第17则《沙门觉胜》
《感进科·佛莲传》	《法华验记》卷中第79则《佛莲上人》
《感进科·维范传》	《拾遗往生传》卷上第11则《阿阇梨维范》
《感进科·暹觉传》	《本朝新修往生传》第27则《沙门暹觉》
《感进科·戒深传》	《本朝新修往生传》第1则《沙门戒深》
《感进科·圆久传》	《法华验记》卷上第39则《佛莲上人》
《感进科·行仙传》	《沙石集》卷十末(十三)「临终目出き人々の事·一行仙房」
《感进科·性信传》	《后拾遗往生传》卷上第3则《入道二品亲王》
《感进科·基灯传》	《法华验记》卷中第69则《基灯法师》
《感进科·仁镜传》	《法华验记》卷上第16则《爱太子山鹫峰仁镜圣》
《感进科·良算传》	《法华验记》卷中第49则《金峰山蘇岳良算圣》
《感进科·玄常传》	《法华验记》卷中第74则《播州雪彦山玄常圣》
《感进科·重怡传》	《本朝新修往生传》第25则《沙门重怡》
《感进科·庆圆传》	《三轮上人行状》
《感进科·常观传》	《沙石集》卷一(四)「神明は慈悲を貴び給ひて物を忌み給はぬ事·一三輪の経観房」
《感进科·性莲传》	《沙石集》卷一(四)「神明は慈悲を貴び給ひて物を忌み給はぬ事·五性蓮房熱田参籠」
《感进科·齐远传》	《法华验记》卷中第75则《齐远法师》
《感进科·广恩传》	《法华验记》卷上第10则《吉野山海部峰寺广恩法师》
《感进科·莲藏传》	《法华验记》卷上第33则《云州法严莲藏二法师》
《感进科·持法传》	《法华验记》卷上第17则《持法沙门持金法师》
《感进科·法莲传》	《法华验记》卷中第48则《光胜沙门·法莲法师》
《忍行科·长明传》	《拾遗往生传》卷下第17则《长命持经者》
《忍行科·文豪传》	《扶桑略记》治历二年五月十五日条
《忍行科·延救传》	《拾遗往生传》卷下第15则《延救圣人》
《忍行科·仙命传》	《拾遗往生传》卷上第9则《仙命上人》

续表

传记名称	文献来源
《忍行科·信敬传》	《三外往生记》第 34 则《沙门信敬》
《忍行科·莲照传》	《法华验记》卷下第 88 则《持经者莲照法师》
《忍行科·应照传》	《法华验记》卷上第 9 则《奈智山应照法师》
《忍行科·春朝传》	《法华验记》卷上第 22 则《春朝法师》
《忍行科·永助传》	《三外往生记》第 23 则《僧永助》
《明戒科·普照传》	《唐大和上东征传》;《扶桑略记》天平七年四月十六日条
《明戒科·法进传》	《续日本纪》天平胜宝六年正月壬子日条
《明戒科·如宝传》	《日本后纪》延历二十三年正月廿二日条
《明戒科·道忠传》	《扶桑略记》延历十六年四月丙子条
《明戒科·丰安传》	《僧纲补任》
《明戒科·明佑传》	《日本往生极乐记》第 8 则《东大寺戒坛和尚律师明佑》
《明戒科·俊芿传》	《泉涌寺不可弃法师传》
《檀兴科·行基传》	《法华验记》卷上第 2 则《行基菩萨》;《扶桑略记》天平十七年正月乙卯条(本传);《日本灵异记》卷中第 7 则《智者诽妒变化圣人而现至阎罗阙受地狱苦缘》
《檀兴科·庆俊传》	《扶桑略记》神护景云四年八月乙卯条(已上两僧德行出延历僧录)
《檀兴科·观喜传》	《扶桑略记》康保四年五月十四日条(已上出年代历)
《檀兴科·恒寂传》	《后拾遗往生传》卷上第 13 则《亭子亲王讳恒贞》;《恒贞亲王传》
《檀兴科·道寂传》	《本朝新修往生传》第 34 则《元兴寺僧字伊贺圣》
《檀兴科·一演传》	《三代实录》贞观九年七月十二日己酉条卒传
《檀兴科·源算传》	《拾遗往生传》卷上第 16 则《源算上人》
《檀兴科·光胜传》	《日本往生极乐记》第 17 则《沙门空也》;《扶桑略记》康保四年条
《方应科·圣德太子传》	《圣德太子传历》
《方应科·役小角传》	《扶桑略记》大宝元年正月条(已上出本传文);《日本灵异记》卷上第 28 则《修持孔雀王咒法得异验力以现作仙飞天缘》

续表

传记名称	文献来源
《方应科·泰澄传》	《泰澄和尚传记》;《法华验记》卷下第81则《越后国神融法师》
《方应科·菩提传》	《续日本纪》天平八年十月戊申条;《续日本纪》天平胜宝三年甲戌条;《扶桑略记》天平十八年七月条;《扶桑略记》天平胜宝元年十二月丁亥廿七日条;《扶桑略记》天平宝字四年二月二十五日条
《方应科·佛哲传》	《扶桑略记》天平十八年七月条(或记云)
《方应科·善仲传》	《拾遗往生传》卷上第1则《善仲善算两圣人》
《方应科·开成传》	《拾遗往生传》卷上第2则《开成王子》
《力游科·昙慧传》	《日本书纪》钦明十五年二月条
《力游科·慧便传》	《日本书纪》敏达天皇十三年是岁条;《扶桑略记》敏达天皇十三年甲辰九月条
《力游科·慧聪传》	《日本书纪》推古天皇三年是岁条
《力游科·慧慈传》	《日本书纪》推古天皇三年五月丁卯十日条;《日本书纪》推古天皇四年十一月条;《日本书纪》推古天皇二十三年十一月癸卯条
《力游科·观勒传》	《日本书纪》推古天皇十年十月条;《扶桑略记》推古天皇三十二年四月三日戊申条(已上日本纪廿二之抄记)
《力游科·僧隆传》	《日本书纪》推古天皇十年闰十月己丑十五日条
《力游科·慧弥传》	《日本书纪》推古天皇十七年四月庚子条;《日本书纪》推古天皇十七年五月壬午条
《力游科·昙微传》	《日本书纪》推古天皇十八年三月条
《力游科·福亮传》	《扶桑略记》齐明天皇四年同年条
《力游科·神睿传》	《续日本纪》养老三年十一月乙卯条
《力游科·道睿传》	《扶桑略记》天平七年四月辛亥条
《力游科·慧济传》	《日本书纪》推古卅一年七月条
《力游科·僧旻传》	《日本书纪》舒明天皇四年八月条;《日本书纪》白雉元年二月戊寅九日条;《日本书纪》白雉四年五月是月条;《日本书纪》白雉四年六月条
《力游科·慧隐传》	《日本书纪》舒明天皇十一年九月条;《日本书纪》白雉三年四月壬寅十五日条

续表

传记名称	文献来源
《力游科·智通传》	《日本书纪》齐明天皇四年七月是月条;《扶桑略记》天武天皇二年三月条
《力游科·净达传》	《续日本纪》庆云四年五月乙丑日条;《扶桑略记》和铜二年十月条
《力游科·行善传》	《日本灵异记》卷上第6则《凭凭念观音菩萨得现报缘》
《力游科·玄昉传》	《扶桑略记》灵龟二年八月条;《扶桑略记》天平七年四月辛亥条;《扶桑略记》天平八年二月丁巳条;《扶桑略记》天平九年八月丁卯条;《扶桑略记》天平十八年六月丙戌条(国史);《续日本纪》天平十八年六月己亥条卒传
《力游科·行贺传》	《日本后纪》延历二十二年二月己未条卒传(佚,据《扶桑略记》补)
《力游科·真如传》	《三代实录》元庆五年十月戊子条卒传(佚,据《日本纪略》补)
《力游科·寂昭传》	《续本朝往生传》第33则《同定基》;《杨文公谈苑》(成寻《参天台五台山记》所引)
《力游科·成寻传》	《续本朝往生传》第21则《阿阇梨成寻》;《参天台五台山记》
《愿杂科·古德篇·丰国传》	《日本书纪》用明天皇二年四月丙午二日条
《愿杂科·古德篇·德齐传》	《日本书纪》崇峻天皇三年是岁条
《愿杂科·古德篇·德积传》	《日本书纪》推古天皇卅二年四月壬戌条
《愿杂科·古德篇·慧妙传》	《日本书纪》大化元年八月癸卯条;《日本书纪》天武天皇九年十一月丁亥条
《愿杂科·古德篇·道显传》	《日本书纪》天智天皇元年三月是月条和《日本书纪》天智天皇元年四月条
《愿杂科·古德篇·道信传》	《日本书纪》持统三年正月丙辰条;《日本书纪》持统三年三月壬寅条;《日本书纪》持统三年五月癸丑朔甲戌条;《日本书纪》持统三年秋七月壬子朔条

续表

传记名称	文献来源
《愿杂科·古德篇·法员传》	《日本书纪》持统七年十一月己亥条;《日本书纪》持统八年三月己亥条
《愿杂科·古德篇·弘曜传》	《扶桑略记》宝龟十年条(已上二人德行出延历僧录)
《愿杂科·古德篇·慧忠传》	《扶桑略记》宝龟十年条(已上二人德行出延历僧录)
《愿杂科·古德篇·仁秀传》	《日本后纪》大同三年三月条(佚,据《扶桑略记》补)
《愿杂科·古德篇·寿远传》	《续日本后纪》承和五年十二月辛亥条卒传
《愿杂科·古德篇·守宠传》	《续日本后纪》承和八年十二月辛卯条卒传
《愿杂科·王臣篇·贞观皇帝传》	《三代实录》元庆四年十二月四日癸未条崩传;《后拾遗往生传》卷下第1则《清和天皇水尾御出家定印向西崩御》
《愿杂科·王臣篇·苏我稻目传》	《日本书纪》钦明天皇十三年十月十三日条
《愿杂科·王臣篇·苏我马子传》	《日本书纪》敏达天皇十三年九月条;《日本书纪》推古天皇廿二年八月条;《日本书纪》推古天皇卅四年五月丁未二十日条
《愿杂科·王臣篇·司马达等传》	《日本书纪》敏达天皇十三年是岁条;《日本书纪》崇峻天皇三年是岁条
《愿杂科·王臣篇·藤原镰足传》	《扶桑略记》天智八年十月十六日辛酉条(已上家传)
《愿杂科·王臣篇·和气真纲传》	《拾遗往生传》卷下第12则《肥前国入道参议真纲卿》
《愿杂科·王臣篇·藤原良相传》	《拾遗往生传》卷中第13则《右大臣良相》;《三代实录》贞观九年十月十日乙亥条薨传
《愿杂科·王臣篇·藤原义孝传》	《法华验记》卷下第103则《右近中将藤原义孝》

续表

传记名称	文献来源
《愿杂科·王臣篇·高阶良臣传》	《法华验记》卷下第 101 则《宫内卿高阶良臣真人》
《愿杂科·王臣篇·源显基传》	《续本朝往生传》第 4 则《权中纳言显基》
《愿杂科·王臣篇·平维茂传》	《后拾遗往生传》卷中第 14 则《镇守府将军平维茂》
《愿杂科·土臣篇·射水亲元传》	《拾遗往生传》卷中第 22 则《射水亲元》
《愿杂科·王臣篇·橘守辅传》	《拾遗往生传》卷中 34 则《散位守辅》
《愿杂科·王臣篇·源亲元传》	《后拾遗往生传》卷上第 20 则《前安房守源亲元》
《愿杂科·王臣篇·平时范传》	《拾遗往生传》卷下第 14 则《右大辩时范》
《愿杂科·王臣篇·源俊房传》	《后拾遗往生传》卷中第 4 则《入道左大臣俊房》
《愿杂科·王臣篇·三善为康传》	《本朝新修往生传》第 22 则《佐伯成贞算博士为康》
《愿杂科·王臣篇·藤原敦光传》	《本朝新修往生传》第 30 则《式部大辅藤敦光》
《愿杂科·王臣篇·平实亲传》	《本朝新修往生传》第 35 则《入道参议平实亲》
《愿杂科·王臣篇·源雅通传》	《拾遗往生传》卷中第 15 则《中将雅通》
《愿杂科·王臣篇·藤原仲远传》	《法华验记》卷下第 104 则《越中前司藤原仲远》
《愿杂科·王臣篇·纪躬高传》	《法华验记》卷下第 126 则《越后国乙寺猿》

续表

传记名称	文献来源
《愿杂科·王臣篇·药延传》	《法华验记》卷下第94则《沙弥药延》
《愿杂科·士庶篇·感世传》	《扶桑略记》应和二年同年条(已上穴穗寺缘起);《法华验记》下卷第85则《佛师感世法师》
《愿杂科·士庶篇·寻寂传》	《法华验记》卷下第90则《加贺国寻寂法师》
《愿杂科·士庶篇·乘莲传》	《法华验记》卷下第95则《筑前入道乘莲》
《愿杂科·士庶篇·藤井久任传》	《拾遗往生传》卷中23则《藤井久任》
《愿杂科·士庶篇·野敦末传》	《拾遗往生传》卷中18则《右近将监敦末》
《愿杂科·士庶篇·秦武元传》	《三外往生记》第43则《左近将曹武元》
《愿杂科·士庶篇·愿西传》	《后拾遗往生传》卷中第17则《入道忠犬丸》
《愿杂科·士庶篇·源传传》	《本朝新修往生传》第16则《散位源传》
《愿杂科·士庶篇·清信俊传》	《本朝新修往生传》第32则《大儒清原信俊》
《愿杂科·士庶篇·江亲通传》	《本朝新修往生传》第41则《入道学生江亲通》
《愿杂科·士庶篇·壬良门传》	《法华验记》卷下第112则《奥州壬生良门》
《愿杂科·士庶篇·修觉传》	《法华验记》卷下第97则《阿武大夫入道沙弥修觉》
《愿杂科·尼女篇·善信尼传》	《日本书纪》敏达天皇十三年是岁条;《日本书纪》用明天皇二年六月甲子廿一日条;《日本书纪》崇峻天皇元年是岁条;《日本书纪》崇峻天皇三年三月条

续表

传记名称	文献来源
《愿杂科·尼女篇·法明尼传》	《扶桑略记》齐名天皇二年同年条
<u>《愿杂科·尼女篇·皇后光明子传》</u>	《扶桑略记》天平六年正月十一日条（已上出彼此寺缘起）；《续日本纪》天平宝字四年六月乙丑条崩传
《愿杂科·尼女篇·舍利尼传》	《法华验记》卷下第98则《比丘尼舍利》
《愿杂科·尼女篇·皇后欢子传》	《拾遗往生传》卷下第19则《皇太后宫欢子》
《愿杂科·尼女篇·高敦远妻传》	《拾遗往生传》卷下第25则《高阶敦远室家》
《愿杂科·尼女篇·藤敦光女传》	《三外往生记》第50则《式部大辅敦光女》
《愿杂科·尼女篇·藤经实妻传》	《拾遗往生传》卷下第9则《大纳言经实室家》
《愿杂科·尼女篇·释妙尼传》	《法华验记》卷下第99则《比丘尼释妙》
《愿杂科·尼女篇·愿西尼传》	《法华验记》卷下第100则《比丘尼愿西》
《愿杂科·尼女篇·妙法尼传》	《三外往生记》第36则《尼妙法》
《愿杂科·尼女篇·藤兼澄女传》	《法华验记》卷下第116则《加贺前司兼隆朝臣第一女》
《愿杂科·神仙篇·新罗明神传》	《智证大师传》
《愿杂科·神仙篇·天满大自在天神传》	《扶桑略记》天庆四年春三月条（道贤上人冥途记云～已上）；《北野天神缘起》

续表

传记名称	文献来源
《愿杂科 · 神仙篇 · 久米仙传》	《扶桑略记》延喜元年八月条
《愿杂科 · 神仙篇 · 阳胜传》	《法华验记》卷中第 44 则《睿山西塔宝幢院阳胜仙人》
《愿杂科 · 神仙篇 · 藤太主传》	《本朝神仙传》第 14 则《藤太主源太主》
《愿杂科 · 神仙篇 · 法空传》	《法华验记》卷中第 59 则《古仙灵洞法空法师》
《愿杂科 · 神仙篇 · 转乘传》	《法华验记》卷下第 93 则《金峰山转乘法师》
《愿杂科 · 灵怪篇 · 海莲传》	《法华验记》卷下第 89 则《越中国海莲法师》
《愿杂科 · 灵怪篇 · 慧增传》	《法华验记》卷上第 31 则《醍醐僧惠增法师》
《愿杂科 · 灵怪篇 · 赖真传》	《法华验记》卷上第 24 则《赖真法师》
《愿杂科 · 灵怪篇 · 春命传》	《法华验记》卷上第 25 则《睿山西塔春命》
《愿杂科 · 灵怪篇 · 莲尊传》	《法华验记》卷中第 58 则《二十七品持经者莲尊法师》
《愿杂科 · 灵怪篇 · 明莲传》	《法华验记》卷中第 80 则《七卷持经者明莲法师》
《愿杂科 · 灵怪篇 · 妙达传》	《法华验记》卷上第 8 则《出羽国龙华寺妙达和尚》
《愿杂科 · 灵怪篇 · 道命传》	《法华验记》卷下第 86 则《天王寺别当道命阿阇梨》
《愿杂科 · 灵怪篇 · 源尊传》	《法华验记》卷上第 28 则《源尊法师》

续表

传记名称	文献来源
《愿杂科·灵怪篇·圆能传》	《本朝新修往生传》第 39 则《沙门圆能》
《愿杂科·灵怪篇·道乘传》	《法华验记》卷上第 19 则《法性寺尊胜院供僧道乘法师》
《愿杂科·灵怪篇·圆善传》	《法华验记》上第 13 则《纪伊国完背山诵法华经死骸》
《愿杂科·灵怪篇·安珍传》	《法华验记》卷下第 129 则《纪伊国牟娄郡恶女》
《愿杂科·灵怪篇·无空传》	《法华验记》卷上第 7 则《无空律师》;《僧纲补任》
《愿杂科·灵怪篇·讲仙传》	《法华验记》卷上第 37 则《六波罗蜜寺定读师康仙法师》
《寺像志·四大天王寺》	《扶桑略记》用明天皇二年七月条;《扶桑略记》推古元年是岁条（缘起云）
《寺像志·大安寺》	《扶桑略记》天平元年同年条(缘起云)
《寺像志·崇福寺》	《扶桑略记》天智天皇六年二月三日条
《寺像志·兴福寺》	《扶桑略记》和铜三年三月条
《寺像志·长谷寺》	《扶桑略记》神龟四年二月十八日条(已上缘起文)
《寺像志·东大寺》	《扶桑略记》天平十五年十月十五日条（已上）;《扶桑略记》天平十六年十一月十三日条;《扶桑略记》天平胜宝元年十月二十四日条
《寺像志·葛木像》	《日本灵异记》卷中第 23 则《弥勒菩萨铜像盗人所捕示灵表显盗人缘》
《寺像志·鹈田寺》	《日本灵异记》卷中第 39 则《药师佛木像流水埋沙示灵表缘》
《寺像志·招提寺》	《扶桑略记》天平宝字三年八月三日条(已上)
《寺像志·西大寺》	《扶桑略记》天平神护元年同年条(彼寺记)
《寺像志·慈氏像》	《日本灵异记》卷下第 17 则《未作毕捴摄像生呻音示奇表缘》
《寺像志·村冈像》	《日本灵异记》卷中第 26 则《未作毕佛像而弃木示异灵表缘》
《寺像志·鞍马寺》	《扶桑略记》延历十五年条(已上出其缘起)

续表

传记名称	文献来源
《寺像志·清水寺》	《扶桑略记》延历十七年七月二日条(件寺缘起云~已上出缘起)
《寺像志·蟹满寺》	《法华验记》卷下第 123 则《山城国久世郡女人》
《拾异志·山背大兄王》	《扶桑略记》皇极天皇二年十一月十一日条
《拾异志·荣常》	《日本灵异记》卷中第 18 则《呰读法花经僧而现口喝斜得恶死报缘》
《拾异志·谛镜》	《日本灵异记》卷中第 35 则《打法师以现得恶病而充缘》
《拾异志·藤原永手》	《日本灵异记》卷下第 36 则《灭塔阶作寺幢得恶报缘》
《拾异志·大君氏》	《日本灵异记》卷下第 35 则《假官势非理为政得恶报缘》
《拾异志·飞鸟贞成》	《扶桑略记》仁和四年十一月二十三日条(睿山南谷沙门药恒所撰本朝法华验记云~已上)
《拾异志·贺阳良藤》	《扶桑略记》宽平八年九月二十二日条(善家秘记云~已上)
《拾异志·粟田录事》	《扶桑略记》延喜二年三月十二日戊午条(药恒法华验记云~已上)
《拾异志·诺乐京女》	《日本灵异记》卷中第 34 则《孤孀女凭敬观音铜像示奇表得现报缘》
《拾异志·大安寺侧女》	《日本灵异记》卷中第 28 则《极穷女于尺迦丈六佛愿福分示奇表以现得大福缘》
《拾异志·贾盘岛》	《日本灵异记》卷中第 24 则《阎罗王使鬼得所召人之赂以免缘》
《拾异志·缪原村女》	《日本灵异记》卷下第 11 则《二目盲女人归敬药师佛木像以现得明眼缘》
《拾异志·熊野村比丘》	《日本灵异记》卷下第 1 则《忆持法花经者舌著曝骷髅中不朽缘》
《拾异志·慧胜》	《日本灵异记》卷上第 20 则《僧用涌汤之薪而他作牛役之示奇表缘》
《拾异志·德满》	《扶桑略记》承历三年同年条(已上出西寺验记)
《拾异志·大峰比丘》	《法华验记》卷上第 11 则《吉野奥山持经者法师》